社科文库

CHENGSHIBING ZHILI DE GUOJIBIJIAO YANJIU
JIYU JINGJINJI DITAN FAZHAN DE SIKAO

"城市病"治理的国际比较研究
基于京津冀低碳发展的思考

陆小成 著

中国社会科学出版社

图书在版编目(CIP)数据

"城市病"治理的国际比较研究：基于京津冀低碳发展的思考/陆小成著.
—北京：中国社会科学出版社，2016.8
ISBN 978-7-5161-8701-2

Ⅰ.①城… Ⅱ.①陆… Ⅲ.①城市—社会问题—对比研究—世界
②节能—区域经济发展—协调发展—研究—华北地区
Ⅳ.①D58②F127.2

中国版本图书馆CIP数据核字(2016)第183371号

出 版 人	赵剑英
选题策划	刘　艳
责任编辑	刘　艳
责任校对	陈　晨
责任印制	戴　宽
出　　版	中国社会科学出版社
社　　址	北京鼓楼西大街甲158号
邮　　编	100720
网　　址	http://www.csspw.cn
发 行 部	010-84083685
门 市 部	010-84029450
经　　销	新华书店及其他书店
印　　刷	北京君升印刷有限公司
装　　订	廊坊市广阳区广增装订厂
版　　次	2016年8月第1版
印　　次	2016年8月第1次印刷
开　　本	710×1000　1/16
印　　张	25.75
插　　页	2
字　　数	391千字
定　　价	92.00元

凡购买中国社会科学出版社图书，如有质量问题请与本社营销中心联系调换
电话：010-84083683
版权所有　侵权必究

北京市社会科学院社科文库
编委会

总　编　王学勤
副总编　周　航　杨　奎　许传玺　赵　弘
编　委　王燕梅　朱霞辉　朱庆华　俞　音

目 录

前言 …………………………………………………………… (1)

第一章 绪论 ………………………………………………… (1)
第一节 研究背景与问题的提出 ………………………………… (1)
第二节 国内外研究综述 ………………………………………… (5)
 一 关于"城市病"内涵及其形成机理 ………………………… (5)
 二 关于"城市病"的现状研究 ……………………………… (9)
 三 关于"城市病"问题的国际比较研究 …………………… (11)
 四 关于"城市病"的病因研究 ……………………………… (12)
 五 关于"城市病"的治理对策选择 ………………………… (16)
 六 关于城市绿色低碳发展与协同发展的研究 ……………… (19)
 七 研究不足及述评 …………………………………………… (30)
第三节 研究意义与目的 ………………………………………… (34)
第四节 主要思路与研究内容 …………………………………… (35)
第五节 研究重点难点与主要方法 ……………………………… (37)
 一 研究重点与难点 …………………………………………… (37)
 二 研究方法 …………………………………………………… (38)

第二章 "城市病"治理的理论回顾 ……………………… (40)
第一节 古典社会学理论 ………………………………………… (40)
第二节 人类生态学理论 ………………………………………… (41)
第三节 城市社区理论 …………………………………………… (43)
 一 城市社区邻里关系和社会网络 …………………………… (43)

二　社区权力 …………………………………………… (45)
　第四节　田园城市理论 ………………………………………… (46)
　第五节　宜居城市理论 ………………………………………… (48)
　第六节　低碳城市理论 ………………………………………… (52)
　第七节　本章小结 ……………………………………………… (58)

第三章　"城市病"的演化规律及阶段性特征 ………………… (60)
　第一节　"城市病"的内涵界定 ………………………………… (60)
　第二节　"城市病"的主要表现 ………………………………… (62)
　　一　人口膨胀 …………………………………………… (67)
　　二　交通拥堵 …………………………………………… (69)
　　三　环境污染 …………………………………………… (72)
　　四　资源短缺 …………………………………………… (77)
　　五　社会问题 …………………………………………… (79)
　第三节　"城市病"演化的阶段性特征 ………………………… (81)
　　一　城市演化的主要阶段 ……………………………… (81)
　　二　"城市病"演化的阶段性特征分析 ………………… (87)
　　三　城市功能与"城市病"演化 ………………………… (90)
　第四节　产业转型与"城市病"演化的内在联系 ……………… (93)
　　一　城市产业规模膨胀受多重资源约束 ……………… (93)
　　二　城市转型升级对传统城市管理模式提出挑战 …… (94)
　第五节　本章小结 ……………………………………………… (96)

第四章　"城市病"治理的纽约经验：基于跨区协调的视角 …… (97)
　第一节　主要问题：工业化和城市化带来诸多弊病 ………… (97)
　第二节　主要阶段：从城市化向城郊化演进 ………………… (98)
　　一　城市居住功能的郊区化 …………………………… (100)
　　二　城市商业功能和产业功能的郊区化 ……………… (100)
　　三　以卫星城镇实现城市综合功能的郊区化 ………… (100)
　　四　城市功能的跨区域协同化 ………………………… (101)

第三节 主要经验：跨区协同与均等配置 …………………… (102)
 一 构建跨区协同机制，强化规划和组织实施 ………… (102)
 二 加强公共住房建设，重视公共服务均等化配置 …… (103)
 三 完善公共交通体系，化解交通拥堵难题 …………… (103)
 四 重视垃圾回收节约能源，加强低碳发展构建
  绿色纽约 ………………………………………………… (104)
第四节 本章小结 …………………………………………… (107)

第五章 "城市病"治理的伦敦经验：基于雾霾治理的视角 …………………………………………… (108)

第一节 伦敦雾霾治理：由雾都变绿都 …………………… (108)
 一 伦敦雾霾问题源于1952年的烟雾事件 ……………… (108)
 二 雾霾问题延伸至1980年的交通污染 ………………… (109)
 三 雾霾治理实现由雾都变绿都 ………………………… (109)
第二节 伦敦雾霾治理的主要经验：多种手段
   齐抓共管 ……………………………………………… (110)
 一 法律治理：出台《清洁空气法》 ……………………… (111)
 二 政策治理：收取拥堵费和发展公共交通 …………… (112)
 三 技术治理：利用新型胶水"粘"住污染物 …………… (113)
 四 绿色治理：建设绿地和使用绿色能源 ……………… (115)
 五 社会治理：鼓励公众讨论和媒体曝光 ……………… (116)
第三节 伦敦雾霾治理的政策启示 ………………………… (117)
 一 制定首都空气清洁法规，加强雾霾治理的
  制度建设 ………………………………………………… (117)
 二 设立污染检测点，严控尾气排放 …………………… (118)
 三 加强雾霾治理的技术攻关，以技术创新
  促进治理 ………………………………………………… (118)
 四 发展绿色公共交通，使用清洁低碳能源，
  减少碳排放 ……………………………………………… (118)
 五 鼓励社会群众参与首都雾霾治理 …………………… (119)
第四节 本章小结 …………………………………………… (120)

第六章 "城市病"治理的洛杉矶经验：基于空气治理的视角 …………………………………… (122)
第一节 洛杉矶空气污染的历程与成因 ………………… (122)
第二节 洛杉矶空气污染治理的阶段与经验 …………… (125)
一 组织法规治理时期：20世纪40年代至80年代之间 ………………………………………… (125)
二 市场技术治理时期：20世纪90年代至2008年之间 ……………………………………………… (129)
三 转型协同治理时期：后金融危机时代 …………… (131)
第三节 洛杉矶空气污染治理的经验借鉴 ………………… (132)
一 建立跨行政区的空气污染治理机构，建立联防联控机制 ……………………………………………… (134)
二 制定空气质量管理规划和标准，建立严格执行机制 ……………………………………………… (134)
三 鼓励市民参与空气污染治理，建立共建共享机制 ……………………………………………… (135)
四 加强产业结构和能源结构调整，建立低碳技术创新机制 ……………………………………………… (136)
五 积极建设绿色交通和建筑，建立低碳发展机制 …… (137)
第四节 本章小结 ……………………………………… (138)

第七章 "城市病"治理的东京经验：基于副中心建设的视角 ………………………………………… (139)
第一节 东京"城市病"的主要表现 …………………… (139)
第二节 东京"城市病"治理的主要经验 ……………… (140)
一 加强规划和疏解城市功能，建设城市副中心 …… (140)
二 调整产业结构，引导人口分流 …………………… (142)
三 构建都市圈轨道交通体系，完善公共交通设施 …… (143)
四 促进公共服务均等化，避免城市公共资源过度集中 ……………………………………………… (149)

五　依靠法律治理环境污染等"城市病" ………………（150）
第三节　东京"城市病"治理的经验借鉴与政策启示 ……（152）
　　一　加强城市副中心建设规划，强化规划执行 ………（152）
　　二　加强公共资源均等化配置，有效疏解城市功能 ……（154）
　　三　引导产业转型、转移和升级，减少人口在中心
　　　　城区过度膨胀 ……………………………………（155）
　　四　加快区域轨道交通网建设，破解城市
　　　　交通拥堵难题 ……………………………………（156）
　　五　完善法规制度，治理城市环境污染 ………………（163）
第四节　本章小结 …………………………………………（164）

第八章　"城市病"治理的鲁尔经验：基于产业升级的视角 …（165）
第一节　发展历程：鲁尔区产业升级的重要缘由 ………（165）
　　一　工业繁荣阶段：依托煤炭资源推动鲁尔区传统
　　　　工业发展 …………………………………………（166）
　　二　工业衰退阶段：逆工业化引发鲁尔区
　　　　"城市病"问题 ……………………………………（167）
　　三　工业改造阶段：鲁尔区加强综合整治，
　　　　实现低碳发展 ……………………………………（168）
第二节　重要经验：鲁尔区产业升级的主要模式 ………（169）
　　一　工业遗产之路的区域整治模式 ……………………（171）
　　二　工业设施翻修的博物馆模式 ………………………（171）
　　三　工业景观融合的公共游憩空间模式 ………………（172）
　　四　购物娱乐中心的综合开发模式 ……………………（173）
　　五　工业改造升级的低碳发展模式 ……………………（173）
第三节　政策建议：鲁尔区产业升级的低碳发展启示 …（174）
　　一　重视文化改造，制定区域整治规划，提高城市
　　　　治理能力 …………………………………………（175）
　　二　根据资源禀赋和产业特色，选择产业升级的
　　　　低碳发展模式 ……………………………………（176）

三　加强多元化资金筹措,重视文化基础设施建设…… (177)
　　四　提高低碳发展意识,加强城市生态修复与
　　　　环境治理 …………………………………………… (178)
　　五　加强产业优化升级,重视技术创新,发展
　　　　低碳产业 …………………………………………… (178)
　第四节　本章小结 ………………………………………………… (179)

第九章　北京"城市病"问题的表现和成因 ……………………… (180)
　第一节　北京"城市病"问题的主要表现 ……………………… (180)
　　一　人口增速放缓,人口总量持续攀升 ………………… (181)
　　二　交通总量持续增长,"首堵"问题长期存在………… (186)
　　三　产业结构不够合理,疏解低端产业困难重重……… (190)
　　四　能源消费总量攀升,雾霾问题严重,环境承载力
　　　　不断下降 …………………………………………… (195)
　第二节　北京"城市病"形成的原因分析 ……………………… (200)
　　一　缺乏"城市病"治理的顶层设计和统筹协调机制 … (201)
　　二　缺乏替代GDP考核的科学机制,产业结构调整
　　　　任务艰巨 …………………………………………… (208)
　　三　缺乏人口控制治本之策,优势资源不疏解,难以
　　　　遏制人口膨胀 ……………………………………… (214)
　　四　缺乏机动车总量控制目标,轨道交通建设滞后 … (217)
　　五　缺乏环境治理的长效机制,雾霾防控措施不力 … (221)
　　六　缺乏社会群众的有效参与,没有形成"城市病"
　　　　治理的合力 ………………………………………… (227)
　第三节　本章小结 ………………………………………………… (228)

第十章　北京"城市病"治理及京津冀低碳协同发展对策 …… (229)
　第一节　落实首都功能定位,加强顶层设计与
　　　　　 统筹协调 ……………………………………………… (229)
　　一　落实首都功能定位,明确城市发展方向 …………… (229)

二　以构建和谐宜居之都为目标,加强以人为本的新型
　　　　城镇化建设 …………………………………………………（235）
　　三　加快城市规划转型与人才队伍建设,促进京津冀
　　　　协同发展 ………………………………………………（240）
第二节　改变 GDP 为主导的评价体系,促进产业
　　　　结构转型升级 …………………………………………（244）
　　一　改变传统 GDP 为主导的单一政绩考核体系,
　　　　重视协调发展 …………………………………………（244）
　　二　健全财力与事权相匹配的财政体制 ………………（245）
　　三　改变土地财政体制,严格限制产业用地,
　　　　扩展生态用地 …………………………………………（246）
　　四　加快产业结构转型升级,构建高精尖经济结构 ……（248）
第三节　加强优质资源均衡布局,引导人口有序分流 ……（250）
　　一　核心区减少增量但不降低服务质量,创新人才
　　　　合理流动机制 …………………………………………（251）
　　二　非核心区与核心区共建分支机构,促进人口
　　　　有效疏解 ………………………………………………（252）
　　三　发挥政府与市场的互动作用,促进均衡发展和
　　　　有序分流 ………………………………………………（253）
第四节　加快京津冀城市圈轨道交通建设,有序控
　　　　制机动车增长 …………………………………………（254）
　　一　核心区的轨道交通建设要加密 ……………………（255）
　　二　远郊区县和周边区域要广覆盖 ……………………（255）
　　三　拆除城市围墙,加快分支道路和断头路建设 ………（256）
第五节　深化首都生态文明体制改革,建立环境治理的
　　　　长效机制 ………………………………………………（263）
　　一　加强经济体制创新,建立生态产业体系 ……………（263）
　　二　加强环境管理体制创新,加大环保执法力度 ………（265）
　　三　加强社会体制创新,积极培育生态环保组织 ………（278）

四　加强文化体制创新,形成重视生态环保的

　　　　文化氛围 …………………………………………（279）

第六节　建立社会参与机制,破解社会问题,

　　　　形成治理合力 …………………………………（280）

　　一　加强市民素质教育,提升城市市民文明程度 ………（281）

　　二　建立畅通的市民参与城市治理的渠道和机制 ……（281）

　　三　培育首都"城市病"治理的各类社会组织 …………（282）

　　四　加强城市管理队伍建设,实现城市治理能力和

　　　　治理体系现代化 ………………………………（283）

第七节　推进京津冀低碳协同发展,加快非首都

　　　　功能疏解 ………………………………………（283）

　　一　加强京津冀低碳协同发展的宏观布局 ……………（286）

　　二　加强低碳技术创新和产业分工,建立低碳科技公共

　　　　服务平台 ………………………………………（286）

　　三　加强低碳技术人才培养,为京津冀合作

　　　　提供保障 ………………………………………（287）

　　四　开展京津冀碳交易,建立生态补偿机制 …………（287）

　　五　打造低碳自主品牌,加强低碳产业集群发展 ………（288）

　　六　疏解非首都功能,打造京津冀低碳协同发展

　　　　六大服务圈 ……………………………………（288）

第八节　创新城市管理方式,推动城市智能化,

　　　　建设智慧首都 …………………………………（291）

第九节　本章小结 ……………………………………（295）

第十一章　总结与展望 …………………………………（296）

　第一节　研究总结 ……………………………………（296）

　第二节　研究不足及未来展望 …………………………（300）

附录一　芝加哥多中心模式对中国城市转型的启示 …………（301）
附录二　基于"城市病"治理的超大城市基础设施建设 ………（311）

附录三　新常态下城市低碳发展的公共治理转型 …………（324）
附录四　基于低碳创新的城市规划转型研究 ……………（339）
附录五　基于低碳陷阱的中国城市低碳发展对策 ………（352）
附录六　美丽中国视域下的低碳创新城市建设 …………（368）

参考文献 ……………………………………………………（378）

致谢 …………………………………………………………（392）

前　言

"城市病"作为世界性问题引起国际上的高度关注。"城市病"可以说是国际城市发展的通病，大多数城市都经历了不同程度的"城市病"，有的正在遭受着严重的城市问题困扰，也有的通过多年的治理，"城市病"问题得到一定程度的缓解或者有效治理。所谓"城市病"，主要是指由于人口过多、过快地往城市空间集聚，引发城市人口、资源、环境承载力下降，进而形成了人口膨胀、交通拥堵、环境恶化、社会冲突等一系列的问题。城市规划和建设缺乏前瞻性和自我控制力，导致向周边地区进行"摊大饼"式扩张，大量良田耕地被挤占，人地矛盾突出，而城市失业人口总是占较高比重，贫富差距拉大、住房紧张、就业困难等，制约城市和谐发展，引起市民身心疾病。西方发达国家"城市病"形成及其治理的一般规律值得其他国家借鉴，特别是诸如伦敦、纽约、东京等世界城市长期积累的"城市病"治理经验具有典型意义。北京在长期快速发展中积累形成人口膨胀、交通拥堵、雾霾天气频现、环境污染等"城市病"难题，引起党中央和国务院的高度重视。如何借鉴国际经验，深入考察北京"城市病"的主要表现、成因，进而提出有效的对策建议，是值得系统研究的重要课题。

第一，系统梳理"城市病"研究的相关理论，为北京"城市病"治理提供理论基础。对"城市病"的研究有其共同规律，也因存在国别和发展阶段的差异而呈现出差异性。但围绕"城市病"及其治理，学术界形成了相关的研究成果和理论体系。对古典社会学、人类生态学、社区学派、田园城市、低碳城市等理论进行回顾性梳理，提出指导北京"城市病"治理以及京津冀低碳发展的重要理论支撑。古典社会理论对早期"城市病"及其治理给予关注,为研究和治理"城市病"问题提供基础性的理论支撑。人类生态理论是"城市病"治理的重要理论基础。人类生态学是研究人与自然界之间的生态关系与相互作用,研究人与人类所生存生活的生态环境、人与自然协调发展的科学,是研究人类在其对环境的选择力、分配力和调节力的影响下所形成的在空间和时间上的联系的科学。社区理论是对社区范围内各方面问题进行研究所形成的理论、学说、观点的通称。社区理论学派主要侧重于城市的微观视角,认为城市是一个大的社区,"城市病"问题可以浓缩为"社区病"问题进行整体考察。关于城市社区研究的主要理论与方法主要有城市社区邻里关系与社会网络、城市社区权力两种。田园城市理论区别于传统城市的去农村化模式,田园城市勾画了一幅城市生产生活与自然相互融合的美好图景。田园城市理论为破解首都北京的超大"城市病"问题提供了重要的理论支撑。宜居城市理论区别于田园城市理论,更加强调以人为本进行城市规划,强调城市建设与发展应服务于人。低碳城市理论为"城市病"治理和城市经济社会持续发展提供新的理论工具。低碳城市以低碳经济为主导,以低碳发展为理念,在生产和消费两大领域重视节能减排,构建资源集约型、环境友好型社会,实现经济又好又快发展,确保城市经济在增长的同时,不能以损害城市资源能源和环境承载力为代价,构建更加良性的可持续发展的城市生态体系。

第二,总结和探讨"城市病"演化的一般规律及阶段性特征。通过对"城市病"的范畴界定及其主要表现进行研究,分析"城市病"演化的阶段性特征。结合中国实际,需要重点考察改革开放以来中国以及北京"城市病"演化的阶段性特征。对"城市病"与中心城市功能定位之间的关系进行考察,研究不同阶段产生的不同城市形态、不同功能需求导致的城市要素之间的失衡关系。美国学者乔尔·科特金将工业革命引发的交通拥堵、环境污染、卫生状况恶化及一系列相关问题称之为"齿轮暴虐"。"城市病"的内涵没有统一的界定,不同专业的学者从自身研究的视角出发对"城市病"进行了阐释。本书认为，所谓"城市病"，是指在长期城市发展过程中，因城市资源过于集聚、产业过于集群、功能过于集中导致人口膨胀、交通拥堵、污染严重、生态恶化、社会冲突等诸多问题。

"城市病"的各种表现主要是人口膨胀以及老龄化问题、交通拥堵、环境污染、资源短缺、社会冲突等。一般而言，城市演化规律遵循城市中心区快速增长、城市郊区化、大都市区化等典型阶段，每个阶段表现不同的特征，也面临不同的"城市病"问题。"城市病"的演化与城市产业发展密切相关，是随着城市产业的兴起、发展、繁荣、衰退而产生和发展的。许多"城市病"的形成与城市产业不断集聚，城市规模不断扩大，人口膨胀，进而带来资源能源短缺、产业发展滞胀相关。城市产业规模膨胀受到资源能源瓶颈性制约，经济结构升级对城市运行模式产生新的要求，导致了"城市病"演变。

第三，基于跨区协调的视角对纽约"城市病"治理的经验进行考察。纽约作为美国第一大城市，全球著名的国际性大都会，也曾面临许多重污染型企业和产业过度集聚于核心城区，遭受人口膨胀、交通拥堵、环境污染等"城市病"问题的困扰。但通过有效治理，纽约成为美国最节能环保的重要低碳城市。工业化和城市化带来诸多弊病。在城市化的同时，遇到一系列的"城市病"问题：如人口过快增长导致的人口膨胀、交通拥堵和住房紧张问题，环境污染导致市民疾病缠身问题等。

纽约城市演变经历了从城市化向城郊化过程。基于工业化、城市化进程加快所带来的"城市病"问题，纽约市各级政府选择新的发展战略，加强城市规划，在原有城市化的基础上向城市郊区化方向转变。纽约通过从城市化向郊区化演进有效缓解"城市病"问题，大致经历了城市居住功能的郊区化、城市商业功能和产业功能的郊区化、以卫星城镇实现城市综合功能的郊区化、城市功能的跨区域协同化等阶段。纽约在实现从城市化向郊区化过渡的基础上，进一步实现跨区域的协同发展，建立了大纽约都市圈的协同格局，有效缓解纽约"城市病"问题，促进区域的协调发展。纽约"城市病"治理的主要经验体现了跨区协同与均等配置的特征，比如：构建跨区协同机制，强化规划和组织实施;加强公共住房建设,重视公共服务均等化配置;完善公共交通体系,化解交通拥堵难题;重视垃圾回收节约能源,加强低碳发展构建绿色纽约。这些经验值得北京借鉴和参考。

第四,基于雾霾治理的视角对伦敦"城市病"治理经验进行考察。英国是最早进行工业革命的国家,城市化进程也较早,在工业化城市化过程中遇到的"城市病"问题也是较早的。英国著名劳工史学家哈蒙德夫妇将英国19世纪的"城市病"问题称之为"迈达斯灾祸"(Curse of Midas),批评英国一味追求工业生产却引发各种商会、民生、环境污染等诸多问题。伦敦进行了系统的"城市病"治理,采取了有效的治理措施,将雾都变成了绿都,值得北京借鉴。

伦敦通过治理雾霾,实现由雾都变绿都。伦敦雾霾问题源于1952年的烟雾事件。伦敦烟雾事件使英国人开始反思空气污染酿成的苦果。从滚滚毒雾到蓝天白云,英国铁腕治污成效显著。经过多年持续不断的治污,今天的伦敦空气质量大为改善,早已摘掉了"雾都"的帽子。伦敦雾霾治理的主要经验是多种手段齐抓共管。堪称半个多世纪的铁腕治污,使伦敦终于走出雾都的魔窟,变成了拥有清洁空气、生态宜居的世界绿都。一是法律治理,出台《清洁空气法》等严苛法律;二是政策治理,收取拥堵费和发展公共交通;三是技术治理,利用新型胶水"粘"住污染物;四是绿色治理,建设绿地和使用绿色能源;五是社会治理,鼓励公众讨论和媒体曝光。伦敦雾霾治理的经验启示及北京的对策建议主要表现为:制定首都空气清洁法规,加强雾霾治理的制度建设;设立污染检测点,严控尾气排放;加强雾霾治理的技术攻关,以技术创新促进治理;发展绿色公共交通,使用清洁低碳能源,减少碳排放;重视社会群众参与首都雾霾治理。

第五,基于空气污染治理的视角对洛杉矶"城市病"治理经验进行比较研究。洛杉矶作为美国比较典型的工业城市,先后经历雾霾事件和光化学烟雾污染事件,经过几十年的治理,洛杉矶地区的空气质量得到了明显改善。洛杉矶空气污染的治理先后经历了组织法规治理时期、市场技术治理时期、转型协同治理时期三个阶段。根据洛杉矶空气污染治理的阶段性特征及其具体政策措施,为北京"城市病"

治理提供重要借鉴,主要表现为:建立跨行政区的空气污染治理机构,建立联防联控机制;制定空气质量规划和标准,建立严格执行机制;鼓励市民参与空气污染治理,建立共建共享机制,加强产业结构和能源结构调整,建立低碳技术创新机制;积极建设绿色交通和建筑,建立低碳发展机制。

第六,基于副中心建设的视角对东京"城市病"治理经验进行考察。东京作为著名的世界城市,也曾经遇到比较严重的"城市病"问题。东京采取有效的"城市病"治理措施,从规划引导、功能疏解、副中心城市建设、产业调整、人口疏导、资源配置等多个方面加强治理。这些经验值得北京借鉴和参考。东京"城市病"的主要表现:人口过快增长,工业企业在城市中心区过度集中,钢铁、造船、机械、化工和电子等产业迅速发展,东京地区集聚了大量的制造业企业,吸引了更多外来人口的集聚,进而造成住房困难、交通出行压力大,企业过度扎堆导致的碳排放增加和城市环境污染严重。

东京"城市病"治理的主要经验为:一是加强规划和疏解城市功能,建设城市副中心;二是调整产业结构,引导人口分流;三是构建都市圈轨道交通体系,完善公共交通设施;四是促进公共服务均等化,避免城市公共资源过度集中。通过对东京治理"城市病"的比较研究,总结和提炼出对北京建设国际一流的和谐宜居之都和促进京津冀低碳发展的有益借鉴。一是加强城市副中心建设规划,强化规划执行;二是加强公共资源均等化配置,有效疏解城市功能;三是引导产业转型、转移和升级,减少人口在中心城区过度膨胀;四是加快首都轨道交通网建设,破解城市交通拥堵难题。

第七,主要基于文化改造与产业升级的视角对德国鲁尔区"城市病"治理经验进行考察。鲁尔区依托煤炭资源推动传统工业发展,逆工业化引发城市转型困境。鲁尔区对传统工业区进行文化内涵的改造提升,总结出区域整治、博物馆、公共游憩空间、综合开发、低碳发展等经验模式。借鉴鲁尔区经验,中国城市发展应该重视文化改造,制定区域整治规划,不能千城一面,重视文化基础设施建设,加强城市生态修复与环境治理,加强产业优化升级,促进城市低碳发展。

第八，从人口、资源、环境等要素之间的互动关联效应，进行实证研究和问题考察，分析北京"城市病"问题的主要表现以及内在成因，找出治理"城市病"的关键要素及其传导关系。北京"城市病"问题主要表现为：人口增速放缓，但人口总量还在持续攀升，超大城市的"城市病"问题一直困扰首都北京的持续发展；交通总量持续增长，"首堵"问题长期存在；产业结构不够合理，疏解低端产业困难重重；能源消费总量攀升，雾霾问题严重，环境承载力不断下降。北京"城市病"形成的影响因素很多，关系复杂。从本质上说，"城市病"是城市资源环境承载力和城市化发展规模速度之间矛盾积累的结果。

第九，研究北京"城市病"治理及京津冀低碳发展对策。北京"城市病"治理既要结合国际上"城市病"治理的一般经验与规律，也要结合北京的自身特色选择科学的发展对策，需要以落实首都战略定位为指导思想，以构建国际一流的和谐宜居之都为基本目标，加快北京"城市病"治理，加快京津冀低碳协同发展。

基于以上几个角度，本书在理论和实践相结合的基础上，研究古典社会学理论、人类生态学理论、田园城市理论、低碳城市理论等的内在关联，分析"城市病"的演化规律和阶段性特征，比较典型的世界城市如纽约、伦敦、东京等治理"城市病"的基本经验，分析北京"城市病"问题及其成因，提出北京"城市病"治理及京津冀低碳协同发展的政策建议，为北京构建国际一流的和谐宜居之都提供决策参考。

第一章 绪论

第一节 研究背景与问题的提出

伴随工业化、城市化、信息化进程提速，自20世纪50年代以来，世界上出现了前所未有的城市规模扩大、城市人口集聚等现象。"城市病"作为世界性难题引起国际上的高度关注。关于"城市病"的成因分析及其治理也伴随着城市化进程一直没有停止过。"城市病"作为工业化、城市化进程中人口快速集聚和膨胀，引发城市交通拥堵、资源能源耗竭、生态环境恶化、社会问题突出、基础设施供应不足等系列矛盾与冲突，制约了城市经济社会的持续发展。所谓"城市病"，是指城市资源要素不断累积，产业规模扩大和就业机会增多、城市功能不断增强，城乡差距逐步拉大，吸引了更多的农村人口和外地人口进入城市，人口过于向大城市集聚导致城市现有的交通、基础设施、环境、住房等承载力不足而引发的一系列经济社会问题。人口过于膨胀、交通长期拥堵、环境不断恶化、房价高企和住房紧张、就业困难、看病难、上学难等一系列问题加剧城市负担、制约城市化发展。城市规划和建设盲目向周边"摊大饼"，城市蔓延导致大量耕地被侵占，人地矛盾更加尖锐，建设用地超过生态用地，降低了城市环境承载力，引起城市社会不够和谐，影响城市稳定、安全和市民身心健康等。特别是城市"摊大饼"导致出行时间较长，职住分离增加了交通压力，也增加了上班人员的劳动强度和生活工作压力，带来更多的交通拥堵和管理问题，城市会损失大量的财富，无形中浪费了能源和资源，不利于城市经济社会的持续发展。

从国际背景看，西方发达国家"城市病"形成及其治理的一般规律值得其他国家借鉴，特别是诸如伦敦、纽约、东京等世界城市长期积累的"城市病"治理经验具有典型意义。面对气候变化、能源资源安全、生态危机、"城市病"蔓延等更加突出的全球性城市问题，加快城市发展方式转型，推动绿色低碳技术革命、发展绿色低碳经济成为世界各国城市调整经济结构、实现快速复苏、抢占发展先机的重点战略，全球掀起了一场"绿色革命浪潮"。城市转型是基于推动全球城市发展的主导要素变化而导致的城市发展阶段与发展模式的重大结构性转变，是涉及城市经济、社会、文化等多领域、多层次、多视角的综合转型。当前，面对着前所未有的全球气候变化的挑战，面对着严峻的城市资源耗竭与环境危机，人们不得不重新审视人与自然的关系，探索城市发展的理想范式。面对传统工业化、城市化、现代化发展模式一味追求大规模经济增长、盲目自我扩张、资源能源过度消费带来的生态恶化、环境污染等严重问题，世界各国从源头治理、生态修复等角度出发，开始治理"城市病"并探索新的发展模式。

从国内背景看，中国快速城镇化及其资源瓶颈问题使得城市发展面临巨大的障碍，传统城市发展所走的以高消耗、高排放、高污染、高扩张为特征的粗放型经济增长道路显然是不可持续的。我国正处在城市化的高峰，今后10年内，将有8.7亿中国人生活在城市中，约占人口总数的一半以上。空前的工业化、超常规的城市化和粗放型的产业发展道路带来了一系列生态破坏、环境污染、交通拥堵、城市空间失衡等"城市病"问题。如何加快治理中国的"城市病"问题，促进城市生态文明建设和绿色低碳发展成为当前政府工作的重点和难点问题。吴冠岑、刘友兆和付光辉（2007）认为，随着世界经济发展一体化进程加速和我国市场经济体制逐渐成熟，计划经济时代成长起来的资源型城市难以适应社会经济发展的潮流，面临着重重困境[①]。2013年1月，中国东北部地区连日出现大范围长时间的严重雾

[①] 吴冠岑、刘友兆、付光辉：《可持续发展理念下的资源型城市转型评价体系》，《资源开发与市场》2007年第1期。

霾天气，从东北、华北到中部乃至黄淮、江南地区，都出现了重度空气污染，检测指数纷纷"爆表"，一些大城市尤为突出，大自然用极端天气再一次给我们以警示，保护生态环境、建设生态文明、打造美丽中国，已经刻不容缓了①。有报道指出，2015年是有历史统计以来的"最强厄尔尼诺年"②，华北地区大范围处于"高湿度""低风速""强逆温"极端不利气象条件，助推了污染持续积累。北京及华北地区遭遇大范围雾霾，从2015年11月27日起，持续了5天。北京市PM2.5小时浓度自2015年11月27日凌晨开始，达到重度及以上污染级别，并持续近110个小时，为2015年以来最严重的污染过程。2015年11月30日下午，北京市PM2.5出现极端峰值浓度，南部地区部分站点超过900微克/立方米③。

极端雾霾天气的出现，是我国工业化、城市化进程中的一个阶段性、区域性的重要问题。当前，中国作为"世界制造"大国和"全球加工厂"，经济发展水平与发展质量比较差，正处于工业化中后期和城镇化加速发展、资源型旧城加速转型的重要阶段，从国际经验

---

① 毛晓刚:《建设美丽中国需要全社会共同努力》，《北京日报》2013年1月18日。
② "厄尔尼诺"一词来源于西班牙语，原义为"圣婴"。19世纪初，在南美洲的厄瓜多尔和秘鲁等西班牙语系的国家，渔民们发现，每隔几年，从10月至第二年的3月便会出现一股沿海岸南移的暖流，使表层海水温度明显升高。南美洲的太平洋东岸本来盛行的是秘鲁寒流，随着寒流移动的鱼群使秘鲁渔场成为世界四大渔场之一，但这股暖流一出现，性喜冷水的鱼类就会大量死亡，使渔民们遭受灭顶之灾。由于这种现象最严重时往往在圣诞节前后，于是遭受天灾而又无可奈何的渔民将其称为上帝之子——圣婴。其出现频率并不规律，但平均约每4年发生一次。一般而言，该现象出现后持续时间在5个月之内，将被称为厄尔尼诺情况（condition）；如果持续期是5个月或以上，便被称为厄尔尼诺事件（episode）。正常情况下，热带太平洋区域的季风洋流是从美洲流向亚洲，使太平洋表面保持温暖，给印度尼西亚周围带来热带降雨。但这种模式每2—7年被打乱一次，使风向和洋流发生逆转，太平洋表层的热流就转而向东流向美洲，随之便带走了热带降雨，使地球出现大面积干旱，这就是"厄尔尼诺现象"。后来，在科学上此词语用于表示在秘鲁和厄瓜多尔附近几千公里的东太平洋海面温度的异常增暖现象。当这种现象发生时，大范围的海水温度可比常年高出3—6℃。太平洋广大水域的水温升高，改变了传统的赤道洋流和东南信风，导致全球性的气候反常。资料来源：http：//baike.baidu.com；《最强厄尔尼诺现象或正在形成》，http：//tech.163.com，2015年5月28日。
③ 《2015年北京"最严重雾霾"有多严重，影响有多大》，《新京报》2015年12月7日。

看，这是环境问题出现频繁的重要阶段。城市消耗了85%的能源和资源，排放了相同比例的废气和废物，流经城市的河道80%以上都受到了严重的污染。事实提醒我们，无论中国还是世界都必须转变城市发展模式①。

党的十八大报告明确指出，发展中不平衡、不协调、不可持续问题依然突出，科技创新能力不强，产业结构不合理，农业基础依然薄弱，资源环境约束加剧，制约科学发展的体制机制障碍较多，深化改革开放和转变经济发展方式任务艰巨。如何解决发展中不平衡、不协调、不可持续问题，加强"城市病"治理，加强生态文明建设与低碳发展已上升为国家重要发展战略。党的十八大报告进一步强调要大力推进生态文明建设，并将生态文明建设提升到"五位一体"的战略高度，指出要坚持节约资源和保护环境的基本国策，坚持节约优先、保护优先、自然恢复为主的方针，着力推进绿色发展、循环发展、低碳发展。党的十八届三中全会明确指出要全面深化生态文明体制改革，建设生态文明制度。党的十八届四中全会、五中全会则强调要全面依法治国，推进国家治理能力和治理体系现代化。这些战略部署成为"城市病"治理与低碳发展的重要指导思想。加快"城市病"治理与低碳发展意义重大，人们深刻反思旧有的城市发展模式，以绿色、低碳、宜居为特征的城市发展已经成为新一轮城市发展的热潮。李彦军认为，城市的发展不是线性的，繁荣与衰退的周期波动会带来城市发展的震荡，如何防止衰退、保持繁荣是城市发展面临的主要课题之一②。

从北京及京津冀背景看，北京在长期快速发展中积累形成人口膨胀、交通拥堵、雾霾天气频现、环境污染等"城市病"难题，引起党中央和国务院的高度重视。2014年2月26日，针对北京雾霾等"城市病"问题，习近平强调要实现京津冀协同发展、推进生态文明建设，促进城市低碳发展。加强"城市病"治理的国际比较研究对于北京"城市病"治理及京津冀协同发展具有研究的现实意义和紧迫性，本选

---

① 仇保兴：《我国城市发展模式转型趋势》，《城市发展研究》2009年第8期。
② 刘纯彬、张晨：《资源型城市绿色转型内涵的理论探讨》，《中国人口·资源与环境》2009年第5期。

题研究恰逢其时。城市化是全球工业化和经济发展的必然结果。城市化推动了全球经济的发展的同时，也引发人口膨胀、交通拥堵、环境污染等"城市病"问题。西方发达国家一度受"城市病"问题困扰，但通过治理，城市环境得到明显改善，城市质量得到有效提升。美、英、日等国家中心城市治理"城市病"的成功经验为中国提供了重要借鉴，值得深入研究。比较研究这些城市的一般经验具有重要的参考价值，对于北京建设国际一流的和谐宜居之都更加具有研究价值。

第二节 国内外研究综述

一 关于"城市病"内涵及其形成机理

学术界关于"城市病"的内涵并无统一的界定。城市发展过程中产生的各种负面效应和问题都可以称之为"城市病"，其所涉及的范围比较广泛。从理论发展脉络看，"城市病"（Urban Disease）一词最早来源于工业革命后期的英国，被称为欧洲的"脏孩子"。美国学者乔尔·科特金将工业革命引发的城市环境恶化及一系列相关问题称之为"齿轮暴虐"。矶村英一在《城市问题百科全书》中指出，"城市病"是有关个人、社会和集团的生活功能的失调情况。周加来（2004）认为，"城市病"是指在我国城市化尚未完全实现的阶段中，因社会经济的发展和城市化进程的加快，由于城市系统存在缺陷而影响城市系统整体性运动所导致的对社会经济的负面效应。张敦富（2005）认为，由于城市生活的复杂性，城市中也不可避免地出现了许多社会问题，包括有关环境区位问题、有关资源分配问题、有关偏差行为问题、有关社会制度问题等。

曹钟雄和武良成（2010）认为，"城市病"是城市化进程中因城市的快速扩张城市的环境、资源、基础设施等难以适应快速工业化和城市化发展所表现出来的与城市发展不协调的失衡和无序现象。张汉飞（2010）也认为，"城市病"的本质是由于城市的资源环境承载力与城市化发展规模匹配度的失衡。

关于"城市病"的形成机理，有学者进行了综合性概括，如

表1-1所示①。

表1-1　"城市病"形成机理的几种主要观点

形成机理	主要观点
城市人口规模说	将"城市病"主要视为人口问题，认为人口病是"城市病"的主要表现，人口流入过多导致城市人口规模过大，城市难以承受（谢靓，2014；李松涛，2010；等）。也有学者认为，改革开放以来市场化的就业导向，促进了劳动力的自由流动，大量的农村人口进入发达城市，导致这些城市人口规模过大，加剧"城市病"问题的发生（车思蕊，2014）。
城市建设滞后说	有学者认为城市规划和管理水平跟不上城市建设速度导致城市系统运行紊乱，城市系统滞后导致一系列"城市病"问题的出现。周加来（2004）认为"城市病"的出现有其潜伏、暴发、恢复的规律性，随着城市系统的改善会得到缓解。董国良（2011）认为，由于城市发展中出现人车混杂的建设模式，这种模式不以人为目的，带来诸多不便如交通和环境问题。魏后凯等（2011）认为中国城市化相比西方国家速度快且规模大，早期规划不合理，后期生态环境建设滞后，城市规模机械扩大的同时，城市机能未能同步完善，产生了一系列的问题。
城乡失衡说	将城乡关系的失衡看作是"城市病"的根源——资源过度向城市集中，导致了乡村的衰落，使得大量农村人口流向城市（刘永亮、王孟欣，2010；王海成、邓谨，2013）。城乡失衡、城乡差距大，本身是"城市病"的一种表现，城乡失衡导致发展不平衡，导致优秀人才、技术、资金往城市集中，城市对乡村没有发挥好辐射带动作用，相反对落后区域和乡村地区的虹吸效应，导致乡村更加落寞、衰退。
产业转型说	闫彦明（2012）从产业转型的视角解读了"城市病"的内涵及其内在关系，认为各类"城市病"的产生及其演化与产业发展转型之间存在一定的逻辑关系，特别是在城市产业转型的过程中，通常会是各类"城市病"集中暴发的时期。这种分析暗示着"城市病"有一定的阶段性，各个阶段都有其内在特征和差异性，并随着产业转型升级呈现一定的规律性。当城市的空间布局、运行模式能够尽快适应新的产业结构时，"城市病"就会减缓；而在此之前将是"城市病"集中暴发的时期。

如表1-1所示，学者关于"城市病"形成机理的观点从不同的视角进行了深刻解读，为系统研究"城市病"形成规律及其特征提供参考。

---

① 王宁：《特大城市空间结构缺陷与"城市病"治理》，《区域经济评论》2015年第1期。

第一,人口规模过大。"城市病"的根源还是人口问题[①]。人口膨胀是"城市病"的重要表现,但没有说明为什么人多,没有将城市吸引人口过度膨胀的原因说清楚,进而对"城市病"形成机理也没有更加透彻地加以阐释。从现象考察,人口不断进入,导致人口总量攀升,人口多导致各种需求增加,如就业、交通、住房、教育、医疗、文化、环境等各方面需求增加,导致了城市交通拥堵、生态恶化、资源短缺、住房紧张等。所以在许多"城市病"治理政策上简单采取限制人口政策,如户籍制度、住房制度等政策出台,在表面上或者短时期内抑制人口过快增长,但并没有从根本上解决"城市病"。如北京长期以来的户籍政策和限购政策并没有阻挡外来人口进入北京,也没有有效抑制首都房价高涨等问题。城市人口膨胀问题不是城市自身所带来的,其他部门和周边地区也有关联,城乡差距大,各部门之间的联动缺失等也是重要原因。如北京的人口问题不是北京自己能解决的,从中央各有关单位到北京市应有统一的人口规划目标。北京加大新城建设力度,但人口疏解与转移效果不够明显,主要原因还是在于公共服务不均衡,新城产业不配套,河北燕郊几十万人口的流动,大部分是住在燕郊,工作主要集中在北京城区,结果带来上下班的"潮汐流",形成城市交通拥堵等诸多"城市病"问题。而"城市病"的治理需要全体市民包括流动人口的参与,仅靠政府是不够的。

第二,城市建设滞后。城市建设与管理的滞后与城市规划缺乏前瞻性,规划不够合理有关。尽管城市未来发展的边界特别是人口流入量难以准确判断,但城市规划的预留地或者战略性空间预测是必要的。城市规划赶不上变化,规划不合理,管理水平不高,导致"城市病"问题重重。有研究指出,交通拥堵最根本的症结在于北京城市规划的不合理。规划不够科学,急功近利的城市建设开发基本依托原中心区形成圈层开发模式,导致功能过于集中在中心城区,特别是

[①] 谢靓:《"城市病的根源还是人口问题"——北京市政协专题座谈社会治理》,《人民政协报》2014年1月22日。

产业主要集中在中心城区，周边主要提供居住功能，形成了"摊大饼"式的城市蔓延格局。这种城市空间形态最主要的弊病，便是城市交通格局呈现出环型加放射线的快速路网格局，这是一种同心圆式的发散格局，容易造成城市增容和扩建道路与交通拥堵之间的恶性循环[1]。尽管城市建设不断加强，但难以跟上人口增长速度，同时城市建设周期比人口增长周期要长，难以根据人口流动量来及时调整城市规划和城市建设，有的地方可能导致城市规划过于超前，城市建设过于发达，但人口增长速度滞后或者城市人气不断减少，结果导致城市建设的浪费和基础设施闲置等问题。因此，城市建设滞后也不能完全解释"城市病"形成机理。

第三，城乡失衡观点。刘永亮和王孟欣（2010）认为，城乡失衡催生"城市病"[2]。卢立昕（2011）认为，中国在现代化发展进程中虽取得一系列成绩，但与世界和东亚现代化发展历史进程进行比较，中国仍然面临特有难题，我国城市化进程中的城乡失衡便是难题之一，从经济、政治、文化以及社会层面分析失衡现象并提出对策[3]。城乡差距大，优势资源过于集中在城市，而生活在农村的农民收入低，导致更多的农村人口流入城市，形成城市人口过于膨胀。城乡差距、区域差距加大导致人口往大城市集聚的观点值得深入分析。学术界认为，"城市病"的治理不能仅仅看到城市自身的问题，实际上城市与农村是紧密联系在一起的。如北京对河北周边区县包括农村人口的吸引，导致对周边区域人才和资源的虹吸效应，也是北京"城市病"形成的重要原因之一。河北各级各类优秀人才向北京流入，包括就学、看病、就业等人口构成北京外来人口的重要组成部分。

2015年1月25日，北京市市长王安顺在北京"两会"座谈会上

---

[1] 秦红岭：《如何缓解"大城市病"——北京城市规划与建设的批判性反思》，《中国名城》2013年第1期。

[2] 刘永亮、王孟欣：《城乡失衡催生"城市病"》，《城市》2010年第5期。

[3] 卢立昕：《试论我国城市化进程中的城乡失衡现象》，《经营管理者》2011年第4期。

指出，北京人口过多原因是产业吸附了过多人口，河北人占北京800余万外来人口的1/4，北京集聚的资源多、就业机会多，北京要在疏解首都核心功能上下功夫[①]。农村流动人口到城市寻求就业和发展机会，一定程度上导致城市人口过快膨胀和交通拥堵等诸多问题，城乡差距过大，城乡失衡导致了"城市病"问题更加严重。城市化过程是农村人口向城市转移的过程，外来人口的生活习惯和方式，外来人口的流动性、贫困以及可能导致的犯罪等均引发城市社会不够稳定，引发包括经济、社会、文化、生态等多方面的"城市病"问题。城乡之间的动态平衡一旦被打破，城市增长失序，而乡村失落，导致城市和乡村都存在许多经济社会问题。城市资源过于集中，城乡差距过大，导致了"城市病"问题难以从城市单一角度进行治理。

第四，城市产业转型观点。认为"城市病"形成机理是与产业发展相关联的，城市因产业兴而兴，因产业衰落而衰退，城市产业类型、产业结构、产业发展影响城市发展水平，城市产业衰退将直接导致城市不断失去人气，失业人员过多引发城市社会不稳定。因此，发展产业，加快城市产业转型和结构优化升级是治理"城市病"的重要抓手（闫彦明，2012）[②]。

以上观点从不同角度对"城市病"形成机理进行了阐释，为深入研究"城市病"形成原因及其内在规律提供了重要启示。但需要指出的是，"城市病"形成及其运行是与城市、人口、产业、资源、农村、建设等几个关键词密切相关的，城市因人口、产业、资源、建设而兴起和发展，农村为城市提供人口和资源，影响着城市，城市也影响着农村，因此分析"城市病"形成机理应该充分考虑这些因素的影响。

二 关于"城市病"的现状研究

"城市病"有许多现状特征，有相似的，也有不同城市所表现出

[①]《河北人占北京外来人口1/4》，http://news.sina.com.cn/c/2015-01-25/212031442157。

[②] 闫彦明：《产业转型进程中城市病的演化机理与防治研究》，《现代经济探讨》2012年第11期。

的不同特征,研究这些表现特征,进而揭示其内在成因及其规律具有重要的意义。许多学者从不同的视角以及根据研究城市的不同特征进行深入研究。胡欣和江小群(2005)将"城市病"划分为24类:大拆大建、无序开发、住宅问题、烂尾楼、城中村、流动人口集聚与城市烂边、水危机、垃圾围城、环境污染、马路杀手、工程误区、绿化误区、空城现象、热岛效应、病态建筑、劳动力资源损伤、文化资源过度开发、公共卫生体系滞后、城市地质灾害、交通堵塞、基础设施布局不合理、城市管理不力、规划问题、安全问题。

曾长秋等(2007)认为,除了社会普遍认同的人口膨胀、交通拥挤、能源短缺和环境污染等典型"城市病",在人文社会系统中还存在着抑郁症问题、青少年问题以及乞丐问题等非典型"城市病"。朱颖慧(2011)认为,中国城市有六大症状:人口无序集聚、能源资源紧张、生态环境恶化、交通拥堵严重、房价居高不下和安全形势严峻[①]。姜爱华和张弛(2012)认为,随着城镇化进程的快速推进,我国一些大城市"城市病"问题日趋凸显,主要表现为人口无序集聚、道路交通拥挤、资源能源紧张、房价居高不下、就业融入困难等[②]。刘际平和刘晨晓(2014)认为,随着我国城市化进程的不断推进,人口膨胀、交通堵塞、环境污染等"城市病"也不断涌现,严重影响了城市居民日常的工作秩序和生活质量[③]。

焦晓云(2015)认为,"城市病"在进行城镇化的国家都不同程度地存在着,其本质是城市的发展速度和扩张规模超过了城市资源、环境所能承受的最大负荷。"城市病"的主要类型有:城市经济病、城市社会病、城市生态病以及"非典型城市病"等。"城市病"有其"发病"的制度性根源,预防和治理"城市病"需要不断进行制度创

[①] 朱颖慧:《城市六大病:中国城市发展新挑战》,《今日国土》2011年第2期。
[②] 姜爱华、张弛:《城镇化进程中的"城市病"及其治理路径探析》,《中州学刊》2012年第6期。
[③] 刘际平、刘晨晓:《当前我国城市病的表现、成因和对策分析》,《焦作师范高等专科学校学报》2014年第2期。

新和制度供给①。

李雪敏和武振国（2015）认为，随着"城市病"问题的日益严重，预防和治理"城市病"成为新时期推动新型城镇化的关键环节，按照"病症—诊断—治疗"的程序对内蒙古大城市"城市病"进行防治研究，认为内蒙古大城市"城市病"的典型症状主要表现为交通拥堵、环境污染和住房困难，通过对病症的诊断分析，发现"城市病"的成因与"城市病"病症之间存在多因多果的关系②。

三 关于"城市病"问题的国际比较研究

有许多学者采用国际比较的方法和视角考察"城市病"问题，通过跨国界比较，分析"城市病"形成的原因与一般规律，为指导我国"城市病"治理提供经验借鉴。如李冈原（2003）对英国"城市病"进行比较研究，认为英国作为工业文明奠基者曾开创了近代的城市文明，在商业化和工业化的驱动下，英国人口迅速从农业区向工业区迁移，人口急剧膨胀，引发了住房、就业、公共卫生、环境等"城市病"，英国城市化之路历经坎坷，然而英国以问题为先导，以渐进式、多管齐下的改革为特色，最终走出困境，探索出极具特色的整治"城市病"的模式③。袁东振（2005）认为，城市化的飞速发展往往会陷入居住环境恶化、经济活动减少、城区贫富分化、管理成本上升等恶性循环。发展中国家尤其明显，以"孟买病""墨西哥病"为代表，大量贫民窟形成，卫生环境和社会治安问题丛生。因此，一些发达国家治理"城市病"的做法很值得我们借鉴。

张淑华（2007）研究了美国社会转型时期的"城市病"及其治理，认为美国急剧的社会转型导致各种"城市病"的出现。许志强（2011）认为，英国工业化时期的"城市病"问题集中表现为工人住

---

① 焦晓云：《城镇化进程中"城市病"问题研究：涵义、类型及治理机制》，《经济问题》2015年第7期。
② 李雪敏、武振国：《内蒙古大城市城市病问题分析及防治对策研究》，《内蒙古财经大学学报》2015年第3期。
③ 李冈原：《英国城市病及其整治探析——兼谈英国城市化模式》，《杭州师范学院学报》2003年第6期。

房短缺、环境污染严重、社会治安混乱,英国政府在扩大住房供给、改善城市环境、加强社会治安方面采取了诸多措施,并取得一定成效。王大伟、文辉和林家彬(2012)总结了东京、伦敦、纽约等应对"城市病"的经验。王开泳和颜秉秋等(2014)研究了国外防治"城市病"的规划应对思路与措施借鉴,认为国外发达国家"城市病"的主要表现为:人口膨胀,城市不堪重负;城市人口贫困失业、居住条件恶劣;交通拥堵,生活质量下降;环境污染,资源短缺;社会冲突、犯罪活动、政治腐败现象加剧;城市无序蔓延,发展失控;等等。国外从城市规划和管理层面出发,进行了很多尝试,积累了很多宝贵经验,通过借鉴美、英、日等发达国家治理"城市病"的规划应对思路,对我国的城市规划管理有很好的启发,应更新城市发展理念,加强城市规划编制的科学性与权威性,重视交通规划对城市发展的引导,积极推进各项规划的协调与对接,缩短规划审批周期,严格保障规划的顺利实施[1]。

四 关于"城市病"的病因研究

关于"城市病"的形成原因,国内外学者进行了一定的研究。早在20世纪60年代,学者们就关心人口城市化引发的社会结构与经济问题,并且提出了自己的分析模型,如哥德斯坦等人的《迁移对城市和郊区社会经济结构的影响》(1965)、豪泽的《城市化——高密集生活问题》(1968)等,分析人口迁移对城市经济社会发展的影响,进而探讨"城市病"的成因。20世纪90年代后,布鲁克尔霍夫考察了发展中国家的城市贫困问题及其原因。我国学者主要从市场原因、政府原因、综合原因三个角度阐释了"城市病"的成因[2]。

(1)市场失灵的结果。徐传谌和秦海林(2007)认为,市场机制尽管能促进市场资源的优化配置,但对于外部性比较强的供给却无

---

[1] 王开泳、颜秉秋、王芳、高晓路:《国外防治城市病的规划应对思路与措施借鉴》,《世界地理研究》2014年第1期。

[2] 覃剑:《我国城市病问题研究:源起、现状与展望》,《现代城市研究》2012年第5期。

法自我弥补,市场失灵导致公共服务等供给不足,导致城市"公地悲剧"现象,即产生了"城市病"问题。曹钟雄和武良成(2010)指出,市场经济条件下产生过度消费问题,超过城市自身承载力,而城市资源环境承载力具有公共品属性,市场机制自身不足以支撑城市的发展,进而导致"城市病"的产生。王桂新(2010)也认为,市场经济体制下追求利益最大化,导致城市规模不断扩大,进而导致人口过于膨胀、交通拥堵等"城市病"问题,市场的消极作用或市场的失败,可能造成或加剧"大城市病"[1]。

(2)政府失灵的结果。在城市发展中应该发挥政府的主导作用,以"看得见的手"的作用机制加强"城市病"的治理和调整。但政府干预过度或规划设计与公共政策不够完善,或公共服务供给不足,也会导致"城市病"的产生。对此,许多学者从政府失灵的视角考察"城市病"的成因或者城市治理的失败问题。如周加来(2004)认为,城市发展的不同阶段需要政府提供相应的服务或者政策引导,但提供不力必然导致"城市病"的产生。各城市管理者把精力和目标放在经济建设上,忽视了生态效益、环境污染等,全社会的目标都集中在经济效益上,生态效益和社会效益往往被忽视,甚至以牺牲生态效益和社会效益来谋求经济效益。王桂新则指出,政府应该加强城市规划,如果城市空间结构规划不够科学合理,这将是导致"大城市病"的直接原因。潘宝才认为,政府由于多部门进行决策,多中心的政策决策导致政策多门,加之城市综合配套不够合理,这些均会导致"城市病"的产生[2]。

房亚明(2011)认为,中国现代化过程中出现的"城市病"、贫富分化、地域差距等"发展综合征"与权力的过度集中导致资源、利益和代价分配失衡密切相关,权力主导的资源分配机制、以权力等级为坐标的社会发展格局、权力与权利的失衡以及权利的不平等加上市场经济的内在局限,加剧了中国社会发展的不平衡。曾广宇和王胜

---

[1] 王桂新:《"大城市病"的破解良方》,《人民论坛》2010年第32期。
[2] 陈哲、刘学敏:《"城市病"研究进展与评述》,《首都经济贸易大学学报》2012年第1期。

泉（2005）认为，追求 GDP 的政绩考核冲动导致部分城市政府过于重视经济，忽视城市政府应该提供公共服务的责任，忽视城市的民生改善、社会建设、环境保护等职责。

林家彬（2012）研究了我国"城市病"的体制性成因及其作用机理，认为体制性成因包括干部选拔机制和政绩考核体系、财税体制、土地制度、规划体制、中央地方关系，通过影响城市政府的行为方式而成为我国城市发展特殊的动力机制，也成为我国"城市病"特有的体制性成因。姜爱华和张弛（2012）认为，"城市病"的产生主要源于近年来城市的快速发展和城市规划与管理的相对落后，从战略高度加快"城市病"治理已成为城市管理者迫在眉睫的重要任务[①]。

倪鹏飞（2013）认为，在城市化加速推进的同时，由于中国的基础设施和公共服务难以跟上城市化增长的步伐，加之缺乏科学、合理和前瞻性的人口及产业的空间活动的规划及政策引导，中国城市化面临着越来越严峻的挑战，中国一些城市已经患上比较严重的"城市病"[②]。

（3）综合原因的结果。"城市病"的形成不是单一市场机制或者政府机制作用的结果，很大程度上是两方面的作用均没有发挥好所出现的。石忆邵（1998）认为，中国"城市病"的出现并不在于城市规模过大，而在于体制磨合、结构失调、政策失误、技术失当、管理失控及道德失范等方面。池子华认为，资源分配失衡、农村劳动力转移过度，衍生出"城市病"。刘纯彬（1990）认为，"人们看到了大城市病的严重，主张发展小城镇，而实际上小城镇的病要比大城市严重得多"。黄荣清（1988）指出，城市化过程中人口过度集中于城市而导致了"城市病"，城市人口增长过快导致劳动者的就业率停滞或下降等问题，进而出现了所谓的"过度城市化"。赵弘（2014）认

[①] 姜爱华、张弛:《城镇化进程中的"城市病"及其治理路径探析》，《中州学刊》2012 年第 6 期。

[②] 倪鹏飞:《中国部分城市已患上严重"城市病"》，《中国经济周刊》2013 年第 8 期。

为，中央把京津冀协同发展定位为国家发展战略的重要原因之一，就是要解决北京的"大城市病"。北京"城市病"的产生原因很多，可归结为三大原因：经济发展及其所引致的人口过快增长是核心原因；城市规划不科学、不合理，单中心格局未能突破是重要原因；体制机制掣肘是最根本原因[①]。刘际平和刘晨晓（2014）认为，随着我国城市化进程的不断推进，人口膨胀、交通堵塞、环境污染等"城市病"也不断涌现，严重影响了城市居民日常的工作秩序和生活质量，我国"城市病"出现的原因主要有城市发展理念偏差、体制性弊端和滞后的基础设施建设等[②]。

王宁（2015）认为，"城市病"已有的内涵界定往往针对单个城市，没有考虑城市的内外空间结构关系，因而需要在外延上扩展。特大城市的"城市病"更多是由于空间结构缺陷引起，即特大城市内部空间结构布局不合理、城市间体系空间结构不协调，引起了要素的过度集聚，从而出现了各种"城市病"症状[③]。李云昭和岳武（2015）认为，我国城市化率从1978年的20%迅速上升到2014年的54.77%，随着城市化进程的推进发生了诸如交通拥挤、人口膨胀、环境污染、资源供应紧张、安全风险增加、城市缺乏文化特征等"城市病"。其原因主要是人与自然、人与人、精神与物质之间各种关系失谐[④]。

张明斗（2015）认为，新型城镇化面临着潜在危机，如空间整体上受制于城乡二元结构体制，重城轻乡导致农民工、老人农业和空心村的新"三农"问题，同时中小城镇经济基础薄弱、后续发展乏力，大中城市公共品和公共服务供需严重失衡，加剧了资源消耗和环

[①] 赵弘：《北京大城市病治理与京津冀协同发展》，《经济与管理》2014年第3期。
[②] 刘际平、刘晨晓：《当前我国城市病的表现、成因和对策分析》，《焦作师范高等专科学校学报》2014年第2期。
[③] 王宁：《特大城市空间结构缺陷与"城市病"治理》，《区域经济评论》2015年第1期。
[④] 李云昭、岳武：《关于科学发展观视角下中国城市病研究》，《边疆经济与文化》2015年第12期。

境污染[①]。

五 关于"城市病"的治理对策选择

针对以上"城市病"表现、成因,采取有效的治理和预防措施,成为政府、学界以及社会各方面共同关注的重要课题。我国学者辜胜阻等认为治理"城市病"要实施大中小城市均衡发展战略、推进户籍制度改革、实现基本公共服务均等化。杨世松等认为治理"城市病"要重视农村的"就地城市化"。孙久文(2011)认为,"城市病"的预防与治理需要提高城市治理水平,提高管理智慧,依托城市治理能力提升促进"城市病"问题的解决与预防。刘永亮和王孟欣(2010)指出,为了缓解大城市的人口压力等问题,实行了严格的城市户籍限制制度,积极发展小城镇战略,这些制度与战略措施并不能有效缓解"大城市病"问题。世界城市演变历史和现实表明,靠控制大城市规模和鼓励发展小城镇的做法并不能有效解决"城市病"问题,根治"城市病"必然要寻找新的出路,而逐步消除城乡二元结构,缩小城乡差距,实现城乡发展平衡,则是解决"城市病"的根本之道。为破解城乡二元结构,应努力解决城乡教育失衡问题,将农村基础设施建设纳入战略高度,设法保留农民工的"保命田"。

朗朗和宁育育(2010)认为,中国的工业蓬勃发展导致农民进工厂工作,可是一旦这些工厂转移到劳动力更为廉价的其他地区,大量的人失去土地,也没了工作,将成为城市贫民,解决城市的问题必须考虑农村,城市问题和农村问题是缠在一起的,没有农村的建设,城市问题也难寻答案。司彦明(2012)认为,"城市病"的预防与治理要引进先进的城市管理理念、前瞻性的规划、系统化的建设、精细化的管理。姜爱华和张弛(2012)认为,实现对"城市病"的治理,要通过科学构建城镇体系,加强和改善城市公共基础设施建设,建立

---

① 张明斗:《新型城镇化面临的潜在危机与治理方向——以农村病、城镇病和城市病为研究链条》,《郑州大学学报》(哲学社会科学版)2015年第2期。

科学的城市规划以及提高城市的建设管理水平[①]。杨卡（2013）基于自组织系统论分析了"城市病"本质、根源及其治理路径。

向春玲（2014）认为，医治"城市病"必须坚持以人为本的科学理念，以新型城镇化发展和科学的城市规划减少"城市病"，以制度改革和城市体系的协调发展克服"城市病"，以有效的生态环境保护措施医治"城市病"[②]。赵弘（2014）认为，治理"城市病"要抓住关键多管齐下。此外，城市新模式的设计、区域大尺度范围内解决"城市病"、乡村生活的城市化、提高城市化质量等均是学者提出的重要观点。刘际平和刘晨晓（2014）认为，"城市病"的治理需要坚持人本理念，加强城市经济社会的协调持续发展，消除体制上的桎梏和各种障碍，建立新型的城镇体系，重视基础设施建设，提高城市管理水平等[③]。赵弘（2014）认为，北京"大城市病"的治理需要疏解非核心功能、调控产业、优化城市空间、加快轨道交通体系建设和推进京津冀协同发展[④]。

李雪敏和武振国（2015）认为，随着"城市病"问题的日益严重，预防和治理"城市病"成为新时期推动新型城镇化的关键环节，按照"病症—诊断—治疗"的程序对内蒙古大城市"城市病"进行防治研究。内蒙古大城市"城市病"的典型症状主要表现为交通拥堵、环境污染和住房困难，通过对病症的诊断分析，发现"城市病"的成因与"城市病"病症之间存在多因多果的关系，进一步梳理并有针对性地提出防治对策，期望能够为有效缓减"城市病"对城市居民生活的不利影响做出有益探索[⑤]。

[①] 姜爱华、张弛：《城镇化进程中的"城市病"及其治理路径探析》，《中州学刊》2012年第6期。

[②] 向春玲：《中国城镇化进程中的"城市病"及其治理》，《新疆师范大学学报》（哲学社会科学版）2014年第2期。

[③] 刘际平、刘晨晓：《当前我国城市病的表现、成因和对策分析》，《焦作师范高等专科学校学报》2014年第2期。

[④] 赵弘：《北京大城市病治理与京津冀协同发展》，《经济与管理》2014年第3期。

[⑤] 李雪敏、武振国：《内蒙古大城市城市病问题分析及防治对策研究》，《内蒙古财经大学学报》2015年第3期。

王宁（2015）认为，空间缺陷可以通过特大城市的通勤指标及效用指标来量化考量，并据此提出特大城市"城市病"的治理应通过优化空间结构、疏散城市功能、建设复合型城市等途径来实现①。

李云昭和岳武（2015）认为，治理"城市病"的措施和手段主要有：树立以人为本的城市治理理念，培养公民的环境保护意识；科学统一规划，提高城市系统整体功能；统筹城乡发展，完善基础设施建设；完善城市管理机制，探索城市发展规律②。

张明斗（2015）认为，新型城镇化之路需要实现由自上而下的人造城镇向自下而上的产业推动城镇转变、由重城轻乡向城乡一体化转变、由城镇建设的面积扩张向改善民生转变、由偏重数量的单线推进向质量和数量双线均衡转变。实现城乡一体化是化解城乡二元结构矛盾的关键，化解农村病依赖于城镇化的包容性发展，化解城镇病需要加快土地产权制度改革和基础设施建设，化解"城市病"要实现城市、管理和交通等的智能化③。

焦晓云（2015）认为，农村就地城镇化是新型城镇化的重要实现形式，就地城镇化在预防和治理"城市病"，解决异地城镇化带来的农村问题和农业转移人口的"半城镇化"问题等方面具有举足轻重的作用。如何推进就地城镇化，破解"城市病"问题，需要将科学规划作为首要任务，将制度改革作为关键环节，将美丽乡村作为发展目标，将解放思想作为发展动力，将技能培训作为人才保障④。

梁丽（2016）基于大数据时代的背景提出了治理"城市病"的技术路径，认为技术不断变革，塑造着新的城市生活，城市物理空间和信息技术的互动，为城市的持续发展提供着动力。在城市化进程中，

---

① 王宁：《特大城市空间结构缺陷与"城市病"治理》，《区域经济评论》2015年第1期。
② 李云昭、岳武：《关于科学发展观视角下中国城市病研究》，《边疆经济与文化》2015年第12期。
③ 张明斗：《新型城镇化面临的潜在危机与治理方向——以农村病、城镇病和城市病为研究链条》，《郑州大学学报》（哲学社会科学版）2015年第2期。
④ 焦晓云：《新型城镇化进程中农村就地城镇化的困境、重点与对策探析——"城市病"治理的另一种思路》，《城市发展研究》2015年第1期。

"城市病"与其他城市问题集中暴发,给城市治理带来严峻挑战,依托以大数据为核心的新一代信息技术建设智慧城市,能够为治理"城市病"带来新的技术路径和有效手段。推进智慧城市建设,有助于完善城市治理体系,提高城市治理能力和发展质量,提升城市幸福指数,解决城市发展难题[1]。肖金成和马燕坤(2016)从京津冀协同发展的视角研究首都"城市病"的治理,并提出了具体的治理路径[2]。

六 关于城市绿色低碳发展与协同发展的研究

(一)城市生态文明建设与绿色低碳发展的内涵阐释

党的十八大报告提出大力推进生态文明建设,并将之放入"五位一体"的总体战略布局。党和国家对生态文明建设的高度重视,凸显城市经济新常态下的执政新思维、新理念、新战略,是党和国家对城市经济社会持续发展、提升城市文明程度、维护全球城市生态安全的积极贡献。俞可平(2005)认为,生态文明是指人类在改造自然以造福自身的过程中为实现人与自然之间的和谐所做的全部努力和所取得的全部成果,表征着人与自然相互关系的进步状态[3]。路军(2010)认为,生态文明是人类遵循人与自然和谐发展的规律并不断推进社会、经济和文化发展所取得的物质与精神成果的总和,它是以人与自然、人与人的和谐共生、全面发展和持续繁荣为宗旨的文化伦理形态[4]。城市作为生态文明建设的主阵地,加强城市绿色发展,就是以生态文明建设为重要方向和出发点,以绿色的城市经济增长来实现城市的现代化、生态化、持续化发展,重视城市经济、社会、文化、环境保护等多个方面的协同发展,重视资源集约、环境友好、生态保护。城市绿色发展要把城市经济转型的立足点放到提高经济质量、生态效益上来,将绿色发展、低碳发展、生态发展作为城市经济增长、社会建设、环境优化的持续优势与核心优势,从战略布局和方

---

[1] 梁丽:《大数据时代治理"城市病"的技术路径》,《电子政务》2016年第1期。
[2] 肖金成、马燕坤:《京津冀协同与大城市病治理》,《中国金融》2016年第2期。
[3] 俞可平:《科学发展观与生态文明》,《马克思主义与现实》2005年第4期。
[4] 路军:《我国生态文明建设存在问题及对策思考》,《理论导刊》2010年第9期。

向定位上将城市绿色发展作为生态文明建设的长远动力。

在应对气候变化、战略资源紧缺和金融危机等一系列全球性问题和挑战的助推下，绿色低碳增长、绿色低碳发展模式越来越多地受到国际社会的广泛关注。生态文明是人类对传统文明形态特别是工业文明进行深刻反思的成果，是人类文明形态和文明发展理念、道路和模式的重大进步及城市化演变进程的重要方向。生态文明建设关系到城市人民的长远利益和社会福祉，治理"城市病"，选择科学的发展模式应该以节能减排、绿色低碳发展来加快产业优化升级，加强产业技术提升和产业转型改造，同时也加强社会建设、生态保护等多方面的城市转型。依靠节能减排、绿色发展实现城市的生态化建设，构建城市经济增长与生态环境共赢的综合型绿色转型模式，实现生态、经济、社会、文化相互融合的城市发展格局，全面推进生态文明建设。1985 年，弗里贝里（Friberg）和赫特纳（Hettne）等学者提出了"绿色发展"一词，认为要重视生态保护和绿色的经济发展。绿色发展是在传统发展基础上的一种模式创新，是建立在生态环境容量和资源承载力的约束条件下，将环境保护作为实现可持续发展重要支柱的一种新型发展模式。加快"城市病"的治理，改变传统忽视城市生态环境保护的发展模式。减少资源能源消耗和温室气体排放不仅是各国需共同面对的挑战，也将成为转变经济发展方式和培育发展节能环保等新兴绿色产业的动力，势必成为新一轮科技革命孕育的突破点，也是城市经济社会持续发展的重要选择。对于城市而言，国际上许多知名城市均重视"城市病"治理，加快城市绿色发展，将环境资源作为社会经济发展的内在要素，把实现经济、社会和环境的可持续发展作为绿色发展的目标，进而实现城市经济活动过程和结果的"绿色化""生态化"。当然，这种理论与实践的探索始终没有停止，而且越来越占据城市发展的主导方向并成为发展热潮。

建设生态文明需要加快城市绿色低碳发展。改变违背生态文明要求的传统经济增长方式、资源消耗模式和环境污染问题，加快绿色发展就是要以生态文明建设为目标和重要方向，以尽可能少的资源能源投入和消耗、尽可能少的碳排放和环境污染为代价，实现绿色发展、循环发展、低碳发展。因此，城市绿色发展是建设生态文明的必然要求，也是重要支撑。城市绿色发展倡导的是一场生态革命，涉及城市技术、经济、社会、文化领域的深刻革命，是由工业文明走向生态文明、由工业经济转向生态经济、由工业社会走向生态社会、由工业化发展模式转向绿色化、低碳化、生态化、宜居化的城市发展模式。肖洪（2004）认为，城市绿色发展是对传统工业化和城市化演变道路的辩证否定，扬弃了只注重经济效益而不顾人类福利和生态后果的唯经济的工业化发展模式，转向兼顾社会、经济、资源和环境的发展，注重社会—经济—自然复合生态整体效益[1]。

推进生态文明建设，必须在城市转型过程中，注重资源利用技术和效率提升，培育和发展新的经济增长点，促进产业结构的调整与优化，加强环境保护和环境治理，减少对环境的污染和碳排放，实现环境友好和生态平衡，促进经济、社会、生态环境的全面、协调、可持续发展。城市绿色转型是遵循绿色、生态、低碳的可持续发展原则，以长期持续、生态循环的城市经济增长来实现城市的现代化、生态化、低碳化发展，满足当代人生存与发展的同时，不损害下一代的发展利益和发展空间，实现长远利益与短期利益、局部利益与全局利用的可持续性发展和长远发展。李彦军认为，城市的发展不是线性的，繁荣与衰退的周期波动会带来城市发展的震荡，如何防止衰退、保持繁荣是城市发展面临的主要课题之一。目前，发达国家已经进入第五长周期，而我国正处于第三长周期，即工业化中期阶段。要想顺利完成工业化，实现赶超，我国城市进行转型，核心是实现产业与社会转型的统一[2]。

关于绿色低碳发展的理论和实践仍处于探索阶段。绿色低碳发展是以生态文明建设为主导，以循环经济、绿色经济、可持续发展等理论为基础，以绿色管理、绿色技术创新、绿色改造、绿色建设为关键和动力，发展模式向可持续发展转变，实现资源节约、环境友好、生

---

[1] 肖洪：《城市生态建设与城市生态文明》，《生态经济》2004年第7期。
[2] 李彦军：《产业长波、城市生命周期与城市转型》，《发展研究》2009年第11期。

态平衡，人、自然、社会和谐发展的转型模式选择与战略决策。庄贵阳（2008）认为，低碳经济是一项社会愿景，而低碳发展是向低碳经济转型的必要过程，中国节能减排工作实践表明，中国必须通过"干中学"积累政策经验[①]。张晨和刘纯彬（2009）认为，绿色转型发展是立足于当前经济社会发展情况和资源环境承受能力，通过改变企业运营方法、产业构成方式、政府监管手段，实现企业绿色运营、产业绿色重构和政府绿色监管，使传统黑色经济转化为绿色经济，形成经济发展、社会和谐、资源节约、环境友好的科学发展模式[②]。城市绿色发展改变了以往片面追求经济增长和物质规模扩张的发展模式。胡鞍钢指出，所谓绿色发展之路，就是强调经济发展与保护环境的统一与协调，即更加积极的、以人为本的可持续发展之路。John Knott 认为，绿色发展就是"回归一种结合新技术，对气候、地理、文化影响良好的发展方式"。何建坤（2015）认为，建设生态文明，实现低碳发展，需要发展理念和消费观念的创新，也需要有理论和方法学的创新[③]。城市绿色低碳发展要求既要改善能源资源的利用方式，还应保护和恢复自然生态系统与生态过程，实现人与自然的和谐共处和共同演化，实现城市绿色经济和低碳经济发展。在生态极限的范围之内强调发展方式转变，强调资源集约、环境友好，强调绿色低碳技术创新与应用，提高能源利用效率，在提高单位自然资本投入的经济产出的同时，提高单位经济产出的福利贡献，最终提高绿色发展绩效。

（二）生态文明建设与城市绿色发展的现状与问题

国外学者从城市资源耗竭、产业衰退等现实出发，研究了城市存在的现状问题及其内在成因，发现城市生态文明建设滞后，提出了加快"城市病"治理，要高度重视城市生态文明建设、重视城市绿色低碳发展的重要命题。20 世纪 60 年代后，伴随着世界经济危机的频

[①] 庄贵阳：《节能减排与中国经济的低碳发展》，《气候变化研究进展》2008 年第 5 期。

[②] 张晨、刘纯彬：《资源型城市绿色转型的成本分析与时机选择》，《生态经济》2009 年第 6 期。

[③] 何建坤：《中国能源革命与低碳发展的战略选择》，《武汉大学学报》（哲学社会科学版）2015 年第 1 期。

繁暴发、能源和劳动力价格的上涨，西方许多中心城市如休斯敦、匹兹堡、格拉斯哥、伯明翰等呈现出大规模的城市衰退迹象，"城市病"问题突出，严重制约城市经济社会的可持续发展。为此，一些学者对这些城市的产业结构如何调整与复兴、"城市病"治理问题进行深入研究。罗伯茨和赛克斯（Roberts, P. and Sykes, H., 2000）发现，狭窄的专门化产业群体是造成城市经济脆弱的根源，产业结构的多元化转型是城市振兴与发展的重要路径。罗杰·珀曼（Roger Perman）研究指出，休斯敦城市资源耗竭、环境恶化、产业衰退、失业严重等问题，通过大力延伸产业链，加速石油科研的开发，带动相关服务业发展，加速城市经济转型。兰德里（Landry, 2003）认为，当代都市发展需要创意的方法加以转型。弗罗斯特－库姆夫（Frost－Kumpf, 1998）认为，艺术在美化与活化城市、提供就业、吸引居民与观光等方面发挥重要作用。布斯和博伊尔（Booth, P. and Boyle. R., 1998）探讨基于文化政策引导下，"城市病"的治理及其转型与城市更新问题。

有较多的国外学者从绿色经济、低碳经济等视角对"城市病"的治理、城市转型发展进行了一定的深入研究。格莱泽和卡恩（Glaeser and Kahn, 2008）通过实证研究，考察了碳排放量与城市规模、土地开发密度三者的关系，发现城市规模与碳排放存在一定的正相关关系，城市规模越大，可能碳排放总量越增加。杰恩·尼库佛德和维尔·弗恩奇（Jenny Crawford and Will French, 2008）研究英国城市空间规划（Spatial Planning）与绿色低碳发展目标之间的关系。佛恩等（W. K. Fong et al., 2007）实证研究马拉西亚能源消耗、碳减排与城市绿色发展、城市规划的关系问题。

国内学者对城市生态文明建设问题进行了研究。翁志勇（2011）认为，我国在生态环境保护以及自然资源保护上取得了一定的成绩，但是生态文明建设的形势依然非常严峻，所面临的挑战依然十分巨大，主要表现为缺乏正确的生态价值观和生态道德观，经济发展阶段以及经济增长方式的制约影响了生态文明的发展，生态文明建设存在"指标化"现象，相关配套制度尚未完全形成，监测与执法的力度以及透明度仍旧需要加强①。杜勇（2014）对我国资源型城市生态文明建设的现状与问题进行了深入剖析，认为当前我国资源型城市生态文明建设过程中面临的困境主要包括能源资源约束日益趋紧、环境污染严重和生态系统恶化趋势明显、产业结构失衡和民生问题凸显。

也有较多学者对城市绿色低碳发展问题进行了深入研究。侯伟丽（2004）认为在实现绿色发展的道路上，中国在21世纪面临着人口持续增长、高消费模式兴起、经济规模扩大、产业结构向重型化转变、城市化快速提高等方面的挑战。但同时，市场机制的建立、对外开放扩大、环保意识的增强、知识经济的兴起，也为中国实现绿色发展提供了机遇。路军（2010）认为，长期以来，GDP增长率是评价地方官员政绩的一个不成文标准，导致一些地方为追求一时的经济发展速度，不惜违背经济规律。其结果是生态环境遭到严重破坏，可持续发展受到极大影响。对我国生态文明建设过程中存在问题的原因进行分析，发现：一是经济因素，经济发展引起的环境问题恶化，经济利益与环境保护的冲突。二是人文社会因素，人口众多，环境的资源压力大，公众环保意识普遍较差，生态问题与贫困等其他社会问题交织在一起，有形成恶性循环的趋势②。陈静、陈宁和诸大建等（2012）认为，中国城市发展的许多问题源于城市经济社会发展与城市自然资本消耗的冲突，因此中国城市发展的关键是绿色转型。然而，目前对城市绿色转型评价分析还缺乏较为有效的理论和方法。田智宇和杨宏伟（2014）以京津冀地区为例，分析了我国城市绿色低碳发展现状、存在的问题、面临的挑战等③。

（三）生态文明建设与城市绿色发展的国内外比较研究

有学者对生态文明建设与城市绿色发展的国内外经验进行了比较

---

① 翁志勇：《生态文明建设：问题与对策研究》，《毛泽东邓小平理论研究》2011年第11期。
② 路军：《我国生态文明建设存在问题及对策思考》，《理论导刊》2010年第9期。
③ 田智宇、杨宏伟：《我国城市绿色低碳发展问题与挑战——以京津冀地区为例》，《中国能源》2014年第11期。

研究。如孙雅静（2004）进行了矿业城市转型模式的国际比较。袁志彬和宋雅杰（2008）对中美资源型城市转型模式进行了比较研究。承建文（2008）提出要学习新加坡立体绿化经验，再造上海城市绿色空间。陆小成（2013）研究了纽约城市绿色转型对北京的启示。石敏俊和刘艳艳（2013）对城市绿色发展进行了国际比较，认为国内城市绿色发展与发达国家城市的差距主要体现在环境健康和低碳发展两个方面，资源节约和生活宜居方面的国内外差距并不显著，环境健康的差距又主要体现在空气质量和环境管理两个方面，发达国家城市的空气质量明显优于国内城市，国内城市在低碳发展领域与发达国家的差距更加明显，低碳发展差距的背后，一方面是由于我国正处于工业化和城市化中期阶段，能源需求旺盛；另一方面也与我国能源结构偏重煤炭，同时能源技术效率较低有密切的关联。田智宇和符冠云（2014）通过比较研究，认为发达国家经过近百年发展，普遍已完成城市化进程，其发展历程中的经验值得我国借鉴，对主要发达国家城市绿色低碳发展的经验进行了回顾总结。

有较多学者对国内城市的生态文明建设与绿色发展的典型案例和主要模式进行比较研究。刘畅（2012）以枣庄市为例分析了资源枯竭城市转型的相关问题及枣庄实现城市转型的具体措施[①]。杨波和赵黎明（2013）对"中国金都"招远市资源型城市转型模式进行探索，研究了资源"诅咒"破解、锁定效应消除与转型空间建构问题。雷蕾（2011）研究提出了资源枯竭型城市转型的"白银"模式。侯景新和岳甜（2013）基于生态问题的视角研究了资源型城市转型模式。陈继良（2009）从主导产业选择的视角研究了鹤岗城市转型模式。蔡萌和汪宇明（2010）认为，创建低碳旅游城市是城市宜居生态发展的高级阶段，是实现中国旅游城市转型的战略模式选择，要规范发展、互动发展、示范发展，加快形成中国特色的低碳旅游城市发展新

---

① 刘畅：《关于资源枯竭城市转型的思考——以枣庄市城市转型为例》，《城市建设理论研究》2012年第4期。

格局①。

(四) 城市生态文明建设与绿色低碳发展的评价及路径研究

许多学者建立生态文明建设评价指标体系，进而科学测度和评价城市或区域生态文明发展状况，为提出有效对策提供依据。陈静、陈宁和诸大建等（2012）将城市绿色转型评价指标体系分为两大类，即城市支持系统和城市协调系统，引入熵理论建立灰熵评价模型，并采用上海2001—2007年的相关数据进行实证研究，研究结果表明在研究时段内上海市的城市发展较快，但主要问题在于如何从生态门槛的右边降低人均物质消耗问题以实现绝对脱钩。蓝庆新、彭一然、冯科（2013）基于北、上、广、深四城市的实证分析，对城市生态文明建设评价指标体系构建及评价方法进行了研究。基于层次分析法原理，构建包括生态经济、生态环境、生态文化和生态制度4个准则层及30项具体指标层的城市生态文明建设评价指标体系，在该指标体系基础上，运用指标综合评价方法，对2011年北京市、上海市、广州市、深圳市的生态文明建设水平进行了横向比较②。杜勇（2014）认为，作为维护能源资源安全的保障地、推动新型工业化和城镇化的主战场，我国资源型城市的生态文明建设正处于关键时期，迫切需要建立一套科学的生态文明建设评价指标体系，指导我国资源型城市生态文明建设。耿天召、朱余和王欢（2014）提出城市绿色发展竞争力概念，探讨环境质量与经济社会发展水平之间的关系，从城市空气环境质量、地表水环境质量、声环境质量、集中式饮用水源地水质和生态环境质量等"硬环境"着手，结合衡量城市经济发展程度的工业GDP指标，构建评价指标体系，用单位工业GDP的环境代价来表征城市绿色发展竞争力水平，并以安徽省省辖市为例进行了实例研究。

较多学者对生态文明建设与城市绿色低碳发展的路径进行了研

---

① 蔡萌、汪宇明：《基于低碳视角的旅游城市转型研究》，《人文地理》2010年第5期。

② 蓝庆新、彭一然、冯科：《城市生态文明建设评价指标体系构建及评价方法研究——基于北上广深四城市的实证分析》，《财经问题研究》2013年第9期。

究。刘剑平、陈松岭和易龙生（2007）认为，主导产业的选择是资源型城市转型成功的关键与核心问题。运用定性与定量相结合的方法，提出了资源型城市转型主导产业的选择指标体系，并就如何对主导产业进行选择的方法进行了探讨。同时，对资源型城市转型主导产业的培育提出了相应建议与措施[1]。汪云甲（2012）论述了中国矿产开发与环境破坏现状，分析了完善矿区生态环境补偿机制、加速矿区生态环境修复的必要性，在此基础上，提出建立完善有利于矿区生态环境补偿、生态修复的配套政策及法规，研究生态环境补偿标准体系等[2]。田智宇和杨宏伟（2014）提出，城市化发展要优化区域和城市布局，构建系统优化的绿色、低碳能源供应系统，大幅提升能源利用效率，创新区域和城市管理体制机制，推动城市发展向绿色、低碳方向尽快转型[3]。

（五）城市协同发展研究现状

协同发展是城市实现跨区域发展的必然选择。协同发展就是指协调两个或者两个以上的不同资源或者个体，相互协作完成某一目标，达到共同发展的双赢效果。协同包括许多方面，如技术协同、制度协同、政策协同、管理协同等，还包括创新协同、区域协同、城市协同等。协同发展论已成为当今世界许多国家和地区特别是大都市区、城市群实现经济社会可持续发展的重要理论基础。大都市区都是通过城市与城市之间、城市与周边地区进行联动，实现了经济社会跨越发展。城市协同发展应该是新常态下城市发展的重要战略。

沈玉芳、刘曙华、张婧等（2010）认为，随着各类经济资源在空间上的集聚集群以及在地域上竞争与合作的不断推进，协同发展成为区域经济学研究的一个热点。基于协同发展的相关理论和实证研究，对长三角地区产业群、城市群和港口群的发展状况及其协同状况

---

[1] 刘剑平、陈松岭、易龙生：《资源型城市转型主导产业的选择与培育》，《中国矿业大学学报》（社会科学版）2007年第1期。
[2] 汪云甲：《关于助推资源枯竭型城市转型的建议》，《中国发展》2012年第6期。
[3] 田智宇、杨宏伟：《我国城市绿色低碳发展问题与挑战——以京津冀地区为例》，《中国能源》2014年第11期。

进行实证分析，研究认为长三角在推进三大群体协同方面具有很大的空间，结合区域经济一体化的趋势提出推进长三角地区产业群、城市群和港口群协同发展的对策措施[①]。

王卫东（2011）运用雷达图分析法，从创新经济基础、创新投入能力、创新环境水平、创新产出能力四个方面对长三角 16 个城市的创新能力进行了比较和分析，为构建长三角城市群协同创新发展机制提供决策依据和定量基础。他认为，目前长三角城市群协同创新中存在的问题和阻力主要有协同创新动力机制不健全、创新要素流动不畅和科技资源共享缺乏长效机制，因此需要从基础架构、重点领域、关键载体、保障机制和对策措施等几个方面着手构建长三角城市群协同创新的发展机制[②]。

李应博和朱慧勇（2013）以新城市主义理论为视角，探讨了城市成长与产业创新协调发展的国际经验，进而从城市产业竞争力、产业结构转型升级、总体生活质量和城市环境治理等方面，分析了我国城市产业创新的成效。同时，指出了我国城市产业创新中的"路径依赖"、产业政策"碎片化"、产业与人文社会环境缺少协同和城市间产业同质性强等制约因素。最后从有效发挥政府干预机制、优化城市产业政策工具、建立城市间产业协同创新机制和建设"美丽城市"等方面，提出了加快我国城市产业创新的对策建议[③]。

曾丽君、隋映辉和申玉三（2014）认为，长期以来资源型城市为国家提供了主要生产资料，为我国经济与社会发展做出巨大贡献。但资源型城市原有的粗放型发展模式使资源型城市发展普遍面临严峻困境。资源型城市必须转变原有发展模式，选择以科技产业为支撑的可持续发展模式。科技产业与资源型城市可持续协同发展系统包括经济子系统、社会子系统、环境子系统和资源子系统四个子系统。在分

---

① 沈玉芳、刘曙华、张婧等：《长三角地区产业群、城市群和港口群协同发展研究》，《经济地理》2010 年第 5 期。
② 王卫东：《长三角城市群协同创新发展机制研究》，《企业经济》2011 年第 12 期。
③ 李应博、朱慧勇：《新城市主义视角下城市成长与产业创新协同发展研究》，《城市发展研究》2013 年第 7 期。

析四个子系统各因素间因果关系的基础上构建整个系统的因果关系模型，进而构建系统的流图模型，并综合运用多种方法建立变量间方程，从而初步建立起科技产业与资源型城市可持续协同发展的系统动力学模型[1]。

邢天河（2014）认为，京津冀协同发展已上升为国家战略，要完成国家赋予的重大任务，助力北京世界城市建设，京津冀地区应突出比较优势，实现区域合理分工；重构区域功能，构筑空间新格局；完善交通网络，构筑交通支撑体系；创新体制机制，推动区域协调发展[2]。

陈可石、王龙和邓婷婷（2014）针对北京城市问题凸显、京津冀发展不均衡等问题，剖析了与北京具有相似发展条件的世界城市巴黎，通过文化路径建设世界城市的过程、动力及实施措施，为北京在京津冀协同发展进程中建设世界城市提出了一条可供参考的文化路径，即以文化产业为核心动力，通过调整北京及京津冀区域产业、人口及空间结构等措施，推动北京建设具有文化特色的多中心网络化世界城市区域[3]。

沈忱和郄海霞（2015）以伦敦大学和伦敦市的互动与协同为案例，对伦敦城市协同发展问题进行研究，认为工业革命的推进成就了伦敦市作为英国的政治和经济中心的地位，也促成了伦敦大学的建立。伦敦大学的发展离不开伦敦市在政策上的支持。在回应伦敦经济社会发展需求的过程中，伦敦大学与当地企业逐步走向互利共赢。伦敦大学在履行其社会责任的同时与社区实现深度融合[4]。

陆大道（2015）研究回顾了京津冀大城市群内部各组成部分的经济联系与利益矛盾，阐述了改革开放以来，京津两市和河北省的经

---

[1] 曾丽君、隋映辉、申玉三：《科技产业与资源型城市可持续协同发展的系统动力学研究》，《中国人口·资源与环境》2014年第10期。
[2] 邢天河：《京津冀城市协同发展的思考》，《经济与管理》2014年第5期。
[3] 陈可石、王龙、邓婷婷：《京津冀协同发展视角下北京建设世界城市的文化路径——巴黎经验的启示》，《商业时代》2014年第28期。
[4] 沈忱、郄海霞：《英国大学与城市协同发展的案例分析——以伦敦大学与伦敦市互动为例》，《中国高教研究》2015年第8期。

济发展特点及已形成的优势。根据各自的特点、优势和符合国家战略利益的原则，提出了京津冀大城市群中北京市、天津市、河北省的功能定位[1]。

汪彬和陈耀（2015）选取人均 GDP、人均居民储蓄存款余额、人均固定资产投资、人均社会消费品零售总额、人均进出口额五项指标，采用威尔逊系数法，对 1999—2013 年的京津冀与长三角城市群的区域差异及变动趋势进行测算。结果发现，与长三角的均衡发展相比，京津冀城市群内部差异显著，五项指标所衡量的收入水平、经济增长潜力、经济外向程度方面都存在着一定差距，且差距收敛趋势不明显。京津冀城市群协同发展障碍的原因是，产业配套不协同、城市群利益分配冲突、行政体制的制度性障碍以及市场一体化进程缓慢等问题，结合城市群协同发展理论及实践，提出推动京津冀城市群协同发展的政策与建议[2]。

周军和马晓丽（2015）认为，京津冀城市化发展壮大的同时，面临着资源和能源紧缺等问题。低碳规划发展是京津冀城市协同一体化发展的重要引擎和路径选择。阐述了科学规划城市空间结构，优化绿色交通布局，调整产业区划结构，促进产业转型，促进节能减排，营造低碳人居环境，加强绿化碳汇能力等应对路径，以促进京津冀低碳城市可持续性发展[3]。

七　研究不足及述评

加快"城市病"治理与绿色低碳发展是推进生态文明建设，破解"城市病"，提升城市品质与构建绿色城市品牌的重要内容和突破口，实现在更高的水平上推动城市的科学发展。目前，有关"城市病"治理与绿色低碳发展的研究成果日渐增多，但研究基础仍然较

---

[1] 陆大道：《京津冀城市群功能定位及协同发展》，《地理科学进展》2015 年第 3 期。
[2] 汪彬、陈耀：《京津冀城市群发展差距测算及协同发展研究》，《上海经济研究》2015 年第 8 期。
[3] 周军、马晓丽：《京津冀协同发展视角下低碳城市发展规划及路径》，《人民论坛》2015 年第 32 期。

为薄弱，尚存在诸多不足，分析这些不足，进一步提出有效的政策建议。

（一）由于病因很多，而现有的部分研究没有考虑到各因素之间的联系，有"头痛医头，脚痛医脚"之虞，在理论上仍有待于进一步完善与深化

"城市病"是伴随着国家经济社会的快速发展而形成的，工业化和城市化的推进导致人口快速进入城市以寻找更多的就业机会和发展空间，而城市自身的承载力不足导致交通、住房、环境等系列问题，因此对这些问题的考察与分析应该采用综合、全面、系统的视角，但现实中不可避免地存在着一些错误的做法[①]：第一，过分夸大"城市病"的不利影响，将城市经济社会发展过程中所有出现的问题都归结为"城市病"，提出不应该发展城市，严格控制城市规模和数量，进而达到避免"城市病"问题。这一思想不符合城市化发展规律和潮流，严重阻碍了城市化进程和持续发展。第二，过分忽视或者轻视"城市病"可能带来的负面影响，由于部分城市过分追求经济利益，忽视民生改善、社会建设、环境保护，特别是弱势群体利益的保护，如通过强拆过度推进城市化进程，积累了大量的社会矛盾和社会问题，形成社会不稳定因素。小城镇的过度开发和城市规模的过度扩张，造成旧病未除新病又增，引起"城市病"的并发症，既造成了资源浪费，影响了可持续发展，也危及了社会稳定。因此，治理"城市病"，应该重视病因的深度考察，准确把握城市问题的病理、病因、病症及其内在规律，进而采取科学的治理措施和对策。

（二）国际经验可以借鉴，但要研究借鉴和参考的基本条件，不能盲目照搬，需要分析具体情况和"城市病"形成的具体原因

可以说，不同国家遇到的"城市病"症状不同，根源也不同，难以采用一种解决办法或者治理模式，对"城市病"的国际经验研究的不足以及盲目照搬导致理论与实践的脱节。对国际经验有哪些可以供北京参考和借鉴，如何结合北京实情提出有效对策，没有进行系

---

① 周加来：《"城市病"的界定、规律与预防》，《中国城市经济》2004年第2期。

统的研究。

（三）要深入研究"城市病"的表现、特征及其内在成因，分析城市低碳发展到底存在哪些问题和障碍，系统分析问题的本质原因，选择科学的发展模式，建立城市生态文明建设政绩考核体系

党的十八大、十八届三中全会报告明确提出要大力推进生态文明建设，促进绿色发展、循环发展、低碳发展。建设生态文明是关系人民福祉、关乎民族未来的大计，是实现中华民族伟大复兴中国梦的重要内容。习近平总书记指出，我们既要绿水青山，也要金山银山。宁要绿水青山，不要金山银山，而且绿水青山就是金山银山。这生动形象地诠释了党和国家大力推进生态文明建设、实现绿色发展的鲜明态度和坚定决心。贯彻落实中央精神，如何实现绿色发展，绿色发展在实际中还存在哪些问题，绿色发展有哪些动力，选择什么样的绿色发展模式，对这些问题的回答并没有进行深入系统的研究，在理论创新层面和实践层面没有进行整合研究。特别是在现实中遇到的到底是发展经济还是保护环境，地方政府难以割舍，经济发展与绿色环保两者之间的矛盾与悖论没有得到很好的破解。在政绩考核体系没有转变传统唯 GDP 至上的理念，缺乏生态文明建设的政绩考核背景下，党的十八届三中全会强调要加强生态文明制度建设，要把资源消耗、环境损害、生态效益纳入经济社会发展评价体系，建立体现生态文明要求的目标体系、考核办法、奖惩机制。但现有成果中针对城市绿色发展如何建立有效的生态文明政绩考核体系，缺乏深入研究，需要尽快出台城市生态文明建设政绩考核体系的纲领性文件和指导标准。

（四）进一步深入研究生态文明建设与城市绿色发展的内在关系，研究城市低碳发展对于治理"城市病"的重要意义，全面阐释城市绿色低碳发展的内涵及特征

当前，研究不足及需要进一步深入研究的问题有：一是深入研究比较生态文明、绿色发展、低碳发展、循环发展等诸多概念的区别与联系，把握各个概念的本质内涵，进而研究城市如何进行科学发展。在理论层面，生态经济、绿色经济、低碳经济等概念相近，互相包含，但同时各自具有不同的侧重点，如生态经济强调各要素之间的仿

生态关系，不要人为进行割裂，导致发展异化或畸形。循环经济强调建立资源能源循环利用的模式，减少废物排放，主张废物可回收再利用，资源的减量化、再利用、再循环。低碳经济强调减少二氧化碳的排放，实现低碳、零碳发展模式。绿色经济则强调从生产和消费的角度，注重绿色发展和清洁生产，构建绿色企业、绿色产业、绿色产品，建设绿色城市。二是要深入研究生态文明建设与城市绿色发展的内在关联，绿色发展是推进城市生态文明的关键。三是要深入研究在城市层面的绿色发展内涵。城市绿色发展不是传统意义上的经济发展，而是强调经济绿色增长、社会和谐、环境友好、绿色生态文化建设、在政治管理层面的绿色环保等，通过经济、社会、文化、环境、政治五位一体的绿色革命与发展，才能促进城市绿色转型与生态文明建设。借鉴世界城市发展经验，解决北京"城市病"问题要从京津冀城市圈一体化发展、协同发展、低碳发展的高度进行思考，如何从京津冀低碳发展的大尺度视角促进北京"城市病"的治理与国际一流的和谐宜居之都建设，应该采取哪些政策措施，对这些问题都没有进行深入研究。本书力求在这些方面进行探讨。

（五）针对城市功能定位，提出城市生态文明建设与绿色发展的可操作性的有效路径

现有研究中重点对城市一般发展问题进行研究，缺乏针对城市自身特色和资源禀赋以及实际问题的研究，难以提出城市生态文明建设与绿色发展的有针对性的发展路径。城市功能是城市存在的本质特征，是城市系统对外部环境的作用和秩序，是各种功能相互联系、相互作用而形成的有机结合的整体，而不是各种功能的简单相加。基于创新驱动战略、发展方式转变、生态文明建设、低碳发展等战略提出，城市生态文明建设与绿色发展应该进一步研究和加强城市问题的全面深入研究，使城市发展更好地与区域经济、政治、社会、文化、生态环境等功能相适应，更好地与城市人口、资源、环境的承载能力相协调，走文化立市、创新驱动、绿色崛起的新型城市发展道路。因此，基于城市人口过于膨胀、资源能源耗竭、环境污染问题恶化等问题现实，对城市发展进行科学的功能定位，特别是结合实施创新驱动

战略，提升文化软实力，实现绿色崛起等方面，进而提出有效的城市绿色发展路径，推进城市生态文明建设。

第三节 研究意义与目的

第一，在学术价值层面，系统梳理"城市病"形成机理、内在成因、国际经验比较、治理措施研究等问题，从学理上探讨"城市病"治理的有效措施，建构"城市病"治理的系统性的理论分析框架。"城市病"的形成及其成因、治理等具有内在的规律性，从学理层面挖掘、总结和探索这些规律性，形成相对完整的理论体系，为进一步指导"城市病"的治理实践提供重要的理论参考，也具有重要的理论研究的学术价值。本书试图从理论和学术价值的高度，深入分析和比较各国"城市病"的形成及其治理的共同理论规律，进行总结和归纳，形成相对完整的理论体系，推进"城市病"治理理论发展。

第二，在国际比较层面，本选题比较国外特别是世界城市曾经出现的"城市病"问题，并提炼和总结其治理经验，为北京"城市病"的防治提供一定参考。关于"城市病"治理的国际比较文献较多，但从多个角度、多个国家或者城市进行综合比较的不多，本书注重国际比较的系统性，既要梳理其共同规律，也要突出各个城市在"城市病"治理中的差异性，进而总结出国际经验的内在特征，为北京"城市病"治理提供可资借鉴的启示和经验。

第三，在实践应用层面，从区域大尺度和京津冀协同发展、低碳发展的高度提出治理"城市病"有效的对策建议，为北京市各级政府和京津冀区域有关部门决策提供咨询服务，促进绿色北京、和谐宜居之都以及世界城市建设，促进京津冀城市圈一体化、均衡化、协同化、低碳化发展。北京目前遭遇较为严重的"城市病"问题，不仅包括人口问题和交通问题，还包括雾霾频现、生态恶化、水源污染等诸多方面的问题，不直视和破解北京"城市病"问题已经无法向首都人民交代，也无法在国际上拥有更好的形象和话语权，首都"城市病"问题特别是雾霾问题也成为资本主义国家攻击我国的重要焦点。因此，本书力求通过国际比较，既要看到"城市病"是国际通病，也要看到"城市病"的治理并不是攻不可破的难题，是有解决之路的，是充满希望的，关键是要立足现实问题，借鉴他山之石，为实践问题的解决出谋划策和贡献智慧。这是本书研究的最为核心的研究主旨和研究意义。

第四节　主要思路与研究内容

主要研究思路：从理论和实践相结合的基础上，研究古典社会学派、人类生态学派、田园城市理论、低碳城市理论等的内在关联，为治理"城市病"问题提供理论支撑；分析"城市病"的演化规律和阶段性特征，比较典型的世界城市如纽约、伦敦、东京等治理"城市病"的基本经验，分析北京"城市病"问题及其成因，提出北京"城市病"治理及京津冀低碳协同发展的政策建议。

第一部分，"城市病"治理的理论回顾。本部分重点是对古典社会学、人类生态学、社区学派、田园城市、低碳城市等理论进行回顾性梳理，提出指导北京"城市病"治理以及京津冀低碳发展的重要理论支撑。

第二部分，"城市病"的演化规律及阶段性特征研究。本部分主要研究：一是"城市病"的范畴界定及其主要表现。二是"城市病"演化的阶段性特征。"城市病"治理，要准确判断城市所处的阶段及其特性进行相应的应对。结合中国实际，重点考察改革开放以来中国以及北京"城市病"演化的阶段性特征。三是"城市病"与中心城市功能定位之间的关系考察。城市核心功能包括控制性功能、基础性功能、迁移性功能等。重点研究不同阶段产生的不同城市形态、不同功能需求导致的城市要素之间的失衡关系。

第三部分，基于跨区协调的视角对纽约"城市病"治理的经验进行考察。研究纽约城市演变经历了从城市化向城郊化转变过程和主要经验，体现了跨区协同与均等配置的特征。

第四部分,"城市病"治理的伦敦经验:基于"迈达斯灾祸"的考察。英国著名劳工史学家哈蒙德夫妇将英国19世纪的"城市病"问题称之为"迈达斯灾祸"(Curse of Midas),批评英国一味追求工业生产却引发各种社会问题和民生问题。伦敦开始工业化进程以来,急剧膨胀的人口使得城市住房短缺、贫民窟广泛分布、道路拥堵以及环境污染严重,引发了"伦敦烟雾"事件。伦敦治理"城市病"主要措施包括:制定首都空气清洁法规,加强雾霾治理的制度建设;设立污染检测点,严控尾气排放;加强雾霾治理的技术攻关,以技术创新促进治理;发展绿色公共交通,使用清洁低碳能源,减少碳排放;重视社会群众参与首都雾霾治理等。重点研究伦敦"城市病"治理的关键性对策和对城市功能的系统化疏解经验。

第五部分,"城市病"治理的洛杉矶经验:基于空气污染治理的经验。洛杉矶作为美国比较典型的工业城市,先后经历雾霾事件和光化学烟雾污染事件,经过几十年的治理,洛杉矶地区的空气质量得到了明显改善。洛杉矶空气污染的治理先后经历了组织法规治理时期、市场技术治理时期、转型协同治理时期三个阶段。根据洛杉矶空气污染治理的阶段性特征及其具体政策措施,为北京"城市病"治理提供重要借鉴。

第六部分,"城市病"治理的东京经验:基于副中心城市建设的启示。东京"城市病"的变化与产业发展及由此产生的人口变动密切相关。20世纪六七十年代,是东京"城市病"最为严重的时期,人口、劳动力的集中导致地价上涨、环境恶化、生活成本增加等。东京采取有效的"城市病"治理措施,从规划引导、功能疏解、副中心城市建设、产业调整、人口疏导、资源配置等多个方面加强治理。本部分重点对东京公共交通、低碳交通、副中心城市建设如何实现功能疏解、人口分流、低碳发展进行比较研究。

第七部分,"城市病"治理的鲁尔经验:基于产业升级的视角。对鲁尔区文化改造与产业升级的统验模式进行总结,提出对中国的重要启示。

第八部分,北京"城市病"问题表现及其成因分析。本部分主要从人口、资源、环境等要素之间的互动关联效应，进行实证研究和问题分析。分析北京"城市病"问题的主要表现以及内在成因，找到治理"城市病"的关键要素及其传导关系。

第九部分，北京"城市病"治理及京津冀低碳发展的对策研究。本部分重点是针对国际经验的比较研究，提出适合北京"城市病"治理的政策建议。北京"城市病"治理既要结合国际上"城市病"治理的一般经验与规律，也要结合北京的自身特色选择科学的发展对策，需要以落实首都战略定位为指导思想，以构建国际一流的和谐宜居之都为基本目标，加快北京"城市病"治理，加快京津冀低碳协同发展。提出适合北京"城市病"治理与京津冀低碳协同发展的有效政策，如落实首都功能定位，加强顶层设计与统筹协调，加强优势资源均衡布局，引导人口有序分流，加快轨道交通建设，有序控制机动车增长，深化首都生态文明体制改革，建立环境治理的长效机制，建立社会参与机制，推进京津冀低碳协同发展，加快非首都功能疏解，创新城市管理方式，推动城市智能化，建设智慧首都等方面的对策建议。

第五节 研究重点难点与主要方法

一 研究重点与难点

第一，系统梳理和总结"城市病"治理的国际经验，分析世界城市曾经出现的"城市病"表现、特征及其成因，考察和总结"城市病"治理的共同规律，是本书的基本研究方法，也是重要创新之处。基于跨区协调的视角对纽约"城市病"治理的经验进行考察，纽约在实现从城市化向郊区化过渡的基础上，进一步实现跨区域的协同发展，北京"城市病"治理应该重视跨区协同与均等配置，构建跨区协同机制。基于雾霾治理的视角对伦敦"城市病"治理经验进行考察，制定首都空气清洁法规，加强雾霾治理的制度建设；加强雾霾治理的技术攻关，以技术创新促进治理；发展绿色公共交通，使用清洁低碳能源，减少碳排放。基于副中心建设的视角对东京"城市病"治理经验进行考察，加强规划和疏解城市功能，建设城市副中心。基于文化改造的视角，对德国鲁尔区"城市病"治理的经验进行考察，重视文化改造，制定区域整治规划，根据城市资源禀赋和产业特色，构建低碳发展模式。

第二，从区域大尺度考察"城市病"治理问题。"城市病"问题主要存在于核心功能、产业、人口等过度集中的某一区域，过度集聚并不一定带来规模效应。

第三，北京"城市病"治理要从京津冀低碳发展的高度进行综合性、系统化治理。人口过度膨胀、产业过度集聚特别是重化工、高能耗产业的发展、燃油性的高碳型交通、高碳建筑等存在，均是违背低碳发展的原则和要求。北京"城市病"问题治理要从低碳理念、低碳规划、低碳交通、低碳产业、低碳建筑、低碳生活等多方面进行综合性、全局性、系统性的考虑，这是治理"城市病"问题的重要举措，是本书提出的重要观点，也是重要的创新点。

第四，北京"城市病"治理问题，重点要以低碳发展为指导加快京津冀协同发展。协同发展应该追求的是不同于传统的发展道路，应该是和谐的、均衡的、低碳的、生态的、协调的，协同发展是以治理北京"城市病"为基本内容的发展，应该能够有效治理北京乃至整个京津冀长期的环境污染、高能耗等多方面的"城市病"问题。但如何实现这种协同，如何通过协同发展促进"城市病"的治理，促进京津冀区别于传统高碳排放的粗放发展道路，选择资源集约、环境友好的低碳型发展道路，是本书研究的重点，也是难点。

二　研究方法

第一，文献分析方法。本书主要对古典社会学派、人类生态学派、社区学派、田园城市理论、低碳城市理论的相关文献进行分析，考察已有研究的进展及其不足，进而提出本书的分析框架。目前，关于"城市病"治理的文献浩如烟海，但系统分析"城市病"的表现、成因，结合北京"城市病"的现状分析，提出具体的对策建议的文献不多，因此本书在梳理大量的"城市病"及其治理等文献的基础上，进行总结和提炼，进而基于文献学习的基础上，提出本书的核心观点。

第二，比较分析法。对典型的世界城市如纽约、伦敦、东京等经历的"城市病"表现、特征及其治理经验进行比较，总结出共性规律，比较和提炼出可资借鉴的治理措施和政策启示。有比较才有鉴别，本书通过跨国比较，注重对发达国家、发达城市的成功经验进行比较，向更高水平的城市学习，才更有突破和发展的动力和空间，因此本书的比较研究方法主要选取的是国际上主要的世界城市如伦敦、东京、纽约等进行比较，这些城市与北京相比，都有共同的地位和相似性，有可比性。通过比较，为北京"城市病"的治理提供经验借鉴。

第三，跨学科研究方法与系统分析方法。综合运用区域经济学、城市管理学、制度经济学、生态经济、城市学等跨学科的专业知识对"城市病"治理进行研究。系统分析方法，即将"城市病"治理视为一个完整的系统进行分析，分析各要素之间的关系。一方面，"城市病"的形成是诸多学科的综合体现，既有城市学、管理学、社会学、经济学等学科特点，也有地理学、建筑学、文化学、历史学等学科规律，系统研究"城市病"治理，需要从多种学科的交叉研究，提出科学的观点，提高"城市病"治理研究的学术价值；另一方面，也要从系统论的角度，考察"城市病"的形成及其治理的各个要素及其内在关系，进而更加深刻、全面、具体地研究"城市病"问题及其治理，提出更加有针对性、时效性并经得起时间考验的具体对策建议。因此，有必要从跨学科和系统的角度进行本书的研究。

第二章 "城市病"治理的理论回顾

西方国家开启和引领工业革命潮流，工业化进程快，城市化水平高，与此同时也遇到日益严重的"城市病"问题，引起学界尤其是社会学家、城市学家和规划学家等的高度关注。"城市病"问题，是由于人口过于向大城市集中，城市规划和建设盲目向周边"摊大饼"式外延，耕地被侵占，城市规模不断扩大，人地矛盾日益突出，人口膨胀导致资源能源消耗过快，环境压力大，产业过度集聚、交通运输过度集中造成的种种城市弊病和系列的社会问题。"城市病"问题不分国界，无论是发达国家和地区，还是发展中国家都经历或者正在面临着各种"城市病"问题的困扰。当然，发达国家和地区经过多年的改造和治理，"城市病"问题得到缓解或者已经治理。但发展中国家由于发展历史较短，工业化、城市化进程没有完成，"城市病"正在不断累积和日益恶化。对"城市病"的研究有其共同规律，也有存在国别和发展阶段的差异而呈现出的差异性。但围绕"城市病"及其治理，学术界形成了相关的研究成果和理论体系。本部分重点是对古典社会学、人类生态学、社区学、田园城市、低碳城市等理论进行回顾性梳理，提出指导北京"城市病"治理以及京津冀低碳发展的重要理论支撑。

第一节 古典社会学理论

古典社会学理论对早期"城市病"及其治理给予关注，为研究和治理"城市病"问题提供基础性的理论支撑[①]。当时社会学家以城市问题为基本缘由,对城市社会现象进行考究和反思。德国著名的社会学家滕尼斯对城市问题非常担忧,持悲观主义态度,认为大城市作为"机械的组合",成为使人们"变坏"的地方。城市生活因人口众多,感情分散而淡薄,城市社会分崩离析,自私自利的个人主义倾向导致城市生活的敌对状态。

法国社会学家涂尔干则乐观而且建设性地思考了城市现象及其具有的正面功能,认为城市社会尽管存在人与人之间的主观差异性,但这些差异性如果能进行合理分工,将不同行业的人有效组织起来,就能形成团队力量,促进城市社会的发展。当然,城市社会因为利益差异和追求多元化,会导致人与人之间的矛盾和竞争激烈,导致人格异化、感情疏远、利益争斗、社会冲突对抗等系列"城市病"问题。

德国社会学家马克斯·韦伯则基于历史主义视角的考察,分析城市社会演化的内在联系和客观规律,提出引起城市衰退的重要原因之一是人类社会对资本主义的过分依赖,人们过于追求物质利益,忽视社会和生态环境等利益,导致人与人之间关系的淡薄和冷漠,导致城市生态恶化和环境污染,制约了人们之间感情增进和生活环境的改善。

第二节 人类生态学理论

人类生态学理论是"城市病"治理的重要理论基础。人类生态学是研究人与自然界之间的生态关系与相互作用,研究人与人之间所生存生活的生态环境、人与自然协调发展的科学,是研究人类在其对环境的选择力、分配力和调节力的影响下所形成的在空间和时间上的联系的科学。人类生态学理论涉及的学科包括生物学、人口学、人类学、社会学、生态学、经济学、地理学等相关学科理论和方法,研究

---

① 李陈:《境外经典"城市病"理论与主要城市问题回顾》,《西北人口》2013年第3期。

主题包括人对环境的影响、环境对人进化与发展的影响以及人与其他生物物种之间的关系，重点研究人处于中心位置的不同组织水平上的生态，或与人类密切相关、受人类影响或受人类控制的生态系统。

芝加哥大学沃斯教授对城市问题进行深入探讨，总结传统城市社会学理论，分析都市生活对人们物质和精神层面文化的冲击与影响，认为城市区域是相对规模大、密度高、个性化特色明显、社会异质性强的居住空间。而异质性的人口特征导致人群职业化和职业结构的差异化，形成以利益为导向的人际关系，进而将都市生活变成了相互利用的利益关系。高密度的人口促使人们容忍度的增强和非个性化的加深，人口数量、密度、异质性构成了城市生活"都市性"的显著特征。芝加哥学派的伯吉斯教授从人类生态学理论出发，提出了同心圆模型，进而研究"城市病"的治理问题。人类生态学家借鉴达尔文生态学理论，认为城市人口、环境之间存在共生关系，城市的经济社会运行是一种生态过程，资源有限导致城市利益主体之间存在竞争与合作关系，通过竞争实现某种"生态平衡"。古典生态学家认为资源有限性导致城市环境恶化与社会关系复杂和各种矛盾冲突关系，成为一种精神病态，城市居民从自我利益出发变得世故、圆滑、冷漠。高密度、高压力状态下的城市生活空间使人们更加孤独、压力大、忧郁，人与人之间关系疏散、冷漠，缺乏社会关爱[1]。城市问题的出现，从生态学角度考察，就是改变了传统乡村联系的生态环境和社会关系，人情冷漠、关系淡薄、交往复杂使得传统农村人难以适应，形成因为背离乡村文化而产生的一种精神变态。

既然人与自然存在紧密联系的生态关系，城市发展需要高度重视和遵循人类生态学规律，而不是违背自然规律和生态关系，否则必然导致严重的"城市病"问题。较早采用人类生态学理论研究"城市病"问题的是芝加哥大学社会学系帕克教授。帕克教授对美国因城市化过快，导致战后世界各地移民纷纷进入美国，人口过快增长导致

---

[1] 李陈：《境外经典"城市病"理论与主要城市问题回顾》，《西部人口》2013年第3期。

严重的城市经济社会问题进行了研究。由于城市区域是以商业、工业等第二、三产业为主，城市的商业性和对市场利益的过分追求导致传统的乡土情结、种族意识和门第关系变得淡化，对城市外来人口的心理和价值观形成强烈冲击，进而引发系列的城市社会问题、城市心理和文化问题。

第三节 城市社区理论

社区理论（Theories of Community）是对社区范围内各方面问题进行深入研究所形成的理论、学说、观点的通称。社区理论学派主要侧重于城市的微观视角，认为城市是一个大的社区，"城市病"问题可以浓缩为"社区病"问题进行整体考察。由于社会组织在社区治理中的突出地位，"城市病"问题也应高度重视社会组织的作用，强调社会组织在城市社会中所扮演的不可或缺的角色[1]。20世纪40年代，奥古斯特·霍林希德将社区研究划分为三个阶段：1800—1915年主要研究城市居民生活水平，特别重视对城市贫民生活状况的关注，研究城市贫困问题的形成及其相关社会问题，称之为"常规向善论"阶段；1915—1929年研究的重点主要是描述城市不同层级人口的生活状况，注重对整个城市生活的考察，称之为城市生活研究阶段；1929年以来社区研究开始以理论为基础的科学分析，称之为理论科学分析阶段。关于城市社区研究的主要理论与方法主要有城市社区邻里关系和社会网络、城市社区权力两种[2]。

一 城市社区邻里关系和社会网络

城市社区邻里关系和社会网络的研究主要是侧重于对社区居民生活空间邻里关系的研究，如增强邻里之间的关系融洽度、邻里沟通、

---

[1] 李陈：《境外经典"城市病"理论与主要城市问题回顾》，《西部人口》2013年第3期。

[2] 夏建中：《现代西方城市社区研究的主要理论与方法》，《燕山大学学报》2000年第2期。

社区文化归属感、社区规则意识等方面的内容,包括对社区失落、社区继存、社区解放等方面的理论研究,形成许多的学派。

(一)社区失落论

齐美尔作为社区失落论的重要代表人物,于1903年发表《城市与精神生活》一文,明确指出城市作为强外在刺激的人口集聚的社区环境,社区生活空间过于拥挤。特别是相对乡村而言,拥挤的城市空间给社区居民带来强大的精神压力和生活紧迫感,引发过于紧张的生活状态和心理冲击,导致传统乡村文化的失落、心理归属感的缺失、精神压力的增大。城市社区居民之间过少的沟通与交流以及文化差异较大导致交流困难,城市环境改变传统的农村文化生活范式,这种改变在心理层面有更大的冲击,特别是城市居民的势利、效率、奸诈、冷漠等人格存在,导致城市居民心理的不习惯或者障碍。1938年,沃思通过研究发现,城市表现出三种特质:一是人口众多,外来人口流入带来人口分散、混乱、失序;二是人口密度大,导致厌烦心理,引发反社会行为,特别是城市居民贫富悬殊导致心理不平衡,进而产生嫉妒、仇富、势利等不良心理倾向;三是异质性,表现为生活习惯、心理状态、文化水平、种族等多方面的差异性,带来人际冲突加剧,文化差异较大容易产生误解或者偏见,缺乏相互信任,形成城市社区失落现象等。

(二)社区继存论

以上学者对城市社区变化采取的悲观性研究,形成系统的社区心理失落理论,但社区变化不一定都是不好的,也有好的发现,有学者对社区失落理论进行批判,提出了社区继存理论。如美国社会学家刘易斯1952年发表《未崩溃的城市化》一文,指出墨西哥村民移居到墨西哥市后,尽管已经进入城市,但并没有完全放弃传统的农村生活习惯和生活方式,人与人之间的传统农村文化关系没有完全解体,人情关系并没有淡漠和失落,城市中的居民之间的交流依然保持着,互助互利是城市居民重要的心理特征和思想状态,城市居民尽管生活在城市,但他们依然渴望交流、关爱和互相帮助。特别是部分社区居民会有意识地选择自我的小圈子进行文化性的交流,找到文化归属感,在圈子内部能保持传统的较为紧密的合作关系，如美国的唐人街、小意大利区、北京的韩国街等成为典型的城市社区继存的典范。

（三）社区解放论

社区解放论是基于对城市社区失落、心理归属感缺失等多方面的文化冲突和矛盾现象提出来的。只有减少和避免社区居民之间的淡薄关系和孤独与疏离感，重构人际关系和培育社区融洽的文明氛围，才能解放城市社区，才能建设健康、和谐的社区空间。这一思考成为许多社区理论学者的关注重点和期盼目标。在20世纪70年代，费舍尔（Claude S. Fischer）、费尔曼和雷顿（B. Wellman and B. Leighton）提出了社区解放理论。1975年，费舍尔发表了《城市性的亚文化理论》，认为人口膨胀导致社会失序和文化失落，这些是"城市病"的根源，作为社会人的城市居民离不开人与人之间的交流、关爱和帮助，需要建立相互依赖的信任关系。如果这种关系得不到建立，城市社区居民必然是孤独的、失落的，也是痛苦的。因此，需要解放社区，进而解放人类自身。需要重塑传统紧密型的人际关系，培育深厚的社会文化关系，减少孤独、疏离、冷漠，互助互爱、沟通协调才能建立社区的融洽关系，改善社区人际关系，建立城市社区的社会网络，才能破解城市居民心理隔离等弊端。

二 社区权力

权力作为人类社会活动的必然产物，是维系人类社会各种关系存在的重要保障，是政治学、国际关系与社会学的重要概念。权力具有整合资源、配置资源的能力，因此，"权力"作为个人或国家的追求目标（power as a goal）；"权力"作为影响力（influences）的度量（measurement）尺度，即资源的内容与多寡；"权力"作为政治斗争的结果（results）；"权力"作为一种宰制（domination）与被宰制关系的表述。不同的文献和学者从不同的角度对权力进行诠释，如社会学、文化批判、论述研究（discourse studies）等领域可能侧重"宰制关系"。马克斯·韦伯认为，权力意味着在一定社会关系里，哪怕是遇到反对也能贯彻自己意志的任何机会，不管这种机会是建立在什么基础之上。权力被认为是社会关系支配和意志执行的基本条件。帕森斯认为，权力可以保证集体有约束力的能力，确保集体组织系统各单位要素履行其义务的普遍性能力。对于城市社区而言，城市社区居民来自不同领域，不同文化背景导致多样性存在，这就需要必要权力进行资源整合，权力的有效实施和有序运行是保障城市社区和谐发展和健康稳定的重要机制。

社区权力研究主要有社会精英论和多元政治论两种[①]。社会精英论认为社会应该由精英来进行管理，由于社会群体良莠不齐，素质不一，难以通过自我进行管理，需要依靠少数社会名流进行管理，重大的政治决策需要精英发挥领导作用。社会精英是保障社会稳定发展的重要力量，是社会权力的拥有者和执行者。F. 亨特（Floyd Hunter）是精英论的代表，认为有权力者最喜欢结交工商业者、政府官员、市民组织等，精英人士大多相互认识、经常来往、互相磋商社区事务，结成密切的权势群体。精英统治者社会，在社区各方面的事务决策和重要事件处理发挥决定性作用。而多元政治论者认为，社区人口性质不一，社会群体关系复杂，价值多元，难以通过统一的模式进行治理。多元政治论的代表人物是 R. A. 达尔（R. A. Dahl），认为应当用"决策法"来考察谁在重大的城市政策上参与实际决策。社区政治权力并非是某一个人或群体所决定的，应该是多个团体、社区居民集体决策的结果。社区中每个群体都拥有自我事务的决策和管理权力，可以通过协商和共同决策的模式来处理各类问题，而非仅仅由某人说了算。社区权力理论的研究为解决城市社区发展的重大问题以及考察城市社区健康运行提供重要的分析工具，解决城市社区问题需要从权力的归属与分配上进行深度分析，才能找到治本之策。

第四节　田园城市理论

避免过度工业化、城市化带来诸多"城市病"问题，有学者从

[①] 夏建中：《现代西方城市社区研究的主要理论与方法》，《燕山大学学报》2000年第2期。

城市规划、建设的视角提出了田园城市的构想。在 19 世纪末，英国著名的社会活动家霍华德认为，治理"城市病"需要构建兼有城市和乡村优点的"田园城市"的美好蓝图。霍华德积极地通过理论与实践相结合，将田园城市思想亲自付诸实践，主持建设了莱奇沃思（Letchworth）和韦林（Welwyn）两座田园城市。可以说，田园城市理论致力于构建城乡一体化的"城市病"治理新路，致力于追求健康的城市及生活型的、产城融合设计的美好城市，严控城市规模，致力于形成足以提供满足各方面需要的社会生活格局。1919 年，英国田园城市和城市规划协会提出，田园城市的四周要有永久性农业地带围绕，城市的土地归公众所有，由专业委员会受托掌管，田园城市规模不应超越此规定。

田园城市应该区别传统城市的去农村化模式，强调城市与乡村的密切关系。田园城市应该由广大的农村地区所包围，能为城市居民提供丰富的新鲜农产品，农产品有最近的市场，但市场不只限于当地。田园城市中的居民工作、生活均能融合在一处，避免职住分离现象。所有的土地归全体居民集体所有，使用土地必须缴付租金，城市的收入全部来自租金；在土地上进行建设、聚居而获得的增值仍归集体所有。根据霍华德的构想，田园城市减少和避免燃煤及烟尘污染，强调以电力为主要动力，所有城市垃圾能得到减量化、循环化、资源化再利用，为农业农村地区提供必要的材料或二次原料。严格限制城市规模，避免城市"摊大饼"，避免钢筋水泥化的单调城市，城市居民能接近乡村自然空间，能感觉到来自农村自然环境的生态气息。田园城市勾画了一幅城市生产生活与自然相互融合的美好图景。

霍华德认为，"城市病"的形成、城市环境的恶化是由城市不断膨胀和城市"磁性"所引发的。城市边界不断扩张，土地投机引发城市规模无限扩展，工业化推进导致城市自然环境恶化，引发"城市病"及其灾难。根据田园城市模式，霍华德认为要严格限制城市边界，防止城市的无限膨胀和"摊大饼"，城市土地应该属于城市的统一机构。城市人口过于膨胀是"城市病"的主要表征，城市具有的吸引外来人口集聚的"磁性"是"城市病"形成的重要根源。采取有效措施严格控制、有意识移植、适度地降低城市的"磁性",城市便不具有过分吸引外来人口的动力,也就不会盲目地过于膨胀。为了降低城市的"磁性",霍华德设想了田园城市的群体组合模式,即由六个单体田园城市围绕中心城市,形成了城乡相间的田园城市群。该城市群能形成"无贫民窟、无烟尘的城市群",在空间分布上呈现出行星体系的特征,城市与城市之间分布着美丽的田园农村,城市之间由于有便捷的公交体系、发达的信息网络相连接,能够将城市和乡村建设成为相互渗透、互相补充的区域综合体系。

为降低城市的"磁性",破解"城市病",霍华德提出了疏散城市人口、建设新型城市、改革土地制度的系统解决方案。一是将城市人口疏散到广大的乡村地区,可以解决城市各种社会问题,一劳永逸,避免城市人口过于集中和膨胀。二是将农村优点与城市生活相结合,打造具有乡村气息的田园城市,城市与乡村和谐发展。也就是说,城市具有乡村的宽松舒适的空间优势,而乡村也能享受到城市功能,提供城市基本公共服务,乡村与城市很好地结合在一起。为改变传统城市"摊大饼"现象,重视城镇的组群发展,每座城镇能保持相对独立,城镇居民能在当地实现城市大部分功能,成为相对独立的城市社区。三是改革土地制度,开发者能获得低价的增值,吸引开发商重视土地综合功能开发。田园城市理论为破解首都北京的超大"城市病"问题提供了重要的理论支撑。首都北京由于"摊大饼",城市建筑用地严重挤压和侵占了生态用地,导致雾霾频现、地下水位下沉、环境恶化等系列"城市病"问题。破解"城市病",应该借鉴田园城市理论,按照田园城市模式进行城市规划和建设。

第五节 宜居城市理论

宜居城市理论区别于田园城市理论,更加强调以人为本进行城市规划,强调城市建设与发展的服务对象是人。20世纪90年代以来,西方学者强调城市规划、建设与发展的人本理念,倡导以人为本、以人为中心的设计思想,体现城市的多样性、自然性、人性化、社区感的生产生活氛围,人不再是城市中的机器或者单独个体。联合国在1996年的第二次人居大会上明确提出了要建立适宜居住的人类居住地，城市要重视宜居性问题。宜居城市理论提出，重视城市居民要实现居住、生活、休憩、文化等多个要素在既定的时空范围内的有机统一，实现人与城市、人与自然的和谐相处。宜居城市不仅要有宜居的城市生态环境，也需要有宜居的人文社会环境，自然环境是宜居城市构建的重要基础，人文环境则是宜居城市构建的深层内涵。宜居城市要将城市功能的多样性、社区感、人性尺度等价值标准与现实生活环境相融合，构建宜居、生态、和谐、均衡的城市空间。

宜居城市的内涵有广义和狭义之分。在狭义层面，宜居城市是从自然、生态、气候层面提出城市的适宜居住性，主要是指气候条件宜人、生态景观和谐、适宜人们居住的城市。将重视城市绿化美化，提高城市绿色覆盖率，构建人与自然和谐的城市生态环境是宜居城市建设的核心内容。在广义层面，则比狭义层面的内涵更加宽广，宜居城市表现为经济、社会、文化、自然环境等多个层面的宜居性，主要是指城市经济稳定增长、社会和谐安宁、文化繁荣昌盛、环境优美宜人的城市各个方面协调发展的综合体，城市居民在工作、生活、居住等都感到满意幸福。如曾红（2014）认为，宜居城市是指经济、社会、文化、环境协调发展，居住环境良好，能够满足居民物质和精神生活需求，适宜人类工作、生活和居住的城市，也就是说，宜居城市应该是经济健康稳定发展、持续繁荣，社会和谐稳定，居民安居乐业，公共安全度高，精神文化丰富，文化厚重，生活舒适、便捷、安逸，生态环境良好，人与自然和谐相处的可持续发展的城市[①]。

随着宜居城市理论与实践的发展，宜居城市的内涵不断深化和拓展。主要表现为以下几个方面：一是宜居城市不仅仅属于城市的土著居民，应该还包括在城市工作和生活过的所有群体，特别是包括老年人、儿童、妇女、残疾人等弱势群体，为所有生活在城市中的人们提供宜居的生活环境；二是宜居城市具有可持续性，不仅适合当代人居住和工作，也不以损害和透支下一代人的资源与环境为代价，城市应

---

① 曾红：《宜居城市建设初探》，《沈阳干部学刊》2014年第1期。

该能够适合子孙后代持续居住和永续发展；三是宜居城市具有良好宜居性的"硬环境"和"软环境"，即包括满足居民物质需求的"硬环境"和满足居民精神文化消费需求的"软环境"。

有学者研究提出了宜居城市必须具备的几个基本条件。一是经济要素，即能解决就业，具有更多的创业和创新机会，能释放智慧和才能，尊重城市人才的全面发展。二是生态条件，城市具有保持自然生态特征的良好环境，保持天蓝、地绿、水净。三是完善的配套设施，如具有良好的交通出行条件，文化教育、医疗卫生、体育健身等完善的基础设施，解决生活各方面的问题。四是具有良好的人际关系氛围和人文关怀环境，具有一定的城市文化品位和人文条件[1]。

宜居城市应该具有经济、政治、文化、社会、生态等多方面的内涵和特征，如表2－1所示[2]。宜居的城市不仅仅是经济繁荣或者富裕，同时在社会和谐、政治安全、生态友好、文化享受等方面具有较高的水准，体现宜居的特色。

表2－1　　　　　　　　宜居城市的内涵

维度	内涵	主要特征
经济维度	经济持续繁荣的城市	城市是经济要素的高密度集聚地，是各种非农产业活动的载体。城市要有拥有雄厚的经济基础、发达的产业结构和强大的市场潜力，为城市居民提供充足的就业机会和较高的收入，为宜居城市提供经济基础和物质保障。
政治维度	政治和谐稳定、社会安全的城市	在政局稳定、治安良好、民族团结、各阶层融洽、社区亲和、城市城乡协调发展的城市，居民才能安居乐业，充分享受丰富多彩的现代城市生活，将城市视为自己物质的家园和精神的归宿。安全感是宜居城市的基本指标，城市具有抵御自然灾害如地震、洪水、暴雨、瘟疫，防御和处理人为灾害如大暴乱、恐怖袭击、突发公共事件等，确保城市居民生命和财产安全的能力。

---

[1] 黄江松、鹿春江：《北京要建设什么样的宜居城市》，http://theory.people.com.cn/GB/41038/526534.html，2007年1月10日。
[2] 《宜居城市》，http://baike.baidu.com，2016年1月18日。

续表

维度	内涵	主要特征
社会维度	居住舒适、出行便捷、社会服务良好的城市	居住舒适,要有配套设施齐备、符合健康要求的住房;交通便捷,公共交通网络发达;社会公共产品和公共服务如教育、医疗、卫生等质量良好,供给充足。
文化维度	文化丰富厚重的城市	历史文化遗产丰富;文化设施齐备;文化活动频繁;城市文化氛围浓郁。只有具有文化丰厚度的城市,才能称之为思想、教育、科技、文化中心,充分发挥城市环境育人造人的职能,提高城市整体素质。
生态维度	景观优美怡人的城市	城市是一个人文景观与自然景观的复合体,城市表现为生态安全、环境优美、空气清新、天蓝水碧、社区安静。城市的人文景观与自然景观相互协调,要求人文景观如道路、建筑、广场、公园等建设具有人文尺度,体现生态和谐与人文关怀。

第一,宜居城市具有经济持续繁荣、高质量增长的特征。城市是技术、知识、资本、人才高度集聚的区域空间,城市经济发展水平决定城市的地位和竞争力。城市产业集聚,为城市居民提供可供选择的就业岗位和就业机会,同时拥有雄厚的经济基础、发达的产业结构和强大的市场需求,为宜居城市建设提供经济支撑和物质保障,也为城市社会文化、生态建设等方面提供经济基础。

第二,宜居城市具有政治和谐稳定、社会安全的特征。政治稳定与社会安全是宜居城市最为基本的条件。政治动荡和社会不安全不会吸引更多人口的流入。宜居城市能给人们生产生活带来安全感,政治稳定、社会和谐、社会安全、治安良好才能让城市市民安居乐业。宜居城市应该是具有公共安全的城市,能有效抵御自然灾害如地震、洪水、暴雨、瘟疫,防御和处理人为灾害,具有应对重大突发事件和公共危机的能力,确保城市居民生命和财产安全。城市的各阶层融洽、关系和谐、社区亲和、城乡协调,让人们包括外来人口有安全的归属感,享受现代城市功能,将城市视为生活和生产的精神归宿。

第三,宜居城市具有居住舒适、交通便捷、社会服务好的特征。宜居城市应该具有舒适的居住空间,生活配套设施齐全,购物方便,能满足生活各方面需求，同时出行便捷，能搭乘公共交通等，公共交通网络发达，在大中城市还拥有发达的地铁、快速公交等设施，社会服务良好，能享受到完善的教育、医疗卫生等公共服务。

第四，宜居城市具有悠久的历史文化底蕴、文化繁荣发展的特征。城市的形成不是短时期内建设成的，一般经历较长的历史时期，也积淀了丰富的历史文化遗产，如伦敦、纽约、东京、巴黎、北京等国际大都市历史根基深厚，历史文化悠久，同时城市公共文化设施完善，具有众多的博物馆、图书馆等文化设施，文化交流、文化娱乐活动比较频繁，集聚众多的歌星、电影明星、文化艺人、文化活动家等，城市文化氛围浓郁。城市文化底蕴深厚，文化繁荣发展，成为区域的思想、文化、教育、科技的活动中心，充分展现城市旺盛的创新动力和文化活力，才能体现城市的宜居性和文化吸引力。

第五，宜居城市具有生态友好、景观优美的特征。城市是人文景观与自然景观的复合体，生态宜居、景观优美、空气清新是宜居城市的必要条件。宜居城市表现为生态健康，拥有绿水青山、天蓝水碧、安静整洁等特征，人均绿地多，生态平衡。人文景观如道路、建筑、广场、公园等具有人文尺度，体现人文关怀。

宜居城市理论为本书研究提供重要的研究基础。宜居城市建设应该是治理"城市病"、实现城市低碳发展的重要目标。"城市病"的存在说明城市不够宜居，要从宜居的角度加强"城市病"治理，如何解决人口过快增长问题，如何解决交通拥堵、房价高企、社会矛盾重重、城市环境恶化等多方面的问题，需要重视城市的宜居性，而非仅仅考虑经济增长目标的实现。根据宜居城市理论，预防和治理"城市病"，应该从经济、政治、社会、文化、生态五个维度考虑如何实现城市宜居性，"城市病"的治理不仅要求城市不"生病"，是健康的，更重要的是适宜生活居住的，应该具有宜居的人文关怀，这也是现代城市发展的必然要求。

第六节 低碳城市理论

全球气候变暖引发人们对低碳经济、低碳发展、低碳城市的高度关注。工业文明带来经济的快速增长，却导致了严重的高碳排放问题，导致温室效应和气候变暖，严重影响包括城市在内的人们的生活生产空间安全。低碳源于对高碳排放为主的工业化和城市化进程，引发全球气候变暖和城市温室效应的深层反思。全球气候变化关乎全世界人们生产、生活的安危，涉及生态安全、能源安全、水资源安全等系列问题。寻求低碳方案，构建低碳城市成为学术界关注的重要理论课题。人类社会经历了几百年的高速工业化发展，主要依靠煤炭、石油等传统化石能源的消耗，支撑了全球经济社会的繁荣发展，与此同时，全球面临着气候变化、资源耗竭、环境恶化等沉重代价和巨大压力，粗放型、高碳排放型的经济增长模式难以持续，城市生态空间难以持续，"城市病"问题难以破解。在此背景下，各国相继提出了低碳经济和低碳城市新概念[1]。低碳经济是在可持续发展理念指导下，通过技术创新、制度创新、产业转型、新能源开发等多种手段，尽可能地减少煤炭石油等高碳能源消耗，减少温室气体排放，达到经济社会发展与生态环境保护双赢的一种经济发展形态。所谓低碳城市，是指改变传统的高能耗、高污染、高排放的城市增长模式，重视发展低碳经济，开发、创新与应用低碳技术，发展低碳产业，改变高碳的生活方式，构建低碳社会。

  城市是区域碳减排的重要单元和研究主体，是实现全球减碳和低碳城市化的关键所在[2]。国际科学界证明，当前气候变暖有90%以上的可能性是由人类活动造成的，而城市作为人类活动的主要场所，其运行过程中消耗了大量的化石能源，排放的温室气体已占到全球总量的75%左右，制造出全球80%的污染。应对全球气候变化，发展低碳经济，建设低碳城市成为当今世界各国和城市区域关注的重点问题，低碳城市建设是破解城市生态恶化、环境污染等诸多"城市病"问题的重要出路。众多的西方国家对低碳城市发展进行了一系列的探索，在控制碳排放，推行低碳发展等方面取得了令人瞩目的成就。

---

[1] 袁艺、王双进：《低碳城市发展理论研究综述》，《北方经济》2010年第20期。
[2] 陈柳钦：《低碳城市发展的国内外实践》，《价值中国》2010年第9期。

英国是低碳经济、低碳城市的倡导者与先行者。工业革命最早发生的英国作为一个岛国，面临资源匮乏等困境，充分意识到自身资源能源的瓶颈性制约和气候变化的威胁，首次提出了低碳经济的概念，高度重视低碳发展的重要战略意义。2003年，在英国的能源白皮书《我们能源的未来：创建低碳经济》中首次提出了"低碳经济"一词，并将该概念纳入政府文件中。2006年，前世界银行首席经济学家尼古拉斯·斯特恩负责的《斯特恩报告》指出，全球每年1%的GDP投入可以避免未来每年5%—20%的GDP损失，呼吁全球向低碳经济转型。2009年4月，英国成为全球第一个公布碳预算的国家，以明确法律约束的形式向世界公布碳预算。2009年，英国能源与环境变化部向社会作出《通向哥本哈根之路》的工作报告，呼吁全球人们共同行动，积极发展低碳经济。并在2009年7月提出了《英国低碳转换计划》，明确提出2020年英国碳排放量在1990年基础上减少34%的目标，随后英国实施了《英国可再生能源战略》《英国低碳工业战略》和《低碳交通战略》等一系列操作性战略计划，采取实际性的对策措施推动低碳经济发展。

英国最先对低碳城市进行规划和实践，当地政府成立碳信托基金会，与能源节约基金会联合建立低碳城市项目。布里斯托、利兹、曼彻斯特成为首批三个低碳城市的示范区，提供低碳城市专家和相关技术指导，制定了低碳城市规划。2009年3月6日，英国商业、企业和管制改革部推出《低碳产业战略远景》，提出要积极发展低碳新能源，大力发展风力发电，开发核能、地热能等清洁能源，加强低碳新能源技术创新和技术推广。2009年11月，英国能源与气候变化部公布了能源规划草案，明确提出，核能、可再生能源和洁净煤是英国未来能源的三个重要组成部分。2009年12月1日，英国能源与气候变化部发布了题为《智能电网：机遇》的报告，宣布将大力推进智能电网建设，以智能电网建设促进国家节能减排，降低碳排放总量，促进低碳城市与低碳经济发展。鼓励社会群众改变传统的生活方式，选择低碳绿色消费模式，并在英国公益广告中指出"充电器不用时拔下插头每年能节约30镑，换个节能灯每年能省60镑"等，引导和鼓励人们转变为低碳生活方式①。

英国的低碳经济、低碳城市发展战略实施带来明显的减排效果。在低碳绿色建筑方面，英国在1100万座房屋安装了空心墙绝热装置，使得英国2011年的供暖开销减少了13亿英镑，产业内碳排放量相较1990年降低了18%；在绿色低碳交通方面，由于受到汽车能效提高、生物燃料占比增加等因素影响，交通领域碳排放量持续下降，与1990年基本持平；在工业方面，伴随着生产能效的不断提高，英国的工业基础已向高价值、知识密集型产业转变，自1990年以来英国工业生产以年均1%的速度增长，而碳排放量却下降了46%②。可见，英国实施低碳经济、低碳城市发展战略取得了积极的进展，实现理论与实践的高度结合。

日本作为资源能源相对匮乏的岛国，认识到资源能源的有限性，必须重视资源能源的集约利用，重视低碳经济发展和低碳社会建设。受地理环境、矿产资源稀缺等自然条件和资源能源制约，全球气候变化对日本的影响远大于世界其他发达国家，为减缓全球气候变暖对日本农业、渔业、环境、工业、国民健康等诸多不利影响，日本政府主导创建低碳社会③。日本政府从战略、政策、规划层面明确提出要构建低碳型社会，加强低碳城市建设。日本构建低碳社会，提出政府的主导作用和全体公民的积极参与，首先从政府自身做起，加强低碳社会建设的相关规划、法律、政策的制定，呼吁广大社会群众、社会组织积极参与。1997年，日本建立以内阁总理大臣为首的"全球变暖对策本部"机构。1998年，日本颁布了《全球气候变暖对策促进法》。为减缓温室气体排放，日本环境省于2004年11月制定了新环境税计划，提出减少温室气体排放，完成《京都议定书》所规定的任务。2004年日本研究制订了《面向2050年的日本低碳社会情境》的计划。2007年颁布《日本低碳社会模式及其可行性研究》，提出研

---

① 徐政华：《英国低碳经济建设经验及借鉴》，《人民论坛》2011年第11期。
② 吴侨文：《英国领跑低碳经济》，http://www.cchina.gov.cn/Detail.aspx?newsId=27742&TId=58。
③ 《日本的低碳社会》，www.gesep.com，2013年6月17日。

究构建低碳社会发展模式。2007年6月，日本制订了《21世纪环境立国战略》。

2008年5月，工业部门高度重视产业结构的转型升级，强调节能减排，实现产业的低碳化转型与发展，低碳行业是未来发展最具潜力的市场，日本中央政府和各级地方政府制定相关优惠税收政策，促进低碳产业发展。2008年5月，日本环境省提出《面向低碳社会的12项行动》，包括工业部门、交通部门、住宅部门、能源部门及其他相关部门必须制定低碳社会建设的相关目标及其具体的战略对策。2008年6月，日本首相福田康夫提出日本新的防止全球气候变暖对策，即"福田蓝图"，指出日本温室气体减排的长期目标是：到2050年日本的温室气体排放量比目前减少60%—80%。2008年7月26日，日本制订了《低碳社会行动计划》，通过节能减排、倡导低碳节俭精神，实现人与自然的和谐共存，明确提出要加大光伏发电的力度，明确要求到2020年日本的太阳能年发电量将提高10倍，大面积普及太阳能电动车，增加电动车的充电设施。2008年11月，日本政府设立了创建低碳社会的战略性研究机构"低碳研究推进中心"，发布了《为扩大利用太阳能发电的行动计划》。

2009年，日本政府实行"碳足迹"政策，以便广大消费者能认识到个体在低碳社会中的重要作用，明确计算出每个人的碳排放量，将食品、饮料、洗涤剂等商品进行碳排放量的标示，包括从原料调配、制造、流通、使用、回收等全周期的碳排放量的记录，进而使消费者能明确认识到排放行为，引导科学消费、低碳消费，积极参与低碳社会建设和低碳城市建设。2009年4月，日本还公布了《绿色经济与社会变革》。2009年6月，日本提出应对气候变化新对策等应对气候变化的重大举措，大力推动低碳经济发展，创建低碳社会[1]。2011年福岛核事故的发生，使日本能源战略和气候政策出现重大转变，日本政府明确提出将减少对核能的依赖，强调由核能、可再生能

---

[1] 周晓梦：《看日本如何把低碳融入整个社会》，《中国能源报》2010年5月3日。

源和化石燃料组成的能源组合是日本能源需求最可靠和稳定的来源①。

日本低碳社会、低碳城市建设的特征主要表现为政府的主导性、规划目标的灵活性、各部门的协同推进性、重点领域的多元性和社会群众的广泛参与性。第一，政府在低碳城市和低碳社会建设中发挥主导性作用。从制定规划、出台政策、制定法律，政府发挥积极的主导作用，把低碳战略上升为国家战略，通过规划、法律法规引导低碳城市和低碳社会建设，如征收环境税就是对产业部门和社会消费的重要方向性引导，政府还积极推动太阳能发电和新型能源供给，加快传统产业的节能减排和转型升级，推广新能源车和自行车出行，政府均发挥了主导性作用。第二，规划目标的灵活性和实事求是。日本构建低碳城市和低碳社会并不是一哄而起，也是结合实际情况，实事求是地推进，如针对城市区域，则强调高密度、集约化、高科技的低碳社会发展，而针对农村地区，则强调人口、资源分散化，倡导接近自然、和谐悠闲的田园生活方式。第三，各个部门的协同推进在构建低碳社会中发挥积极作用，确保各项规划、计划、政策的落实，所有部门实现碳排放的最小化，最大限度地挖掘各经济部门的碳减排潜力，各部门积极参与和协同推进低碳规划的落实。第四，低碳社会规划重点领域的多元性。在具体实施上各规划重点领域有所侧重，尤其以交通、住宅与工作场所、工业、消费行为、林业与农业、土地与城市形态等为低碳转型的重点领域，特别是倡导使用清洁能源和低碳新能源，提高能源使用效率，加大技术创新投入，注重低碳技术研发和应用。第五，社会群众的广泛参与性。主要是推动广大社会群众认识到低碳社会的重要意义，主动选择低碳出行、低碳消费方式，以个人行动响应政府行动，促进低碳社会的形成和低碳城市发展②。

基于以上对英国、日本等国家在低碳城市、低碳经济、低碳社会发展的基本经验，可以看出低碳城市发展已经有了较为完善的实践过

---

① 田成川、柴麒敏：《日本建设低碳社会的经验及借鉴》，《宏观经济管理》2016 年第 1 期。

② 《日本的低碳社会》，www.gesep.com，2013 年 6 月 17 日。

程，理论与实践的结合进一步促进低碳城市理论的发展。低碳经济致力于形成产业低碳、结构优化、循环利用、节能高效的经济体系，形成绿色、生态、低碳的消费模式，实现城市绿色发展、循环发展、低碳发展。低碳城市以低碳经济为主导，以低碳发展为理念，在生产和消费两大领域重视节能减排，构建资源集约型、环境友好型社会，实现经济又好又快发展。确保城市经济在增长的同时，不能以损害城市资源能源和环境承载力为代价，构建更加良性的可持续发展的城市生态体系。面对高碳排放所导致的雾霾天气频现、资源能源耗竭、生态环境恶化等困境，必然要求以低碳城市为理论依据，加强"城市病"的预防与治理，以低碳城市建设为基本目标，加强"城市病"的治理。可以说，低碳城市体现为清洁可再生能源利用、提高燃气普及率、重视城市绿化和生态建设、重视废弃物循环再利用等，实现城市经济、社会、文化、环境等领域的全面节能减排，实现可持续发展，构建和谐宜居城市。

第七节 本章小结

本章主要对"城市病"治理的若干理论进行回顾。对"城市病"的研究有其共同规律，也有存在国别和发展阶段的差异而呈现出差异性。本部分重点是对古典社会学、人类生态学、社区学、田园城市、低碳城市等理论进行回顾性梳理，提出指导北京"城市病"治理以及京津冀低碳发展的重要理论支撑。

古典社会学理论对早期"城市病"及其治理给予关注，为研究和治理"城市病"问题提供基础性的理论支撑。人类生态学理论是"城市病"治理的重要理论基础。人类生态学是研究人与自然界之间的生态关系与相互作用，研究人与人类所生存生活的生态环境、人与自然协调发展的科学，是研究人类在其对环境的选择力、分配力和调节力的影响下所形成的在空间和时间上的联系的科学。社区理论是对社区范围内各方面问题进行研究所形成的理论、学说、观点的通称。社区理论学派主要侧重于城市的微观视角，认为城市是一个大的社区，"城市病"问题可以浓缩为"社区病"问题进行整体考察。关于城市社区研究的主要理论与方法主要有城市社区邻里关系和社会网络、城市社区权力两种。

田园城市理论区别于传统城市的去农村化模式，田园城市勾画了一幅城市生产生活与自然相互融合的美好图景。田园城市理论为破解首都北京的超大"城市病"问题提供了重要的理论支撑。

宜居城市理论区别于田园城市理论，更加强调以人为本进行城市规划，强调城市建设与发展的服务对象是人。

低碳城市理论为"城市病"治理和城市经济社会持续发展提供新的理论工具。低碳城市以低碳经济为主导，以低碳发展为理念，在生产和消费两大领域重视节能减排，构建资源集约型、环境友好型社会，实现经济又好又快发展。确保城市经济在增长的同时，不能以损害城市资源能源和环境承载力为代价，构建更加良性的可持续发展的城市生态体系。

第三章 "城市病"的演化规律及阶段性特征

"城市病"发展历史较长。工业革命前，因城市体量小，产业集聚度不高，人口集聚程度较低，"城市病"问题并不突出。工业革命后，伴随工业化程度提升，机器大工业引发城市规模迅速扩大，燃气机、电气设备的普及提高了交通的通达性，进一步促进了人口和产业在城市空间的集聚，"城市病"问题不断累积。本部分主要通过对"城市病"的范畴界定及其主要表现进行研究，分析"城市病"演化的阶段性特征。结合中国实际，重点考察改革开放以来中国以及北京"城市病"演化的阶段性特征。最后对"城市病"与中心城市功能定位之间的关系进行考察，研究不同阶段产生的不同城市形态、不同功能需求导致的城市要素之间的失衡关系。

第一节 "城市病"的内涵界定

"城市病"最早源于城市化较早的英国城市。英国作为工业革命的发源地，工业化进程较早催生了中心城市的超常规扩张，导致城市资源能源承载力不足，资源能源的快速消耗和环境污染的不断恶化，导致诸多"城市病"问题的产生。美国学者乔尔·科特金将工业革命引发的交通拥堵、环境污染、卫生状况恶化及一系列相关问题称之为"齿轮暴虐"。"城市病"的内涵没有统一的界定，不同专业的学者从自身研究的视角出发对"城市病"进行了阐释。

有学者认为"城市病"是指资源配置方式不当导致城市整体运

行效率低下，城市系统机能紊乱，集聚与扩散功能失调，居民幸福感下降的现象。在中小城市，"城市病"主要表现为就业机会缺乏，基础设施与基本公共服务因缺乏规模需求而运行效率低下，住宅有效需求不足，呈现出"过疏"特征；在大城市，"城市病"则主要表现为人口过度集聚、交通拥堵、基础设施与基本公共服务供不应求，房价飞涨，呈现出"过密"特征[①]。

有学者认为，"城市病"是一种城市发展过程中出现的"负面效应"。"城市病"是指在一国城市化尚未完全实现的阶段中，因社会经济的发展和城市化进程的加快，由于城市系统存在内在缺陷而影响城市系统整体性运动所导致的对社会经济的负面效应，主要包括人口过多、环境污染、空间拥挤、交通拥塞、就业困难、治安恶化、管理低效、资源短缺和城乡冲突与社会失衡等问题[②]。

有学者认为，对于"城市病"的理解应突破单个城市的范畴，扩展到城乡、城市间关系。即在城市化快速推进过程中，由于空间结构不协调，导致要素在某些城市过度集聚而出现的各种社会问题[③]。

"城市病"是一种城市异化现象。城市是因为人的集聚而存在，城市的发展是为了改善人的生活，为了让更多的人享受到城市功能和服务，使生活更加方便、自由、安全、美丽，交通更加便捷。但由于城市缺乏自我控制能力，导致城市人口过度膨胀，城市交通、环境、资源能源承载力下降，城市越繁荣越华丽，人的精神家园却似乎越贫瘠越世俗。城市堆积的商品与财富越多，犯罪、吸毒、卖淫、环境污染、疾病等现象似乎也水涨船高，其结果是城市建设与城市服务于人的目标相背离，导致的结果是城市在一定程度上成为人的异己力量，这便是所谓的"城市异化"[④]。

---

① 宋迎昌：《"大城市病"治理刍议》，《城市》2015年第2期。
② 张经武：《意识、理念与策略：刍议"城市病"及其防治》，《城市》2014年第1期。
③ 王宁：《特大城市空间结构缺陷与"城市病"治理》，《区域经济评论》2015年第1期。
④ 张经武：《意识、理念与策略：刍议"城市病"及其防治》，《城市》2014年第1期。

本书认为，所谓"城市病"，是指在长期城市发展过程中，因城市资源过于集聚、产业过于集群、功能过于集中导致人口膨胀、交通拥堵、污染严重、生态恶化、社会冲突等诸多问题。"城市病"是关于在城市空间因资源、功能、人口、产业要素过于集中，导致资源能源环境承载力下降，形成城市的失调现象。城市资源与社会需求在一定的发展时期存在供不应求或者供过于求等内在矛盾，城市承载力不足，城市各要素之间关系失衡，形成许多的影响城市正常运行的负面效应。

第二节 "城市病"的主要表现

关于"城市病"的各种表现，有学者认为，经济的高速增长加快了我国的城市化进程，城市人口急剧增长，我国的大中城市甚至中小城镇"城市病"也大量暴发，主要表现为人口密集、交通拥堵、环境污染、资源短缺、就业困难、上学不易、社会管理难等问题，加大了"城市病"的防治难度[1]。该观点集中列举了"城市病"的重要表现，具有代表性。早在工业革命期间，由于城市规模过快扩张，城市发展超出资源承载力，导致住宅紧张、污染严重、卫生状况差等诸多"城市病"问题。早期的资本主义国家采取一系列举措进行治理。进入新时期，我国城市化进程加快，城市化率不断攀升，"城市病"问题日益严重。表3-1所示为国外典型城市的"城市病"表现及其治理措施比较情况[2]，由此可见许多城市均不同程度上经历了人口膨胀、产业衰退、交通拥堵、住房紧张、环境污染等系列"城市病"问题。

---

[1] 刘际平、刘晨晓：《当前我国城市病的表现、成因和对策分析》，《焦作师范高等专科学校学报》2014年第2期。

[2] 李冈原：《英国城市病及其整治探析——兼谈英国城市化模式》，《杭州师范学院学报》2003年第6期；伍海燕：《墨西哥墨西哥城：过度城市化带来贫困与污染》，《参考消息》，http://news.xinhuanet.com，2013年3月1日；刘莉莉：《墨西哥城这样"脱霾"》，《新华每日电讯》2014年9月29日；《美国洛杉矶治理雾霾措施与启示》，http://scitech.people.com.cn，2014年3月3日。

表 3-1　　国外典型城市的"城市病"表现及其治理比较

城市	主要问题及其表现	治理措施
伦敦	1. 工业化时期由于大量农村人口进入城市，使得原有的基础设施和其他公共服务设施不堪重负，住房供应不足问题严重。 2. 伦敦万人聚居的贫民窟有20个以上，成为"霍乱国王的巢穴"。工人住房条件差，公共卫生设施奇缺，流行病和地方病严重。 3. 交通拥堵不堪。伦敦开始工业化进程以来，人口过快膨胀、私家车增多，导致道路承载力有限，道路拥堵严重。 4. "雾都"困扰城市发展，空气污染严重。1952年发生烟雾事件，污水污染河流。交通污染严重，汽车排放的污染物如氮氧化物、一氧化碳、不稳定有机化合物等形成"光化学烟雾"。	1. 规划与立法引导城市功能疏解。建立新城，疏解核心城区人口，大力发展新城或副中心的教育、医疗、住房等，为新城提供完善的公共服务配套，保障人口能到新城就业、教育和生活，解决后顾之忧，促进了城市人口的有效疏解。 2. 各级政府迫于社会压力，从无为走向有所为，通过《市政机关法》，设置济贫法委员会、工厂视察员办公室、卫生总局等机构，颁布《工人住宅法》，解决贫民窟的问题，兴建商店、公园、剧院等设施。 3. 提出"为拥堵买单"计划，收取拥堵费，控制市区内的汽车数量，针对大排量汽车的进城费升至25英镑/天（折合人民币350元/天），向进入市中心的车辆征收二氧化碳税。发展公共交通、地铁和电动汽车，市中心的地铁站之间都步行可达，城市火车、港区轻轨和公交线路分流路面人群，低票价吸引公众乘坐。市中心商业区不设停车场，迫使上班族不得不搭乘公共交通和选择自行车。 4. 伦敦烟雾事件使英国人反思污染问题，对工业加强管理，出台《清洁空气法》《空气污染控制法》《环境法》等，划定"烟尘控制区"，区内的城镇禁止燃烧煤炭，规定工业燃料里的含硫上限，所有在英国出售的新车都必须加装催化器，制定了明确的处罚措施以减少氮氧化物污染。鼓励公众讨论城市污染治理问题和媒体曝光。建设绿地，增加绿化面积，还包括使用清洁能源。伦敦在城市外围建设大型环形绿地，开辟城市绿化带，以及推广使用清洁能源等。通过铁腕治污，伦敦由雾都变成了真正意义上的绿都。

续表

城市	主要问题及其表现	治理措施
纽约	1. 人口过快增长导致的人口膨胀、住房紧张。 2. 贫富差距增大、犯罪率居高不下等社会问题不断困扰着纽约。 3. 汽车在家庭得到普及，道路无法满足出行需求，交通拥堵问题日益严峻。 4. 环境污染严重，工厂排放超标导致城市空气污染严重，市民患有肺气肿、肺癌等多种疾病。	1. 发展郊区和更大区域的都市圈，加强跨区协同机构建设，加强公共住房建设，重视公共服务均等化配置，减少贫富差距，促进人口的均衡化发展。 2. 市民乘坐公共交通出行比例高，拥有发达的地铁系统。私家车出行强度小，通过征收燃油税、过桥过路费、高额停车费来限制私家车的出行。 3. 重视垃圾回收节约能源，加强低碳发展构建绿色纽约。将垃圾再循环确定为强制性项目，并立法进行保护。淘汰和替代传统燃油型公交车，改用混合动力公交车，减少机动车尾气排放，使用节能灯、推行绿色建筑，鼓励屋顶收集雨水再循环利用，节约城市水资源。
东京	1. 人口膨胀，东京是世界上人口较多的城市，1/4 的日本人口拥挤在不足日本总面积 4% 的土地上，人口过快增长。 2. 东京地区吸引了更多外来人口的集聚，造成住房困难、交通出行压力大、企业扎堆。 3. 城市环境污染严重。1952 年至 1953 年，冬季的东京会因取暖排放黑烟而"白昼难见太阳"。1970 年，环境污染成为日本公害事件。	1. 为治理大都市病，分阶段、分步骤进行规划引导，疏解城市功能。建设城市副中心，平衡城市土地利用强度。重视产业引导和结构调整，以产业疏导和调整促进人口分流，有效治理城市人口膨胀等系列问题。 2. 建立以轨道交通为主导的交通网络，地面公交少，私家车上下班出行比例低，征收高额税费，提高停车费，加大违章停车处罚力度，打通"毛细血管"，分流主干道车流，避免重复开挖，减少交通拥堵。 3. 提出建立低碳社会，加强环境污染治理，重视循环经济发展，使用低碳新能源。新建大楼必须有绿地，必须搞楼顶绿化，追求立体绿化面积。2003 年，东京规定汽车加装过滤器，并禁止柴油发动机汽车驶入东京。

续表

城市	主要问题及其表现	治理措施
德国鲁尔区	素有"德国工业引擎"美称的鲁尔区，在发展历史上因资源耗竭而经历了城市老化、工业衰退等过程。1954年开始，由于海外低成本煤炭的大量输入，鲁尔区开始出现"煤炭危机"。仅1958—1964年间，就有27家矿井关闭，减产1400万吨/年，导致5300多人失业。20世纪60年代开始，随着其他国家钢铁业的不断发展，由于德国在成本上逐步丧失优势，并受欧洲战后恢复重建高峰期已过、新材料替代等因素影响，鲁尔区又遭遇了"钢铁危机"。1980—1990年间，杜伊斯堡市在煤炭和钢铁工业上失去了3.2万个工作岗位，失业率几度超过20%。随着产业衰落，重化工经济结构弊端明显，煤炭企业和钢铁厂倒闭，工人被迫下岗，经济增长减缓，失业率上升，人才外流，污染恶化，并由此产生贫困、污染、下岗职工子女教育等一系列经济与社会问题。	1. 政府通过出资购地、恢复地貌、出售土地、招商引资等方式建立新型产业园区。增加投资，发展文化产业，将工厂和矿山改造成为风格独特的工业博物馆，变成旅游资源，将老钢铁厂改造为新兴产业研发中心和文化展览中心。 2. 设立统筹规划机构，指导矿区整治和转型。颁布法律，成立了鲁尔煤管区开发协会，制定《鲁尔区域整治规划》，规定区域整治的发展规划，制定了《煤矿调整法案》等相关政策和法规，加强煤矿资源整合，促进煤炭产业转型。 3. 重视社会建设，加强再就业和社会保障。对就业岗位进行补贴，及时下拨失业保障金，加强基础设施建设与条件改善。设立包括基金组织、研究机构、培训中心、再就业中介机构等配套服务机构，为下岗工人创造再就业机会。 4. 以物流、新型化学、健康工程、生物制药、旅游等高新技术产业为重点，发展风能、太阳能、核能、生物质能等低碳新能源产业，建立了最大的太阳能电池发电厂——格尔森基尔欣发电厂，加强矿区的生态修复和环境治理，增强市民低碳环保意识，鼓励市民植树种草，增加森林碳汇。 5. 采取限制污染气体排放、建立空气质量监测系统和烟囱自动报警系统等措施治理空气污染，鲁尔工业区已经实现山清水秀、空气清新宜人、居民区和工厂区坐落在绿色植物群落之中的生态绿色城市格局。

续表

城市	主要问题及其表现	治理措施
墨西哥城	1. 城市化快于工业化，导致城市化水平与经济发展水平脱节。墨西哥1.3亿人口中，有5000万没有足够的收入满足住房、交通、教育等需求。墨西哥曾经是世界上贫富差距最大的国家之一。 2. 城市人口大幅增长。墨西哥首都墨西哥城是世界最大、人口最密集的城市之一。过度城市化、城市公共服务供给不足、大量农村富余劳动力涌入是墨西哥城不堪重负的原因。过度城市化造成墨西哥城贫困人口大幅增长。进城打工的农民大多年龄偏大、缺乏文化知识和专业技能，很难适应城市工业对技术工人的需求，形成许多的贫民窟。此外，看病就医难。 3. 交通拥堵等问题接踵而至。墨西哥城号称全球最大"堵城"。买私家车成为"有身份"的象征。人口集聚，交通配套设施建设不到位，规划滞后等导致交通拥挤、住房紧缺、城市犯罪等"城市病"问题。 4. 过度城市化带来污染问题。墨西哥城每天有七八百万辆汽车在道路上行驶，汽车尾气污染严重。20世纪90年代，墨西哥首都墨西哥城位列世界十大空气重度污染城市之一。	1. 为了遏制人口恶性膨胀，墨西哥城市政府采取了建设"卫星城"和实施"城乡均等化"措施。自1980年至今，墨西哥四周已建成30多个卫星城，居住人口超过1500万。市政府将卫星城打造成环境优美、设施齐全、交通便利、住宅舒适的宜居城市。一些著名高校和中学还在卫星城开办分校，以吸引人们前去居住。 2. 为把农村富余劳动力留在农村，避免贫困人口盲目进入城市，墨西哥政府致力于缩小城乡差距、提高农村生活水平。墨西哥城市政府提出牛奶计划，在农村地区向儿童和60岁以上老年人免费发放牛奶。针对穷人的大众医疗保险计划惠及所有农村居民，一人参保全家免费享受医疗服务。墨西哥城市政府还为70岁以上老人建立账户，每月发放25美元补贴。为鼓励贫困家庭子女上学，降低失学率，市政府还向所有农村地区的小学和初中生提供奖学金。 3. 通过多种树和少开车治理环境污染。20世纪90年代，墨西哥城市政府下决心摘掉"世界最严重污染城市"的帽子，推出了"一户种一树"活动，用绿色森林席卷"水泥森林"，恢复城市周围的绿化带。制定了严格的绿色植被保护法律，大到城市中的树林，小到居民庭院中的花草树木，都是受法律保护的，未经许可不得随意砍伐。政府每天还会派直升机巡逻，以防止城内树木遭毁坏。绿化家园的理念也已融入市民的血液中，在室内种植花草或将天台开发成菜园已经成为风气。 4. 打造完善的公共交通系统，减少私家车的尾气排放，减少交通拥堵。从1989年开始，墨西哥城市政府推行"今天不开车"政策。地铁发达，共有11条地铁线，每天客流量达388万人次。从2006年起，市政府在城市主干道修建了6条快速公交线路，并用数百辆大型、舒适、低排放的巴士替代了上千辆老旧的高污染小型巴士，吸引市民乘坐公交。

续表

城市	主要问题及其表现	治理措施
洛杉矶	洛杉矶是美国的工业城市,从20世纪初就饱受大气污染的困扰。第二次世界大战极大地提高了工业发展水平,也带来了空气污染。城市人口以及机动车的数量快速增长。根据气象记录,1939—1943年间能见度迅速下降。1943年发生"洛杉矶雾霾"事件。1952年和1955年,洛杉矶先后发生了两次严重的"光化学烟雾",每次都造成数百名65岁以上老人因呼吸系统衰竭而死亡,洛杉矶已经从"天使之城"变为"雾霾之城",城市的天空被讥讽为"冲坏了的胶卷"。	1. 构建跨区域协调的空气质量管理的专门机构,为城市环境治理提供组织保障。1946年,洛杉矶市成立了全美第一个地方空气质量管理部门——烟雾控制局,并建立了全美第一个工业污染气体排放标准和许可证制度。 2. 公众参与和市民运动推进空气污染防治的立法工作。1970年,美国《清洁空气法》的出台是公众运动的结果。1988年,加州通过了《加州洁净空气法》。 3. 引入市场机制,开发空气污染治理先进技术。推出了空气污染排放交易机制,排放指标在芝加哥期货市场公开挂牌交易。推广涉及空气污染控制技术,包括减少碳氢化合物的排放量、创建汽车尾气排放标准等。要求所有汽车配备催化转换器。 4. 加强产业结构调整和区域经济发展,鼓励清洁能源和可再生能源的开发和利用。发展公共交通,提倡居家节能。

基于以上国外城市所发生的"城市病"表现进行分析,发现人口膨胀、交通拥堵、环境污染、资源短缺及其引发的系列社会问题可以说是大多数城市发生的重要病症。具体而言,表现在以下几个方面:

一 人口膨胀

城市没有人口集聚,没有人口的扎堆儿,就不能称之为城市,没有人气的城市只能走向衰退。从这个视角出发,很多专家认为,城市人口不能称之为"城市病"。但如果人口在局部过于膨胀和扎堆儿,导致城市的基础设施、交通条件、住房等各方面的承载力跟不上人口增长的需求,就会产生交通拥堵、住房紧张、社会矛盾凸显等诸多的城市问题。从这一视角进行考察,人口问题将直接或者间接导致"城市病"的产生,或者说这时城市人口确实出现了某些

"病症"，需要进行治理。当然，治理的关键是变人口膨胀为人才生产力，变负能量为正能量，才是城市人口问题治理的真正效果。但凡世界各国城市的演化，人口膨胀所带来的"城市病"问题日益突出。城市人口的无序增长和控制失灵，不得不说是重要的"城市病"表现。

城市化意味着更多的人口进入城市，人口规模的增大导致城市规模的扩大。随着我国工业化、城镇化逐年推进，更多的农村剩余劳动力外出打工，进入珠三角、长三角、京津冀等城市圈工作，许多城市人口进一步集聚。30多年来，我国新增城镇人口大约为每年2000万，过快增长的人口数更给城市交通、住房、基础设施等带来严峻挑战，城市人口膨胀导致系列的"城市病"问题。长三角、珠三角、京津冀以及中部地区的武汉城市圈、长株潭城市群、中原城市群等多个城市群对人口形成强大的就业吸纳作用，就业人口进入促进了城市经济快速发展的同时，也给城市管理与进一步和谐发展形成压力。如北京作为国家首都，每年40万左右的新增人口导致北京"城市病"问题日益严重，人口无序、过快膨胀，超越了现有城市资源能源、环境、交通、基础设施等承载力，必然引发一系列城市经济社会发展不协调、不和谐问题，出现交通拥堵、房价高企、环境恶化、资源短缺、社会安全等诸多"城市病"。

早在19世纪末，最先开始工业化进程的英国由于外地人口涌入城市，导致了人口过快增长，住房紧张，形成很多的贫民窟，公共卫生设施不足，因重化工业密集，空气污浊，水源污染严重，城市环境不断恶化，同时就业竞争激烈，失业工人较多，犯罪问题难以解决。在拉美国家也出现了许多城市问题，特别是在20世纪中叶，工业化、城市化提速导致城市人口膨胀，城市化速度超过工业化发展速度，出现了过度城市化问题，人口急剧增加超过了城市自身的承载力，产生许多的城市问题。在中国的许多城市，也存在严重的人口过快增长、人口过于膨胀等系列城市问题。我国的现代化进程使工业和商业贸易日益集中在东南沿海城市，城市化进程过快，人口迅猛增长，使城市的社会治安恶化，绑架、抢劫、盗窃、贩毒、吸毒、卖淫嫖娼等犯罪案件频发，交通拥堵、就业困难、住房紧张、环境恶化均与人口过快增长和城市自身配套建设不足密切相关。

人口在城市尤其是特大城市的过度膨胀的同时，人口老龄化问题是不可小觑的重大难题。北京、上海、广州等特大城市已经成为真正的老龄化城市。人口的老龄化给城市经济社会持续发展带来许多影响。一是人口红利缩减，劳动力减少和用工成本提高，给企业发展带来更高成本，影响经济快速增长。二是人口老龄化到来，城市房价高企，增加了年轻人的工作和生活压力，年轻人的家庭负担和生活成本提高，降低了城市居民的生活幸福感，对城市创新能力的提升带来负面影响。三是老龄化增加了城市养老压力，现有的养老床位不够、养老机构服务有限，给城市养老形成挑战。四是人口老龄化对传统的城市规划，包括产业规划、土地规划、公共设施规划等提出新的要求，城市规划必须要与老龄化社会发展的真实需求相适应[①]。

二 交通拥堵

"城市病"的重要表征就是交通拥堵，特别是上下班时间的拥堵指数直接反映"城市病"的严重程度。人口过快增长给城市交通出行带来压力，人口膨胀直接导致交通需求快速增长，而交通供给的严重滞后形成难以短时间内调和的供需矛盾。交通拥堵增加居民的出行时间和出行成本，影响工作效率，形成心理压力，也引发城市污染、交通安全等一系列问题，导致经济社会诸项功能的衰退，成为阻碍发展的"城市顽疾"。

北京作为国家首都，被称之为"首堵"。交通拥堵引发首都市民出行满意度降低，北京交通拥堵在全国乃至世界上有名，但实际上，有研究指出北京交通拥堵程度还不是全球最高，也不是中国最高。荷兰交通导航服务商 TomTom 发布的拥堵城市排名中，土耳其港口城市伊斯坦布尔位居全球最拥堵城市之首，北京的堵车指数为37%，位

[①] 陶希东：《包容性城市化：中国新型城市化发展新策略》，《城市规划》2013年第7期。

列全球第 15 位，在中国城市中排在重庆和天津之后。但报告中还有一项统计显示，北京的高速公路（包括快速路）的拥堵状况比普通公路更加严重。如果将高速公路的拥堵状况进行排名，北京的拥堵率将排到全球第 6 位。如表 3-2 所示，2015 年，全球最拥堵城市是土耳其的伊斯坦布尔，平均拥堵指数高达 58%，这意味着在拥堵时间，车主平均要比正常行驶多花去 58% 的时间，而在晚高峰时段，车主花出的时间要比正常行驶多出 109%，全年伊斯坦布尔民众会浪费 125 个小时在堵车中[①]。

表 3-2　　　2015 年全球平均拥堵城市和晚高峰拥堵城市　　　单位：%

平均拥堵城市前 5 名		晚高峰拥堵城市前 5 名	
伊斯坦布尔（土耳其）	58	伊斯坦布尔（土耳其）	109
墨西哥城（墨西哥）	55	莫斯科（俄罗斯）	103
里约热内卢（巴西）	51	圣彼得堡（俄罗斯）	96
莫斯科（俄罗斯）	50	墨西哥城（墨西哥）	89
萨尔瓦多（巴西）	46	重庆（中国）	84

机动车增长过快，超过现有的交通道路容量，进而导致交通堵塞，成为重要的城市交通病。有研究指出，20 年前北京每增加 10 万辆汽车，大约需用 4 年；10 年前，每增加 10 万辆汽车，仅需要 2 年。2002 年一年就新增汽车 27.6 万辆。机动车增长过快导致本来就拥堵的交通道路雪上加霜。北京城市道路建设与国内外其他大城市不同，是以皇城为中心进行设计和发展的，呈棋盘状格局，由中心城区到外围城区的"摊大饼"模式，导致交通枢纽路段容易形

[①] 张轶骁：《全球交通拥堵城市排名：重庆、天津超北京》，《新京报》2015 年 4 月 7 日。

成拥堵。中心城区高层写字楼过于密集，对停车位设计不足和交通设施缺乏足够配套，加剧了交通拥堵。与此同时，我国大部分中心城市作为行政中心，集中一定的行政资源、教育文化资源、医疗服务等资源，客观上增加了由外围到中心城区上下班或者办事的刚性出行需求。而公共交通设施特别是地铁建设不足或者滞后，降低了公共交通的承载量。

西方发达国家和城市基于环境保护、资源能源节约等战略考虑，优先发展公共交通，提倡步行系统和自行车出行，私家车出行频次较少。而我国许多城市居民以开私家车为地位象征，以乘坐公共交通为下等人生活，导致私家车出行强度大，也在一定程度上增加了交通压力。如北京私家车出行频次超过西方发达国家水平，同时公共交通发展迟缓，公共交通线网结构不够合理，公共交通配置不够完善。特别是地铁发展严重滞后，缺乏大容量快速干线，支线网通达深度不到位，换乘距离过长，地铁为分流刻意增加了换乘线路和时间，平均换乘车辆距离长达 350 米以上[1]。这在一定程度上引起乘客不满，滋生购买私家车和开私家车上下班的欲望，不利于城市交通拥堵的缓解。

随着我国人民生活水平的提高，对私家车的消费能力提升，拥有私家车也成为成功人士的重要象征，人们以拥有私家车为荣，私家车成为出行的重要工具。因此，我国机动车近些年来增长迅速，城市道路负荷加大，交通拥堵、交通事故频发，此外乱停车、停车难也是交通问题的重要表现。由于交通拥堵、车速降低，时间延误、尾气排放增加，影响了城市工作和生活环境。导致交通拥堵的主要原因有，机动车保有量过快增长，道路增长过慢，大容量、快捷的公共交通严重不足，公共交通服务滞后如车次少、座位少、等待时间长、换乘困难等，抑制了公共交通的出行需求，进而引发更多的人选择了私家车等交通工具。

此外，城市"向心发展"、单中心集聚的结果导致中心资源过于

---

[1] 李家杰：《北京城市交通拥堵症结何在》，《光明日报》2003 年 10 月 24 日。

密集，城市"摊大饼"式发展导致交通流量的时空分布失调，中心区交通流量过大。职住分离[①]、睡城现象加大了上下班的刚性出行需求，路网结构不合理，网络稀、支线和次干道少于主干道的"倒金字塔"型，交通设施陈旧落后等问题存在，集中导致了城市交通道路拥堵不堪。

三 环境污染

环境是城市经济社会持续发展的基础条件，为城市居民保障优质水源、清新空气、健康食品、安全空间，是城市政府理应保障和承担的基本责任与义务。城市环境污染是城市居民抱怨、制约城市经济社会持续发展的关键问题。雾霾天气频现、垃圾围城、水污染、噪声和光污染等现象的存在成为宜居城市建设的重要障碍。由于城市人口众多，城市居民在生产与生活过程中，向自然界排放废水、废气、废物等各种污染物，严重超过了自然环境的自我净化能力，建筑物过于密集，生态空间被侵蚀，导致自然环境各种因素的性质和功能变异，生态环境遭到破坏，进而给城市居民身体、心理、生产、生活带来严重危害。

当前，我国的大多数城市面临环境污染困境，如许多城市严重缺水、地下水位下降、大气污染严重、生态用地空间不足等，资源能源耗竭提速，碳排放强度居高不下，高碳型的城市经济社会发展经受严

---

① 职住分离现象，从字面上解读，是就职的区域与就业者居住的区域相分离所带来的上下班必须长途跋涉的问题，也称为居住与就业的空间错位或空间分离问题。早在20世纪60年代，由哈佛大学学者Kain最早研究并提出了职住分离问题，当时主要是针对美国大都市区居住隔离以及黑人相对较为严重的职住分离现象。由于美国工业化、城市化发展快，城市蔓延导致人口到城市集聚，就业和人口密度都相对较低，且分区化的土地利用特点更加鲜明，大多数美国城市公共交通体系的不完善，造成美国低收入人群面临较为严重的职住分离问题。在发展中国家的中国，因城市规划设计不够合理，公共交通不够发达，中心城市房价和租金高企，导致资源分布不均衡，公共服务不均等，同样存在比较严重的职住分离现象，如北京、上海、广州、深圳等特大城市，即使在中小城市职住分离现象也一定程度上存在。中国的职住分离更主要是由于改革开放以来大城市居住郊区化进程加快的同时就业分散化进程缓慢所导致的居住与就业的空间错位。齐云蕾、孙山：《职住分离的行业差异及其影响因素——以北京都市区为例》，《现代城市研究》2015年第1期。

峻的生态压力。近些年来，城市环境污染不断加剧，表现为污染的内容具有全面性，污染的范围具有广泛性，污染的时间具有长期性，污染的危害具有严重性。从被污染的客体上看，可分为城市大气污染、城市水体污染等；按污染产生的原因，可分为工业污染、交通污染等；按污染物形态，可分为废气污染、噪声污染、辐射污染等；按污染物的性质，可分为化学污染、物理污染、生物污染等。城市空间作为人类生产和生活的高度聚居地，城市环境污染造成的危害相对比较大。

一是大气污染。大气污染又称之为空气污染，即人类社会活动或者自然界自然运动导致某些物质进入大气中，浓度较高，难以在短时间内净化，进而危害人类和动植物生存的现象，特别是危害人类生存、生产和身心健康与福利的现象。某一种物质其存在的量、性质及时间足够对人类或其他生物、财物产生影响者，即为空气污染物。大气污染源主要包括：工业生产排放到大气中的污染物，如烟尘、硫的氧化物、氮的氧化物、有机化合物、卤化物、碳化合物等；生活炉灶与采暖锅炉在燃烧煤炭等物质过程中释放大量的灰尘、二氧化硫、一氧化碳等有害物质污染大气；机动车船如汽车、火车、飞机、轮船等烧煤或石油产生的废气；森林火灾产生的烟雾等。大气污染物对人体的危害是多方面的，主要表现为呼吸道疾病与生理机能障碍，以及眼鼻等黏膜组织受到刺激而患病。在我国，由于煤炭资源相对丰富，煤多、少油、少气，能源总储量的构成是原煤87%、原油2.8%、然气0.3%、水能9.5%，这一结构决定了以煤炭为主导的能源消费结构，煤炭粗放式消耗导致大量烟尘和废气排放，对我国大气污染起着决定性作用[1]。机动车保有量增多和尾气排放加剧城市大气污染程度。煤气燃烧污染、工业废气、机动车尾气、工地扬尘、餐饮排放等是城市大气污染的重要组成部分。

二是水体污染。我国水污染比较严重，随着工业化、城市化提速

---

[1] 王家诚：《煤炭清洁利用和结构调整——中国煤炭可持续发展的必然选择》，《煤炭经济研究》2003年第4期。

对用水的需求提高，工业废水排放没有得到有效治理和严格控制，乱排偷排现象严重，大量超标工业废水直接进入江河湖海，有的强压进入地下水，直接对地下水造成严重污染。而城市生活污水的排放也有恃无恐，随着城市人口的激增各种污水排放总量呈逐年攀升态势，而污水处理设施建设滞后，生活污水占水污染的50%以上。地下水超采和地下水污染进一步加剧了水资源短缺。城市水污染成为许多"城市病"的重要表现。2014年11月，大自然保护协会（TNC）与C40世界大都市气候先导集团和国际水协会在全球共同发布了《城市水蓝图》报告，该研究报告涵盖了世界上100个最大的城市，涉及近10亿人口。由于人口增长、气候变化和环境恶化，中国17个城市面临前所未有的严重水污染压力，其中深圳、西安、成都、青岛、天津和长春尤为严重。从水质来看，中国大多数城市水源受到重度污染，特别是沉积物污染[1]。

由于各方面原因的存在，许多人还不能对自然河流或地下水进行过滤和净化，难以喝上干净水。我国有82%的人直接饮用浅井和江河水，而这些水源直接受到有机物污染的威胁，被有机物污染的饮用水源的人口约1.6亿。由于自来水受水源污染的影响，加之缺乏必要的严格的过滤设备设施处理，难以保障饮水安全。郊区和农村地区该人群对水源安全的危机意识不强，受到污染威胁的可能性更大。目前，国际上对自然界污染的化学物测量结果显示，总共有2000多种污染物。我国的自来水饮用标准比较低，许多地区也没有安装标准的过滤设施，有的简单通过自然过滤或烧煮的初加工，就直接饮用。城市的自来水加氯产生较多的卤代烃化合物，也会引发人类患各种胃肠癌[2]。水利部曾经对全国700余条河流，约10万公里河长的水资源质量进行了评价，其中46.5%的河长受到污染，水质只达到四、五类；10.6%的河长严重污染，水质为超五类，水体已丧失使用价值；90%以上的城市水域污染严重，其特征主要表现为，水污染正从东部

---

[1] 付丽丽：《我国17个城市面临严重水污染》，《科技日报》2014年11月19日。
[2] 《2015中国水污染现状调查城市水污染现状》，http://www.bjzq.com.cn/syjq/ShowArticle.asp? ArticleID = 320251。

向西部发展,从支流向干流延伸,从城市向农村蔓延,从地表向地下渗透,从区域向流域扩散[①]。城市自来水往往受到重金属、农药、化肥、洗涤剂等有害残留物等多种污染,如何治理城市水污染问题也一直是个难题。

三是噪声污染。城市由于人口集聚和交通、工业等相对发达,导致交通、工业、建筑、生活等噪声累加,形成城市噪声污染。一方面,城市道路密集,交通拥堵的同时交通噪声超标,建筑工地噪声不断,许多地方建后拆、拆后建,城市建筑和市政设施一直处于建设状态,建筑噪声、工业噪声严重扰民。另一方面,生活服务业、餐饮、菜场、商店、文化娱乐场所产生的噪声使城市不再是安静的,各种油烟排风机、空调机组、娱乐喇叭音响等噪声污染不断,现代城市变成闹城。

四是固体废物污染。固体废物主要是产业生产和人们生活所遗弃的固体性废物,由于没有进行好净化处理带来对人类生活环境的污染影响。固体废物按来源大致可分为生活垃圾、一般工业固体废物和危险废物三种。此外,还有农业固体废物、建筑废料及弃土。固体废物没有进行妥善收集、利用和处理处置,严重污染大气、水体和土壤,危害人体健康,有的固体废物的自然净化周期长,渗透到水源等生态脆弱区域,给动植物和人类生存产生严重威胁。如镉大米就是重金属镉对人类粮食产生直接威胁的一种表现。固体废物污染对城市环境的影响较大,随着工业化、城市化进程加快,工业固体废物排放不断增加。国家环保部《2014年全国大、中城市固体废物污染环境防治年报》显示,2013年,全国261个大、中城市的一般工业固体废物产生量为238306.23万吨,工业危险废物产生量为2937.05万吨,医疗废物产生量约为54.75万吨,生活垃圾产生量约为16148.81万吨[②]。固体废物由于没有得到妥善的回收和处置,对城市环境造成难以修复

---

① 《中国的水污染比雾霾更严重》,http://www.nbd.com.cn/articles/2015-03-01/899700.html。

② 中华人民共和国环境保护部:《2014年全国大、中城市固体废物污染环境防治年报》,《中国环境报》2015年1月5日。

的负面影响，严重威胁城市居民的生产生活环境。

五是电磁波辐射污染。电磁波辐射的污染由于不容易为市民所直接感知，需要通过一定仪器或者长期的身体影响才能发觉，因而很少引起市民、社会组织和相关政府部门的高度重视。随着互联网技术、通信技术的快速发展，各种广播、电视、微波、网络设备的射频功率成倍增加，导致地面电磁辐射增强，过量的电磁波辐射形成对市民生活的严重影响，形成较为普遍的电磁波污染。城市里的高压线、变电站、电台、电视台、雷达站、电磁波发射塔和电子仪器、医疗设备、办公自动化设备和家用电器产生各种不同波长频率的电磁波，人们长期暴露在超过安全辐射剂量的环境中就会损害健康。电磁波污染被称为继水源污染、空气污染和噪声污染之后的第四大环境污染源。

电磁辐射对人体影响主要表现为：一是电磁波形成的热效应，人体吸收过量的电磁波可能出现高温生理反应，导致神经衰弱、白细胞减少等病变。二是电磁波的非热效应，电磁波长时间作用于人体时，就会出现如心率、血压等生理改变和失眠、健忘等生理反应，对孕妇及胎儿的影响较大。尽管人体不能直接感应电磁波，但过量的电磁波污染的影响却是非常严重的，不得不引起城市居民的高度重视。

亚洲开发银行和清华大学在2013年1月14日共同发布的《迈向环境可持续的未来中华人民共和国国家环境分析》报告中提出，全球10大空气污染城市分别是太原、米兰、北京、乌鲁木齐、墨西哥城、兰州、重庆、济南、石家庄、德黑兰。其中，中国城市包括太原、北京、乌鲁木齐、兰州、重庆、济南、石家庄，中国城市占全球10大空气污染城市的70%，可见中国城市污染问题较为严重。亚洲开发银行驻中国代表处首席代表哈米德·谢里夫（Hamid L. Sharif）认为，中国面临的环境挑战可以说比其他任何国家都复杂，虽然中国环境在许多方面已经得到改善，但是由于环境压力增大，整体形势仍在恶化，在中国的环境形势达到转折点之前还有许多事情要做[1]。

---

[1] 《全球10大空气污染城市排行榜7个在中国》，http://gz.bendibao.com/news/2013115/content11472.shtml。

四 资源短缺

城市资源包括许多方面，如自然矿产资源、能源、水资源、土地资源等。资源短缺是我国城市经济社会持续发展的重要瓶颈。许多城市空间扩张是因为资源的开发而兴起，如资源型城市的崛起就是基于某种资源开发而崛起。资源型城市更加离不开资源能源的开发利用，一旦资源能源耗竭，很可能导致城市产业衰退，进而引发城市工厂倒闭、工人下岗，城市衰退，出现严重的"城市病"问题。资源短缺成为现代城市经济社会持续发展的重要障碍。城市化进程的推进对能源包括电、煤、石油、燃气等需求都不断增长，对生态环境也产生强大的压力。[1]

水是生命之源，水资源的严重匮乏成为世界难题。缺水状态一直成为许多城市发展的重要困境。从整个水圈看，地表水中的海水约占整个水圈的97.5%，而真正能够被人类直接利用的淡水资源只占0.00768%，数量极为有限。城市缺水是城市化发展的严重桎梏，有研究指出，当前全球有近一半的河流水资源被严重污染，气候变化减少降雨，淡水资源短缺告急。如休斯敦、雅加达、洛杉矶、华沙、开罗、拉各斯、达卡、圣保罗、墨西哥城、新加坡、北京、上海等许多发达城市均面临水资源短缺困境。我国大部分城市缺水，许多湖泊呈富营养化状态，许多河流断流。

我国水资源总量位居世界第六，但人均占有量居于世界第110位，接近中度缺水水平。2009年，我国水资源总量为2.8万亿立方米，其中地下水0.83万亿立方米。按照国际公认的标准，人均水资源低于3000立方米为轻度缺水；人均水资源低于2000立方米为中度缺水；人均水资源低于1000立方米为重度缺水；人均水资源低于500立方米为极度缺水。中国目前人均水资源量只有2140立方米，只及世界平均水平的1/4，北方和西部部分地区已出现重度缺水。[2]

---

[1] 张敬淦：《中国城市化进程中的资源短缺问题》，《城市问题》2008年第1期。
[2] 赵晓辉、樊曦：《我国中度缺水，解决水危机关键在节水》，http://www.mwr.gov.cn/slzx/slyw/200404/t20040423_143805.html，2004年4月23日。

2014年，全国657个城市中有300多个属于联合国人居环境署评价标准的"严重缺水"和"缺水"城市。从我国水资源的构成来看，农业用水占61%，工业用水占24%，城市居民生活用水只占了13%，城市水资源供需矛盾突出、水环境脆弱、水安全压力大。我国城市节水潜力巨大，从2000年至2012年，城市居民人均日生活用水量从220升降低到172升。近10年来，全国城镇化率提高了10个百分点，用水人口增长了49.6%，城市年用水总量仅增长12%，基本稳定在500亿立方米，年污水再生利用量32.1亿立方米，约占城市用水总量的6%。[①]

　　土地资源短缺问题成为"城市病"的重要表现。土地是城市空间扩张和发展的基本条件。寸土寸金说明了城市建设中土地的重要地位，土地财政、房地产业是城市发展中的重要支柱，近些年来影响到中国城市的每个市民生产生活。国家社会经济的发展离不开土地资源，土地资源具有不可替代性，是一种宝贵的有限资源。对于城市而言，城市土地资源更是一种有限的、不可再生的自然资源，滥用土地资源来获取短暂发展的做法不可取，会威胁到一个国家和城市的长远发展。在现有市场经济条件下，有限的城市土地资源发挥最大的效益，进而扩大城市经济总量，提高城市的承载能力，增强城市对劳动力的吸纳能力，提升城市综合竞争力，成为地方各级政府思考的重要内容。[②] 科学调整城市土地关系，保护和开发城市土地资源，合理利用城市土地，保护土地所有者和使用者的合法权益，促进城市社会经济的可持续发展是城市发展的重要任务。城市建设用地不断攀升，人口过度膨胀和城市"摊大饼"式发展不断增加了对有限土地资源的需求。大城市特别是中心城区寸土寸金，不仅利用城市地上空间，高层建筑、摩天大楼层出不穷，地下空间也充分利用，但土地资源紧缺问题仍然难以得到缓解。

---

① 杜宇、何雨欣：《全国657个城市有300多个"缺水"》，《北京日报》2014年5月18日。

② 易丽琦：《我国城市土地资源管理的现状和对策》，《管理观察》2009年第3期。

五 社会问题

社会问题是"城市病"的典型病症，也是影响整个城市经济社会持续发展与和谐稳定的关键性问题。城市社会问题表现在城市贫困、城市就业、城市心理疾病、青少年犯罪、城市乞丐等多方面。

（一）城市贫困问题

城市尽管经济发达，但贫富悬殊、两极分化现象一直难以缓解，城市贫困问题是影响城市和谐、稳定的重要因素，也是"城市病"治理的重要难题。贫民窟问题是许多城市在工业化、城市化进程中难以避免的社会现象，贫困人口缺乏土地保障和收入来源，集中于城市特别是贫民窟，如印度孟买、巴西圣保罗等。由于大量的贫民集聚，居住、医疗、教育、卫生、交通条件差，因为贫困，许多犯罪行为频发，不能接受正规教育的青少年，大多成为社会不稳定因素。城市贫民处于贫困线，难以享受到现代城市的发展成果，也难以享受到作为城市普通居民的基本待遇和公共服务，经济水平的巨大差异造成城市社区感情隔阂，部分贫民窟为黑社会所控制，成为城市犯罪的窝点，是城市社会安全问题的重要隐患。

城市贫困问题存在的同时，还存在城市社会问题。城市贫困问题难以引起当地政府和社会的广泛关注及解决，成为城市社会生活中的不和谐因素。城市贫富悬殊，贫困人口增多、失业增加，带来许多社会不和谐、不稳定风险，许多打架斗殴、犯罪蔓延、卖淫乞讨等社会问题对社会的稳定形成巨大压力。[①] 各种新旧矛盾交织，城市居民对城市拆建、补偿等问题不满，贫民阶层的失业、社会保障、分配制度、社会公平等没有得到有效解决，加剧城市不稳定与不和谐。

（二）城市就业问题

城市就业是"城市病"的重要方面，尽管城市企业多、信息发达，就业机会多，但因为各种原因存在，失业率居高不下也一直是城市政府比较头疼的重要事情。城市就业竞争激烈，在经济低迷和不景

---

① 王东：《当代世界城市贫困与社会问题》，《浙江日报》2008 年 5 月 5 日。

气状态下，企业接连倒闭，特别是在资源型城市随着产业衰退引发下岗人数剧增，大范围的失业现象引发社会不稳定与不和谐。城市就业不仅仅是经济层面的问题，更是社会层面、家庭层面的大难题。城市资源密集、就业机会多，吸引大量的外来人口进入，外来人口到城市寻找发财的机会，寻找成就事业的渠道和平台，有成功者，当然也有更多的失业者，失业率居高不下必然会形成城市社会问题，特别是那些缺乏技术、学历文凭、社会关系和其他技能的人口如农民工、下岗工人等面临着失业的压力，他们缺乏社会保障和其他方面的援助，形成物质、精神、心理等多方面的困惑，进而引发了乞讨、群殴、偷窃等不良行为甚至犯罪行为，影响城市社会稳定与和谐。同时"城市病"积累后导致资源能源瓶颈性制约严重，环境恶化、产业衰退或者被淘汰倒闭，产生新的失业工人，成为新的城市就业问题。

（三）城市心理疾病、青少年犯罪、乞丐等问题

城市人口众多，追求物质利益导致缺少人文关怀，人与人之间的关系更加物质化和利益化，外部压力增大，相互之间的交流减少，进而使城市人产生抑郁症等心理疾病。抑郁症导致患者的生产力下降，也为社会带来沉重的经济负担。由于外部变化大，许多人对外界环境缺乏应对能力，心理调适能力不足，长期的不适造成人的急躁情绪与紊乱心理节奏，因感到跟不上节奏而产生一种抑郁感。抑郁问题在我国是不容忽视的病态问题之一。

除了城市心理疾病问题，还存在许多青少年犯罪问题。由于青少年生理和心理发育提前，对性的需求变得比较强烈，部分青少年缺乏社会责任感，对他人漠不关心，自控力较差，对外界事物缺乏客观的比较和评价，好出风头等是青少年犯罪的重要原因。家庭不够和谐，对青少年缺乏关爱和健康的家庭教育，形成各种偏差的、错误的价值观念，社会上、网络上所渲染暴力、色情、迷信的图书报刊、音像制品及电子信息产品等也是青少年犯罪的重要诱因。

乞丐问题也是"城市病"的重要表现。由于乞丐的隐蔽性、流动性、身份的不确定性等，导致乞丐难以管理。从历史上考察，乞丐主要与部分人群生活困难密切相关，按理说，随着生活水平的提高，

乞丐数量应该得到减少，但现实中却促进了乞丐的职业化问题，人民生活水平不断提升，但乞丐数量却急剧增加，乞丐群体结构和性质发生重大变化。乞丐利用现代技术手段和交通工具，出现新的乞讨手段和模式，并形成结构复杂的乞丐群体，成为城市管理的重大难题，也是"城市病"的重要表现。乞丐在规模上和数量上也难以统计和管理，人员构成复杂，老弱病残者、妇女儿童、青少年都有，乞讨行为日趋职业化，乞讨手段及花样不断翻新，乞丐群体内犯罪和群体外犯罪现象也非常严重，这些都是制约城市和谐稳定的重要隐患，长期以来难以根治。城市流浪乞丐规模日趋膨胀，向组织化、多样化、犯罪化发展，给社会治理带来了诸多问题，应采取完善相关法律法规、大力发展经济、建立有效的社会保障体系、加强对未成年流浪乞讨人员管理与疏导等措施来治理这一现象。[①]

第三节 "城市病"演化的阶段性特征

"城市病"是城市发展过程中客观存在的社会现象，无论是西方发达国家城市，还是发展中国家城市均不同程度地存在这样或那样的"城市病"问题。"城市病"自身演化具有一定的客观规律。"城市病"问题是城市发展、转型过程中面临的各种问题的综合反映，其背后表现为城市规模扩张、人口集聚、经济社会发展的深层次矛盾问题。在不同的发展时期，"城市病"的表现不尽相同。一般而言，城市演化规律遵循城市中心区快速增长、城市郊区化、大都市区化等典型阶段，每个阶段表现不同的特征，也面临不同的"城市病"问题。结合城市演化规律，也可以梳理和总结出"城市病"的阶段性特征。

一 城市演化的主要阶段

（一）中心城区增长阶段

随着中心城区工厂不断增多，劳动力逐年涌入，住房、交通、教

---

① 丁鑫：《我国城市职业乞丐问题分析》，《黑河学刊》2008年第8期。

育、医疗卫生等需求不断增大，导致中心城区不断增长的同时，"城市病"越来越凸显。早期西方国家，发达的工业飞速发展带来了快速的城市化进程。资本、人口、交通等要素向中心城区集聚，导致资源配置与公共服务需求难以均衡。工厂增多，带来交通出行、住房、教育、医疗等公共服务需求增多，而这些需求的满足跟不上城市规模扩张的速度，城市资源能源承载力下降，城市环境开始恶化。在早期工业化和城市化的西方城市均出现了严重的"城市病"，如伦敦出现了烟雾事件，东京、纽约等许多城市均出现了严重的环境污染、疾病发病率及死亡率不断提高等问题。

（二）郊区化阶段

中心城区规模扩张，"城市病"不断加剧，出现了产业、人口向郊区外迁的趋势，即城市的郊区化（suburbanization）阶段。郊区化是城市在经历了人口、产业等高度集聚的阶段后，人口、工业、商业等先后从城市中心区向郊区迁移，中心区人口出现绝对数量的下降。郊区化是城市发展过程中的一个阶段，既是城市生活方式的延伸，又是城市地域结构的进化。[1] 伴随着城市经济发展和人口不断膨胀，向城市外围扩展，向郊区拓展具有客观必然性，郊区化有着巨大的空间需求、发展动力与市场潜力。城市郊区化是城市工业快速发展、科技创新与科技进步不断提速、城市居民生活水平提升和环境意识增强等综合因素的结果，随着人口、产业的过度集聚，导致中心城区的资源能源、环境承载力不断下降，必然要求城市不断扩张或者向郊区外迁。根据国外大城市发展的客观规律和现实情况考察，城市郊区化的发展经历这些过程：

1. 睡城阶段

即城市居民在郊区居住，在中心城区上班。西方国家工业化后期出现了"大城市病"，部分富有阶层在郊区购买别墅，享受郊区的自然风光和清新空气，收入低的市民或外来人口居住在郊区，可以节省

---

[1] 徐琳：《中国特色的城市郊区化及其政策探讨》，《福建师大福清分校学报》2009年第4期。

不少的租房费用，但白天均开车或乘坐公交、地铁到中心城区上班，晚上回郊区休息居住，这是城市郊区化发展的初级阶段。城市规划缺乏科学、前瞻、战略性的引导，对城市化扩张所带来的"城市病"问题预测不足，城市化仅仅等同于人口城市化，城市扩张和外迁也主要是人口和有关生产要素的外向扩散，导致资源配置的空间分散和浪费，"城市病"问题没有得到根本遏制。城市扩张呈现为无序、"摊大饼"状态，以及职住分离和睡城现象，如北京的天通苑、通州及河北燕郊等睡城现象比较严重，产业没有在郊区落地，到中心城区上班的潮汐流加大了交通压力，也降低了城市居民的生活满意度，长距离的出行导致身心疲惫。

2. 卫星城阶段

睡城现象具有严重的"城市病"问题，随着承担睡城功能的区域不断城市化，郊区提供了相对低廉的土地或租住房，为部分企业迁移到郊区创造条件，郊区的基础设施也不断完善，连通中心城区与郊区的地铁和公交不断完善，企业在郊区进行扩建，部分郊区居民可以在附近就业，避免了长期以来的朝九晚五的生活，避免了挤地铁和挤公交等问题。中心城市高昂的地价和环境污染成本迫使部分工厂和企业外迁，掀起了工业郊区化浪潮。中心城区商业竞争激烈，而郊区对商业需求的提升，为商业企业迁入郊区创造了市场空间，许多中心城区的商场、超市、购物中心等在郊区设立分中心、分支机构，为郊区居民提供服务，郊区不再仅仅是睡城，成为了相对独立的卫星城市。

3. 边缘城市阶段

随着郊区的进一步工业化、城市化、信息化的发展，郊区不再是传统意义的乡村或者城乡接合部，而是具有新的城市功能的区域，服务业、办公场所实现了郊区化，即进入了边缘城市阶段。自1960年以来，西方发达国家和城市越来越重视郊区的功能辐射与发展，商业、旅馆、科技、教育、医疗、体育、文化、健身等服务业向郊区进军，交通条件改善、通信和网络技术改变了传统郊区闭塞的困境，高级住宅、高档写字楼和星级宾馆在郊区布局，郊区卫星城镇高度产业化，城市功能向郊区蔓延和扩展，郊区已经成为新的边缘城市，成为中心城市扩散后的新的集聚中心和边缘经济增长极。这一阶段属于城市郊区化的成熟阶段。

城市郊区化不仅是由于城市自身的发展需要向郊区扩张，同时郊区需要享受现代城市发展的成果，郊区通过发展产业、吸引工矿企业、商业等，不断完善城市基础设施建设，城乡一体化加快，城市与郊区紧密联系，并融为一体，大大促进了郊区的城市化进程。可以说，城市郊区化缓解了中心区的人口过度集中、住宅紧张和交通拥挤状况，改善了城市生产生活环境，缓解了中心城区的"城市病"问题，促进了城乡协调和区域经济协调发展，有利于城市功能在更大范围覆盖和公共服务均等化的供给，改善中心城区的环境质量，有利于城市经济社会各方面问题的缓解。

不过，从另外一个方面考察，郊区化并非保持传统郊区的乡村气息的基础上的城市化，现实中很多的郊区化实际是郊区的城市化，即郊区成为新的城区，进而出现中心城区所固有的"城市病"问题。有人研究美国的城市郊区化现象，认为郊区化对美国战后经济发展影响巨大，是战后美国经济长期强劲增长的重要原因之一，但美国郊区化以资源消耗和土地侵占为代价，郊区化导致大量的资源和土地空间被占用，农村空间被压缩，形成城市郊区化的不可持续模式。按人口比例算，美国人消耗了远比其他国家更多的土地资源和矿产资源，并对自然景观和生态环境造成了较为严重的破坏，这是其他国家承受不起的代价[①]。以美国为代表的西方城市郊区化的大规模发展给世界城市化进程和全球社会经济发展产生了深远的影响，城市无序蔓延、空间扩张、资源大量消耗、生态环境恶化等与城市郊区化过程相伴而生，结果带来新的"城市病"。简单借鉴和模仿西方城市的郊区化进程是不科学的，也是不可持续的。郊区化是现代城市发展到一定阶段的必然结果，同时带来了一系列现实的用地问题，城市郊区化要正确对待土地问题，特别是要在制定城市发展规划时，应当坚持郊区土地

---

① 王枫云：《美国城市郊区化进程中的资源环境代价及其警示意义》，《上海城市管理》2013年第5期。

资源的可持续利用战略，节约用地，科学规划，加快郊区道路交通等配套基础设施建设，推动城市郊区化进程。[①] 因此，如果简单地将郊区化变成郊区的城市化，简单地将农村土地变为城市用地，而缺乏对生态环境保护、自然空间规划和相关配套设施建设，郊区化可能成为"城市病"的外延和拓展，并不利于郊区的长远持续发展。

（三）大都市区化

大都市区化是当前西方发达国家城市化发展的高级阶段。[②] 郊区化的进一步高度城市化，就成为大都市区化，即城市不断扩张，将周边郊区都变成了相对发达城市区域。大都市区是指以大城市为核心，延伸周边多个郊区、中小城镇、城乡接合部等区域，这些区域与大城市通过地铁、快速铁路、轻轨等的连接，形成较强通勤功能，这些区域随着配套设施的完善，不断融入中心城区，承接中心城区部分功能所形成的大城市圈。20世纪50年代，美国较早界定了大都市区概念，是以县为基本单元，核心城市在5万以上人口规模，核心城市与邻近县域具有较高经济社会文化等关联度。

中心城市规模加速扩展，将周边郊区或者中小城镇变成了城市圈或大都市区的重要组成部分或者重要城市节点，从而郊区变成了大都市区中的重要区域。郊区成为中心城区周边的新兴城镇，承接中心城区许多的工业、商业企业，形成新的人口、产业集聚的经济高地，也出现了跨行政区划的上班族，每天有数十万上班族从郊区向中心城区迁移。也有部分中心城区人口到郊区上班，如河北燕郊、江苏昆山、陕西咸阳等区域，这些郊区的居民每天到中心城区上班，中心城区的机构有附属部门在郊区驻点，燕郊有许多国家部委附属事业单位和高校集聚，如北京社会管理职业学院、交通运输部管理干部学院、华北科技学院等。郊区住房、交通、商业设施、文化体育、科技、医疗卫生等配套设施改善，郊区城镇空间结构和人口分布格局

---

① 张笑寒：《城市郊区化进程中的用地问题研究》，《华中农业大学学报》（社会科学版）2004年第2期。

② 皇甫玥、张京祥、邓化媛：《大都市区化：特大城市地区城市化的新特征——基于南京的实证研究》，《现代城市研究》2008年第1期。

不断形成和发展成熟，大都市区的格局就可能形成。如上海到江苏昆山已开通地铁，加快了昆山的城市化进程，融入上海大都市区已经成为现实，陕西咸阳规划建设通往西安地铁线，北京地铁平谷线经过燕郊镇、三河市区等区域，这些区域融入北京大都市区也不再遥远。

可见，大都市区化是郊区发展的高级阶段，基本由传统意义的农业区域变成了现代工业、商业、农业等多种产业高度融合的经济高地。中心城区的产业基于土地成本、劳动力成本、原材料成本等考虑会不断向周边郊区或附近城镇进行辐射和迁移，中心城区的生产功能弱化，工业将搬离中心城区，而服务业得到快速发展，社会服务和公共管理的职能不断加强。中心城区服务业发展，提供了大量的就业岗位和机会，知识密集型、劳动密集型、技术密集型的服务业吸引更多的高技术、高学历、高能力人才，地铁、快速公交、小汽车的发展为居住在中心城区周边的郊区、城乡接合部或中小城镇的人提供了通往中心城区工作的可能，人口向中心城市周边城镇和郊区迁移与集聚。大都市区进一步发展，郊区在大都市区的辐射下也得到一定的发展，形成了中心城区、中小城镇、郊区等相对紧密联系的大都市区或者城市群。

美国城市的大都市区化，主要表现为郊区人口增长，郊区成为中心城区的一部分。中心城区商业和相关产业发达，并延伸或辐射到郊区，形成多个中小城镇，郊区也逐渐变成了城区或者中心城区的一部分，城市边界不断往外延伸，进而连接到更多的中小城镇。欧洲、日本等发达国家和地区均经历了大都市区化的过程。大都市区化相对于中心城区增长阶段和郊区化阶段而言，表现为更大区域范围的城市化过程，大都市区更多的是跨行政区划的城市集群过程，其地域范围是由通勤联系决定的，人们单程通勤的平均时间不会超过 2 小时。大都市区化阶段主要是城市自我扩张和市场机制驱动形成的城市空间集聚状态，是不平衡增长规律的空间衍射，在许多发达国家和城市出现过。大都市区通过疏解部分城市功能，克服提高集聚经济水平的空间障碍，在更大空间范围实现更高水平的集聚经济。①

大都市区化阶段也存在着"城市病"。有研究指出，大都市区化阶段主要体现为大都市区过程中形成的各类型城市的多中心集群，资源要素在大都市区的分布更加不均衡，资源隔离和行政区划分割导致了更多的混乱和无序，带来的是区域治理的"巴尔干"化（Balkanization），指地方政权等在诸多地方之间的分割，及其所产生的地方政府体制下的分裂状况难题。芒福德将无序发展的大都市区形象地概括为"四散蔓延的畸形巨大团块"②。针对某一个城市的病症，能通过当地政府的政治管控和有效手段进行治理，但是针对不同行政区划的大都市区却难以形成统一的行政机构或者组织进行集中管理，许多问题属于大都市区范围内的，因而管理更加困难，组织力量更加式微，"城市病"问题一旦出现，波及范围更广，治理难度更大。

"城市病"的演化是伴随城市规模扩大和经济发展所出现的系列经济、社会、文化、环境以及政治等方面的问题，城市演化规律也反映了城市功能的演变过程，由于城市化过程与城市功能匹配上出现问题，进而导致不同阶段的"城市病"特征。考察"城市病"的表现、特征及其预防与治理，需要准确判断城市所处的阶段及其功能，进而根据表现的特征及其内在成因采取有效对策。

二 "城市病"演化的阶段性特征分析

以上对城市演化的一般阶段及其规律进行了简要阐释，可以发现，城市演化过程中随着城市规模的扩大，各种问题不断累积，形成了典型的"城市病"问题，对"城市病"演化进行阶段性特征分析，结合城市形成阶段及其具体"城市病"的形成原因，进而对选择科学的对策建议具有重要的意义。"城市病"作为现代城市建设与发展的固有特征，是不以人的意志为转移的客观存在，大多数城市或多或

---

① 赵坚：《坚持底线思维破解发展大都市区的体制障碍》，《北京交通大学学报》2015年第1期。

② 冒彦明：《产业转型进程中城市病的演化机理与防治研究》，《现代经济探讨》2012年第11期。

少存在各种类型的"城市病",可以说"城市病"一直伴随着城市演化而发展,是城市经济社会持续发展的内在压力和动力。"城市病"不仅随时代的发展而变化,而且与城镇化的发展水平密切相关。不同城镇由于发展水平不同,其"城市病"表现及其严重程度也不一样,如果对"城市病"演化进行阶段性划分,结合城市演化的一般规律,可以将其划分为初步形成期、不断发展期、集中暴发期、缓慢消退期四个阶段,这四个阶段将呈现非对称的倒 U 形结构,如图 3-1 所示①。

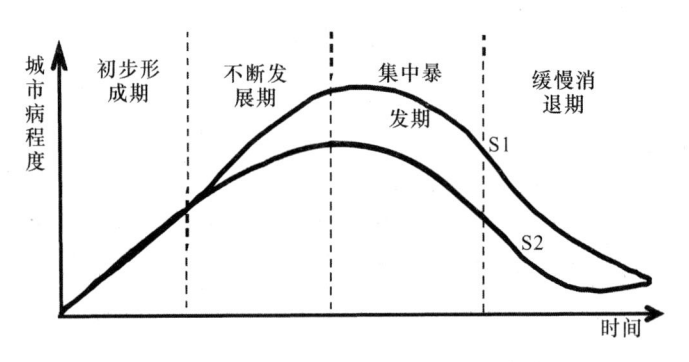

图 3-1 "城市病"演化的倒 U 形曲线

1. 初步形成期

该时期的城镇化率比较低,大约在 30% 以下。城市发展比较晚,城市规模比较小,大部分是农村或者农业人口,小部分的集镇为周边农民提供基本的生活用品服务,经济发展落后,教育、医疗卫生、科技等不够发达,城市规模处于初级阶段,"城市病"问题不是很严重。但由于相关配套的城市基础设施不够发达、城市公共服务滞后,没有形成产业和人口高度集聚效应,城市功能不够完善,这些可以算作是小城市或者初步形成期的"城市病"表现,只不过没有形成交通拥堵、人口膨胀、环境污染等"大城市病"问题。

---

① 杨传开、李陈:《新型城镇化背景下的城市病治理》,《经济体制改革》2014 年第 3 期。

2. 不断发展期

该时期的城镇化率为30%—50%。由于城市人口不断增多，企业和产业不断集聚，城市规模向郊区化发展，人口和产业不断集聚带来人口、资源与环境压力，城镇资源供给与需求结构不平衡，如中小城镇在上下班期间如同大城市一样交通拥堵不堪，局部地区因为高污染企业扎堆儿，导致环境污染日益严重，周边居民不堪其苦。基础设施建设滞后，导致住房紧张、就学难、看病难问题日益突出。城中村、城乡接合部、半城镇化的社会矛盾与冲突加剧，滋生出城市贫富差距扩大、无业游民增多、社会犯罪等问题。

3. 集中暴发期

该时期的城镇化率达到了50%—70%，城市人口在整个区域人口中占主导地位，农村人口占比较小的比例，大部分人口集聚在城市工作和生活，大中城市进一步演变为特大城市或超大城市，形成了大都市区，由于在不断发展期积累的"城市病"问题没有及时治理，到该阶段进一步集中体现，形成交通拥堵、人口膨胀、雾霾天气频现、生态恶化、水源污染严重、住房紧张等系统性"城市病"问题，导致社会失业人口集聚及许多中下阶层过着蜗居、蚁族、漂泊等生活，存在未富先老、老龄化等问题，贫民窟的社会治安问题突出，贫富差距过大、社会安全感和幸福感缺失等。

4. 缓慢消退期

该时期城镇化率达到80%—90%以上，城市化水平已经达到较高阶段，城市化进程基本完成，城市功能基本完善，好的城市空间通过"城市病"治理与建设，已经实现了和谐宜居，这时候的"城市病"问题得到缓解，部分问题已经得到了基本解决，"城市病"病症不断消退。

由于前一阶段的"城市病"没有得到有效治理，会对后一阶段的城市发展产生路径依赖作用，使前期"城市病"得到延续，后一期又新增许多"城市病"症，加大了"城市病"治理的难度。在集中暴发期和缓慢消退期，迫切需要政府及其社会组织协同治理好"城市病"，如果能够有效治理，可以减少"城市病"带来的系统性风险，促进城市向更加健康、安全、宜居的方向演化，否则影响就会更加恶劣。如果政府和社会组织、企业、市民等高度重视，及时干预和治理，城市化可以避免"城市病"的集中暴发期，逐步使城市进入良性运行状态，"城市病"提前进入缓慢衰退期如图3-1中S2曲线所示状态；如果不能很好地治理，"城市病"会进入更严重的状态，城市需要付出更大成本，如图3-1中S1曲线所示状态。当然，在缓慢消退期未必城市就进入健康状态，意外出现的重大社会危机事件可能带来城市的系统性风险，也有可能因为全球性的经济危机带来城市主导产业的衰退，结果可能导致城市经济受到震动，失业增加，"城市病"问题可能因此而复发，或者演化为新的"城市病"。由于"城市病"始终伴随城市演变过程，随着时间轴的延长，倒U形曲线可能被拉伸或者压缩，表现出非对称演化、不断延伸、震荡与局部稳态并存等特征[1]。

三 城市功能与"城市病"演化

城市演变过程主要表现为城市人口和产业不断集聚，城市体量不断增大，战略地位不断增加，各种资源要素不断累积进而形成规模效益和集聚效应，决定了城市必然承载着多种城市功能。城市功能也是伴随着城市发展而不断变化的。特别是在全球化、信息化、知识化、网络化的大背景下，大都市区或者城市群的发展成为全球经济社会发展的必然潮流，部分城市功能不断增强，部分功能也将随着城市规模扩大而不断转移、疏解或者替代，部分功能为区域内或全球其他节点所承接。城市功能定位及空间布局特别是城市核心功能的变化成为诱发各类"城市病"的重要原因。有研究指出，城市发展过程中的核心功能可分为以下几类[2]：

（1）控制性功能。主要体现在对外部资源要素所具有的吸引和

---

[1] 杨传开、李陈：《新型城镇化背景下的城市病治理》，《经济体制改革》2014年第3期。

[2] 周彦明：《产业转型进程中城市病的演化机理与防治研究》，《现代经济探讨》2012年第11期。

控制力的功能，这些控制力表现为城市在区域中对经济、社会、文化、政治等多方面的驾驭能力、治理能力和竞争能力。控制性功能具有集聚外部资源、整合各类资源、调控各类资源、促进自身持续发展的吸引力、领导力和控制力，主要涉及金融、贸易、航运、国际政治、高端产业、创新、文化、高端消费等多方面的功能。这些功能越强、控制性越明显，表示城市的核心竞争力越明显，越有特色和竞争力，国际地位和经济主导权越高。

（2）基础性功能。主要表现为城市正常运行所必须提供的基本服务和功能，满足城市交通、居住、卫生、教育、医疗、基础设施、通信、信息、安全等基本服务。基础性功能不同于控制性功能，是一般城市都具有和必需的基本服务功能，必须满足城市空间居民生产生活所必需的基础条件和基本工具。如交通功能，城市一般因为交通发达而形成，城市必须为居民提供并创造更加便捷的交通枢纽功能和基本的交通工具。医疗卫生功能，城市必须建立各类大型医院，以满足辖区居民的看病需求，也能为周边区域包括郊区和农村提供重大疾病的治疗诊治需求。教育、通信、安全、居住等功能均是城市的基本条件。

（3）迁移性功能。主要表现为城市所承担的，但随着区域发展和城市边界不断扩展，可以由周边区域所承接，中心城区的功能可以被替代或者消亡，但也不影响中心城区自身运行的功能，如非都市型农业、高污染制造业、低品质住宅等。迁移性功能也可以称为外迁性功能，即为缓解城市区域各类问题，可以将农业、制造业等功能迁移到其他区域或者空间，但不影响该区域的正常运行，甚至能改善该区域的基础性功能和控制性功能的有效发挥，换言之，迁移性功能是可有可无的功能。从这一条件进行审视，城市功能过多，城市资源能源和环境承载力下降，将引发"城市病"，而治理"城市病"就需要将这些功能进行疏解和外迁，这样就能有效缓解城市压力，提高城市运行效率。

控制性功能、基础性功能、迁移性功能表现了城市演变的阶段性规律，以及功能与城市关系的紧密程度，这些功能的变化和重新组合会导致许多"城市病"的出现,"城市病"的演变与功能不足或者功能过强均有关系。如在城市化发展阶段,有的功能不足,导致了"城市病"的产生;如在城市化初期,基础性功能不足,基础设施、教育、医疗卫生、居住、交通等建设与人口城市化不够匹配,必然会导致交通拥堵、住房高企、环境污染等诸多问题。在城市化后期,特别是大都市化区阶段,由于城市扩大,要求中心城区不能承载过多的功能,许多迁移性功能依然布局在中心城区,必然加剧"城市病"的产生。特别是城市在形成控制性功能阶段,大量的资源要素包括优质资源过于集中在空间有限的中心城区,加大了区域基础性功能压力,而中心城区集聚较多的信息、技术、教育、医疗卫生等资源,就业机会多,发展空间大,进而吸引更多的人口和产业,加剧了中心城市的"城市病"发生,造成了城市在一定发展阶段问题与压力的叠加。控制性功能更多地体现在中心城市增长阶段,迁移性功能更多地体现在大都市区化阶段,而基础性功能则更多地体现在始终贯穿于城市发展的整个过程,在城市发展不同阶段所产生的不同形态、不同功能需求,导致了各个阶段"城市病"问题的滋生[①],如图3—2所示。

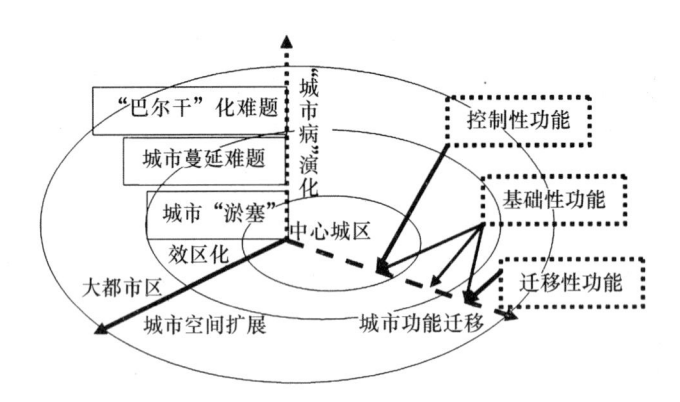

图3-2 城市发展阶段、城市功能、"城市病"的关系

---

① 闫彦明:《产业转型进程中城市病的演化机理与防治研究》,《现代经济探讨》2012年第11期。

第四节 产业转型与"城市病"演化的内在联系

产业是城市经济社会发展的重要支柱，是城市可持续发展的重要基础。"城市病"的演化与城市产业发展密切相关，是随着城市产业的兴起、发展、繁荣、衰退而产生和发展的。许多"城市病"的形成与城市产业不断集聚、城市规模不断扩大、人口膨胀等密切相关。过快、过于集中的产业发展使城市土地供不应求，地价和房价高涨，用水用地均趋紧、道路与交通设施、公共文化设施与绿色基础设施等与人口总量严重不匹配。国外城市演变经验表明，产业发展及其转型主导了城市规模扩大和空间演化，是城市人口集聚与扩散的重要诱因，也是"城市病"形成的重要原因。特别是伴随工业化、信息化、城市化不断推进，资源要素不断向大城市集聚，城市经济社会发展与城市现有的资源能源环境承载力不匹配，形成深层次矛盾迅速暴发，"城市病"问题因此而发生。城市产业规模膨胀受到资源能源瓶颈性制约，经济结构升级对城市运行模式产生新的要求，导致了"城市病"演变，其内在机理表现在以下几个方面。

一 城市产业规模膨胀受多重资源约束

"城市病"的产生与产业状况密切相关。特别是产业规模过度膨胀导致局部人口和企业过于集聚，而城市的资源、环境、交通、住房等资源承载力严重跟不上发展，导致许多"城市病"的产生。因此，加强产业转型是破解"城市病"的重要方面。一般而言，产业转型可以分为工业化与后工业化两个阶段所进行的转型。工业化进程提速，促进了产业发展，产业发展吸引大量的人口集聚，促进城市规模扩张，工业化初期与加速时期是"城市病"集中暴发的阶段，工业革命推动了生产力解放，机器大工业生产得到积极推动，城市产业快速膨胀，对资源能源需求不断增加。但有限的城市资源能源导致供求矛盾不断深化，资源承载力遇到上限，成为约束城市规模扩张的重要瓶颈。工业化初期缺乏前瞻性的规划，经济粗放发展在一定程度上加剧资源能源消耗速度，环境污染不断恶化，如英国伦敦、美国纽约、日本东京在工业化初期均因工业发展粗放导致城市环境污染严重，产业粗放式发展扭曲了城市资源的配置方式，城市人口过快增长和基础设施不够配套，导致"城市病"问题恶化。

在工业化后期或者后工业化初期，一些发达国家和城市加快了产业转型，城市空间规划和功能配置不断完善，但大规模人口集聚累积起来的"城市病"未能在短时期得到缓解，如交通拥堵、机动车尾气排放、垃圾处理、城市噪声污染、用水紧张等问题依然存在。工业化进程不断深入，城市加强产业结构调整和转型升级，部分污染型产业被淘汰、转型或者搬迁，中心城区保留高质量、低能耗产业如生产性服务业和生活型服务业得到快速发展，城市功能得到提升，但人口膨胀现象在中心城区没有得到缓解，城市居民生活水平提升，对教育、医疗、文化等社会福利性公共服务需求不断增强，但有限的公共服务和非均等化的公共设施并不能满足不断增长的人口需求，这一问题在许多城市存在，在中国，北京、上海、广州等特大城市比较严重。伦敦、纽约、东京、鲁尔区等城市加快产业转型，进行产业迁移，加大卫星城镇和郊区化进程，并利用大都市区化来促进城市规模扩张和产业迁移，城市新格局、新体系、新模式、新功能对传统城市设施、城市空间、城市治理模式产生冲击，对治理"城市病"提出了挑战，但是很多城市治理能力有限，显得手足无措和力不从心，难以应对更加复杂、规模更大的"城市病"问题。

二 城市转型升级对传统城市管理模式提出挑战

伴随着工业化、城市化、信息化发展，传统城市转型为现代城市，城市转型升级对传统城市管理模式提出了严峻挑战，涉及经济、社会、文化、基础设施等多个领域。城市经济社会发展以及产业的转型升级表现为系统性的变革，对传统的统治型、管理型的城市模式提出挑战，要求更加及时地响应多元化、多层次、多领域的消费需求，市民对城市管理者要求更高、更细、更烦琐。城市产业转型和经济社会升级与传统城市管理模式产生不相适应等问题，这些问题就是"城市病"。城市产业转型、经济结构优化、社会结构转型等要求城市管理及时调整与变革，调整到位或变革有效，才能治理好"城市病"，否则城市发展必然受到各方面的阻碍。如英国伦敦在工业化发展过程中，出现了雾都、人口膨胀、交通拥堵等"城市病"，加强新城建设，疏散中心城区的人口、产业与交通，大伦敦规划在郊区建立分散的新城，在农业区开辟工业区吸引新的人口和产业，缓解首都伦敦的人口与交通压力，治理比较严重的环境污染问题。但在新城建设初期，缺乏有效的新城管理、完善的生活服务设施、高效的通勤方式等，新城发挥的仅仅是满足部分人口的居住，还不能解决就业问题，这就对传统城市管理提出挑战，迫切要求新城建设的同时要加快交通、公共服务、基础设施等配套建设。

美国纽约、法国巴黎等世界城市在经济社会升级过程中，也面临各种"城市病"的挑战。这些城市在早期也经历了典型的居住功能郊区化阶段，城市产业和人口向城市郊区转移扩散，但配套功能不够完善，对城市运行和管理模式提出了新的要求和挑战。因此可以说，产业发展与城市发展是相互促进、相互影响的过程，当城市产业不够发达时，城市规模过小，人气不旺，城市难以发展。随着城市产业不断集聚，企业扎堆儿，产业发展迅速，吸引大量的人口，进而城市人口不断增多，人气增强，城市规模被迫扩张，再进一步发展，城市资源能源和环境承载力受到限制，"城市病"问题得以产生和不断恶化。产业规模扩张和持续发展受到限制和资源瓶颈性制约时，不得不进行转型升级，在转型过程中也会持续地对城市发展产生影响，产业转型可以视为激发各类"城市病"产生和演化的根源所在。①

我国改革开放以来，经历了空前的工业化、城市化进程，以高投入、高消耗、高排放为特征的粗放型经济增长模式和产业发展道路支撑了城市短时期的经济繁荣，但代价是高昂的。生态环境破坏、资源

---

① 闫彦明：《产业转型进程中城市病的演化机理与防治研究》，《现代经济探讨》2012年第11期。

过度开采、交通拥堵、人口膨胀、社会冲突等多方面的"城市病"问题出现,这些问题均与产业转型阶段有关,与国际其他城市的"城市病"演化有着共同的规律,当然也有自身特点。

第五节 本章小结

本部分主要通过对"城市病"的范畴界定及其主要表现进行研究,分析"城市病"演化的阶段性特征。对"城市病"与中心城市功能定位之间的关系进行考察,研究不同阶段产生的不同城市形态、不同功能需求导致的城市要素之间的失衡关系。

(1)"城市病"的内涵界定。"城市病"的内涵没有统一的界定,不同专业的学者从自身研究的视角出发对"城市病"进行了阐释。本书认为,所谓"城市病",是指在长期城市发展过程中,因城市资源过于集聚、产业过于集群、功能过于集中导致人口膨胀、交通拥堵、污染严重、生态恶化、社会冲突等诸多问题。

(2)"城市病"的主要表现。关于"城市病"的各种表现,有学者认为,经济的高速增长加快了我国的城市化进程,城市人口急剧增长,我国的大中城市甚至中小城镇"城市病"也大量暴发。进入新时期,我国城市化进程加快,城市化率不断攀升,"城市病"问题日益严重。具体而言,主要表现为人口膨胀以及老龄化问题、交通拥堵、环境污染、资源短缺、社会问题等。

(3)"城市病"演化的阶段性特征。一般而言,城市演化规律遵循城市中心区快速增长、城市郊区化、大都市区化等典型阶段,每个阶段表现不同的特征,也面临不同的"城市病"问题。

(4)产业转型与"城市病"演化的内在联系。"城市病"的演化与城市产业发展密切相关,是随着城市产业的兴起、发展、繁荣、衰退而产生和发展的。许多"城市病"的形成与城市产业不断集聚,城市规模不断扩大、人口膨胀等密切相关。城市产业规模膨胀受到资源能源瓶颈性制约,经济结构升级对城市运行模式产生新的要求,导致了"城市病"演变。

第四章 "城市病"治理的纽约经验：基于跨区协调的视角

纽约作为美国第一大城市，全球著名的国际性大都会，曾经也面临着许多重污染型企业和产业集聚于核心城区、人口拥堵、交通拥堵、环境污染等"城市病"问题的困扰。但通过有效治理，纽约尽管仍然是鳞次栉比的摩天大厦、川流不息的人群、车水马龙的繁华街道等，但成为美国最节能环保的重要低碳城市，"城市病"问题得到有效控制。人均碳排放量在全美大城市中排名最低，人均公共绿地面积在全球大城市中名列前茅。在寸土寸金的曼哈顿岛上，80%的土地面积成为城市的绿化地带，有效避免了城市严重污染、环境承载力不够、生态空间受挤压等问题。系统考察纽约对"城市病"的治理经验，能为北京作为中国的国家首都和建设国际一流的和谐宜居之都，破解许多"城市病"难题，具有重要的经验借鉴意义。

第一节 主要问题：工业化和城市化带来诸多弊病

纽约市，从狭义上看，总面积为786平方公里，包括曼哈顿、布朗克斯、布鲁克林、皇后和斯坦腾岛五个区。从广义上看，称之为大纽约，包括纽约州、新泽西州和康涅狄格州的26个县市，面积为32400多平方公里，人口超过1680万。[①] 纽约是美国最大的工业基

---

① 王大伟、文辉、林家彬：《应对城市病的国际经验与启示》，《中国发展观察》2012年第7期。

地，工业化和城市化水平高。工业革命带来了纽约城市繁荣和快速发展，早在1920年左右，纽约就已经完成了城市化进程。在城市化的同时，遇到了相关的"城市病"问题。

一是人口过快增长导致的人口膨胀和住房紧张问题。到1921年，纽约市人口达到了618万，人口集中已经形成了现代城市规模。到1929年，纽约市有摩天大楼188幢，城市化已成体系。到2003年，大纽约城市区拥有2200万人口。在工业化早期，许多工厂集中于中心城区，导致人口膨胀等系列的"城市病"问题。伴随城市化进程提升，纽约经济发展过快，吸引了外来人口，导致一系列"城市病"问题越发严峻。从19世纪20年代到20世纪20年代，纽约新增外来移民1130多万，不同国籍、种族、宗教信仰的外来人口带来城市文化和生活方式、住房供给等诸多冲突，给纽约市城市发展带来沉重的压力。人口增多导致住房供给不足，现有房屋存量难以满足外来人口的居住需求。在当时情况下，有机构对曼哈顿住宅市场进行调查发现，过半数的公寓每套同时住3人以上，少部分的公寓每套也有2人居住。此外，贫富差距增大、犯罪率居高不下等社会问题也不断困扰着纽约。

二是环境污染导致市民疾病缠身问题。在20世纪初期，纽约市因为工厂排放超标导致城市空气污染严重，市民患有肺气肿、肺癌等多种疾病，生活质量和生存寿命受到严重影响。在1910年，纽约市仅有5%的人活到60岁，20%的幼儿活不到5岁，可见当时生态恶化、环境污染相当严重，市民疾病缠身，健康状况较差。空气质量差是当时纽约城市化和工业化带来的严重弊病。

三是交通拥堵问题。除了空气质量差和重化工业带来的严重的生态环境问题，交通拥堵、道路容量有限也是纽约典型的"城市病"问题。20世纪20年代，纽约汽车业快速发展，并使汽车在家庭得到普及，使得道路无法满足迅速增加的交通出行需求，交通拥堵问题日益严峻。

第二节 主要阶段：从城市化向城郊化演进

基于工业化、城市化进程加快所带来的"城市病"问题，纽约市各级政府选择新的发展战略,加强城市规划,在原有城市化的基础上向城市郊区化转变和演进。自20世纪40年代以来,纽约开始了城郊化进程,随后经过20~30年的发展,已经在郊区建立了许多商场和购物中心,方便郊区居民的生活服务需求,避免郊区居民到市中心购物带来交通拥堵等传统的"城市病"问题,实现就地消费的目标。伴随郊区人气增加,配套设施完善,郊区地价得到升值,许多企业向郊区迁移和选择投资开发,带来郊区产业的发展与繁荣,郊区逐渐实现了城市部分功能,许多郊区居民在当地购物、生活、就业,不必再重复每天往返郊区与中心城区的工作和生活方式。郊区变成新城并成为许多中产阶级人士的生活和工作目的地。纽约通过从城市化向郊区化演进有效缓解"城市病"问题,大致经历了四个阶段,如表4-1所示。

表4-1　　　　　　　纽约城市化演进阶段及其特征

阶段	主要特征
城市居住功能的郊区化	20世纪初期至50年代,许多市民选择在郊区生活和就业,郊区住房增多、生活设施配套不断完善,郊区环境不断得到改善,能使居民比在中心城区更加舒适。大量市民迁往郊区生活,高速公路发展、家庭汽车普及、配套设施完善,郊区成为当时纽约市民的重要选择。
城市商业功能和产业功能的郊区化	20世纪60年代左右,纽约在郊区城镇建立大型商场和购物中心,完善商业设施和商业网点,吸引城市中心的工厂、产业到郊区集聚。工业园和商业服务网点落户郊区,郊区的城市功能得到完善,为郊区创造了大量的就业机会。
以卫星城镇实现城市综合功能的郊区化	卫星城镇即围绕中心城区像气象卫星一样布局,旨在减缓中心城市压力,疏散中心城市的人口、产业和交通等功能。卫星城镇包括长岛以及与纽约相邻的新泽西州部分小城镇。以卫星城镇建设为目标实现城市综合功能的配套,集居住、购物、教育、医疗、文化娱乐、健身休闲、就业、信息、法律等综合功能于一体,实现卫星城镇建设。
城市功能的跨区域协同化	实现跨区域的协同发展,建立了大纽约都市圈的协同格局,缓解纽约"城市病"问题,促进区域的协调发展。纽约跨区域协同发展,注重城市之间的经济社会发展规律,注重城市之间、区域之间、城乡之间的可持续性和协同性,强调区域之间的产业结构调整、升级与功能互补,有效避免城市之间的同质化竞争和"城市病"的产生。

一 城市居住功能的郊区化

现代城市具有生活、交通、购物等多方面集聚功能和生活便利设施完善所带来的方便性，吸引更多的人口选择在城市置业和购房。但城市人口和住房过于拥挤，又使得城市的便利性不断衰减。因此，将这些现代城市所具有的居住、生活服务等功能向郊区转移，既能满足郊区居民的生活需求，又能减缓中心城市的各种压力。纽约破解中心城市的各种问题，首先重视实现城市居住功能的郊区化。在20世纪初期，大部分居民选择在中心城市工作和生活，随着城市规模扩大，人口增多，居住环境不断受到影响，许多市民选择在郊区生活和就业，郊区住房增多、生活配套设施不断完善，郊区环境不断得到改善，能为居民提供比中心城区更加舒适、宽敞、空气清新的生活和工作空间。到了20世纪50年代左右，随着生活水平的提升，市民更加向往郊区生活，避免过于拥挤的中心城区生活。纽约城市郊区化得到快速发展，大量市民迁往郊区生活，由于高速公路发展、家庭汽车普及、配套设施完善，郊区成为当时纽约市民的重要选择。

二 城市商业功能和产业功能的郊区化

纽约重视郊区各种生活、生产、就业等功能设施的完善，特别是在商业功能和产业功能配套方面进行科学规划与合理布局，为吸引人口到郊区生活和工作创造条件。纽约在郊区城镇建立大型商场和购物中心，完善商业设施和商业网点，吸引城市中心的工厂、产业到郊区集聚，进而吸引居民就近工作。在20世纪60年代左右，郊区建立了许多的商场和购物中心，工业园和商业服务网点落户郊区，郊区的城市功能得到完善，为郊区创造了大量的就业机会。

三 以卫星城镇实现城市综合功能的郊区化

卫星城概念产生于英国，美国学者泰勒正式提出并使用这一概念。卫星城镇即围绕中心城区像气象卫星一样布局，旨在减缓中心城市压力，疏散中心城市的人口、产业和交通等功能。卫星城镇拥有濒临中心城区的空间优势，又能为城市居民提供就业、住房、购物、教育、医疗等配套服务的城市外围扩展区域，是为分散中心城市的人口和工业而新建或扩建的具有相对独立性的城镇。卫星城镇具有相对独立性，在行政、经济、文化、社会、生活等多方面保持一定的独立性，与中心城区具有一定的空间距离，一般以农田、城市绿隔、城市森林等隔离，具有一定的便捷性的交通联系，如轻轨、地铁、公交、高速公路等。卫星城镇与中心城区也保持着比较密切的经济联系。

纽约的卫星城镇包括长岛以及与纽约相邻的新泽西州部分小城镇。在居住、商业、产业等功能的郊区化的基础上，进一步发展郊区的城市功能，以卫星城镇建设为目标实现城市综合功能的配套，集居住、购物、教育、医疗、文化娱乐、健身休闲、就业、信息、法律等综合功能于一体，实现卫星城镇建设。卫星城镇相较中心城镇而言，人口密度、建筑密度、交通拥堵程度均小于中心城区，有效缓解了中心城区的人口、交通、住房、噪声、环境污染等系列"城市病"问题，改善了居民的生活和生产空间。

四 城市功能的跨区域协同化

纽约在实现从城市化向郊区化过渡的基础上，进一步实现跨区域的协同发展，建立了大纽约都市圈的协同格局，缓解纽约"城市病"问题，促进区域的协调发展。纽约都市圈是伴随着经济自身发展规律逐渐形成的，随着美国经济由工业化走向后工业化，各大城市的建成区都走向成熟，城市开始沿交通轴线向郊区扩展，并逐渐连接为区域内的城市集群。通过制定城市规划，促进中心城区功能疏解和产业转移，避免人口、交通、产业在中心城区的过度集聚，充分发挥区域协同作用。跨区域的各级政府部门、社会组织、企业等均参与到跨区域发展规划。通过区域协同，大力推进纽约都市圈的发展，纽约都市圈按照由南向北的顺序排列，包括波士顿、纽约、费城和华盛顿四大城市群，此外还有巴尔的摩等一些中等城市以及它们附近的一些卫星城镇，构成带状大都市带，圈内包括40个城市。纽约跨区域协同发展，注重城市之间的经济社会发展规律，注重城市之间、区域之间、城乡之间的可持续性和协同性，强调区域之间的产业结构调整、升级与功能互补，强调纽约与周边城郊区、卫星城镇和周边中小城市之间的产业分工、合作创新、协同发展，有效避免城市之间的同质化竞争和"城市病"的产生。

第三节　主要经验：跨区协同与均等配置

一　构建跨区协同机制，强化规划和组织实施

协同是整合资源的过程，也是"城市病"治理的重要工具。纽约通过发展郊区和更大区域的都市圈，加强跨区协同机构建设，加强城市圈的规划、协调及其组织落实，促进中心城市与周边区域、城乡、区域之间的协同发展。早在1898年成立大纽约市政府，1929年成立区域规划协会，1960年成立纽约大都市区委员会等。这些组织发挥跨区域的协调、规划、合作等功能，促进城市之间、城乡之间的协同发展，减少区域差距，避免中心"城市病"的产生。大纽约都市圈是世界上著名的经济实力最强的城市圈之一，北起缅因州，南至弗吉尼亚州，跨越美国东北部10个州，包括波士顿、纽约、费城、巴尔的摩和华盛顿5个大城市，以及40个10万人以上的中小城市。这个跨区域、连接多个城市的大都市圈体现了纽约及周边城市各个政府、社会组织、企业等对"城市病"治理和城市持续发展的前瞻性、规划性、战略性思考。

构建跨区协同机构和机制的同时，加强产业规划和产业分工，避免同质化竞争，促进城市之间、区域之间的功能互补、产业互补和规划实施。大纽约都市圈的产业分工合理，体现多元发展、产业链延伸、功能互补的格局。纽约作为世界金融中心，大力发展金融业、贸易等产业，发挥经济领头羊的功能，费城大力发展重化工等产业，波士顿大力发展高技术产业，巴尔的摩发展有色金属和冶炼工业，这些产业分工合理，没有出现同质化的恶性竞争现象，城市之间的经济联系密切，在产业关联上进行互补，促进了大纽约都市圈的协同发展。

二 加强公共住房建设，重视公共服务均等化配置

公共服务不足是"城市病"的重要现象，也是形成"城市病"的重要原因。破解"城市病"要重视公共服务的供给均等化问题。纽约市重视对公共住房、教育、医疗等公共服务资源的均等化配置，避免区域之间的公共服务差异，促进人口的均衡化发展，避免人口因公共资源优势集聚而在中心城区过度集中。

住房平等被作为市民的一项基本权利，并实行多样化、多层次的住房政策，解决弱势群体和就业人口的住房问题。纽约为低收入者提供的公共住房资助主要有：一是通过政府直接资助，投资建设公共住房，减少一部分住房难问题。如制定公共住房的专门支持项目，加强公共住房工程建设。二是提供租房信息，并帮助租房者获得私人住房。政府干预住房租金涨幅，降低居住成本，保障低收入家庭住房，制定《租金控制法》，加强对住房租赁市场的管制。三是政府鼓励购买住房，为中低收入家庭购房免征贷款利息税、所得税，减征财产税等。

在加强公共住房建设的同时，纽约重视教育、医疗、文化科技等多方面公共服务资源的均等化配置，减少中心城区与郊区、城市区域之间的公共服务差距。政府加大对公共服务设施建设的投资，创新投融资机制鼓励社会资本参与公共服务、基础设施建设。为加强教育资源配置，1994年纽约为每个郊区学生支出达9688美元，而城区仅为8205美元。加强城市近郊及周边地区的交通、教育、医疗等公共设施和服务配置，有效减少周边居民对中心城区的依赖，避免中心城区人口过于膨胀。

三 完善公共交通体系，化解交通拥堵难题

强化区域之间、城市之间、城市与郊区之间的快捷交通体系的建设，完善城市公共交通体系，有效化解城市交通拥堵难题。大力发展港口经济、高速公路、轨道交通和海运体系，成为城市圈对外交通物流的重要基础，促进大纽约都市圈规划的执行与实施。大纽约都市圈

港口包括纽约港、费城港、巴尔的摩港和波士顿港等，港口之间分工合作，避免同质化竞争，机制灵活，形成了美国东海岸港口群，发挥了集群优势和协同优势。高速公路和轨道交通为大纽约都市圈的内部联系创造条件，城市之间形成了以高速公路为主、轨道运输为辅的交通体系，加强了城市之间、城市与郊区之间的经济联系，使人口郊区化趋势得到实现，有效促进了纽约"城市病"的治理和缓解。

纽约为缓解交通拥堵，重视公共交通体系建设。纽约市民乘坐公共交通工具出行比例高，每天人均开车距离为14.4公里，仅为美国人均每天开车41.6公里距离的1/3，这为减少纽约城市交通拥堵作出巨大贡献。纽约市区拥有发达的地铁系统，工作日每天平均运送500多万人次，公交与地铁线路均为24小时营运，极大地方便了市民出行。纽约地铁建设历史悠久，长达百年的运行时间，既为缓解纽约城市交通问题作出了积极贡献，也为世界城市地铁发展提供了宝贵经验。纽约拥有24条地铁线路，468个车站遍及纽约五个区。纽约还有5900多辆公共汽车。为缓解交通拥堵，纽约市在交通拥堵或者流量大的路段开辟公交专用道，充分体现了公交优先原则。同时因公交体系发达，尽管有极高的人口密度，但交通拥堵问题得到缓解，私家车出行强度小，通过征收燃油税、过桥过路费、高额停车费来限制私家车的出行，机动车尾气排放得到有效控制，纽约市的人均"碳足迹"也是全美最低的。

四 重视垃圾回收节约能源，加强低碳发展构建绿色纽约

一是重视垃圾的回收利用，促进资源集约化、循环化利用，进而促进纽约的低碳绿色发展。纽约重视回收垃圾和循环再利用，在减少环境污染的基础上，促进了资源能源循环再利用，节约了资源能源，促进城市绿色低碳发展，提出构建绿色纽约。城市垃圾问题曾经是纽约"城市病"中的重要处理难题。1989年，纽约市将垃圾再循环确定为强制性项目，并立法进行保护，在城市各区域推广，免费发放宣传材料，发动垃圾再循环倡议书，要求学校、社区、企业都要重视垃圾再循环利用，重视垃圾回收再利用，节约资源能源，减少环境污

染，违者将受重罚。20世纪初，纽约市关闭所有垃圾填埋场，将城市垃圾全部运往外地，形成了卡车外输的垃圾处理系统，将近84%的生活垃圾依托卡车运往外地进行处理。但垃圾的区域转移并没有从根本上解决垃圾问题，仅仅是将问题外迁到别的区域，同时超量运输的垃圾车增加了交通压力，提高了机动车排放，污染了城市环境，垃圾转移也加大了输入地的处理难度。2006年，纽约市长迈克尔·布隆伯格签署了为期20年的《固体垃圾管理计划》，该计划希望构建全新的环保型垃圾处理系统，在运输工具选择上重点考虑大运量的轮船与火车，纽约市87%的生活垃圾由船舶和火车运输。纽约市重视垃圾的回收、分类管理，通过议会修改立法，在人口流动密集区域新增近千个垃圾回收箱，家庭增设危险品回收和再循环项目，扩大垃圾再循环利用的种类和覆盖面，提高垃圾回收率和循环利用程度。

二是重视空气污染治理，构建生态宜居、空气清新的绿色低碳纽约。纽约除了在垃圾回收、循环再利用方面加强立法和推广实施，减少城市污染，同时在治理空气污染方面也采取了有效政策和治理办法。早在20世纪90年代，纽约市不断淘汰和替代传统燃油型公交车，改用混合动力公交车，减少机动车尾气排放，降低城市雾霾。1995年到2006年间，纽约公交车的颗粒物排放量下降了97%、氮氧化物排放量下降58%。目前，纽约市已经大范围推广低碳、清洁、环保的电气混合动力公交车，纽约为全美该类公交车数量最多的城市。纽约市还将进一步改进低碳环保的公交车，如加大对氢能源车的研发和应用与推广，并计划将出租车也改为低碳的混合动力车型。

三是推广低碳节能产品、打造低碳绿色建筑，促进纽约的绿色低碳发展。为了构建绿色纽约，促进绿色低碳发展，加大节能减排力度，纽约还采取了使用节能灯、推行绿色建筑等一系列措施。纽约将交通信号灯换成节能灯具，减少了90%的能耗，将传统冰箱换成节能冰箱，还出台法律鼓励政府机构、社会组织、企业、市民购买节能型产品，包括节能汽车、节能灯具、节能冰箱、节能空调等，鼓励在建筑物上安装节能产品，推广风能和太阳能发电。如纽约的自由女神像、艾丽丝岛和22栋联邦大楼用电主要使用风能发电。纽约的7号世贸中心塔、赫斯特大厦、美国银行塔等打造为绿色建筑，充分利用屋顶绿化，鼓励屋顶收集雨水再循环利用，节约城市水资源。

四是大力建设绿色基础设施，促进纽约的绿色低碳发展。绿色基础设施的概念最早于1999年由美国保护基金会和农业部森林管理局组织的"GI工作组"（Green Infrastructure Work Group）提出，该小组将绿色基础设施定义为"自然生命支撑系统"（Nation's Natural Life Support System），即一个由水道、绿道、湿地、公园、森林、农场和其他保护区域等组成的维护生态环境与提高人民生活质量的相互连接的网络。① 英国西北绿色基础设施组织（North West Green Infrastructure Unit）定义绿色基础设施是一个由自然环境因素和绿地组成的系统，有类型、功能性、周边环境、尺度与连通性五个属性。② 纽约的绿色基础设施除了以上说的屋顶绿化、绿色建筑的建设，还重视雨水与生活废水合流。

由于纽约长期以来受到水污染的困扰，特别是在暴风雨时期，雨水和生活废水排泄严重阻滞城市经济社会的持续发展，给城市居民生活带来诸多不便，污水倒灌造成严重的城市环境污染。基于此，纽约制订计划，投入巨资进行城市雨水排灌设施建设。20世纪纽约市建立了14个污水处理厂，近1.2万公里的地下排水管道，生活污水经过滤、消毒处理之后再流入附近水域。21世纪初，纽约市着手解决生活污水与雨水的分流问题，雨水可以直接回收利用，而生活污水可以通过处理再利用。2010年，纽约市长迈克尔·布隆伯格提出建立"绿色城市基础设施"项目，计划在未来20年投入15亿美元，到2030年将雨水直接排泄减少40%。纽约市环保局基于海水倒灌导致的雨水和污水合流问题，决定实施绿色低碳的雨水排泄工程，全面提高纽约市给水排水功能。"绿色城市基础设施"项目计划内容主要包括：在低洼地区建设湿地、沙丘和蓄洪区，在有条件的地方建生态排水沟；开展多样化的雨水拦截工程实验，通过种植屋顶植被、采用新

---

① 裴丹：《绿色基础设施构建方法研究述评》，《城市规划》2012年第5期。
② 吴伟、付喜娥：《绿色基础设施概念及其研究进展综述》，《国际城市规划》2009年第5期。

型建筑材料改善屋顶排水渠道、使用多孔混凝土等方式对雨水进行拦截并过滤；利用绿色植被、土壤和建筑材料，模拟天然水净化环境将雨水吸收或蒸发，改进空气质量，改善地下水和城市周围水域。[1]

第四节 本章小结

本章主要从跨区协调的视角对纽约"城市病"治理的经验进行考察。纽约作为美国第一大城市，全球著名的国际性大都会，曾经也面临着许多重污染型企业和产业集聚于核心城区，人口拥堵、交通拥堵、环境污染等"城市病"问题的困扰。但通过有效治理，纽约成为美国最节能环保的重要低碳城市。工业化和城市化带来诸多弊病。在城市化的同时，遇到了相关的"城市病"问题，如人口过快增长导致的人口膨胀和住房紧张问题，环境污染导致市民疾病缠身问题，交通拥堵问题。

纽约城市演变经历了从城市化向城郊化过渡的过程。基于工业化、城市化进程加快所带来的"城市病"问题，纽约市各级政府选择新的发展战略，加强城市规划，在原有城市化的基础上向城市郊区化转变和演进。纽约通过从城市化向郊区化演进有效缓解"城市病"问题，大致经历了城市居住功能的郊区化、城市商业功能和产业功能的郊区化、以卫星城镇实现城市综合功能的郊区化、城市功能的跨区域协同化等阶段。纽约在实现从城市化向郊区化过渡的基础上，进一步实现了跨区域的协同发展，建立了大纽约都市圈的协同格局，缓解了纽约"城市病"问题，促进了区域的协调发展。

纽约"城市病"治理的主要经验体现了跨区协同与均等配置的特征。一是构建跨区协同机制，强化规划和组织实施；二是加强公共住房建设，重视公共服务均等化配置；三是完善公共交通体系，化解交通拥堵难题；四是重视垃圾回收节约能源，加强低碳发展构建绿色纽约。

---

[1] 《纽约绿色城市基础设施》，www.gesep.com，2013 年 5 月 17 日。

第五章 "城市病"治理的伦敦经验：基于雾霾治理的视角

英国是最早进行工业革命的国家，城市化进程也较早，在工业化、城市化过程中遇到的"城市病"问题也是较早的。在工业革命期间，城市迅速的发展往往超出社会资源的承受力，导致各种"城市病"的出现，主要包括住宅奇缺、污染严重、卫生状况恶化等。英国著名劳工史学家哈蒙德夫妇将英国 19 世纪的"城市病"问题称为"迈达斯灾祸"（Curse of Midas），批评英国一味追求工业生产却引发各种商会、民生、环境污染等诸多问题。伦敦开始工业化进程以来，急剧膨胀的人口使得城市住房短缺、贫民窟广泛分布、道路拥堵以及环境污染严重，引发了伦敦烟雾事件。随后，伦敦进行了系统的"城市病"治理，采取了有效的治理措施，将雾都变成了绿都，值得北京借鉴。

第一节 伦敦雾霾治理：由雾都变绿都

一 伦敦雾霾问题源于 1952 年的烟雾事件

由于长达两百余年的工业化和城市化建设，工业排放没有被高度重视和有效遏制，空气污染日益严重。早在中世纪，伦敦就开始出现煤烟污染大气的问题，当时的英国国会还颁布过国会开会期间禁止工匠使用煤炭的法令。由煤支撑的工业革命开始以后，由于伦敦的许多工厂建在市中心，到处烟囱林立，生产时浓烟滚滚。居民家庭又大量烧煤取暖，煤烟排放量更是急剧增加。1952 年 12 月 5 日到 8 日的四天里，伦敦出现空气污染大雾，死亡人数就达4000多人。两个月后，又有8000多人陆续丧生，这就是著名的"伦敦烟雾"事件。[①] 伦敦连续数日大雾，伦敦市区的能见度降到了仅仅几英尺。大雾中含有硫化物和粉尘。当时伦敦的空气中弥漫着刺鼻的气息，人人鼻孔里都吸满了黑色粉尘。仅这一周内，伦敦市因支气管炎死亡704人，冠心病死亡281人，心脏衰竭死亡244人，结核病死亡77人。此外，肺炎、肺癌、流行性感冒等呼吸系统疾病的发病率也有显著增加。由于毒雾的影响，公共交通、影院、剧院和体育场所都关门停业，大批航班取消，甚至白天汽车在公路上行驶都必须打开大灯，可见当时的污染有多严重。

二 雾霾问题延伸至1980年的交通污染

1980年以后，交通污染取代工业污染成为伦敦空气质量的首要威胁。从20世纪80年代开始，数量持续增加的汽车取代煤成为英国大气的主要污染源。起初人们主要关注汽油的铅污染对人体健康的影响，无铅汽油逐渐受到重视。到80年代末90年代初，汽车排放的其他污染物如氮氧化物、一氧化碳、不稳定有机化合物也成为密切关注的对象。这些物质在阳光中的紫外线作用下发生复杂的光化学反应，产生以臭氧为主的多种二次污染物，称为"光化学烟雾"。

三 雾霾治理实现由雾都变绿都

浓雾会妨碍交通，高浓度的二氧化硫和烟雾颗粒更会危害居民健康。伦敦烟雾事件使英国人开始反思空气污染造成的苦果。早在1875年，英国通过公共卫生法案，尝试减少城市污染。到20世纪20年代，由于政府对工业加强管理，煤在工业燃料中所占的比重下降，煤烟污染有所减轻，但并无质的改观。1956年，英国政府首次颁布《清洁空气法》。1968年又颁布了一项清洁空气法案。1974年出台《空气污染控制法》。通过有效治理，伦敦的雾天从19世纪末期每年

---

① 唐佑安：《伦敦治理"雾都"的启示》，《法制日报》2013年1月30日。

90天左右减少至今不到10天,如今只偶尔在冬季或初春的早晨才能看到一层薄薄的白色雾霾。从滚滚毒雾到蓝天白云,铁腕治污,英国成绩斐然。经过多年持续不断地治污,今天的伦敦空气质量大为改善,早已摘掉了"雾都"的帽子。[①]

第二节 伦敦雾霾治理的主要经验:多种手段齐抓共管

伦敦经历了血的教训,反思空气污染酿成的苦果,采取多种手段和措施齐抓共管。堪称半个多世纪的铁腕治污,使伦敦终于走出雾都的魔窟,变成了拥有清洁空气、生态宜居的世界绿都。伦敦治理雾霾主要是采取法律、政策、技术、社会参与、绿色建设等多种手段,实现了雾霾综合治理,如表5-1所示。

表 5-1 伦敦雾霾治理的主要手段

治理手段	主要经验
法律治理	重视法律建设,为治理雾霾提供合法性依据,是伦敦治理雾霾的基本经验。1954年,伦敦市出台《伦敦城法案》,严格控制烟雾排放。1956年,英国政府颁布了《清洁空气法》,这一法案划定"烟尘控制区",区内的城镇禁止直接燃烧煤炭。1968年以后,英国又出台了一系列的空气污染防控法案。1974年,出台《空气污染控制法》,明确规定了工业燃料里的含硫上限。1995年,英国通过了《环境法》。2007年,英国修订《空气质量战略》,新增对PM2.5可吸入颗粒物的监控要求。
政策治理	伦敦政府在面对雾霾问题时不是无动于衷,也不是乱作为,主要是依靠法律和各种政府政策进行治理。如伦敦提出"为拥堵买单"的计划,即征收拥堵费。到2008年2月,伦敦针对大排量汽车的进城费已升至25英镑/天,折合人民币350元/天。通过规划、税收、补贴、教育等手段,曾经市区拥堵的交通状况得到了明显改善。仅"为拥堵买单"计划,就使伦敦中心区特别路段的交通量减少了10%—30%。政府出台了一系列措施抑制交通污染,包括优先发展公共交通网络、抑制私家车发展,以及减少汽车尾气排放、整治交通拥堵等。发展公共交通,减少交通拥堵和污染。

---

① 王亚宏:《英国专家称伦敦雾霾治理经验可适用于北京》,http://www.chinadaily.com.cn,2013年3月1日。

续表

治理手段	主要经验
技术治理	政府重视雾霾治理的技术创新,决定尝试在街道使用一种钙基黏合剂治理空气污染。这种黏合剂类似胶水,可吸附空气中的尘埃。英国民众也可以通过网络查询每日空气质量的发布情况。从2011年起,配备特殊装备的卡车开始在伦敦市各处巡游,并在交通最繁忙的重点路段喷洒"醋酸钙镁溶剂",将悬浮颗粒污染物"粘"起来,坠落地面,进而改善空气质量。
绿色治理	20世纪80年代,伦敦市在城市外围建有大型环形绿地面积达4434平方公里。政府鼓励市民出行乘坐公共交通工具或者骑自行车,开辟更多的绿化带。伦敦鼓励居民购买排气量小的汽车,推广高效率、清洁的发动机技术以及使用天然气、电力或燃料电池的低污染汽车。
社会治理	鼓励公众讨论和媒体曝光。英国公民在公共措施的讨论、决策、监督、执行上,都有深厚的自治传统和强大的社会根基,环境问题自然也不例外。公众的广泛讨论和积极参与、媒体的及时介入与曝光,促进雾霾治理的信息对称与信息公开,有利于提高社会治理的参与度和有效性,推进雾霾治理进程,释放政府垄断和单一治理的压力。

一 法律治理:出台《清洁空气法》

制定雾霾治理的完备法律。1954年,伦敦市出台《伦敦城法案》,严格控制烟雾排放。1956年,英国政府颁布了《清洁空气法》,这一法案划定"烟尘控制区",区内的城镇禁止直接燃烧煤炭。法律规定在伦敦城内的电厂都必须关闭,只能在大伦敦区重建。要求工业企业建造高大的烟囱,加强疏散大气污染物。此外,还要求大规模改造城市居民的传统炉灶,减少煤炭用量,逐步实现居民生活天然气化,冬季采取集中供暖。1968年以后,英国又出台了一系列的空气污染防控法案,这些法案针对各种废气排放进行了严格约束,并制定了明确的处罚措施,有效减少了烟尘和颗粒物。1974年,出台《空气污染控制法》,明确规定了工业燃料里的含硫上限。这些措施有效地减少了烧煤产生的烟尘和二氧化硫污染,并产生了良好的效果。到了1975年,伦敦的雾日已由每年几十天减少到了15天,1980年则进一步降到5天。从1993年1月开始,所有在英国出售的新车都必须加装催化器以减少氮氧化物污染。1995年,英国通过了《环境法》,要求制定一个治理污染的全国战略。规定各个城市都要进行空气质量的评价与回顾,对达不到标准的地区,政府必须划出空气质量管理区域,并强制在规定期限内达标。2007年,英国修订《空气质量战略》,新增对PM2.5可吸入颗粒物的监控要求,到2020年前将空气中PM2.5的年平均浓度控制在每立方米25微克以下,道路等高污染区域不能超出这一上限,而在乡村等空气较好的区域,还会实行更严格的监控规定。上述各种法律、政令的颁布,对伦敦的大气污染治理和保护城市环境发挥了至关重要作用。

二 政策治理:收取拥堵费和发展公共交通

为了有效地治理空气污染问题,英国政府对排污行为采取了严格的控制措施。主要体现在以下这些方面:

一是加强政策制定,收取拥堵费,采取严格的处罚措施。伦敦提出"为拥堵买单"的计划,即征收拥堵费。英国除对汽车本身和燃料等做出种种规定和管制外,一直致力于控制市区内的汽车数量,在2003年更是用收取交通拥堵费的手段限制私家车进入市区。《工作场所健康和安全法》等法律规定,污染企业必须采取手段,避免将有害气体排入大气,否则将面临严厉处罚。到2008年2月,伦敦针对大排量汽车的进城费已升至25英镑/天,折合人民币350元/天。通过引进碳价格制度,征收二氧化碳税,根据二氧化碳排放水平,向进入市中心的车辆征收费用,以降低地面交通的碳排放。英国政府鼓励发展电动汽车,减少燃油车的尾气排放,降低空气污染水平。通过规划、税收、补贴、教育等手段,曾经市区拥堵的交通状况得到了明显改善。仅"为拥堵买单"计划,就使伦敦中心区特别路段的交通量减少了10%—30%。有报道指出,伦敦自从征收拥堵费后,进入收费区的交通流量减少了25%,每天进入收费区的汽车数少了7万辆,50%—60%的公众转向公共交通工具,征收拥堵费直接减少区域内的交通排放量,每年氮氧化物排放量减少8%,PM10排放量减少7%,

二氧化碳排放量减少 16%。①

二是完善雾霾治理的配套措施。伦敦市政府于 2004 年出台的《伦敦市空气质量战略》，强调彻底改善城市的空气质量，绝不仅仅是环保部门的责任，还需要各级政府的全面统筹、规划，制定城市环境管理的方针政策。1980 年以后，交通污染取代工业污染成为伦敦空气质量的首要威胁。目前，伦敦大气中的可吸入颗粒物和氮氧化物含量仍高于国家空气质量目标限定的最高含量，这些污染物主要来自交通工具。政府出台了一系列措施抑制交通污染，包括优先发展公共交通网络、抑制私家车发展，以及减少汽车尾气排放、整治交通拥堵等。

三是发展公共交通，减少交通拥堵和污染。伦敦有 140 多年历史的地铁是大多数伦敦人出行的首选，11 条线路，全城 270 多个站点，每天 300 万人次搭乘地铁出行。市中心的地铁站之间都步行可达，密如蛛网的线路覆盖整个伦敦。伦敦地铁线路超过 400 公里，目前 75% 在中心区上班的人使用铁路网络。

除了地铁，还有城市火车、港区轻轨和几百条公交线路分流路面人群，解决市民出行问题。发达的公众交通以及政府对非公交系统用车的高压手段，让公众更乐意选择地铁或公交系统出行。伦敦市政府将大力扶持公共交通，到 2010 年把市中心的交通流量减少 10%—15%。

伦敦发展公交车专线，里程近 300 公里，采用低票价吸引公众选择公共交通工具出行，减少私家车出行强度。18 岁以下的少年可以免费乘坐有轨电车和公交车。作为伦敦的商业金融中心，伦敦城和很多市中心商业区都不设停车场。这迫使很多上班族不得不搭乘公共交通工具和选择自行车。

三 技术治理：利用新型胶水"粘"住污染物

英国官方对空气污染的治理不只是光立法，也着力推广更有效率

---

① 《2016 年北京将研究试点征收拥堵费，交通拥堵费怎么收》，http://news.cngold.com.cn/20151204d1903n5870096.html。

的新技术。政府重视雾霾治理的技术创新，决定尝试在街道使用一种钙基黏合剂治理空气污染。这种黏合剂类似胶水，可吸附空气中的尘埃。街道清扫工已将这种新产品用于人口嘈杂、污染严重的城区，目前监测结果称这些区域的微粒已经下降了14%。英国民众也可以通过网络查询每日空气质量的发布情况。[1] 从2011年起，配备特殊装备的卡车开始在伦敦市各处巡游，并在交通最繁忙的重点路段喷洒"醋酸钙镁溶剂"，这种化学溶剂能如"胶水"般将悬浮颗粒污染物"粘"起来，坠落地面，进而改善空气质量。[2]

此外，伦敦积极重视对工业技术、能源技术、汽车技术的改进和创新。一是加快淘汰钢铁、纺织、造船等高耗能产业，提高产业技术，促进节能减排，同时放弃低端的生产环节，逐渐向设计、集成、研发等高端服务业发展，以技术提升促进传统产业转型升级。二是推动煤改气技术进程，逐步使石油和天然气取代煤炭，加强煤炭行业改革，关闭了落后煤矿产能，减少煤炭生产量，以先进的石油、天然气能源技术改进提高利用效率。三是加强居民能源技术改进，积极改造居民燃具，实施集中供暖，鼓励使用无烟煤。四是加快清洁技术研发，尤其是环保型汽车技术的开发，并规定新车必须装配尾气净化装置，以减少氮氧化物排放。[3] 五是建立大气监测网，积极发展监控技术，提高雾霾防控效果。自1961年开始，英国在全国范围内建立了大气监测网，该网拥有1200个监测点，有450个团体参加监测，平均每小时对烟尘与二氧化硫采样一次，每月测降尘量一次，其中伦敦、爱丁堡、谢菲尔德三个城市被列为重点监测区，加上环保技术的推广应用等，对控制伦敦的大气污染和环境保护起到了重要作用[4]。

---

[1] 《伦敦治理雾都带给中国的启示》，http://www.nbd.com.cn，2013年1月14日。
[2] 王艳红：《雾都不再——伦敦治理空气污染的历史》，新华社2001年8月26日。
[3] 《英国"雾都"治理对我们发展经济方面的启示》，中国财经网，2016年1月29日。
[4] 《英国伦敦雾霾治理措施与启示》，http://cul.sohu.com/20151201/n429116186.shtml。

四　绿色治理：建设绿地和使用绿色能源

伦敦由世界闻名的"雾都"变成了生态宜居的绿色都市，其中关键的是改变传统的仅仅发展高能耗的重化工产业模式，重视绿色城市、绿色建筑的建设，加强城市的绿色治理。绿色治理包括建设绿地，增加绿化面积，还包括使用清洁能源，减少碳排放。

第一，鼓励建设绿地，开发城市公园，为市民构建自然生态空间。早在19世纪中叶，英国就掀起了建设城市公园的热潮，在各大城市大面积规划了绿色公园，以增加城市绿化率，为市民增加绿色元素，创造良好的生活环境。这一理念和城市公园运动深刻地影响到其他国家和城市。伦敦的城市公园也不断涌现，规模不断扩大，有效改变了传统的灰色之城、雾霾之城的旧面貌，形成了公园群，如摄政公园、圣·詹姆斯公园、海德公园等，公园群为城市绿色开放空间体系建立打下了良好基础，市民生活在自然之美中。

第二，引入城市绿化隔离带，制定开放空间规划。早在1929年，大伦敦区域规划委员会制定了伦敦开放空间规划，积极引入了绿化隔离带，设计了开放空间指标，以便创造和预留更多的公共空间和休闲用地，让城市更加接近自然，更加绿色生态，更加显得不拥挤。城市绿化隔离带增加了城市的绿色空间，同时还规划了环绕伦敦的绿环状开放空间。1938年，《绿化隔离带法案》通过，征购了大面积的土地。1976年，大城市公园、区域公园和地方公园等得到规模化建设，依据大伦敦议会制定的标准分为不同规模的类型进行配置，开放空间体系得以建立。到20世纪80年代，伦敦市在城市外围建有大型环形绿地面积达4434平方公里。开放空间规划设计了绿化隔离带、绿道或绿链等，目的是保护大多数开放空间并开发其休闲潜力，这些绿色空间以链状形式在伦敦展开，如同一串绿珠项链，将伦敦市构成完美的自然整体。这些"绿链"穿越居住区等建筑密集区，通过密集绿化等措施提高开放空间的可进入性和环境质量，完善了伦敦绿地框架、休闲娱乐和自然保育系统，引入健全的慢行系统和运动休闲设施，并成为伦敦城市发展的重要结构。①

第三,引导市民少开车,选择绿色出行工具,积极使用绿色低碳能源。由于规划建设了伦敦绿地框架,建立了更加接近自然的开放空间体系,为市民选择步行和自行车出行提供了基础条件和交通环境。政府鼓励市民出行乘坐公共交通工具或者骑自行车,开辟更多的绿化带以便市民慢行和步行。伦敦将鼓励居民购买排气量小的汽车,推广高效率、清洁的发动机技术以及使用天然气、电力或燃料电池的低污染汽车。

五 社会治理：鼓励公众讨论和媒体曝光

在伦敦空气污染的防控和治理方面,政府积极鼓励公众参与讨论、监督、协助雾霾治理。英国作为世界上首批代议制民主国家之一,拥有鼓励公民参与政治讨论的自治传统和民主基础。公民在公共决策和重大公共措施中可以积极参政议政,可以进行充分讨论、民主决策、社会监督和参与执行等,在环境污染治理、雾霾治理等重大问题上拥有更多的发言权、知情权和监督权。公众是雾霾治理的积极践行者,社会组织、高校、社会群众共同参与空气污染治理。伦敦国王学院、伦敦盖伊医院与伦敦圣托马斯医院联合组建国民健康保险制度基金会,积极举办空气污染治理方面的研讨会,研究和探讨市民在环境污染中如何从自我做起,如何人人参与雾霾治理,为社会环境污染防控作积极贡献,承担应有责任。伦敦国王学院开发了有关伦敦空气质量信息的手机终端软件,向市民和社会免费发送相关信息。为配合公民及时了解环境信息,伦敦政府也通过媒体和官方网络向市民发布伦敦地区实时空气质量数据、各污染物浓度、未来趋势图等信息。

主流媒体在雾霾治理中发挥了积极的监督和督促的平台作用。主流媒体不会替政府粉饰遮掩而是大胆抨击政府的不作为。② 2012 年 7 月,英国《星期日泰晤士报》讨论环保组织"清洁伦敦空气"

---

① 祝天新:《伦敦绿色开放空间建设起步早》,《中国花卉报》2015 年 4 月 2 日。
② 《伦敦告别"雾都":严密法条下全民参与治理》,http://news.xhby.net/system/2013/01/14/01593394.shtml。

(Clean Air in London)所作的调查报告，质疑伦敦市政府只在空气质量监测点附近大洒清洁悬浮颗粒物的化学溶剂，借以美化空气污染指数，而忽视其他空气质量更需要提高的地区。

公众的广泛讨论和积极参与、媒体的及时介入与曝光，促进雾霾治理的信息对称与信息公开，有利于提高社会治理的参与度和有效性，推进雾霾治理进程，释放政府垄断和单一治理的压力。

第三节 伦敦雾霾治理的政策启示

北京作为国家首都，雾霾天气影响了市民健康，对经济社会发展造成极大的负面影响，也损害了北京建设世界城市形象和国际地位。加快雾霾治理和大气污染防治是当前北京市委市政府的工作之重。伦敦雾霾治理的经验启示及北京的对策建议主要表现在以下几个方面：

一 制定首都空气清洁法规，加强雾霾治理的制度建设

党的十八大报告指出，保护生态环境必须依靠制度。治理雾霾天气，应该加强空气质量提升的法制建设。根据《2012年北京市环境状况公报》，与2011年相比，2012年北京市二氧化硫、二氧化氮和可吸入颗粒物（PM10）年平均浓度分别下降1.5%、5.5%和4.4%，一氧化碳年平均浓度持平。二氧化硫和二氧化氮年平均浓度均达到国家标准，但可吸入颗粒物（PM10）依然超标，年均浓度值为109微克/立方米，超标9%。[①] 机动车尾气污染严重，以煤为主的能源结构造成烟尘型污染严重，地面扬尘和沙尘暴造成总悬浮颗粒物浓度偏高，工业污染特别是周边城市工业为主导的产业结构导致北京大气污染严重。借鉴伦敦经验，建设法治国家，推进国家治理能力和治理体系现代化，迫切需要完善环境污染防治的各项法律法规，按照法律法规的要求进行大气污染防治的严格执法，促进雾霾污染治理。因此，应尽快出台《首都空气清洁法》，加强法制建设，明确规定污染企

---

① 《北京2012年空气质量超标9%》，《新京报》2013年6月1日。

业、机动车主必须采取手段，避免将有害气体排入大气，对排污和尾气排放不达标的企业和机动车主进行严厉处罚。

二 设立污染检测点，严控尾气排放

借鉴伦敦经验，一是要加强对汽车本身和燃料等进行严格规定及管制，在核心区特殊时期（如上下班时间）收取交通堵塞费。设立污染检测点，加强机动车的路检、年检，以控制中心城区汽车数量，提高燃油标准，限期不再增加新柴油车，不达标的新型汽油车等一律不得在市区销售和上牌照；加油站销售的燃油必须符合国家标准。二是加强机动车尾气治理，所有机动车必须加装催化器，消除冒黑烟现象。北京机动车尾气污染是城市大气污染的重要污染源且有发展之势，亟待重拳出击，加快治理。严格执行排放标准，出台政策规定所有机动车加装过滤器，不合格车辆加快报废。强制性地安装尾气减排装置，加强监督，严格管理，不达标不得上路，加大对外地车辆的排污控制，统一标准和监管制度，最大限度地减少机动车尾气排放。

三 加强雾霾治理的技术攻关，以技术创新促进治理

以持续改善空气质量为中心，加强机动车排放的技术监管和技术支持，在解决影响和制约机动车监管的瓶颈问题上下功夫，完成好实验室建设、年检场监管、路检路查等，加大对加油站、炼油厂的监督、检查、举报、信息公开。借鉴伦敦经验，加快重大减排技术的创新，实现环境治理的关键性突破。北京雾霾治理必须高度重视和加强技术创新及技术改进，依托技术实现环境改善和减排降耗。研发使用一种钙基黏合剂治理空气污染。此外，要进一步优化产业结构，重视服务业减排治理，减少生活污染。

四 发展绿色公共交通，使用清洁低碳能源，减少碳排放

与伦敦相比，北京公共交通还不够发达，公共汽车还不能满足市民出行要求，部分线路拥堵现象严重。地铁发展跟不上城市发展速度，地铁拥堵比较严重，换乘复杂、上下班拥堵严重。许多发达国家

加快更换老旧的基础设施和新能源设施建设。尽管北京已经实现由煤炭消费为主导转变为以天然气、石油为主的能源结构，但主要依靠的还是煤炭、石油等传统能源，传统能源的消耗总量保持不断攀升态势，对传统能源和外输入能源依赖较大。

一是应该加大力度发展公共交通，改善地铁条件，减少拥堵，对出租车、公交车限期进行清洁能源改造。陆续更换市内性能较差、碳排放量较大的公共交通车辆，改用舒适性较强、使用清洁能源的新型公交车辆。大力推广无污染交通工具使用，建立起便捷舒适的公共交通运输体系，将轨道交通尽快延伸到城乡接合部、远郊区县和周边城区，提早规划北京市远郊区县、北京市与天津、河北等交界区县的轨道交通建设，吸引社会资本的加入。

二是加快发展城市轨道交通和公共自行车建设，鼓励电动汽车、混合燃料汽车发展，并增加充电站建设。鼓励使用电动车，加快电动汽车智能充换电服务网络建设，增加充电站，鼓励发展电动或燃气机动车。加快油改气进度，力争在未来5—10年内公共汽车和出租车全部实现油改气或电动化，尽最大努力减少机动车尾气排放。

三是加强城市绿地建设。要暂停或缓建新高层建筑，多建绿地，进一步提高核心城区绿化率。加快周边新城建设，建立多中心城市发展模式，在核心城区与周边城区建立绿化隔离带，加强环境治理。

五　鼓励社会群众参与首都雾霾治理

伦敦空气污染的防控和治理，离不开政府对社会组织、新闻媒体、社会群众参与的高度重视和营造更加宽松、自由、公开的舆论环境，环境保护人人有责，治理雾霾需人人参与。伦敦的主流媒体不会替政府粉饰遮掩而是大胆抨击和有效监督，新闻媒体、环保组织能展开公开调查、公开讨论和协商对策，政府与社会群众是站在同一立场上关注对环境污染问题的治理，政府部门往往鼓励社会监督、参与和真实举报，而不是怕监督、怕举报、怕维稳。

一是鼓励重视群众参与。借鉴伦敦经验，应该鼓励和倡导市民广泛参与环境污染的治理，建立各种环保志愿者组织和协会，依托环保社会组织和行业协会加强对各种环境污染行为的监督、公开、评价和举报，集体行动起来才能有效治理污染。

二是实行信息公开，加强治污监督。动员全社会人民群众广泛参与环境保护活动，对政府和企业涉及环境的行为进行监督。鼓励社会参与，获得群众支持，普及环保信息，耐心做好疏导，避免矛盾升级。实现信息公开，建立治理环境污染信访工作的综合协调机制，整合各种资源，加强组织协调，形成上下联动、左右协调、运转高效、综合施治的工作机制。

三是实现四个转变。在治理对象方面，需要从单纯的管理城市经济增长和空间规模扩张转变为管理城市经济、社会、环境复合系统的协调发展，追求城市生态福利最大化；在治理主体方面，从政府一元化的行政化管理转变为政府、企业、社会组织、社会群众多元化的环境综合治理；在治理目标和绩效方面，从以物为本的绩效目标转化为以人为本的绩效目标，突出以改善环境、建立绿色宜居城市、人民满意的城市生态环境为目标；在治理范围方面，从单中心向多中心、周边区域联合治理转变。

第四节　本章小结

本部分主要基于雾霾治理的视角对伦敦"城市病"治理经验进行考察。英国是最早进行工业革命的国家，城市化进程也较早，在工业化城市化过程中遇到的"城市病"问题也是较早的。英国著名劳工史学家哈蒙德夫妇将英国19世纪的"城市病"问题称为"迈达斯灾祸"（Curse of Midas），批评英国一味追求工业生产却引发各种商会、民生、环境污染等诸多问题。伦敦进行了系统的"城市病"治理，采取了有效的治理措施，将雾都变成了绿都，值得北京借鉴。

伦敦通过雾霾治理由雾都变绿都。伦敦雾霾问题源于1952年的烟雾事件。雾霾问题延伸至1980年的交通污染，从20世纪80年代开始，数量持续增加的汽车取代煤成为英国大气的主要污染源。伦敦烟雾事件使英国人开始反思空气污染造成的苦果。从滚滚毒雾到蓝天白云，铁腕治污，英国成绩斐然。经过多年持续不断地治污，今天的伦敦空气质量大为改善，早已摘掉了"雾都"的帽子。

伦敦雾霾治理的主要经验是多种手段齐抓共管。一是法律治理，出台《清洁空气法》等严苛法律；二是政策治理，收取拥堵费和发展公共交通；三是技术治理，利用新型胶水"粘"住污染物；四是绿色治理，建设绿地和使用绿色能源；五是社会治理，鼓励公众讨论和媒体曝光。

伦敦雾霾治理的经验启示及北京的对策建议主要表现为：制定首都空气清洁法规，加强雾霾治理的制度建设；设立污染检测点，严控尾气排放；加强雾霾治理的技术攻关，以技术创新促进治理；发展绿色公共交通，使用清洁低碳能源，减少碳排放；重视社会群众参与首都雾霾治理。

第六章 "城市病"治理的洛杉矶经验：基于空气治理的视角

洛杉矶作为美国比较典型的工业城市，经济繁荣的同时也带来相对严重的空气污染问题。早在20世纪初就遇到空气污染的困扰，而1943年的"洛杉矶雾霾"事件和之后发生的"光化学烟雾"污染，不仅让洛杉矶市民难以忍受，而且震惊全球，迫使当地政府、社会组织和社会群众下定决心要根治污染。经过几十年的治理，洛杉矶地区的空气质量得到了明显改善，2011年加州空气污染达到不健康水平的次数比10年前大幅减少。加州全境内臭氧污染有所下降，颗粒物质排放有所减少。总结洛杉矶空气污染治理的成功经验，对北京进一步加强空气污染治理特别是雾霾治理提供重要借鉴和政策启示。

第一节 洛杉矶空气污染的历程与成因

早在第二次世界大战时期，战争物质生产的需求为美国洛杉矶城市的工业化带来极大的机遇，工业迅速发展促进洛杉矶城市化进程。但以传统能源供给为主的工业结构，带来了高能耗、高污染、高排放，烟雾弥漫成为工业化的副产品，工业化进程提速而吸引更多的外来人口和机动车数量的增长。根据气象记录，1939年到1943年间洛杉矶能见度迅速下降。[①] 1943年7月26日，烟雾笼罩城区，洛杉矶

---

① 《美国洛杉矶治理雾霾措施与启示》，http：//scitech.people.com.cn/n/2014/0303/c376843-24514288.html。

市中心昏天黑地，能见度只到3个街区以内，当时天气炎热，热浪与烟雾毒气袭击市民身体，使人产生难以忍受的刺痛感，并被误认为是日本所投放的"毒气"，这成为世界著名的"洛杉矶雾霾"事件。1952年和1955年，洛杉矶先后发生了两次数百名65岁以上老人因雾霾引发呼吸系统衰竭导致死亡的事件，即洛杉矶的"光化学烟雾"，洛杉矶由工业发达的"天使之城"变为空气污染较为严重的"雾霾之城"，遭受市民的质疑和怨言。

空气污染的来源及其原因成为洛杉矶当地政府、科学家、市民共同关注和思考的焦点问题。在1943年洛杉矶出现雾霾事件之后，人们通过观察认为位于市区内的南加州燃气公司生产厂由于生产合成橡胶原料的丁二烯产品，有严重的废气排放污染，被迫临时关闭。但该厂的关闭并没有直接减少洛杉矶的雾霾，反而日益严重。雾霾的来源需要进一步深入研究和广泛观察，人们还发现了其他污染源，机车和柴油机车的尾气排放，各种焚烧炉、城市垃圾场、锯木厂、废木厂焚烧的垃圾等均可能产生各种废气，对洛杉矶的空气污染有着不可忽视的贡献和影响。随后有专家提出要禁止在后院焚烧废橡胶，减少废气排放等解决方案。特别是1952年，加州理工学院化学家Arie J. Haagen‐Smit提出雾霾形成与汽车尾气以及光化学反应下的气粒转化有着直接关系，认为臭氧是洛杉矶雾霾的主要成分。要治理空气污染应该重视对汽车尾气及相关排放物的控制与预防。专家们通过研究还发现了不同季节所产生的空气污染是不相同的，如在夏天主要是由机动车尾气、工业排放和住宅等引起的排放污染，主要是臭氧，而在冬天主要是取暖排放、工业、机动车尾气等引起PM2.5。从空气污染来源进行考察，如表6－1所示，空气污染主要来源于货车、汽车和公交、船舶、火车和飞机等在运输过程中产生的排放物。[1]

---

[1] 高洪善：《洛杉矶的雾霾治理及其启示》，《全球科技经济瞭望》2014年第1期。

表 6-1 南加州地区形成臭氧的污染物来源

污染物来源	所占比例（%）
机动车辆（汽车、货车、巴士）	42
其他移动污染源	33
涂料和挥发性溶剂	13
静态燃料燃烧源	5
工业与各种加工	4
石油加工储藏与转运	3

数据来源：http://www.aqmd.gov/aqmd/index.html.

以上科学家对空气污染来源的分析，让市民更加清楚地了解到污染的成因，明白污染与每个人的生活排放有关，因此选择科学的生活方式能直接改善空气质量。每个人都对空气污染承担着不可推卸的责任，治理空气污染也离不开每个人的积极参与和不懈努力。人人拥有汽车，但汽车对空气污染的贡献比较大，减少污染和排放就应该减少汽车尾气排放，需要"把汽车整干净"或"把燃料整干净"。减少汽车尾气排放或者降低污染物成为市民的共识和基本理念，于是当地政府联合各部门出台了汽车废气排放标准、制定车辆排放设备规定等，还组织专门机构和人员对炼油、燃料添加等过程进行渗漏、汽化等检测，督察其减少废气排放，减少对空气污染。不过，在汽车装备标准、限制汽油中烯烃含量、开放天然气等新型低碳燃料等规定的出台或者执行过程中也不是一帆风顺的，遭到了汽车公司、石油公司等相关利益部门或者企业机构的抵制与反对。对跨国集团等强大利益部门的制约，仅靠城市政府很难得到有效实施，必须寻求更高层级的联邦立法。[①] 20世纪60年代末，美国民权运动和反战运动不断高涨，更多的人和组织关注空气污染问题。1970年，联邦《清洁空气法》出台，对美国全国范围内的污染标准作出规定，从而使洛杉矶的汽车排放和石油燃料的超标限制规定得到执行。美国相继暴发了环保大游行

---

① 《美国洛杉矶治理雾霾措施与启示》，http://scitech.people.com.cn/n/2014/0303/c376843-24514288.html。

等群众性环境保护运动，还催生了"地球日"、联合国第一次人类环境会议等的出现，有效推动了城市空气污染治理进程。可见，洛杉矶空气污染及其治理也经历了相对复杂、动态调整的过程。从总体上看，主要是经历了从发展工业到城市污染严重，再到市民寻求空气污染成因的分析，最后到促成相关规定和空气污染治理法规的出台，有效治理空气污染问题。

第二节　洛杉矶空气污染治理的阶段与经验

针对洛杉矶空气污染及其成因的分析，采取有效治理措施成为洛杉矶各级政府、社会组织、市民共同思考和长期考虑的重大问题。从1977年洛杉矶有180天空气质量不达标，到2004年洛杉矶仅有数天空气质量不达标，洛杉矶空气污染的治理经历了相对漫长的过程。洛杉矶空气污染的治理先后经历了组织法规治理时期、市场技术治理时期、转型协同治理时期三个阶段[①]。

一　组织法规治理时期：20世纪40年代至80年代之间

1943年洛杉矶的严重雾霾事件，引发了相对漫长的空气污染治理历程。到20世纪80年代末，洛杉矶通过完善法规，建立管理机构，空气污染治理成效初步显现。洛杉矶对城市空气污染的治理，一方面重视利用严格的法律规章进行治理，另一方面建立跨行政区的管理组织机构加强严格执法，促进整个区域的节能减排，有效治理空气污染等问题。

（一）建立跨行政区的空气污染治理组织机构

从建立跨行政区的空气污染治理机构来看，主要是从联邦政府和跨行政区层面分别建立了专门的空气质量管理机构，如表6-2所示[②]。在20世纪60年代以前，美国对废气、废水、废物的处理主要是依靠地方行

---

① 《城市案例：洛杉矶的治霾经验》，http://news.163.com/14/1027/22/A9JIU0O200014SEH.html。

② 《美国洛杉矶治理雾霾措施与启示》，http://scitech.people.com.cn/n/2014/0303/c376843-24514288.html。

政部门自行管理，联邦政府和州政府一般不进行直接干预。地方空气污染治理的效果完全取决于地方经济社会发展水平，而经济发展落后或者城市周边地区缺乏有效的治理，"三废"排放比较严重。洛杉矶作为工业化、城市化发展比较快的区域，"三废"的排放比较严重，地方行政部门对环境污染问题治理不力，引起了当地居民的不满，社会群众对州、联邦政府这种由政府自上至下治理环境所存在的问题越来越不满，投诉和抱怨日益增多。美国建立了环境保护署，真正履行联邦政府在环境保护和污染治理中的职责，对各地的环境问题有最终仲裁权。

表6-2　　　　　　美国及洛杉矶空气质量管理机构

级别	机构	职责与主要措施
联邦政府层面	美国环境保护署	美国民众在1970年"地球日"进行街头游行，抗议政府对环境污染治理的乏力，强烈要求政府加强治理。美国联邦政府迫于压力成立了美国环境保护署（EPA），主要职责是对全国环境污染及其保护履行基本职责，制定国家环境保护法律法规，开展环保科学研究，为地方环境保护及其污染治理提供必要的资金支持和技术指导。为加强管理，环境保护署将美国划为10个大区，每个大区设立区域环境办公室，加强辖区及跨州环境污染问题的治理。
地方政府层面	洛杉矶烟雾控制局	1946年，洛杉矶市成立烟雾控制局，这是美国首个地方性的空气质量管理机构，还建立了工业污染气体排放标准和许可证制度。在该机构和相关制度作用下，许多污染企业和工厂被迫关闭或外迁。1947年，洛杉矶县成立了空气污染控制区，对辖区内工业设置空气污染准入制度。随后，加州南部橙县、河滨县和圣伯纳蒂诺县等也纷纷成立相关的空气污染治理机构。
地方政府层面	加州空气资源委员会	1967年，加州成立空气资源委员会（ARB），其职责是提升和保持良好的空气质量，防止空气污染，避免民众接触污染源。该委员会制定了全美第一个总悬浮颗粒物、光化学氧化剂、二氧化硫、二氧化氮和其他污染物的质量标准。
地方政府层面	南海岸空气质量管理局	1977年，为实现跨地区大气环境污染联防联控，于南加州地区的洛杉矶县、橙县、河滨县和圣伯纳蒂诺县的部分地区联合成立了南海岸空气质量管理局，负责制定区域空气质量管理规划和政策，对区内企业和固定污染源的污染物排放进行统一监管与联防联控。

洛杉矶区域则建立了跨行政区的联防联控机构，协同治理区域性

空气污染问题。1977年，洛杉矶都市区相应成立了跨县市的南海岸空气质量管理局，加强对跨行政区域的空气污染问题的协同治理。该部门主要负责制定区域空气质量管理规划和政策，对区内企业和固定污染源的污染物排放进行统一监管，并制定了一系列空气污染治理政策，成为区域联防联控的典范。[①]南海岸空气质量管理局管辖范围包括洛杉矶及周边几个县，由辖区内民选政府代表和民选州长指定代表组成董事会，由董事会遴选局长负责法律的执行，该局拥有充足的经费来源作为行政开支，还招聘了一批专业的环境保护、工程技术、法律、计算机等高级专门人才，依据环境保护、空气污染治理等法律法规，进行监管和执法工作，该局还建立了各种可燃物燃烧排放空气污染物标准、各类使用燃料的器具车辆的空气污染物排放标准、各类固定空气污染源排放标准及相关环境许可证的规定等，相关空气污染预防与治理的法规不断完善，执行时比联邦法律更为严格，洛杉矶地区空气质量得到不断改善。该局局长还通过努力成功推动了城市轻轨建设，改进和使用低排放的柴油引擎和低排放汽车等，大大降低了空气污染物的排放，优化了空气质量。该局制定和实施"空气质量管理计划"，促使本地区恪守联邦和州清洁空气标准，制定规则减少污染源排放，包括特定类型的设备、工业流程、涂料和溶剂，甚至消费性产品。定期检查产品是否符合标准，在所辖区域内设置38个空气质量监控站，及时向社会民众公布空气质量情况。监控站涉及发电厂、炼油厂、加油站等空气污染静态来源站点，对消费性产品包括建筑涂料、家具清漆、含挥发性溶剂的产品等静态来源也加强监测。

（二）制定相对完善的空气污染治理法律规章

美国及洛杉矶制定相对完善的空气污染治理法律法规，形成联邦政府、州政府、跨行政区（南海岸空气质量管理局）和地方政府等不同层级的法律法规框架，各级政府根据其权限和职责制定相关空气质量法规和政策，如表6-3所示。

---

① 《美国洛杉矶治理雾霾措施与启示》，http://scitech.people.com.cn/n/2014/0303/c376843-24514288.html。

表6-3　　　　　　美国及洛杉矶空气污染治理法律法规

级别	主要法律法规	主要内容
联邦政府层面	《空气污染控制法》等	美国联邦政府于1955年制定《空气污染控制法》，1963年制定《清洁空气法》，1967年制定《空气质量控制法》，1977年、1990年又对其进行了修正。1971年，美国政府颁布《国家环境空气质量标准》，对6种空气污染物进行管制。1987年，美国环保署制定PM10的标准。1997年，美国环保署制定PM2.5的标准。
州政府层面	《加州洁净空气法》	在州政府层面，1988年加州通过了《加州洁净空气法》，规划空气质量控制目标。加州空气资源局负责制定路面和非路面移动污染源的排放标准、汽车燃料标准，制定消费品管制规定。该法规定各类污染源必须采用可行技术方案控制污染物排放，并以每年5%的幅度减少污染物排放。
跨行政区层面	跨区空气质量监管规划和相关政策	在跨行政区管理层面，南海岸空气质量管理局负责对包括洛杉矶在内的跨区域固定污染源、间接污染源和部分移动污染源进行监管，制定跨区域空气质量管理规划和相关政策，加强对跨区域空气污染的联防联控。
地方政府层面	区域交通规划、执行减排政策	在地方政府层面，由南加州政府协会负责区域交通规划研究，编制区域经济和人口预测，协调各城市之间的合作和协助地方执行减排政策。洛杉矶市政府则需要制定和实施与交通有关的治理措施，以配合各项空气质量控制规划的实施。

在联邦政府层面，由美国环境保护署制定全国性空气污染治理法规，制定并监管各个州污染物排放标准，对机动车辆、火车、飞机和船只等移动污染物排放标准进行监控；监督州政府制定和推行各项空气质量管理规划和政策。1970年，联邦政府制定《清洁空气法》，制定空气质量标准，列出空气污染物质名单，制定车辆的认证、检测、减排配件应用等制度。根据法律规定成立美国环境保护署，负责全国范围内重大环境污染事件的处理，对污染空气行为提起诉讼，加强对空气污染防控的治理。1971年，美国颁布《国家环境空气质量标准》，对飘浮于空气中的"总悬浮颗粒物"（TSP）等6种空气污染物

进行管制。1987年，美国环保署制定了PM10的标准。1997年，美国环保署首次增加了PM2.5的标准，要求各州年均值不超过15微克/立方米，日均值不超过65微克/立方米。

在州政府层面，1988年，加州通过了《加州洁净空气法》，对空气质量进行规划。20世纪60年代初，市民通过各种社团、政治游说等活动，向州政府提出了加强环境保护与空气质量监管的法律诉求，市民和政客们与政府部门进行协调、沟通，终于获得《1963年洁净空气法》《1967年空气质量法》《1970年洁净空气法》《1977年洁净空气法修正案》《企业燃油效率标准》等法律的颁布与实施。这些法律法规对相关企业排放行为及其标准进行了严格规定，明确了联邦政府、州政府以及地方政府的职责与权利。加州空气资源局对移动污染源排放标准、汽车燃料标准、消费品标准等履行实施和监管职责，对标准落实不到位的进行督促和查处，同时负责制订具体的州层面的空气质量实施计划，确保各项标准能够落地，促进本区域空气质量的改善。在地区管理层面，南海岸空气质量管理局负责监管跨行政区的空气污染物的排放，复杂具体的治理空气质量的相关规划政策的制定与实施。在地方政府层面，南加州政府部门及其相关协会负责本区域的污染物排放监控和减排计划的实施，还负责区域交通规划研究，加强各城市之间在空气质量改善和减排合作，协助地方组织执行好减排政策，促进本区域空气污染的有效治理和空气质量的改善。

二 市场技术治理时期：20世纪90年代至2008年之间

洛杉矶对空气污染的治理，通过一个阶段的完善法律法规，建立好组织机构，在一定程度上促进了空气污染治理工作的开展，但长期以来，真正提升空气质量，仅靠政府部门和法律之手还不够，还需要重视市场机制和技术创新的力量。从1990年代到2008年美债金融危机之前，洛杉矶重视发挥市场力量和市场机制作用加强对空气污染的治理。尽管美国及洛杉矶先后出台了许多关于环境保护和空气污染治理的法律法规，在一定程度上保护了空气，减少了环境污染，但法律法规的执行是靠人进行的，尽管政府部门的力量还难以真正确保空气不受污染，法律法规的边际效应不断减少，这时需要更多的力量参与和支持，特别要充分发挥市场主体的力量，发挥市场机制在环境污染治理中的突出作用和重要地位，重视空气污染治理的技术创新，依靠技术创新和市场力量共同促进污染治理，成为该时期洛杉矶空气污染治理的重要阶段性特征。

1991年，南加空气管理局制定《空气质量管理规划》。根据该规划，主要采取了三大类的空气质量管理措施。一是易于实施的短期措施，如明确规定和鼓励市民乘坐公交车上下班，鼓励私家车与他人合乘，避免空驾或一人使用私家车。如制定相对灵活、弹性的上下班工作制，错峰上下班时间，避免交通拥堵等。二是推广节能减排技术，鼓励和推广实施更高比例的合乘汽车上下班和轮休制度，利用互联网远程办公，购买和使用更加节能减排的油电混合动力车，以尽可能地减少能耗和废气排放，降低对空气的污染程度，从源头上进行空气治理，依靠市民的共同努力和市场力量加强对空气污染的协同治理。三是推广大规模市场化的低碳技术，减少空气污染。大范围推广纯电动车、超导电力传输、太阳能建筑等。南加空气管理局继续保持空气污染治理的先进性，与美国西部其他空气质量机构合作，引入空气污染排放的市场交易机制，激活空气污染排放的市场力量，少排放者可以获得奖励或者补偿，多排放者必须付费到其他企业或者机构购买节省的排放量，依托跨区域的空气污染排放权的市场交易，有效降低了企业节能减排的效益。

加州重视利用技术创新加强对空气污染的治理和检测。企业进行节能减排及其技术创新，有效降低了空气污染，符合地方《空气质量管理规划》的要求，还可以获得一定的税收减免和经济补偿。为进一步促进技术创新和减少污染物排放提供数据和理论基础，加州成立机动车污染控制局，负责测试汽车尾气排放并核准排放控制装置。洛杉矶禁止达不到相关减排技术标准的新机动车和燃油在本地区内销售，特别是针对柴油卡车是细颗粒物的重要排放源，洛杉矶强制该类车辆安装颗粒物过滤器，对在机动车实行强制性定期检测和维修，该政策被称为"烟雾检测"（smog check），尾气检测设备如道路遥感检测系统（remote sensor）和卡车车载诊断系统（OBD）已广泛投入使用，使得尾气检测的便利性和效果大为提升[①]。

政府部门加强对空气污染成分的监测。1990年重点分析PM2.5的化学成分。通过监测实时掌握空气污染排放情况和污染源动态，也为促进相关技术发展和污染治理提供数据支撑。

三 转型协同治理时期：后金融危机时代

到了后金融危机时代，金融危机带来了经济社会发展的大萧条，也加速了经济社会的转型发展。空气污染治理的任务更加艰巨，也需要结合经济社会转型契机，进行空气污染治理的协同治理。2008年的金融危机，对美国经济社会各个领域产生强烈冲击，实体经济下滑导致财政税收减少，许多政府机构也因办公经费缩减而影响了有效运行，不少公共支出减少也导致民怨沸腾。部分利益相关者却要求降低环保标准，以减少企业成本和吸引更多外来投资，振兴经济。这些要求对南加空气管理局、南加州联合政府等部门产生一定冲击。但市民对环保的大力支持和环保运动的深远影响，南加空气管理局加强与社会组织和市民的沟通与合作，较多市民坚决支持空气污染治理行动。

当地高校、部分企业和商业机构自发成立加州环境行动注册会，鼓励会员制定个人空气排放清单，核算总体的空气污染和温室气体排放总量，制订节能减排行动计划，自发减少废水、废气、废物排放，有效降低温室气体排放。高校和社会组织以及市民的自发组织为空气污染治理发挥重要的作用，促进了该地区经济社会的可持续发展，促进了经济发展与空气污染治理的协同推进。洛杉矶县还通过了《R动议：增加半分消费税用于加快本地综合交通建设》方案，得到本县多数选民支持，动议规定洛杉矶县政府30年内有权对每次消费额外增加0.5美分的消费税，用于公交发展和高速公路瓶颈路段建设，对减少温室气体排放，促进空气污染治理发挥积极作用。

---

① 李家才：《洛杉矶经验与珠三角地区灰霾治理》，《环境保护》2010年第18期。

第三节 洛杉矶空气污染治理的经验借鉴

针对以上不同时期，可以发现洛杉矶对空气污染的认识及其治理措施的出台，也不是一蹴而就的。如表6-4所示，洛杉矶在不同的时期采取不同的措施，正是根据不同阶段采取不同的政策措施，对症下药，长期以来才取得一定的成效。对于北京"城市病"特别是空气污染的治理，也不能一蹴而就，更不可能有一药治万病的良方妙药，也需要不断提高认识，不断总结经验，不断提高治理成效，最后达到有效治理北京"城市病"，建设国际一流的和谐宜居之都的目的。

表6-4　　洛杉矶各个时间节点空气污染治理的重点与措施

阶段	时间点	治理重点与主要措施
组织法规治理时期：20世纪40年代至80年代之间	20世纪40年代至50年代初	治理重点主要包括对露天垃圾燃烧、禁止后院焚烧、减少工厂烟雾排放、削减炼油厂二氧化硫的排放等。
	20世纪50年代以后	治理重点是削减炼油厂和加油操作中的油气挥发，减少碳氢化合物的排放；建立机动车尾气排放标准；柴油货车及公共汽车采用丙烷代替柴油；减缓重污染企业的发展；禁止露天焚烧垃圾；发展快速公交系统。
	20世纪60年代至70年代初	空气质量管理制度的实施显著地减少了排放，严格监管含有碳氢化合物的化工溶剂、垃圾填埋场有毒气体、热电厂氮氧化物、处理动物工厂的排放。重点机动车：加油站油气回收、催化转化装置、机动车强制排放检测。
	20世纪70年代至80年代	重点控制六种污染物：臭氧、悬浮颗粒物、一氧化碳、二氧化氮、二氧化硫和铅。要求淘汰含铅汽油的使用，石化企业提供清洁汽油。采取措施控制特殊有毒污染物，如六价铬、石棉、氟氯化碳。制定交通共乘方案，以减少能耗和废气排放。

续表

阶段	时间点	治理重点与主要措施
市场技术治理时期：20世纪90年代至2008年之间	20世纪90年代后	不再是简单控制工厂烟囱和汽车尾气，将重点放在了运输和市场激励措施上。提出了清洁车辆和燃料的目标。
	1992年	实施了区域清洁空气市场激励方案（RECLAIM）。包括大约330家主要排污企业，排放包括氮氧化物、硫氧化物以及燃烧的副产品，都是形成臭氧和颗粒物污染的组成成分。
	2003年	联邦政府尚未要求强制性达到PM2.5标准时，加州率先制定了强制性标准（12微克/立方米，2006年联邦标准15.0微克/立方米）。
转型协同治理时期：后金融危机时代	2008年至今	洛杉矶继续完善以上法律法规，加强各项控制排放物的监测和法律执行，重视减排技术创新，制定和细化直接排放源和间接排放源的监控与治理措施，包括工业及商业固定源和燃烧设施、家庭壁炉和采暖、机动车排放标准、锅炉、发电设施、发动机、家用炉具、建筑涂装、溶剂使用等。严格执行PM10和PM2.5标准，PM10年均值标准为20微克/立方米，日均值为50微克/立方米；PM2.5年均值为12微克/立方米，日均值为35微克/立方米。

有研究指出，洛杉矶与北京具有许多的相似之处[①]，如两个城市都在不长的时间内，人口、车辆、经济迅速增长。洛杉矶从二战后到2000年左右，都市区人口由几百万上升到近两千万，而北京在几十年内实现人口由数百万到两千万人口的增长，人口城市化过快，必然导致城市基础设施、资源能源和环境承载力受到限制，容易引发"城市病"，特别是空气污染等问题。洛杉矶和北京都拥有惊人数量的小汽车总量，巨量的小汽车出行带来严重的交通拥堵和空气污染问题，都面临着"成长的烦恼"，这些方面都有许多相似之处。因此，洛杉矶在治理"城市病"特别是空气污染中所形成的成功经验值得北京借鉴。具体而言，根据洛杉矶空气污染治理的阶段性特征及其具

---

① 《城市案例：洛杉矶的治霾经验》，http：//news.163.com/14/1027/22/A9JIU0020014SEH.html。

体政策措施，为北京"城市病"治理提供重要借鉴。具体而言，主要表现在以下几个方面：

一 建立跨行政区的空气污染治理机构，建立联防联控机制

治理机构是加强"城市病"治理特别是空气污染治理的组织保障。任何治理措施的出台及其政策执行都离不开具体的实施主体，没有一定的组织机构及其人员保障，法律法规就是一纸空文。从洛杉矶治理空气污染中可以看出，从联邦政府到州政府、跨行政区机构和地方政府建立层次清晰、责任明确的治理机构，特别是针对空气的流动性，空气污染具有明显的跨区域特征，离不开跨区域组织机构及其机制的作用。

北京雾霾天气频现，外地污染源传输和本地产生的污染源共同作用，加剧了空气污染的程度。因此，要有效地治理北京地区空气污染问题，迫切需要借鉴洛杉矶经验，建立跨北京、天津、河北三地的空气污染治理机构，有明确的责任主体和实施机构，才能保证大气环境污染治理的有效、有力。通过建立跨区域、跨部门、跨组织的空气污染治理的组织机构，尽可能打破行政区域限制和自我保护主义思想的束缚。要建立跨京津冀乃至更大区域的空气质量管理机构，并赋予强有力的行政执法和监管权力。建立跨行政区空气污染治理的长效机制，如污染治理信息共享机制，建立京津冀空气污染监测信息平台，能24小时实时地在网上发布，公众随时可以查看京津冀三地空气污染情况，特别是重点污染源、重点污染企业的排放数据，以便加强监控，提高公众环保意识和参与程度，加强对排污企业的监督、评价以及及时处理，提高污染治理机构的权威性和公共参与性，真正遏制住排污企业天不怕、地不怕、任意排污的嚣张气焰。要建立跨区域的大气污染联防联控机制。

二 制定空气质量管理规划和标准，建立严格执行机制

空气污染治理的难点在于执行无机构、执行无标准、执行无政策。洛杉矶在解决了空气污染治理的主体问题的同时，建立更加严格

的标准和治理政策，确保政策的执行和标准实施。一方面，对所有污染源进行严格规划控制。洛杉矶不仅控制工业污染源和道路机动车的尾气排放，而且控制非道路机动车（建筑车辆、港口机械和园艺机械等）的尾气排放，对洛杉矶港和长滩港的港口作业船和海运轮船进行排放管制，对户外焚烧、加油站和垃圾填埋场实施严格管制，以控制导致"烟雾"的多种污染物的排放，力争取得最大的污染控制效果。[①] 另一方面，制定和执行非常严格的空气治理管理标准。洛杉矶的空气质量标准比联邦政府还要严格，并授权州和地区空气质量管理机构依靠严格的法规、严格的政策以及严格的执行机制来保障空气污染治理目标的达成。如建立严格的污染源排放标准、严格的空气质量监管标准、严格的汽车尾气强制检测制度等，还制定了低碳清洁能源政策，大范围推广机动车的能源改造，加强能源消费结构转变，鼓励使用低碳可再生能源，最大限度地降低碳排放和空气污染。借鉴洛杉矶经验，北京需要做的事情还很多，如缺乏污染源排放标准、缺乏空气质量监管标准、缺乏机动车尾气排放检测标准及其执行的系列制度，制度不够严格，执行不够威严，很多针对空气污染治理的措施仅仅限于建议和鼓励，缺乏强制性的制度安排。如机动车尾气的排放，北京一直缺乏严格的标准执行，也缺乏严格的执行机构，许多污染企业偷排、多排、乱排现象没有得到遏制，机动车尾气排放没有实际性的举措进行遏制，导致空气污染问题没有明显的改善。北京借鉴洛杉矶经验，应该不断探索，不断总结、不断推进，分阶段、分步骤地推进空气污染治理的各项制度制定及其实施，通过一定时期如5~10年乃至20年左右能够真正治理好空气污染问题。

三 鼓励市民参与空气污染治理，建立共建共享机制

空气污染问题关乎每个人对清洁空气的迫切需求。空气无法"特供"，正是反映了市民对治理好首都环境的迫切期望。在其他方面可以适度忍受的情况下，唯独空气不能忍受，因为没有空气，就无

---

① 李家才：《洛杉矶经验与珠三角地区灰霾治理》，《环境保护》2010年第18期。

法生存,水可以从外部输入,无毒蔬菜可以从外部输入,但空气每时每刻、无处不在呼吸着,难以依靠外部输入进行局部净化。洛杉矶市民的呼声促成了清洁空气法律法规的出台,促成了相关汇报机构的成立,洛杉矶市民通过法律诉讼和其他行动向政府施加压力,环保运动和政治领袖的决心推动洛杉矶空气污染治理。

既要响应市民诉求,又要治理好首都北京空气污染问题,借鉴洛杉矶经验,应该鼓励、引导、支持市民参与空气污染治理。市民对空气污染的强烈诉求不仅不会造成政治风险,相反会形成加速空气污染治理的政治动力,政府对这种诉求不应该抵制和担忧,相反要鼓励、引导并充分利用群众的智慧和力量,建立空气污染治理的共建共享机制。

借鉴洛杉矶经验,北京要鼓励和引导市民全面参与首都北京空气污染治理的各项制度制定、各项政策执行、各个监测点的监督和服务,既能对空气污染治理进行群策群力,又能形成污染治理的监督力量、执行主体和保障力量。实际上空气污染治理最终要依靠群众,要服务群众,离开市民参与,北京空气污染治理就难以取得实际成效,因为预防污染和治理各种排放行为需要从个人做起,从我做起,从小事做起。在空气污染治理过程中,要建立市民、社会组织与政府、企业的互动和协调机制,市民、社会组织当好政府的信息传播者和治污效果反馈者,政府则当好市民的服务者,企业当好治污的排头兵,通过市民、社会组织、政府、企业等多方面的合作与协调,共同推进首都空气污染治理,共同构建国际一流的和谐宜居之都。

四 加强产业结构和能源结构调整,建立低碳技术创新机制

洛杉矶重视产业转型升级,加强对传统高能耗、高污染型企业的改造和外迁,建立低碳技术创新机制。许多传统制造业转移到了发展中国家,减少了本土的污染物排放,而产业升级,特别是依靠低碳技术创新和研发,实现了真正意义上的节能减排,有效减少了废气排放,在一定程度上缓解了空气污染程度。

洛杉矶加大对电子、通信、生物技术、软件、互联网、多媒体、

服务业等新兴、低碳型产业的发展，逐步替代了传统机械制造、能源和化工产品的高能耗产品生产。通过加强能源技术创新和低碳转型，促进能源消费结构升级，一是通过低碳能源技术创新，提高能源供给侧的低碳生产，改变传统高碳能源结构，大力发展清洁能源和可再生能源。二是通过提高能源利用效率，鼓励使用低碳新型能源，降低能源消费侧或者需求侧的能耗和废气排放，实现低碳消费和低碳排放，进而有效减少排放和空气污染。美国环保署和洛杉矶相关环保部门针对发电站、工厂、机动车、火车、船舶等微小颗粒物排放源发布了规范，对公共汽车和轻型卡车使用清洁能源，对柴油发动机等废气排放标准进行了规定，加强可再生能源和提高能源使用效率研发，提高建筑节能标准，为购买新能源汽车和安装太阳能设备的家庭提供财政补贴等，大大减少了废气排放。

借鉴洛杉矶经验，北京应该加强对传统能源消费结构的转型升级，要加强低碳技术创新，通过煤改气、煤改电工程，减少高碳排放的传统能源结构。要加强产业结构的调整，对低端、高能耗的产业进行淘汰、转型和升级，积极发展高精尖经济结构，发展能耗低、排放低、效益好的高端新兴产业。加强能源技术创新，加强对低碳新型能源的开发与利用，如太阳能、风能等新型能源开发，鼓励和引导市民选择清洁新能源车，提高低碳新能源在整个首都地区能源结构中的比重，特别要减少煤炭、石油等传统能源的比重，以能源消费结构和能源消费方式转型促进节能减排，促进空气质量的提升和雾霾治理。

五　积极建设绿色交通和建筑，建立低碳发展机制

洛杉矶积极发展公共交通和轨道交通，降低私家车出现频率和使用强度，鼓励和引导绿色低碳出行，减少空气污染和碳排放。洛杉矶积极发展公共交通，扩建区内轻轨系统和洛杉矶市地铁系统，在高速公路上设立两人以上车辆专用通道，鼓励合乘汽车出行，淘汰高污染柴油车辆等。这些举措对于减少废气排放和能源消耗，治理空气污染具有源头治理上的实际意义，北京应该充分借鉴和吸收，积极做好首都空气质量规划，积极发展公共交通，特别是轨道交通，打造轨道上

的京津冀，建设绿色交通体系。建立城市交通和建筑的低碳发展机制，实现职住平衡，鼓励就近租房、买房、就业，避免睡城现象发生，缩减上下班的距离，从真正意义上降低私家车使用强度。此外，还要发展绿色低碳建筑特别是建设绿色屋顶、节能住房，提倡使用节能灯和节能设备，注重资源循环利用，减少垃圾，建设低碳社区和低碳城市，增加碳汇和城市绿化率。

第四节　本章小结

本章主要对洛杉矶空气污染历程、成因以及治理经验进行比较研究，提出北京借鉴洛杉矶的主要启示。洛杉矶作为美国比较典型的工业城市，先后经历雾霾事件和光化学烟雾污染事件，经过几十年的治理，洛杉矶地区的空气质量得到了明显改善。洛杉矶空气污染的治理先后经历了组织法规治理时期、市场技术治理时期、转型协同治理时期三个阶段。根据洛杉矶空气污染治理的阶段性特征及其具体政策措施，为北京"城市病"治理提供重要借鉴，主要表现为：建立跨行政区的空气污染治理机构，建立联防联控机制；制定空气质量规划和标准，建立严格执行机制；鼓励市民参与空气污染治理，建立共建共享机制，加强产业结构和能源结构调整，建立低碳技术创新机制；积极建设绿色交通和建筑，建立低碳发展机制。

第七章 "城市病"治理的东京经验：基于副中心建设的视角

东京圈是由东京和周边的埼玉县、神奈川县、千叶县组成，是日本最大的金融、工业、商业、政治、文化中心。东京作为著名的世界城市，也曾经遇到比较严重的"城市病"问题。20世纪六七十年代，东京的"城市病"问题非常严重，其"城市病"的变化与其产业发展、人口迁移等密切关联。人口在城市过度集聚导致住房紧张、地价过快上涨，交通压力加大和环境污染严重。东京采取有效的"城市病"治理措施，从规划引导、功能疏解、副中心城市建设、产业调整、人口疏导、资源配置等多个方面加强治理。这些经验值得北京借鉴和参考。

第一节 东京"城市病"的主要表现

东京作为日本首都，实际上是指东京都市圈（Tokyo Metropolitan Area），总面积13400平方公里，总人口近3700万，涉及东京都及周边三个县的部分城市建成区。东京可以说是世界上最大的城市之一，1/4的日本人口拥挤在不足日本总面积4%的土地上。东京都面积2162平方公里，总人口约1300万，是东京都市圈的核心城区。1950—1970年，东京城市化进程为高速增长时期，人口由600多万迅速增加到1100多万人，人口过快增长导致"城市病"最为严重。由于城市化进程加快，工业企业在城市中心区过度集中，钢铁、造船、机械、化工和电子等产业迅速发展，东京地区集聚了大量的制造业企业，吸引了更多外来人口的集聚，进而造成住房困难、交通出行压力大、企业扎堆儿导致的排放增加和城市环境污染严重。

日本空气污染最为严重的时期是20世纪70年代。经济高速增长的副产品就是环境的代价，日本发生的"公害事件"就是当时非常严重的环境问题。二战之后，日本推行有限发展重化工业，以煤炭为主要能源，以京滨工业带、中京工业带、北九州工业带、阪神工业带等为核心，大力发展相关产业，结果导致到处是烟囱林立，废气排放严重。严重的大气污染使得东京难见蓝天白云，难见太阳，道路能见度仅为30—50米，到处都是硫化物刺鼻味道。许多周边城市发生了严重的哮喘病等疾病。日本当时遭受的大气污染非常严重，PM2.5持续爆表，大气污染主要是光化学烟雾污染，是汽车、工厂等污染源排入大气的等一次污染物在阳光（紫外光）作用下发生光化学反应生成二次污染物，两次污染物的混合物所形成的烟雾污染现象[1]。1968年东京湾钢铁厂上空浓烟环绕，火力发电厂为城市提供电力的同时也带来严重的环境污染和雾霾天气。当时的日本因吸入硫化物的废气而引发呼吸道疾病的人在1964年达到了人口的3%。到1970年，日本四日市哮喘病确诊患者高达500多人，截止到1972年底全国确诊的患病人数高达6000多人，其中10多人最终死亡。可见，包括东京在内的日本城市均发生过严重的城市环境污染问题。

第二节 东京"城市病"治理的主要经验

一 加强规划和疏解城市功能，建设城市副中心

为有效治理大都市"城市病"，东京分阶段、分步骤进行规划引导，疏解城市功能。到了20世纪50年代，日本经济高速发展，东京中央商务区作为中心城区已经不能适应经济社会发展需要，政府机关、大公司总部、全国性经济管理机构和商业服务设施等高度集中，交通拥挤，建筑高度密集。为缓解中心区过分集中的状态，东京加快

---

[1] 林夕：《他山之石：日本曾经如何治理雾霾》，《生命时报》2014年3月11日。

副中心城市建设,以减轻中心城区的产业、交通和人口压力,平衡城市土地利用强度。东京分别于1958年、1982年、1987年实施"副中心"(即新宿、涩谷、池袋)城市发展战略,增强副中心的城市功能,以便承担和疏解核心城区的部分功能。东京都通过多年发展,形成了"中心区—副中心—周边新城—邻县中心"的多中心、多圈层、均衡化、宜居低碳的城市群格局。

随着城市化、全球化、工业化进程加快,城市规模不断扩大,单中心、"摊大饼"式的城市扩张不能满足城市空间的可持续发展要求,建设城市"副中心"、实现多中心发展格局成为大多数特大城市发展的潮流和战略选择。城市"副中心"主要布局在中心城市周边,承担中心城市部分功能,仅次于城市主中心的综合型新型城市空间区域,通过副中心城市建设,有效缓解中心城区发展空间矛盾和系列"城市病"问题。

东京分别于1958年、1982年、1987年三次实施副中心发展战略。1956年,日本制定了《首都圈整备法》,明确了以东京为中心、半径100公里的首都圈地域范围。日本首都圈并非是行政区域,而是规划区域或政策区域,主要是通过国家层面的规划编制,统筹国家资源与力量促进首都圈建设,不是局限于行政区域的自我规划,增强了规划的权威性和执行效力,极大地促进了东京都大城市群的形成,解决单一城市人口过于集中所带来的系列"城市病",有利于在更大空间范围内形成相互关联的经济圈。

随后日本多次编制实施《首都圈基本规划》,重视城市副中心和新城建设,加强中心城区的功能疏解和职能分散。功能疏解和职能分散的目的在于促进资源的均衡配置,避免中心城区承担过多的功能,集中过多的优势资源,打破资源垄断和特权阶层的利益固化问题。1999年再次进行规划编制,计划到2015年在东京圈内形成"分散网络构造"的新城市架构。

目前,东京都已经形成了七个副中心,这些副中心能够承担东京作为世界城市的部分职能,成为当地居民和外来人口进入的重要活动中心。外来人口不一定要到中心城区就业和生活,许多外来人口选择在副中心就业、发展和生活，极大地缓解了中心城区的人口、交通、住房、就业、环境等多方面的压力。如新宿区是东京重要的副中心城市，位于东京都中心区西部，在成为副中心之前以消费、旅游、娱乐等产业为主。目前，该副中心仅次于银座和浅草上野，成为重要的城市功能区。

经过近30年的规划建设，新宿副中心已经形成。新宿为承接中心城区功能，大力发展金融保险业、不动产业、零售批发业、信息、商贸等服务业，许多经济、行政、文化、信息等部门集中于新宿副中心区域，吸引了大量的人口就业，东京都部分政府机构进入新宿办公，缓解东京都中心城区人口压力的同时，促进了新宿经济繁荣和社会发展，新宿的人口就业构成已接近东京都中心三区。新宿作为东京都的重要副中心，大力发展金融业等高端服务业，以新宿站为中心、半径为7000米范围内，集聚了近200家银行和金融机构，成为日本金融业的重要发展区域。新宿还成为行政中心、商贸中心所在地，拥有众多的电影院、健身娱乐、舞厅、歌厅、餐厅、商场等产业，如"西口地下街"、"小田急地下街"成为新宿重要的商业空间，吸引了大量人口就业及商家入驻，缓解东京都的人口压力，促进新宿经济发展，成为新的经济增长点。

东京都大力发展副中心，提升了周边城市的品质，通过市场化手段承接了东京都作为世界城市的部分功能和资源能源环境压力，缓解了东京都的部分"城市病"和人口压力。建设副中心的大城市群布局模式，构建了在地域空间上的相互关联、相互补充、分工合作的城市经济圈、城市文化圈、城市社会圈，提升了城市圈的承载力，降低了局部特别是中心城区的资源能源和环境承载力。

二 调整产业结构，引导人口分流

东京重视产业引导和结构调整，避免人口在中心城区过度膨胀，以产业疏导和调整促进人口分流，有效治理城市人口膨胀等系列问题。20世纪中期，东京大力发展钢铁、造船、机械、电子、化工等重化工产业，这些产业吸引了大量外来人口就业，导致"城市病"日益严重。对此,东京实施了《工业控制法》,加快东京都市圈的城市规划,将劳动密集型产业和重化工产业疏解到郊区、中小城镇以及国外,减少东京城市资源能源以及环境压力。东京通过调整产业结构,优化产业体系,提高产业质量和效益。对于一定规模以上的工业项目、大学等新增项目进行控制,在城市中心区域大力发展知识密集型、资源集约型、技术密集型服务业,提高产业价值和竞争力,以高效益换来城市经济社会的持续发展。科技创新型、都市服务型产业得到大力发展,在减少人口总量的基础上带来经济的振兴与繁荣。

三 构建都市圈轨道交通体系,完善公共交通设施

(一)建立以轨道交通为主导的交通网络,地面公交少,私家车上下班出行比例低,有效减少地面交通量

一是建立轨道交通占主导的立体公交网络。东京作为世界城市,人口密度大,交通问题不容小觑,但比较早地重视交通拥堵治理。东京主要是采取限制地面交通量,大力发展地下轨道交通,建立以轨道交通为主导的立体交通网络体系,促进城市交通拥堵问题的科学治理。东京城市交通的特点是建有一个地面、地下、地上立体快速交通网络,即地面道路、地上高架路、市区地下铁道、市郊快速有轨电车相结合形成的立体交通网[①]。东京都市圈大力建设副中心,离不开快捷、高密度、大容量的地铁、轻轨等轨道交通体系的作用。经过几十年的建设、修建与完善,东京都市圈已经建立了发达的地铁、轻轨交通网络体系,现有280多公里地铁线,铁路近3000公里。不仅做到了500—1000米就可以换乘地铁,同时在繁华路段和主要城市干道建有复线城市轨道,发挥了人口快捷运输的功能。为了增加轨道交通建设资金来源,东京都政府充分吸引社会资本,发行债券进行轨道交通融资,有效地扩大了东京轨道交通规模和建设速度。高密度、多站

---

① 张暄:《精细化与交通需求管理:东京交通拥堵治理》,《江西广播电视大学学报》2014年第4期。

点、广覆盖的轨道交通体系有效疏解了东京核心城区人口。乘坐轨道交通可以通达东京任何一个角落,成为东京交通拥堵治理的重要特色。

以东京JR线(Japan Railway)为例,该线路连接了东京市内,也延伸到日本各地。

JR线形成环状的山手线,该线是东京最大的铁路运输动脉。环状的运行路线连接了东京内几乎所有最重要的地区和景点。山手线的列车运转模式分为"外圈"(顺时针方向)和"内圈"(逆时针方向)。外圈:大崎站→涩谷站→新宿站→池袋站→上野站→东京站→品川站→大崎站。内圈:大崎站→品川站→东京站→上野站→池袋站→新宿站→涩谷站→大崎站。另外,山手线中间(东京站到新宿站)有一条中央线,可以直通东西两边。并且这条中央线设有快速线路,中间不停站,可以很快地横穿整个城市。

东京Metro线(Tokyo Metro line)在市中心串联了9条地铁线,包括银座线、千代田线、日比谷线、丸之内线、有乐町线、半藏门线、东西线、南北线、副都心线。这些串联的地铁线路实现了东京主要区域的全覆盖,基本涵盖了所有重要的站点和景点,为市民出行和外来游客出行带来极大的便利,也为减少机动车出行提供了交通条件。

因为有如此发达和密集的城市轨道网络,每天通过轨道交通方式出行的人次占到一天出行总人次的43%,通勤通学人群中每天通过轨道交通方式出行的人次占到总人次的86%,而在早高峰时段,更是有高达91%的通勤通学者采用轨道交通方式进入东京中心区。这一点非常值得北京借鉴和学习,只有建立了全覆盖、高密度的地铁网络,市民乘坐地铁出行比选择机动车出行更划算,这样才能更加有效地引导市民选择地铁交通工具,机动车出行的强度和频次才能有效降低和减少。

东京轨道交通,包括电车、地铁的优点主要有:一是时间精准,做到以秒计算。东京的电车、地铁主要由JR东日本、东京Metro、都营电车·地铁组成,各条路线皆有运行时刻表。列车进入站台的时间是以秒数来计算的。在时刻精准这方面,世界上任何一个地方的电车、地铁都无法与东京相媲美。二是车站与车站之间的距离短。东京地铁车站与车站的距离在500米以下。出入口也很多,而且大多数出入口与大型商厦、办公大楼相连接。对于居住在东京的人来说,电车、地铁是十分便利的交通工具。三是秩序井然。某项统计显示,东京电车、地铁每天的平均利用者合计在1100万人次以上。日本人良好的举止礼仪,从未导致过秩序混乱。即使在早晚上下班高峰时段,乘客们依然排队上车,没有任何人会插队,也不会有人在车内大声说话或吃东西,"不能给别人添麻烦"的日本文化观念根深蒂固。

二是地面公交相对较少,主要实现换乘和解决最后一公里的功能。东京修建环市中心铁路,将各副中心有机串联起来,使城市与城市之间有相对快捷、大容量的交通网络体系连通。以各副中心为起点,修建众多呈放射状、向近郊或邻近城市延伸的轻轨线,在线路末端发展新的中小城市和产业中心。因而不需要设计更多的长途汽车或者公交车来承担较长距离的运输。东京地面公交相对较少,不同于北京。北京很大程度上依靠地面公交承担交通运力,特别是长距离的运输,跨区县的运输,北京主要依靠的是地面公交,特别是在主要交通干线,靠频繁的地面公交班次来缓解交通压力。地面公交发挥很大的作用,但毕竟承载力落后于轨道交通,因此增加较多的地面公交,实际上也是导致交通拥堵的不可忽视的重要原因。而东京则避免了以上问题,轨道交通系统每天运送旅客2000多万人次,承担了东京全部客运量的86%,只有6%的人乘坐小汽车,避免了选择机动车出行所带来的交通拥堵等难题。

(二)过街天桥和地铁换乘有电梯连接,保障换乘方便、准时、顺畅,实现无缝对接

东京的过街天桥设计有电梯连接,有利于行人在交通要塞进行分流,减少红绿灯的同时,也保障交通安全。相对这一点,北京很多的过街天桥均没有电梯连接,很多行人因为上天桥不便,不愿意走过街天桥,导致地面交通行人过多,既降低地面行车速度,也存在许多安全隐患。东京地铁换乘均用电梯连接,保障换乘方便、准时,轨道交

通线路多，大多数线路可以在3分钟内换乘，许多直接可以到站台对面进行换乘。北京与之相比而言，因地铁承载力有限，不得不进行客流限流，人为设计更多的迂回线路，增加换乘时间。东京换乘快捷，保障客流顺畅、无缝连接。而且地铁出口数量多，有的大站出口多达几十个，直通大型写字楼、商场、政府部门和企业集团，有效疏导客流，提高轨道交通承载力，降低公交搭乘的时间成本。基于时间、经济、环保等成本考虑，轨道交通更加具有吸引力和竞争力，因而吸引大多数的东京市民选择轨道出行。

（三）征收高额税费，提高停车费，加大违章停车处罚力度，适度提高私家车运行成本，达到减少私家车出行频率的治理目标

一是征收高额税费，鼓励合理使用小汽车。日本实施小汽车的高额税费政策，需要缴纳的税目包括消费税、汽车取得税、汽车重量税、轻型汽车税、燃油税、柴油交易税、石油天然气税等9个税目。其中的大部分费用需要由消费者自己承担。

二是控制停车位总量，提高停车费。一方面，规定私人有停车位合同才能购买汽车。而东京的停车位月租金在2万—4万日元之间，不菲的停车位租金限制了一部分人的购车欲望。另一方面，停车费贵。东京市内政府机关、企业等机构很少有免费内部停车位。但上班族的工资中均含有交通费补助，鼓励员工选择轨道交通出行。开私家车上下班必须自行承担比较昂贵的停车费。东京市区划定的停车位一个小时收取300日元，只能停1小时，超时将贴条并进行1.5万日元的罚单。在自助式按时收费的停车场，每小时的停车费在600日元至1500日元之间[1]。高昂的停车费政策有效制约了私家车上下班出行的强度，大多数私家车仅仅每年约有1/3的时间在节假日出行，减少了地面交通的流量，也减少了机动车尾气污染。

三是加大违章乱停车的处罚力度。东京政府采取严厉的乱停车处罚措施。除对违章停车的处罚由之前的可临时停车30分钟的"缓期

---

[1] 张暄：《精细化与交通需求管理：东京交通拥堵治理》，《江西广播电视大学学报》2014年第4期。

执行"改为"立即执行",在对普通轿车违章行为重罚1.5万日元的基础上,还要扣两分。而日本驾照一年满分为6分,可见处罚力度比较大。加大处罚措施的执行力度,聘用退休的老警察作为民间监督员治理乱停车。相较而言,北京对乱停车现象处罚太轻,执行不力,纵容了乱停车现象,进一步恶化了交通拥堵问题,特别是社区道路、交通非干线等路段,乱停车现象没有很好地被遏制。这一点需要借鉴东京的严管重罚政策。

(四)打通"毛细血管",分流主干道车流,避免重复开挖,减少交通拥堵

一是东京重视干支流的交通疏导,特别重视支线的建设。支线建设是主干道建设的重要补充,在疏导交通拥堵方面发挥关键性作用。打通"断头路"和各区域的小马路等"毛细血管",有效分流主干道拥堵的车流。东京都厅治安本部专门负责治堵对策的研究人员,观察到一条易堵的道路,就会及时研究考察可否在旁边找个地方,弄条支线。这一点对北京而言借鉴意义非常大,北京缺乏这方面的专家和机构去思考和着力解决关键拥堵路段的疏导问题。在经常性堵点上迫切需要有专门的道路交通行政机构去发现、研究和开发可以疏解拥堵的支线和毛细血管的建设。东京有300多条改造支线,有效缓解干线交通流量。

二是尽可能减少道路开挖改造的频次,重视一次性规划和建设到位,避免重复开挖,减少交通拥堵。东京道路施工非常谨慎,一般要经过规划和严格论证,才能决定道路是否开挖重建,当地政府对地下埋设工程进行多方协调,道路管理部门会同警察有关机构和各公共事业公司组成地方联络协调会出面进行协调,防止发生交通和施工上的事故。为避免重复施工,政府投入足够预算用于地下管网建设,避免重复施工,同时收集道路整修数据,开发地下排管系统软件,减少道路开挖频率和重复建设,而且道路开挖一般在夜晚进行,防止给市民出行带来不便,保障交通顺畅。

(五)多中心布局避免职住分离现象,减少上下班的交通需求总量

与世界其他发达城市一样,东京由于经济快速发展,带来人口膨

胀、产业过度集中，核心城区地价房价高企，交通拥堵、环境恶化问题突出。为此，东京较早提出了分散发展、多中心布局的战略理念，促进城市多中心发展，分期分批在首都圈内建设了新宿、涩谷、池袋等七个副都心，避免城市功能过于集中在某个区域，形成了多中心的城市布局。多中心的城市布局，能使部分城市居民就近上班、就近居住，或者在某个中心能实现职住融合和产城融合，有效避免职住过于分离现象，减少上下班必须长距离运输的刚性交通需求总量。多中心之间不同于北京主要依靠公共交通为主要工具，而是建立了发达的辐射状的城市轨道交通网络，能实现大容量、快捷式、一站式到达的运输，有效地疏解城市中心人口和交通压力，也缓解了城市环境压力。

东京副都心由于交通特别是地铁发达，教育、医疗、文化等公共服务做到了均等化。均等化避免了市民因为对特殊资源的偏爱而过于集中在某个中心城区。在北京，就是因为许多的资源、公共服务不均等，吸引人们在核心区扎堆儿，人为导致人口膨胀、交通拥堵和房价奇高。如北京东城区、西城区、海淀区，这三个区域均是优质教育资源、优质医疗资源过于集聚区域，学区房成为人们渴望集聚的核心因素，这些区域的学区房价高得让人不可攀。优质资源过于集聚必然会导致交通拥堵和人口膨胀，"城市病"问题难以破解。学习东京经验，应该以多中心、均衡资源布局为基础，促进协调发展。在中心城市工作或居住与在副中心城市工作或居住在公共服务方面没有太大的差距，因而多中心的城市布局有效疏解了非首都功能，缓解了中心城市人口、交通与环境压力。

（六）智能化、数字化、信息化的交通系统，提高交通运行效率，有效缓解拥堵

东京尽管交通网络发达、车辆保有率高，但不是通过不断拓宽和增加交通里程来缓解交通压力，而是通过完善的交通道路设施和智能化、数字化、信息化的交通系统来实现整个城市圈的交通拥堵治理，有效协调各种交通运输工具。主要包括以下三大系统[①]：

[①] 张暄:《精细化与交通需求管理：东京交通拥堵治理》,《江西广播电视大学学报》2014年第4期。

一是建立了车辆信息与通信系统。该系统是指由车辆导航系统向驾驶员提供周边交通信息的数字化的通信系统,它有利于提高道路交通的安全性和通畅性,改善道路环境。系统中心将其编辑和处理过的有关交通堵塞或管制等道路交通信息及时传送到汽车导航器上,为行车者提供信息服务。

二是建立不停车收费系统。在所有高速公路收费站点开通了该系统,取消或者避免了人工收费站,有效缓解了交通拥堵。

三是先进道路支援系统。该系统包括安全驾驶的支援,优化交通管理,提高道路管理的效率,公共交通的支持,步行者支援,紧急车辆的运行支援等内容,被广泛应用于交通政策的制定和调整、道路的建设与改造、安全基础设施的改进、车辆的制造、科技系统功能的完善,为智能交通系统整体的发展和推广应用,为安全而优化的交通环境的建立创造更为有利的条件。此外,多家汽车公司参与研发了先进安全车辆系统,重点着眼于研发驾驶员打瞌睡时的报警装置、自动刹车装置等,信息通信技术在其中起着关键作用。发展智能化、数字化、信息化的交通系统在解决交通拥堵、保障交通安全、减少环境污染等方面成为重要手段和基本工具。

此外,交通出行的高素质、重视交通安全意识的宣传及教育和培养也是有效治理东京交通拥堵的重要手段。

四 促进公共服务均等化,避免城市公共资源过度集中

东京重视公共服务均等化供给,避免中心城区资源过于集中,实现了人口的均衡化布局,避免学区房等现象的发生。以教育为例,东京按照日本政府规定,加强教育经费的区域均衡化投入,实施教师轮岗制度,使学校之间的教育质量得到均衡化布局,促进教育均等化发展。义务教育经费投入主要由较高级政府部门承担,如东京都市圈内县级政府承担义务教育经费比重在40%以上,其余以中央政府承担60%左右,中央政府承担主要经费投入,保障了义务教育的办学经费来源。

在师资保障上,日本公立中小学教师享受公务员同等薪酬待遇,由政府统一管理和保障,政府调整教师的定期轮转流动,每位教师在

同一学校工作不能超过 5 年，到期必须进行轮换，保证区域师资力量和教学水平的相对均衡，避免部分学校教学质量太好，形成学校质量差异而导致择校生和学区房现象的发生，避免房价过快增长和择校人口在局部的过度集聚。东京通过调整公共服务资源，尽量做到公共服务资源布局的均等化和均衡化，将教育、医疗和文体设施向环状居住带倾斜，避免城市公共资源过度集中，缓解人口膨胀、交通拥堵等"城市病"问题。

五 依靠法律治理环境污染等"城市病"

从中央到地方政府制定了完善的法律规章制度来治理"城市病"。以环境污染治理为例，日本相继制定了许多的法律来治理雾霾，如表 7-1 所示。为了更好地治理环境污染，日本调集专家对大气污染源进行研究，通过调查发现，大气污染主要是由于工厂排放废气与机动车尾气形成交叉化合反应，形成了光化学烟雾。对这两部分的污染来源，日本花了近 50 年时间进行治理。其中，前 20 年主要是加强对工厂废气排放的治理和整顿，后 20 多年主要是对汽车尾气的污染治理。

表 7-1　　　　　　　　日本治理雾霾的主要法律和相关规定

年份	主要法律或规定
1958	日本制定《工厂排污规制法》。
1962	日本制定《烟尘排放规制法》。
1967	日本制定《公害对策基本法》。
1968	日本制定《大气污染防治法》。
1970	日本国会集中讨论环境公害问题，被称为"公害国会"。
1971	日本增设环境厅，2001 年升格为环境省。在全国 47 个都道府县、12 个大市和 85 个政令市全部设立环境行政机构，基本形成以环境省为核心的全国性一体化行政管理体系。
1978	日本仿效美国推出加强汽车尾气管制的"日本版马斯基法"。
1981	日本在主要城市实施氮氧化物限排措施。
1992	日本制定《指定区域机动车排放氮氧化物总量控制特别措施法》。

续表

年份	主要法律或规定
2000	日本制定《关于确保居民健康和安全的环境条例》。
2001	日本制定《关于机动车排放氮氧化物以及颗粒物质的特定地域总量削减等特别措置法》。
2003	东京推出一项新立法，要求汽车加装过滤器，并禁止柴油发动机汽车驶入东京。当时的日产汽车公司拥有世界上最先进的尾气过滤技术。
2009	日本制定 PM2.5 环境标准。

针对工厂废气排放的处理，从日本制定的法律来看，前期主要是针对工厂的，如1958年的《工厂排污规制法》、1962年的《烟尘排放规制法》等，重点治理工厂烟囱排放的硫化氢等有毒气体，政府根据工厂烟囱高度、工厂所在区域大气污染状况等，制定相应的排放标准，从先控制后减少的渐进式治理，不断提高企业的排放标准，有效治理工厂废气排放污染问题。日本政府于1968年制定《大气污染防治法》，将排放标准上升到法律层面，加大对企业排放的惩治和处罚，并且规定各地方政府、居民等可以缔结公害防止协定，进入工厂直接监督污染物质的排放情况。日本还加强减排的技术创新，设立科研专项鼓励研究机构进行工厂烟窗有害物去除装置研究，鼓励企业购买和安装减排降废的新设备和新材料。

在工厂大气污染治理取得阶段性成效后，日本着手治理机动车尾气排放。日本政府重视脱硫减排的汽车装置研究，科研机构与汽车厂商共同改良汽车引擎，将其升级为性能良好且排放量低的引擎，不断淘汰耗油高、排放量大的汽车。日本汽车厂商研发清洁能源汽车，鼓励推广电动车、油混动力车。并通过大力修建城市轨道交通网、电车系统来减少机动车的使用强度，有效降低了汽车尾气的排放[①]。为了治理城市环境污染，东京政府及社会群众高度重视城市绿化美化工作，东京政府明确规定，新建大楼必须有绿地，必须搞楼顶绿化，并且绿化很少种草，而是种树，提高空间绿化效果。

---

① 林夕：《他山之石：日本曾经如何治理雾霾》，《生命时报》2014年3月11日。

在环境治理上，民众在污染诉讼、法律追责等方面发挥了重要作用。日本民众发起了抵制环境污染的社会运动，在20世纪60年代后半期及70年代初期席卷全国，促使日本政府不得不重视环境污染问题，促进了相关污染法律的制定和出台。污染受害者具有维权意识，积极主张权利，提出环境污染诉讼，给了污染企业和政府当局极大的压力，促进了各界对环境污染问题的治理。最有影响的是东京大气污染诉讼，受害者以政府及七大汽车厂家等为被告提起损害赔偿诉讼，并要求立即停止排放汽车废气，从1996年提起诉讼至2007年达成和解协议，最终迫使被告出资设立大气污染患者医疗费资助制度、政府出台抑制汽车尾气排放对策以及汽车厂家拿出12亿日元和解金等，先后历经了11年。大气污染诉讼审理过程中，还催生了具有日本特色的受害者救济制度[①]。

第三节　东京"城市病"治理的经验借鉴与政策启示

通过对以上东京治理"城市病"的比较研究，总结和提炼出对北京建设国际一流的和谐宜居之都和促进京津冀低碳发展的有益借鉴。东京主要通过建设副中心，有效缓解了中心城市的压力，副中心建设有效吸引了部分中心城市的产业和人口，也有效降低了资源能源以及环境的压力，同时还通过产业结构调整、交通建设、功能疏解与基础设施建设、公共服务均衡化布局等，成为"城市病"治理的重要典范，值得给北京建设国际一流的和谐宜居之都和实现低碳绿色发展提供有效借鉴与政策启示。

一　加强城市副中心建设规划，强化规划执行

借鉴东京分阶段、分步骤进行城市副中心的规划建设，应该加强北京作为国家首都的城市副中心建设规划，有效疏解首都城市功能，

---

① 曲阳：《日本大气污染控制的法律路径》，《法制日报》2013年1月22日。

缓解北京城市资源能源、环境、人口、交通等多方面的压力。目前，北京明确将通州区作为国际新城和北京副中心进行建设，但建设力度不够大、城市功能疏解效果并不是很明显，对于承接中心城区的人口、交通、产业、公共服务等没有发挥更加突出的效果，而仅仅是将通州变成新的睡城，结果导致八通线及通州到中心城区的交通干线在上下班时间形成潮汐流，拥堵不堪。因此，加快城市副中心的建设规划任重道远，需要在轨道交通、产业规划、教育、医疗等公共服务配套等方面加大建设力度，增加吸引人气的氛围和资源优势，才能真正成为疏解首都城市功能的重要目的地。

一是建立协调机构。借鉴东京经验，应该规划建设成"中心区—副中心—周边新城—邻县中心"的多中心、多圈层、均衡化、宜居低碳的首都经济圈格局，并加强跨区域的规划协调。多中心、多圈层的首都经济圈建设，能有效疏解非首都城市功能，促进区域均衡协调发展。需要建立跨区域协调机构，对首都经济圈各城市发展进行统一规划、协调互动，促进合作协同发展。由首都经济圈的跨区域协调机构牵头加强京津冀协同发展规划的制定、实施和指导，建设涵盖北京、天津、河北等区域内各城市联动、产业分工合理、功能互补的大首都城市圈，缩小城市群内城市发展差距。

二是强化规划执行。东京加强城市副中心等规划的同时，加强规划的权威执行，通过立法提高东京都规划执行的权威性。在规划决策和制定阶段，充分吸收市民意见，鼓励公众参与规划的论证，提高城市规划的科学性、可操作性，权衡各方面的利益关系，为规划的落实形成统一意见。在实施阶段，进行规划立法，如通过立法界定首都圈的边界、延伸方向和产业发展等事项，颁布了《首都圈市街地开发区域整备法》《首都圈建成区限制工业等的相关法律》《首都圈近郊绿地保护法》《多极分散型国土形成促进法》等法规，明确城市规划的法律地位，确保规划的有效落实。北京城市规划存在规划部门不统一，如土地规划、产业规划等规划政出多门，执行不到位，出现违背规划行为无法及时监督和制止，城市规模不断拓展，土地利用严重超标，违法建筑屡禁不止。需要借鉴东京经验，强化规划执行，提高规划权威性，特别是各类规划需要统一，严格规划落实，避免各种违背规划的行为发生，杜绝先违规后修规等行为发生。

二 加强公共资源均等化配置，有效疏解城市功能

借鉴东京"城市病"治理经验，无论城市副中心建设，还是产业转移、人口外迁，都注重公共资源和公共服务的均等化配置，避免资源在局部过度集中。通过优势资源分散、公共资源均等化配置、公共服务的均等化供给，减少区域差异较少，为城市功能疏解创造基础条件。东京充分发挥政府调控和市场引导两方面的作用力，通过公共资源、公共服务的均等化配置，有效控制城市规模，引导人口、产业向周边区域扩散，避免在核心区的过度集中。

一是建立高密度、广覆盖的轨道交通系统，建立中心城区与周边区域的快捷流动通道，为疏解城市功能创造便利的交通条件。交通便捷为人口疏解创造交通条件，为公共资源的均等化配置创造前提条件。

二是完善城市副中心等新城建设的综合服务功能。新城不仅仅是睡城，应具有宜居宜业等基本生产生活条件，减少通勤人口的长距离出行需求，城市副中心、各种新城建设均能成为有效承载中心城区人口和产业的重要功能服务区。

三是加强教育资源的均等化配置，避免优质教育资源在中心城区过分集中，如东京通过立法，促进优秀教师在区域之间的合理流动，实现教育质量的均等化。著名高校均在郊区布局，将名校搬迁到新城或远郊区县、乡镇，避免优质教育资源过分集中在中心城区，避免市民追逐"学区房"现象发生。

根据人才发展规律和人们对教育需求的提升，应该适度增加优质教育资源的学位，如重点高校的招生指标，让更多的人有接受优质的高等教育的机会，而不是通过计划经济时代的指标限制人为地设置不公平的教育门槛，其结果必然是同分数不同录取标准，这是不公平的。不公平的背后有特权思想作祟，也存在有限的重点高校指标限制的原因所在。重点高校或者名牌大学的"僧多粥少"的指标式录取

模式或者管理体制，必然导致竞争的激烈化。

实现教育资源的均等化配置，特别是优质教育资源的均等化，首先就是要在源头上增加重点高校、名牌大学等优质教育资源的公平竞争机会，否则优质教育资源的疏解就是个伪命题，因为旧的优质教育资源疏解了，又会形成新的优质教育资源集聚，导致新的学区房产生。

北京加快城市功能疏解，应该加强公共服务、公共资源的均等化配置和均衡化布局，分流中心城区高度集中的优质教育、优质医疗等资源，公共资源供给加快向周边新城以及城市群区域内其他城市倾斜，这样才能引导人口、产业、资本向周边区域转移和疏解。北京疏解非首都功能，并不是将核心区所有的公共资源全部搬迁到其他区域，而是在保障核心区基本的公共服务供给的基础上的量的疏解和质的提升。在保障核心区基本的教育、医疗、文化等基础性的公共服务基础上，新增教育、医疗和文化等项目得到压缩，重点在疏解目的地增加教育、医疗、文化等公共服务供给和资源优化配置，促进公共资源在空间上的相对均衡布局和均等化配置，避免核心区集中过多的优质资源。

三 引导产业转型、转移和升级，减少人口在中心城区过度膨胀

产业是城市经济发展的核心，城市发展需要产业支撑，但产业发展吸引更多外来人口进入，超过既定的城市规模和城市容量范围，会导致产业过度集聚和人口过于膨胀，进而引发人口、交通、资源能源、环境以及房价高企、社会不稳定等系列的"城市病"。因此，治理"城市病"要科学、客观、理性地分析产业问题。城市需要发展产业，但不能过度发展产业，不是什么产业都发展，不是产业无限制地扩张和集聚，需要考虑城市资源能源、交通、基础设施、环境等的承载力和约束条件。

借鉴东京经验，东京通过产业疏导、调整、升级促进人口分流，有效治理"城市病"。如实施了《工业控制法》，将重化工产业转移到其他远郊区域，提高中心城区产业质量和效益，大力发展知识密集

型、技术密集型服务业。北京产业质量不高，一方面，要继续将污染比较高、耗水型、耗能型产业进行淘汰、转型和外迁。另一方面，要大力发展知识密集型、技术密集型服务业，提高服务业质量和效益。当前，北京服务业比重达到70%以上，但产业质量不高，竞争力不强，生产性服务业规模不大，生活型服务业占较大比重，能耗水平也较高。

北京需要通过产业结构调整、转型、升级、转移等系列举措，降低产业能源消耗强度和碳排放水平，提高产业质量，继续淘汰和转型在部分郊区县的低端产业，加大中心城区的产业结构调整，以功能疏解为契机将低端产业、部分劳动密集型产业转移到远郊区县和河北、天津等周边区域，通过产业转移和引导人口疏解，避免人口在中心城区过度膨胀。北京要重视核心城区周边区域特别是远郊区的协同发展，将高端服务业、高技术产业布局到这些区域，促进这些落后区域的产业转型升级，既能提高远郊区域的产业质量和效益，减少能耗和环境污染，也能促进周边区域的高端就业，避免人口或者人才过于集中在核心区就业。如能将国贸CBD或新增建设项目迁移到远郊区，或可缓解国贸地区的交通拥堵和环境污染问题，避免燕郊、通州、天通苑等几大"睡城"人们每天疲于奔命，流向该地区就业，引导人口合理、有效分流。

四 加快区域轨道交通网建设，破解城市交通拥堵难题

北京的轨道交通与东京相比，无论建设密度、通车里程、覆盖面还是相关配套设施，均差距比较大。北京轨道交通在承接交通出行方面的作用没有充分发挥。北京加快区域轨道交通网建设，应采取这些措施：一是创新轨道交通建设的投融资模式。加大北京现有地铁规划线路的建设力度，早开工、早建设，提高轨道交通建设速度和规模，运用PPP、BOT等多种模式，充分吸引社会资本参与轨道交通建设，改变传统的轨道交通开发建设模式，以地铁物业的形式和体制机制提高轨道交通建设的投资回报率，改变单纯依靠政府投入的传统计划经济体制模式。地铁物业可以进一步提高地铁沿线土地价值，给予轨道

交通投资方在地铁沿线的土地开发权,在现有土地规划和相关规定范围内进行土地商业开发,获得部分土地收益用于弥补轨道交通建设的资金缺口和资金回报,盘活轨道交通建设带来的各种收益资本,进而提高轨道交通建设效益,促进轨道交通建设进程。二是创新体制机制。以京津冀协同发展为契机,借鉴东京都发展模式,大力建设中心城区与周边区域、远郊区和临近乡镇的轨道交通建设,扩大轨道交通的覆盖面,为疏解中心城市功能、人口、产业创造基本的交通条件,也为促进区域之间的协同发展提供基础,破解交通拥堵难题。

(一)借鉴东京经验,北京作为国家首都和建设世界级城市群,应该尽快建立以轨道交通为主导的交通网络,增加地铁供给量、承载力以及便捷性

第一,北京,包括京津冀要加快建立轨道交通占主导的立体公交网络,形成地面、地下、地上立体快速交通体系。北京加快修建环市中心的轨道交通,将城市副中心、卫星城镇有机串联,使城市与城市之间有相对快捷、大容量的轨道交通网络互联互通。修建众多呈放射状、向近郊或邻近城市延伸的轻轨线,在线路末端发展新的中小城市和产业中心,以进一步减小地面公交的长距离运输功能,缓解交通拥堵和尾气排放导致的环境压力。

第二,在城市核心区特别是四环甚至于五环以内做到500—1000米就可以换乘地铁,同时在繁华路段和主要城市干道如1号线开建轨道复线,实现高密度、多站点、广覆盖的轨道交通体系,力争北京各区以及河北、天津周边县域连接1—2条轨道交通。

第三,增加快车的同时,地铁线在核心区确保车站与车站的距离设计在500米以下,并增加更多出入口,出入口应与大型商厦、办公大楼、写字楼等相连接。力争北京轨道交通出行方式占总人口出行比例的80%以上,有效疏解首都人口,也为疏解非首都功能创造交通条件。轨道交通与所有的酒店、商场、办公楼相连接,设计更加方便的通道。

第四,做好轨道交通出行秩序建设,倡导文明乘车,排队上下车,不插队,不在车内大声说话,加快交通秩序文明建设,营造良好

的乘车环境。交通秩序文明反映一个城市的文明程度,北京建设国际一流的和谐宜居之都,要重视市民的交通素质教育,重视交通秩序文明建设。增设交通协管员、开展交通志愿者活动,积极引导市民遵守交通规则,及时处理交通违章、违法行为,制止不文明行为,维护文明交通秩序。抓好执勤交警的职责教育,认真坚守岗位,及时提醒机动车禁止占用非机动车道,对电动车、摩托车、老人车、机动车出行的逆行、闯红灯现象,行人不走斑马线等交通不文明行为,进行及时的教育和坚决制止。交警在执法的过程中要积极倡导文明用语,拒绝态度生硬的执法要求,多督导、多微笑,把文明行为传递给每一个市民。强制性要求违规者当一个月的协管员或交通志愿者,提高交通文明素质,自觉遵守交通法规。

(二)发挥政府主导作用,加强各种交通工具之间的协调,重视解决最后一公里问题,完善公交线路设计,打通交通的"毛细血管",核心区要减少长距离运输的公交,远郊区暂未开通轨道交通的增加公交班次,方便远郊区出行

第一,发挥政府主导作用,加强交通工具之间的协调,特别是地铁与公交之间的统筹规划。东京各级政府在交通拥堵治理中始终发挥了主导的角色和作用,重视交通规划、设计以及各种交通工具的协调与统筹。北京应该加强地铁、地面公交、铁路等部门之间的衔接,促进各种交通工具的统筹规划和互联互通,避免和减少部门保护主义,方便乘客出行和换乘。

第二,着力解决最后一公里问题,减少核心区长距离公交运输。由于东京轨道交通非常发达,几乎没有地面公交。仅有的地面公交主要发挥连接地铁站点及最后一公里的功能。比较北京而言,繁华地段包括具备地铁条件的路段仍然设计过多的公交线路,对交通容量造成一定的压力,有的公交为了争客源抢站、抢道出行,也形成一定的交通隐患。借鉴东京经验,在核心城区应该减少地面公交和私家车数量,所有公交、私家车均改为地下通道,地面主要用于行人和自行车道,为减少城市交通隐患、减少城市噪声、构建安静宜居城市创造条件。

要重视干支流的交通疏导,加强最后一公里交通建设,打通

"断头路"和各区域的小马路等"毛细血管",有效分流主干道拥堵的车流。减少道路开挖改造频次,避免重复开挖,减少交通拥堵。

第三,适度减少具有轨道交通条件的地面公交,特别是轨道交通比较发达的核心城区的长距离运输的公交车,减少地面交通流量。要增加未开通地铁线的公交线路及其班车次数,方便远郊区人口出行。

第四,公交枢纽站点改为以五环外地铁站点为核心的设计,取消或减少东直门等公交枢纽站点,以缓解中心城区特别是公交枢纽站周边的交通拥堵现象。

(三)加快首都过街天桥电梯和地铁换乘电梯的建设,加强精致化管理,保证换乘方便、准时、顺畅,实现无缝对接

北京建设国际一流的和谐宜居之都,体现城市的现代化水平的同时,也要体现以人为本和交通便捷性。应在重要路段的过街天桥安装电梯,方便市民出行,减少行人与机动车抢红灯现象发生,保障交通安全,提升首都的交通现代化水平。在保障电梯安全的同时,地铁换乘站和站点应该安装换乘电梯,提高地铁的乘客疏散能力,节约出行时间,增加地铁的吸引力,以适应以轨道交通为主导的公共交通体系的出行需求,保证客流顺畅、无缝连接。

(四)分阶段引导减少私家车出行频次,在特别拥堵路段、高峰期、严重雾霾天气情况下,尽快出台道路拥堵费和机动车污染税,按时间提高停车费标准,加大乱停车的监控和处罚力度,提高机动车车主素质和交通秩序,有效治理交通拥堵

东京私家车出行仅占6%,大大减缓了城市交通压力,也减少了机动车尾气排放和环境污染。东京政府发挥主导和强制执行的作用,在治理交通拥堵、限行、限车、征收拥堵费等方面均非常强势,确保严格依法行政,通过征收各种交通税费和停车费来引导或者限制私家车的上下班出行,引导市民选择公交和地铁出行。除了东京征收交通拥堵费,其他城市也征收道路拥堵费,如表7-2所示[①]。

[①] 周伟力:《2016年北京试点 拥堵费征收四大悬疑》,《广州日报》2015年12月14日。

表7-2　　　　　　　　征收交通拥堵费的主要城市经验

城市	征收交通拥堵费经验
伦敦	从2003年开始伦敦对市中心的车辆征收道路拥堵费，周一到周五的早上7时到下午6时半，普通轿车上街要缴纳费用，出租车、警车、消防车、救护车除外。不但针对英国国内的达官贵人，连奥巴马专车也一样要补税。征收方式为5英镑1次，后涨至8英镑。可在停车场、加油站、售货亭和邮局等专门设立的报税网点缴纳，也可以通过网络或电话缴纳。如需要经常开车进城，还可按周、月或年缴费。
新加坡	新加坡于1975年在全球范围内率先实施拥堵税，并一直持续至今。最早，车主要提前购买通行证，才能在早晚高峰将汽车驶入市中心。1998年改成自动收费系统，当经过电子收费系统时，收费器就可以自动扫描扣费。除公交车之外，所有车辆都必须缴纳拥堵费，没有例外。
里斯本	公交车也缴费。里斯本市中心有两个老城区禁止除本地居民之外的汽车通行，其余地区征收拥堵费。征收对象是所有"进入市中心的车辆"，没有私车和公车的限定。
东京	实施小汽车的高额税费政策，需要缴纳的税目包括消费税、汽车取得税、汽车重量税、轻型汽车税、燃油税、柴油交易税、石油天然气税等9个税目。其中的大部分费用需要由消费者自己承担。提高停车费，规定私人有停车位合同才能购买汽车。而东京的停车位月租金在2万—4万日元之间。东京市区划定的停车位1个小时收取300日元，只能停1小时，超时将贴条并进行1.5万日元的罚单。
荷兰	荷兰征收道路拥堵费，主要通过GPS采集汽车行驶时间，结合道路拥堵情况，计算出每辆汽车的实际缴税额。其基础税费为0.03欧元每公里，吨位、排量越大，交通高峰时段出行都会抬高税费，税费通过车主银行进行划扣。公交车和出租车不包括在内。

在首都北京，出行特别是上下班高峰期很大程度上依靠私家车，这是交通拥堵的重要原因。同时，根据首都雾霾天气的形成源分析，机动车的贡献达到31%以上。借鉴东京经验，有必要将限制或者减少私家车出行频次作为重要的交通治堵和减排措施。

一是由于北京轨道交通运载能力不足，公交车承载力有效，还跟不上当前北京人口的上下班出行需求。所以短时间内全部限制或者控制机动车出行是不现实的，需要分阶段、分步骤地引导私家车减少出行频次。

二是逐步改变当前摇号获得车牌号的方式，借鉴其他城市经验，采取牌照拍卖方式，利用市场机制调节机动车总量，允许机动车牌照市场交易与合法流动。应通过科学预测限定首都北京机动车总量，并在此限度范围内不再新增车牌号。

三是设计电子自动缴费或者罚款系统（ETC），对经过重要拥堵路段的车辆收取一定的拥堵费，在不同的时间点如高峰期或者拥堵时间点收取，在非高峰期或者不拥堵时间点则不收取。在严重雾霾天气，对燃油车征收机动车污染税，与拥堵费同时征收。可以设计如东京的车辆信息与通信系统，提前通过车载广播对私家车进行告知和引导。对新能源车如电动车则不征收污染税，并引入市场机制和社会资本增加充电桩投资与建设，引导市民选择新能源车。待轨道交通系统逐步完善后，建议取消单双号限行政策，在五环或者六环以内统一改为上下班出行按时段、路段分别征收道路拥堵费政策，以此引导私家车减少出行频次，为缓解交通拥堵和治理雾霾做出实际性的贡献。

四是按时间节点提高停车费标准，对全市的所有停车位进行摸底登记，统一编号，无论公家停车位还是企业自有停车位，均建立电子登记系统。可以刷卡停车，按时收费，收费标准可以约定最低价。市区划定的停车位1个小时收取人民币50元，只能停1小时。费用通过电子系统自动扣款后，按一定比例返还给不同停车位的所有者。在全城区建立停车位监测系统，加大乱停车特别是占道停车行为的处罚力度，同样由电子扫描和自动扣款系统征收。通过提高停车费，有效限制私家车出行频次，减少道路机动车出行频次，达到治理交通拥堵的目的。

五是提高机动车车主素质和出行秩序，有效治理交通拥堵。治理交通拥堵的目的不是为了限制机动车而限制市民出行，而是需要营造更加通达顺畅的交通出行环境，因此需要提高机动车车主素质，营造良好的出行秩序和交通文明。加强交通安全意识教育和宣传。

六是鼓励和引导有购车需求的市民购买新能源车，政府部门及其公务员应带头购买新能源。东京各级政府均购买氢燃料汽车用于公务出行，并规定公务员买车必须选择新能源车。北京限于比较严重的雾霾天气和环境污染，应加快能源消费结构转型升级，政府带头购买新能源车，并引导和鼓励有购车需求的市民购买新能源车，政府加强新能源车的配套设施和充电桩等建设。

（五）多中心布局，避免职住分离现象，减少上下班的交通需求总量

要加强通州副中心建设，尽快形成多中心的城市空间格局，明确首都城市战略定位，疏解非首都功能，引导北京市东城区、西城区、海淀区、朝阳区等城市核心区的教育、医疗、文化等优质资源向副中心疏解或建立分支机构。

一是中心城区如四环以内减少优质资源增量，创造条件，引导优质资源向外疏解。在保障中心城区必要的教育、医疗、文化等公共服务的基础上，生活质量不下降的前提下，引导高端教育、医疗、文化等优质资源的整体搬迁或者部分外迁，加强与周边区域的对接和互联互通。

二是副中心、卫星城镇加快与中心城区高端资源对接，力争国家机关、国家企业事业单位到副中心和卫星城镇疏解和建立分支机构，为副中心和卫星城镇创造更多的就业机会和发展空间，引导当地常住人口就地就业，避免或减少职住分离现象的发生。

三是要加大副中心、卫星城镇的优质教育、医疗、文化等公共服务资源的建设力度，加快副中心、卫星城镇的轨道交通建设，提高承接中心人口和产业疏解流入的吸引力，使中心城区的产业和人口在副中心和卫星城镇能留得住，发展得好，进而真正达到疏解非首都功能和减少上下班的交通需求总量的目的。

（六）加快建立首都智能化、数字化、信息化的交通系统，提高交通运行效率，有效缓解拥堵

智能化、数字化、信息化是未来城市发展包括城市交通发展的趋势和潮流。利用现代信息技术、网络技术、交通技术可以有效改进现行交通运输效率和治理，不仅可以提高道路的通达性，也可以有效避免和减少交通拥堵情况。要重视建立车辆信息与通信系统，能向驾驶员提供周边交通信息的数字化的通信系统，提高道路交通的安全性和通畅性，改善道路环境。要尽快建立不停车收费系统，特别是进入北京的高速收费路口应尽快安装ETC系统，取消或者减少人工收费站

点，在所有高速公路收费站点开通该系统，有效缓解交通拥堵。要建立道路支援系统，服务安全驾驶，紧急车辆支援，优化交通管理，提高道路管理的效率。

五 完善法规制度，治理城市环境污染

一是各级政府特别是中央政府要重视环境污染的制度化治理，制定《烟尘排放规制法》《大气污染防治法》等，提高企业排放标准，限制企业的排放，减少工业污染总量。通过法律规定，淘汰落后产能，提高工业排放标准，加强产业转型升级，降低工业等产业排放。对于北京而言，治理城市环境污染，要制定法规，继续加大产业转型升级、落后产业的淘汰，提高企业排放标准，并依据法规规定加大对超标企业的监督和惩治。

二是要出台法规制度限制机动车尾气排放，强制性要求机动车安装尾气减排装置，不断减少燃油车的总量，降低燃油车使用强度，鼓励购买和使用电动车等新能源车。

三是鼓励社会组织、社会群众参与环境污染治理行动。群众参与能增强城市污染防治的力量。社会组织和社会群众是环境污染的受害者，也是生产者，在环境污染预防和治理中当然离不开他们的积极作用和互动推进。单靠政府部门单一力量，或者将政府推到民众的对立面，不利于政府形象提升，也不利于防治各种环境污染。因此，要充分调动社会组织和社会群众的积极性、主动性、创造性，积极参与环境污染治理，共建共享城市环境保护成果，共同营造绿色宜居的城市空间。

四是重视城市绿化建设，拓展城市生态空间，新增建筑物必须搞屋顶绿化，重视绿色建筑的建设。要鼓励使用节能环保材料，推广立体绿化，在墙体面、屋顶等能见阳光的区域均进行绿化，减少建筑能源损耗，积极利用绿色材料和绿色空间，既能增加一定碳汇，也美化环境，减少碳排放和能源消耗。

第四节 本章小结

本章主要基于副中心建设的视角对东京"城市病"治理经验进行考察。东京作为著名的世界城市,也曾经遇到比较严重的"城市病"问题。东京采取有效的"城市病"治理措施,从规划引导、功能疏解、副中心城市建设、产业调整、人口疏导、资源配置等多个方面加强治理。这些经验值得北京借鉴和参考。

东京"城市病"的主要表现为,人口过快增长,工业企业在城市中心区过度集中,钢铁、造船、机械、化工和电子等产业迅速发展,东京地区集聚了大量的制造业企业,吸引了更多外来人口的集聚,造成住房困难、交通出行压力大、企业扎堆儿,导致排放增加和城市环境污染严重。东京"城市病"治理的主要经验表现为:一是加强规划和疏解城市功能,建设城市副中心;二是调整产业结构,引导人口分流;三是构建都市圈轨道交通体系,完善公共交通设施;四是促进公共服务均等化,避免城市公共资源过度集中。通过对东京治理"城市病"的比较研究,总结和提炼出对北京建设国际一流的和谐宜居之都和促进京津冀低碳发展的有益借鉴。一是加强城市副中心建设规划,强化规划执行;二是加强公共资源均等化配置,有效疏解城市功能;三是引导产业转型、转移和升级,减少人口在中心城区过度膨胀;四是加快首都轨道交通网建设,破解城市交通拥堵难题。

第八章 "城市病"治理的鲁尔经验：基于产业升级的视角

随着城市化进程加速，资源能源消耗和环境污染不断加剧，严重制约了城市经济社会的持续发展。许多资源型城市面临资源耗竭、生态恶化、环境污染等诸多"城市病"难题。改变传统的粗放型、高能耗、高碳型城市发展模式，加快新型城镇化建设必然要求推进城市生态文明建设和低碳发展。依托文化改造加强城市产业升级，促进低碳发展成为西方许多国家加强"城市病"治理的重要模式与经验选择。鲁尔区随着煤炭资源耗竭，工业不断衰退、资源型企业倒闭和工人下岗，这些问题严重制约了城市经济持续发展。但鲁尔区在治理"城市病"方面，主要是通过文化改造、产业升级、生态建设，大力推动工业文化之旅，更新和改造旧的工业场地，把多个废弃的工业建筑改造成森林公园、美术馆、设计中心等，发展文化旅游产业，将鲁尔区成功打造为现代化、生态化、低碳化的宜居城市。考察德国鲁尔区文化改造与产业升级经验，对于北京加强"城市病"治理，实现低碳发展具有重要的借鉴意义。

第一节 发展历程：鲁尔区产业升级的重要缘由

鲁尔区曾经是德国西部的工业命脉，是德国煤炭和钢铁生产的大本营，工业区面积为4593平方公里。但长期的矿产开发和工业化建设，煤炭、钢铁、机械制造等重型工业的发展给鲁尔区带来了严重的环境污染和生态恶化，鲁尔区一度被称为欧洲最肮脏的地区之一。鲁尔区对传统工业城镇进行文化改造、生态修复、低碳治理，提升鲁尔区的产业质量和效益，成功实现鲁尔区城市转型。鲁尔区城市发展历程表现为由传统煤炭工业繁荣、工业发达，到逆工业化，再到文化改造、产业升级实现城市转型与低碳发展等过程，如表8-1所示。

表8-1　　　　　鲁尔区文化改造与产业升级的发展历程

主要阶段	时间	重要特征	主要产业
工业繁荣阶段	兴起于19世纪中叶	依托煤炭资源，形成了重化工业，生产的硬煤占德国的80%，焦煤占德国的90%，拥有德国2/3的钢铁生产能力，在德国占据突出地位。	炼焦、电力、煤化学、钢铁业、化工产业、机械制造、氮肥工业、建材工业、合成橡胶、炼油能力、军事工业等。
工业衰退阶段	20世纪50年代	逆工业化引发鲁尔区城市转型困境，传统工业逐渐衰退，资源耗竭、环境污染带来了诸多"城市病"。	煤炭、钢铁等工业衰退，德国煤矿数逐年减少，鲁尔区的煤炭产量也逐年减少。
工业改造阶段	20世纪60年代	鲁尔区加强综合整治、文化改造、产业升级，将废弃工矿、厂房、工业遗迹等进行文化改造与综合利用，加强文化基础设施建设，实现城市转型与低碳发展。	加强工业遗产旅游开发、发展文化产业，建设博物馆，将机械厂房和焦炭工厂打造为鲁尔区戏剧、歌剧、美术、流行音乐、爵士乐和音乐会的产业创新基地。

一　工业繁荣阶段：依托煤炭资源推动鲁尔区传统工业发展

德国鲁尔区兴起于19世纪中叶，被称为德国工业的心脏。煤炭工业、钢铁工业和铁路交通的发展使得鲁尔区在几十年间发展成为一个重要的工业城市带。鲁尔区拥有非常丰富的煤炭资源和区位优势，如表8-2所示，通过开发煤炭矿产及相关资源造就了传统工业的繁荣发展，形成了以煤炭资源开发为主导的工业体系。鲁尔区南部的鲁尔河与埃姆舍河之间的地区，由于集聚大量的煤炭资源进行开发和配套服务型企业、工厂、住宅，并依靠比较发达的交通设施形成完善的工业体系和城市功能区。鲁尔区煤炭地质储量为2190亿吨，占德国全国总储量的3/4,其中经济可采储量约220亿吨,占全国的90%。鲁尔区围绕煤炭资源开发,形成了炼焦、电力、煤化学等系列工业,发展钢铁业、化工产业、机械制造、氮肥工业、建材工业等。鲁尔区生产的硬煤占德国全国的80%,生产的焦煤占德国全国的90%,此外鲁尔区还拥有德国2/3的钢铁生产能力,电力、硫酸、合成橡胶、炼油能力、军事工业等均在德国占据突出地位,成为德国经济发展的半壁江山。鲁尔区也因煤炭资源等工业发展,在欧洲乃至全球具有一定的影响力。

表8-2　　　　　　　鲁尔区工业发展的区位优势及影响

	区位优势	主要影响
交通区位优势	位于欧洲中部陆上交通的十字路口,铁路和公路运输便利;莱茵河、利珀河、鲁尔河及人工运河形成内河运输网,通过莱茵河口的鹿特丹港与外海建立联系。	发达便捷的水路交通为鲁尔区原料的输入和产品的输出提供了前提条件,交通枢纽地位促进了产业快速发展。
资源禀赋优势	丰富的煤炭资源为鲁尔区工业发展提供资源保障,鲁尔煤田有优质煤矿资源,储量丰富,开采条件好。	丰富的煤炭资源是鲁尔区煤炭工业、钢铁工业、电力工业、化学工业发展的重要基础。
上游产业优势	铁矿石初期来自靠近鲁尔区西南部的法国洛林铁矿,后期来自瑞典,鲁尔区离这些铁矿都比较近。	有利于节省运费,降低生产成本。上游产业的便利联系为鲁尔区工业发展提供条件。
消费市场优势	德国以及西欧发达的工业和产品需求,为鲁尔区工业产品提供了广阔的消费市场。	促进了工业产品的销售和工业的发展。

二 工业衰退阶段:逆工业化引发鲁尔区"城市病"问题

20世纪50年代后,鲁尔区经济逐步衰退。煤炭、钢铁等传统工业逐渐衰退,鲁尔区与世界其他老工业区一样面临着结构性危机,资源耗竭、环境污染带来了鲁尔区诸多的"城市病"。受世界能源危机和科技革命的冲击,世界性钢铁生产过剩,煤炭能源地位下降,鲁尔区的钢铁和煤炭工业走向萧条，工业发展走入低潮，增长放缓，失业率上升，人才外流，污染恶化[1]，并由此产生一系列经济与社会问题。工业发展受到制约，本地制造业工业企业的国际竞争力连续下降，导致鲁尔区的逆工业化。逆工业化主要表现为工厂企业纷纷破产、倒闭、外迁或转行的一系列工业衰退的浪潮，如表8-3所示[2]，德国煤矿数逐年减少，鲁尔区的煤炭产量也逐年减少。过度依赖煤炭等高能耗产业，重化工为主的经济结构弊端越发明显，传统的煤炭工业和钢铁工业逐渐衰落。鲁尔区的逆工业化及其城市转型的原因在于，随着石油和天然气的兴起，煤炭工业的不断衰退和日益萧条，全球化的分工又让钢铁制造业退出了历史舞台[3]。逆工业化产生了严重的经济社会影响，大批劳动力失业，环境污染日益严重。如何治理鲁尔区的逆工业化问题，如何处理大量废弃的工矿、旧厂房及附属设施，鲁尔区面临转型和"城市病"治理的各种难题。

表8-3　　　　　　　　德国及鲁尔区逆工业化过程

年份	1957	1960	1965	1970	1975	1980	1985	1990	1995	2000
德国煤矿数(个)	153	133	101	69	46	39	33	27	19	12（鲁尔占7个）
鲁尔区煤炭产量（百万吨）	123.2	115.5	110.9	91.1	75.9	69.2	64.0	54.6	41.6	25.9

三　工业改造阶段：鲁尔区加强综合整治，实现低碳发展

20世纪60年代后，鲁尔区实施综合整治，加强文化改造与产业

---

[1] 李晟晖：《矿业城市产业转型研究——以德国鲁尔区为例》，《中国人口·资源与环境》2003年第4期。
[2] 李蕾蕾：《逆工业化与工业遗产旅游开发：德国鲁尔区的实践过程与开发模式》，《世界地理研究》2002年第3期。
[3] 武红艳：《浅析德国鲁尔区工业遗产旅游的模式及启示》，《太原大学学报》2010年第3期。

升级，具有能源消耗少、环境污染低的低碳发展特征，同时也是城市经济结构调整、提升文化软实力的重要基础。在 20 世纪 90 年代初期，由于资源耗竭、产业衰退和高失业率，促使鲁尔区探讨文化产业发展的重要地位及其创造工作机会的内在潜力。面对煤炭资源耗竭和城市转型难题，当地政府重视对传统产业的转型、升级、改造，将大量的废弃工矿、厂房、工业遗迹等进行文化改造与综合利用，融入文化内涵，加强文化基础设施建设，实现了资源能源的集约化利用和环境改善，实现了经济社会的低碳发展。加强文化基础设施建设、工业遗产旅游开发、发展文化产业，减少能耗和环境污染，实现产业升级和低碳发展。鲁尔区规划建设了密集的文化基础设施，文化设施和文化活动经常接受地方政府的大力资助，约占地方年度预算的 5%。在 21 世纪初期，500 万鲁尔区的市民可以拥有 5 个歌剧院。波鸿（Bochum）的德国矿产博物馆（the German Mining Museum）成为全球著名的主题博物馆，该博物馆建设得益于在半个世纪以前该地区拥有 260000 名矿工。鲁尔博物馆（Ruhr Museum）是由一洗煤工厂改建而成，将成为地区工业化历史的纪念碑。依托这些博物馆，开展了许多文化活动，助推地方经济的转型与繁荣发展。如鲁尔音乐节创立于 2002 年，目的是利用鲁尔区纪念性工业构筑物，转型为音乐、戏剧和舞蹈等大型表演活动。旧有的机械厂房和焦炭工厂成为鲁尔区戏剧、歌剧、美术、流行音乐、爵士乐和音乐会的创新基地。

第二节 重要经验：鲁尔区产业升级的主要模式

鲁尔区对传统工业区进行文化内涵的改造提升，将老钢铁厂改造为新兴产业研发中心和文化展览中心，将老建筑改造成游乐场、攀岩基地等娱乐场所，将煤矿山通过重新设计和改造，构建现代自然景观公园，发展为文化产业、体育健身、娱乐休闲的重要场所。随着文化的改造和产业升级，2003 年鲁尔区每 13 家企业中就有一家从事文化产业。文化产业在鲁尔区的地位不断提升，在地区的商业税中有

7.5%是由当地从事文化产业的10000家企业和个体经营者缴纳的。目前，鲁尔区文化产业的从业人员已超过52000人。2010年，鲁尔区举办2500多场文化活动，吸引340多万游客，该区当选为"欧洲文化之都"。可以从对鲁尔区旧工厂、工业遗产的文化改造中归纳出以下几种模式，如表8-4所示。

表8-4　　　　　　　　鲁尔区文化改造与产业升级模式

主要模式	重要典型	基本特征
工业遗产之路的区域整治模式	埃姆舍地区	对整个鲁尔区的工业遗产旅游资源进行一体化设计与整治，包括对区域性的旅游路线、市场营销与推广、景点规划与组合等资源开发，制定了区域性、一体化的工业遗产旅游路线图，将全区主要工业遗产旅游景点进行有机串联，系统规划与综合整治为"工业遗产旅游之路"。
工业设施翻修的博物馆模式	亨利钢铁厂、措伦采煤厂和"关税同盟"煤炭—焦化厂	借助已有的大量的工业设施和遗迹进行文化改造，加强传统产业升级转型，通过政府投入将工厂和矿山改造成为风格独特的工业博物馆，变成旅游资源。
工业景观融合的公共游憩空间模式	北杜伊斯堡景观公园、盖尔森基兴北极星公园	通过文化改造，以煤炭、钢铁工业景观为基础，打造为大型的文化景观公园，将原来废旧的储气罐改造成潜水俱乐部的训练池，混凝土料场改造为青少年活动场地，墙体被改造成攀岩者乐园，广阔的工业园区设计出生态景观和自行车绿色通道，与排污河进行连接，通过治理和生态修复，改造为文化旅游、休闲娱乐的滨水区。
购物娱乐中心的综合开发模式	奥伯豪森的中心购物区	利用工厂废弃地，融入摩尔购物区（Shopping Mall）的文化概念，将购物娱乐、工业遗产旅游有机结合，进行综合开发，成功实现文化改造和产业升级，新建大型的购物娱乐中心。
工业改造升级的低碳发展模式	格尔森基尔欣发电厂、Mont Cenis学院太阳能电站、埃姆歇区域公园	加强对传统煤炭工业等产业的转型和规划，充分发挥现有资源条件和产业基础，减少对传统资源的依赖和消耗，促进产业的低碳转型升级。积极发展新能源产业，建立了欧洲最大、最先进的太阳能电池发电厂——格尔森基尔欣发电厂，开发清洁、可循环利用的煤化工和天然气化工产品，促进城市能源消费模式转型及发展方式的转变。

一 工业遗产之路的区域整治模式

工业遗产之路是将鲁尔区工业遗迹改造为新的文化场所，并有机连接起来形成400公里长的环形自行车道，将当地的工业遗产以旅游路线图系统展示给地方居民和外地游客，而原来的工业锚点（anchor points）则改造为车道的核心节点，其中包括各类科技及社会历史博物馆、全景眺望点以及一系列重要的工人居住区。通过建设工业遗产之路，打造工业文化之旅，进行多目标、多节点、一体化的综合整治，有效实现了资源型城市的转型与产业升级。如鲁尔区对埃姆舍（Emscher）地区进行多目标的综合整治，即国际建筑展（International Building Exhibition，IBA）计划。该计划始于1989年，鲁尔区成立了区域管理委员会KVR组织，制定并实施长达10年的区域性综合整治与复兴计划，重点对区域传统工业进行结构转型，加强对旧工业建筑、旧厂矿、废弃地融入文化内涵，加强深度改造、综合利用，重视自然环境改善和生态修复，缓解环境污染问题，不断解决就业和住房等系列社会问题。区域整治模式主要是由区域管理委员会KVR组织对整个鲁尔区的工业遗产旅游资源进行一体化设计与整治，包括对区域性的旅游路线、市场营销与推广、景点规划与组合等资源开发，制定了区域性、一体化、融合化的工业遗产旅游路线图，将全区主要工业遗产旅游景点进行有机串联。鲁尔区通过工业遗产之路的区域整治和文化创新驱动，在原有工业遗迹基础上开发了近50个工业旅游景点。鲁尔旅游局专门设计了工业文化路线，将鲁尔区景点进行整体打包，提升工业旅游产业的文化品牌，同时设立了景点之间的自行车道，为旅游提供相对廉价和完善的公共自行车服务，还为游客提供年票、联票等多种形式的旅游优惠活动，体现了低碳、绿色、和谐的城市文化理念。

二 工业设施翻修的博物馆模式

工业设施翻修的博物馆模式主要是将工业遗产和遗迹改造为工业特色博物馆。鲁尔区政府并非简单关闭工厂，拆分厂房，回填煤矿，而是借助已有的大量的工业设施和遗迹进行文化改造，加强传统产业升级转型，通过政府投入将工厂和矿山改造成为风格独特的工业博物馆，变成旅游资源①。该模式以亨利钢铁厂、措伦采煤厂、"关税同盟"煤炭—焦化厂为典型。亨利钢铁厂建于1854年，1987年倒闭，后通过文化改造，废弃钢铁厂成为可供儿童开展游戏和游玩的露天博物馆，该博物馆利用废弃的工业设施，吸引亲子家庭旅游者的参与，而博物馆的导游人员则由原厂工人志愿者担任，增强了当地工人的文化归属感和参与感。

措伦采煤厂位于多特蒙德（Dortmund）市，对旧厂房建筑进行保存、翻修，重新展现了老厂房、旧办公楼的古典风格，利用废旧的火车皮改装成园内的游览工具，使其具有工业历史的文化底蕴。而"关税同盟"（Zollverein）是埃森（Essen）市的煤炭—焦化厂，1847年煤井运行，曾经成为欧洲最大的煤井，该厂也是世界第二大钢铁公司，1986年12月该厂煤井停产。后来通过改造为历史文化纪念地，由当地资产收购机构（LEG）和埃森（Essen）市政府共同组建成管理公司，省政府和市政府成立专用发展基金，对该厂进行文化改造、规划和产业升级。该矿区内部的废弃铁路和旧车车皮改造为社区儿童艺术学校的表演场地，焦炭厂改造成餐厅、儿童游泳池，不仅吸引了许多儿童和其他游客，还吸引了更多艺术家和创意设计公司、协会、社团等入驻。该厂成为许多文化创意和设计公司的办公场所以及作品展览地，成为德国重要的现代工业艺术和设计产业中心。

三 工业景观融合的公共游憩空间模式

将旧工厂改造为社会的公共游憩空间，主要包括北杜伊斯堡景观公园、盖尔森基兴北极星公园。北杜伊斯堡景观公园是由蒂森（Thyssen）钢铁公司改造而来，该公司原为集采煤、炼焦、钢铁等多个产业为一体的大型工业基地，1985年被迫停产后，通过文化改造，

---

① 刘学敏、赵辉：《德国鲁尔工业区产业转型的经验》，《中国经济时报》2005年11月24日。

以煤炭、钢铁工业景观为基础，打造为大型的文化景观公园。将原来废旧的储气罐改造成潜水俱乐部的训练池，混凝土料场改造为青少年活动场地，墙体被改造成攀岩者乐园，部分仓库和厂房改造成音乐厅。将原工业厂区打造出绿色生态景观和自行车绿色通道，成为自行车爱好者和生态爱好者的乐园。位于盖尔森基兴（Gelsenkirchen）的北极星公园（Nordstern Park）也是在原煤炭工厂的基础上改造为大型的公共游憩空间，高高的煤井架保留成为公园的重要景观，在煤矿废弃地上打造花园，并举办各种大型文化活动和德国花园展。该地还通过改造设计与曾经是鲁尔工业区污染最严重的排污河——埃姆舍尔河（Emscher）进行有机连接，通过河道治理和生态修复，改造为鲁尔区的文化旅游、休闲娱乐的滨水区，使该游憩空间增加了文化魅力和自然景观底蕴。

四 购物娱乐中心的综合开发模式

该模式的典型代表是位于奥伯豪森（Oberhausen）的中心购物区（Centro）。奥伯豪森原为富含锌和金属矿的重要工业城市，1758年建立鲁尔区首家铁器铸造厂，随着逆工业化浪潮到来，工厂倒闭、工人失业、经济滑坡，迫使奥伯豪森进行工业转型。该地区利用工厂废弃地，融入摩尔购物区（Shopping Mall）的文化概念，将购物娱乐、工业遗产旅游有机结合，进行综合开发，成功实现文化改造和产业升级，新建大型的购物娱乐中心，开辟工业博物馆，并保留高117米、直径达67米的巨型储气罐。该购物娱乐中心不仅是当地居民重要的购物场所，还配套建设了餐饮、娱乐等设施，如建设了咖啡馆、酒吧、美食文化街、儿童游乐园、网球和体育中心、多媒体和影视娱乐中心以及由废弃矿坑改造的人工湖等。奥伯豪森的中心购物区拥有发达的交通网络，成为鲁尔区重要的购物娱乐文化中心，也是欧洲最大的购物旅游中心。

五 工业改造升级的低碳发展模式

鲁尔区为减缓能源型产业给环境带来的污染与破坏，对传统工业进行低碳化改造和产业升级,大力发展低碳型的高技术产业、新能源产业和现代文化产业,促进资源型城市的低碳发展与绿色转型。一是加强对传统煤炭工业等产业的转型和规划,因地制宜,因势利导,充分发挥现有资源条件和产业基础,减少对传统资源的依赖和消耗,促进产业的低碳转型升级。二是积极发展新能源产业,建立了欧洲最大、最先进的太阳能电池发电厂——格尔森基尔欣发电厂,开发清洁、可循环利用的煤化工和天然气化工产品,促进城市能源消费模式转型及城市发展方式的转变。为了实现低碳发展,黑纳尔市的Mont Cenis学院建于原煤矿遗址上,采用太阳能电站供应所有的能源消耗。三是加强矿区的生态修复和环境治理,在倒闭企业原址进行植树种草。政府注重加强环保知识的宣传以提升市民低碳环保意识,鼓励市民植树种草,增加森林碳汇,多管齐下共同促进城市低碳发展。鲁尔区在原工厂、矿区、工业遗迹等区域大规模地展开绿化工作,为鲁尔区抹去"脸上"的灰尘,改变污染型城市形象,实现了绿色转型与低碳发展。鲁尔区加强城市绿色基础设施建设,全区建立多个矿区公园,为周边市民提供绿色休闲、体育健身、空气净化等绿色空间,森林休闲区总面积达1.5万公顷。这些绿色空间通过绿色廊道相互联系,以埃姆歇区域公园为核心构成鲁尔区主要的东西向绿色结构体系[1]。鲁尔区通过城市绿化和改造升级,选择低碳发展模式,使衰退的工业城市获得新生,实现经济复苏与社会建设、生态文明多赢,值得其他城市借鉴和学习。

第三节 政策建议:鲁尔区产业升级的低碳发展启示

党的十八大报告和十八届三中全会、四中全会、五中全会先后提出要推进生态文明建设,促进绿色发展、循环发展、低碳发展,要实现国家治理现代化。加强生态文明建设和低碳发展是实现城市转型升

---

[1] 常江、冯姗姗:《鲁尔区的新活力》,《东方早报》2012年11月1日。

级与治理现代化的基本要求。借鉴德国鲁尔区文化改造、产业升级的低碳发展经验,中国许多资源型城市面临转型难题,如何破解资源能源耗竭、环境污染等瓶颈性制约问题,需要加强文化改造与产业升级,从全球气候变暖、生态文明建设、低碳发展的战略高度加强中国城市低碳发展与绿色转型。具体而言,鲁尔区文化改造与产业升级对中国城市低碳发展的启示(见表8-5),主要表现在以下几个方面。

表8-5　　鲁尔区文化改造与产业升级的低碳发展启示

主要领域	重要启示	低碳发展的政策建议
战略规划	制定整治规划	树立低碳发展理念,制定城市转型规划,设立统筹规划机构,指导矿区整治和转型。
发展模式	选择低碳发展模式	根据城市资源禀赋和产业特色,不能千城一面,进行科学设计,要加强对传统工业的改造升级,提高产业技术含量,重视战略性新兴产业、高技术产业、文化产业、新能源产业发展,减少碳排放强度。
资金投入	多元资金筹措	要多种渠道筹集文化改造和产业升级资金,增加财政投入,设立文化创意产业发展的种子基金,鼓励社会资本参与文化创意产业的投融资,加大文化基础设施建设,加快基本公共文化服务体系建设。
发展环境	加强生态修复与环境治理	大力宣传环保知识,提升市民低碳意识,加强城市生态修复和环境治理,对倒闭企业原址进行植树种草,加强绿色基础设施建设,建设森林城市。
产业升级	重视技术创新,发展低碳型产业	重视融入地方文化特色进行改造和产业升级,以技术创新获取市场竞争力,发展文化创意文化、旅游产业及会展经济等服务业,促进产业升级与结构优化。

一　重视文化改造,制定区域整治规划,提高城市治理能力

传统能源城市转型必须选择新的战略制高点,在经济全球化和产业升级中,寻找契机,谋篇布局,确定自己的发展规划和有效政策。在政策理念上,借鉴鲁尔区文化改造、产业升级与低碳发展经验,应该重视生态文明建设,树立低碳发展理念,制定城市低碳转型的战略和目标,鼓励大力发展绿色低碳产业。鲁尔区文化改造经验表明,传

统的工业地区和资源型城市通过文化创新、文化产业发展实现城市新生。地方政府应该具有创新精神，需要开明的、有战略眼光的公共部门主导，需要政府投入相当数目的公共资金，推动对旧工厂、矿区、工业遗产的保护、修复和改造。树立低碳发展理念，制定城市转型规划，加强文化改造和文化产业发展，为受教育者、熟练工人以及努力工作的人提供工作机会。鲁尔区设立统筹规划机构，指导矿区整治和转型。德国政府根据当时煤矿资源状况，提前确定了部分煤矿的关闭时限、减产和减人指标并制定规划，有步骤、分阶段实施，避免了资源枯竭后再集中安置职工给社会带来的压力。鲁尔区制定产业调整政策，建立和培育许多服务配套机构。对于中国城市转型而言，应该结合城市特征和实际情况，制定有效的转型规划和发展政策，重视对原有工业遗迹的修改和文化改造，提升城市治理能力，促进城市低碳发展。

二 根据资源禀赋和产业特色，选择产业升级的低碳发展模式

德国鲁尔区工业遗产转型之路的区域整治模式、工业设施翻修的博物馆模式、工业景观融合的公共游憩空间模式、购物娱乐中心的综合开发模式、工业改造与产业升级的低碳发展模式，均是结合城市资源禀赋和产业特色进行科学的设计，成功地实现德国鲁尔区的文化改造和产业升级，破解产业衰退等"城市病"难题。鲁尔区的发展实践表明，资源型城市要实现经济的顺利转型，通过旅游业和文化产业，促进资本、人员及信息等要素的持续流动，进而带动其他相关产业的综合发展[①]。中国城市转型需要结合自身资源禀赋和产业特色，选择有效的发展模式，不能千城一面，同质化竞争。应注重城市文化特色和绿色低碳发展，构建中国城市的低碳发展模式。

一是要加强对传统工业的改造升级，改变传统的高能耗、高污染、高排放的粗放经济增长模式，提高产业技术含量，使传统产业能够不断由低端产业向微笑曲线的高端环节移动，提高价值链竞争力。

[①] 陈淑华：《东北资源型城市工业旅游的发展——从德国鲁尔区视角分析》，《学术交流》2010 年第 3 期。

对传统工业、倒闭企业和厂矿，不能简单关闭和拆除，应该借鉴鲁尔区的文化改造和博物馆模式，加强文化改造，大力发展工业文化旅游产业，走工业文化之路。

二是要重视战略性新兴产业、高技术产业、文化产业发展，这些产业的典型特征是技术含量高、创新水平高，拥有自身的核心竞争力。20世纪80年代以来，鲁尔区的政策由过去的搬迁淘汰老企业、重点建设新兴产业，转变为结合老企业的更新改造，积极发展特色的战略性新兴产业，使鲁尔区产业升级与经济活力提升[①]。

三是重视新能源产业发展，改变传统高能耗模式，应该大力发展风能、太阳能等新能源产业，提高能源利用效率，减少能耗强度。中国城市转型要重视新能源产业发展，改变长期以来经济发展对煤炭、石油等传统能源的依赖，不断转变能源消耗结构和消费模式，提高新能源在城市能源消费中的比重，不断减少能源消耗的碳排放强度，促进城市低碳发展。

三 加强多元化资金筹措，重视文化基础设施建设

由于城市工业转型和产业发展需要大量资金，鲁尔区全方位、多层次、多渠道筹措资金。加强政府投资，制定和出台相应的投资政策，简化审批手续。向用户征收"煤炭附加费"、"煤炭补贴税"。充分利用欧盟资助、金融组织贷款或资助和组建州发展管理公司，发行土地发展基金债券，筹集资金等。鲁尔区加强基础设施建设与条件改善，为资源枯竭地区的工业转型创造良好的投资环境[②]。中国城市转型要多种渠道筹集文化改造和产业升级资金，政府要增加财政投入，设立文化创意产业发展的种子基金，激活社会活力，鼓励社会资本参与文化创意产业的投融资。政府要加大文化基础设施建设，实现文化强国梦，需要加快基本公共文化服务体系建设，而文化基础设施建设是前提和基础，也是文化产业发展的基础保障。

---

① 王军、邱少男：《关于老工业区改造与"转方式、调结构"的思考——德国鲁尔区经济结构调整对青岛的借鉴》，《中国发展》2012年第3期。

② 陆小成：《城市转型与绿色发展》，中国经济出版社2013年版，第94—95页。

四 提高低碳发展意识，加强城市生态修复与环境治理

为了实现低碳发展，鲁尔区加强矿区的生态修复和环境治理，在倒闭企业原址进行植树种草。鲁尔区在实现城市绿色转型中，政府花重金清理废弃矿坑，处理地表有害物质，并进行大规模的植树造林和城市绿化工程建设，将垃圾遍野、污水横流、生态恶化的鲁尔工业区改造为现代化的"欧洲花园"。城市发展的绿色转型需要更加重视节能减排，更加严厉地控制污染物排放，更大力度地推进能源技术进步和能源结构转换，加快低碳发展步伐，改善环境质量[①]。借鉴鲁尔区经验，中国"城市病"的治理，要加强环境治理和修复，采用循环经济模式加强废弃工厂改造和垃圾处理，加强环保、交通、水务等领域的基础设施建设，为城市绿色转型与低碳发展提供发展条件。中国各城市政府要树立低碳发展意识，大力宣传环保知识，提升市民低碳意识，加强绿色基础设施建设，鼓励植树造林，建设森林城市。积极采取环保措施，限制污染气体排放量、建立空气质量监测系统等，促进生态治理和城市低碳发展。

五 加强产业优化升级，重视技术创新，发展低碳产业

重视融入地方文化特色进行改造和产业升级，在原有厂房、矿区、工业遗址基础上进行文化改造，大力发展低碳型的文化创意产业和旅游产业，通过文化改造、产业升级，促进城市低碳、高端、绿色发展。面对经济发展停滞的局面，鲁尔区积极改造传统产业，促进产业结构优化升级，大力发展旅游业和文化产业。借鉴鲁尔区经验，中国城市转型应加强产业结构优化升级，发展低碳型文化产业和旅游文化产业，开辟中国特色的工业遗产之路，应将低碳经济与技术创新高度结合[②]。要提升传统产业的技术创新水平和产品的技术含量，在传

[①] 石敏俊、刘艳艳：《城市绿色发展：国际比较与问题透视》，《城市发展研究》2013年第5期。

[②] 陆小成：《我国城市绿色转型的低碳创新系统模式探究》，《广东行政学院学报》2013年第2期。

统产业中加强技术创新，采用新技术和设备，提高产品技术含量和附加值，提高竞争力，建立品牌。要发展新型产业，以技术创新获取市场竞争力，以信息化带动城市产业设计，大力发展文化创意文化、旅游产业及会展经济等服务业，促进产业升级与结构优化，实现产业结构中高能耗产业比重降低，促进中国城市低碳发展与生态文明建设。

第四节 本章小结

本章主要基于文化改造与产业升级的视角对德国鲁尔区"城市病"治理经验进行考察。鲁尔区依托煤炭资源推动传统工业发展，逆工业化引发城市转型困境。鲁尔区对传统工业区进行文化内涵的改造提升，总结出区域整治、博物馆、公共游憩空间、综合开发、低碳发展等经验模式。借鉴鲁尔区经验，中国城市发展应该重视文化改造，制定区域整治规划，不能千城一面，重视文化基础设施建设，加强城市生态修复与环境治理，加强产业优化升级，促进城市低碳发展。

第九章 北京"城市病"问题的表现和成因

北京作为超大城市在长期快速发展中积累形成人口膨胀、交通拥堵、雾霾天气频现、环境污染等"城市病"难题，引起党中央和国务院的高度重视。北京面临的能源、交通、就医、就学、就业、居住、治安等突出问题，无不与人口规模、结构分布及人口管理密切相关。2014年2月26日，针对北京雾霾等超大"城市病"问题，习近平总书记提出要加快京津冀协同发展，加快解决北京"城市病"问题。深入落实首都城市战略定位，加强首都超大"城市病"治理，加快北京"城市病"治理步伐具有重要的现实紧迫性和战略意义。本部分主要从人口、资源、环境等要素之间的互动关联效应，进行实证研究和问题考察，分析北京"城市病"问题的主要表现以及内在成因，找到治理"城市病"的关键要素及其传导关系。

第一节 北京"城市病"问题的主要表现

"城市病"是全球性的城市发展难题。"城市病"是在城市化、工业化进程中随着人口不断增长，产业不断集聚，资源能源消耗不断提速、环境污染不断恶化，进而形成系列的经济、社会、文化、政治、生态等多方面的问题。"城市病"表现为交通拥堵、环境污染、资源短缺、就业困难、社会动荡等诸多发展矛盾。"城市病"的存在严重影响着城市居民的生产生活质量和社会发展水平，对进一步提升城市质量构成极大的威胁。北京作为国家首都和超大型城市，"城市病"问题日益严重,大气环境污染、人口膨胀、交通拥堵等问题没有得到有效解决,首都"大城市病"治理已成为从中央到北京市各级政府和城市管理者迫在眉睫的政治任务,也是北京"十三五"时期所面临的重要课题。

2014年2月27日,中共中央总书记、国家主席习近平同志视察北京时指出,北京地位高、体量大、实力强、变化快、素质好,是其主要特点和优势,同时不断发展的北京又面临很多令人揪心的问题,如人口过多、交通拥堵、房价高涨,也包括十分严重的生态环境问题,比如蓝天难见、繁星无影、河水断流、地下水超采、地面沉降等。这些可以说是首都"城市病"的典型表现。

一 人口增速放缓,人口总量持续攀升

根据2014年国务院发布的《关于调整城市规模划分标准的通知》中的新标准将城市划分为五类七档,其中城区常住人口1000万以上的城市为超大城市,如表9-1所示。2013年北京市常住人口为2114.8万人,首都功能核心区为221.2万人,城市功能拓展区超过1000万人,达到1032.2万人。北京市属于典型的超大城市,应对人口不断增长所带来的资源能源、环境等压力,超大城市的"城市病"问题一直制约首都北京的持续发展。

表9-1　　　　　　　　　城市规模划分标准

类别	人口规模	
超大城市	城市人口1000万以上	
特大城市	城市人口500万—1000万	
大城市	城市人口100万—500万	300万以上500万以下的城市为Ⅰ型大城市
		100万以上300万以下的城市为Ⅱ型大城市
中等城市	城市人口50万—100万	
小城市	城市人口50万以下	20万以上50万以下的城市为Ⅰ型小城市
		20万以下的城市为Ⅱ型小城市

当前，北京"城市病"的症状已经较为突出，其中人口规模过大是重要表现，人口调控难题是北京治理"城市病"难以回避的重要问题。如表9-2、图9-1所示，北京常住人口从1978年的871.5万人增加到2013年的2114.8万人，年均增长35.52%，其中常住外来人口从1978年的21.8万人增加到2013年的802.7万人。可见，外来人口过快增长是首都"城市病"的重要特征，也是重要原因。

表9-2   1978—2014年北京市常住人口

年份	常住人口（万人）	常住外来人口（万人）	常住人口出生率（‰）	常住人口死亡率（‰）	常住人口自然增长率（‰）
1978	871.5	21.8	12.93	6.12	6.81
1988	1061.0	59.8	14.43	5.08	9.35
1998	1245.6	154.1	6.00	5.30	0.70
2008	1771.0	541.1	7.89	4.59	3.30
2009	1860.0	614.2	7.66	4.33	3.33
2010	1961.9	704.7	7.27	4.29	2.98
2011	2018.6	742.2	8.29	4.27	4.02
2012	2069.3	773.8	9.05	4.31	4.74
2013	2114.8	802.7	8.93	4.52	4.41
2014	2151.6	818.7	9.75	4.92	4.83

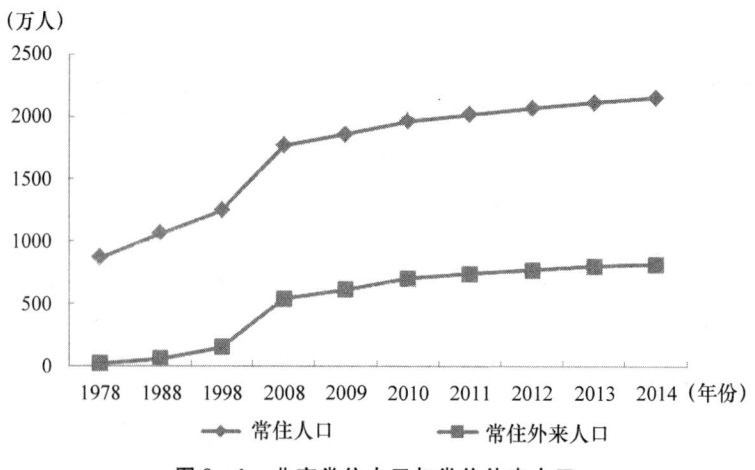

图9-1   北京常住人口与常住外来人口

近些年来，北京市多措并举，控制人口过快增长，并取得了一定成效。据统计，2014年末北京市常住人口为2151.6万人，比2013年末增加36.8万人，增速为1.7%。与上年相比，增量减少8.7万人，增速下降0.5个百分点。其中，常住外来人口为818.7万人，比上年末增加16万人，增长2%，不过增量比上年减少12.9万人，增速比上年回落1.7个百分点，人口增量和增速逐步放缓[1]。特大型城市因产业发展、经济活跃、科技信息发达、教育医疗服务质量高，形成对外来人口强大的吸引力；人口的快速集聚进一步促进城市规模扩大和经济增长。但城市建设和配套服务与管理、住房、交通等限于城市规划、城市投入的约束往往滞后于经济增长和人口膨胀的需求，引发一系列的矛盾，如出现交通拥堵、人口过多引发的住房紧张、就业困难、社会矛盾增加、治安恶化等"城市病"。

从人口增速来看，尽管2014年增量比2013年减少8.7万人，增速比上年回落0.5%，但从人口总量和密度来看，以2013年为基准，2013年常住人口达到2114.8万人，较2012年增加了45.5万人，其中常住外来人口达到802.7万人，较2012年增加了28.9万人。从2013年的人口密度来看，核心区达到了23942人/平方公里，西城区人口密度是全北京最高的，达到了25787人/平方公里。从2014年的分区人口分布来看，如表9-3所示[2]，首都功能核心区常住人口为221.3万人，城市功能拓展区为1055万人，城市发展新区为684.9万人，生态涵养发展区为190.4万人。

---

[1] 《北京2014年末全市常住人口为2151.6万人》，中央广播网，2015年1月25日。

[2] 《北京2014年度分区县人口与就业数据》，北京统计信息网（http://www.bjstats.gov.cn），2016年1月18日。

表 9-3　　2013—2014 年北京常住人口及常住外来人口　　单位：万人

区县	常住人口 2014年	常住人口 2013年	常住外来人口 2014年	常住外来人口 2013年
全市	2151.6	2114.8	818.7	802.7
首都功能核心区	221.3	221.2	54.0	55.4
东城区	91.1	90.9	21.2	21.0
西城区	130.2	130.3	32.8	34.4
城市功能拓展区	1055.0	1032.2	436.4	426.0
朝阳区	392.2	384.1	179.8	176.1
丰台区	230.0	226.1	85.1	85.0
石景山区	65.0	64.4	21.2	21.4
海淀区	367.8	357.6	150.3	143.5
城市发展新区	684.9	671.5	296.9	289.6
房山区	103.6	101.0	26.7	24.6
通州区	135.6	132.6	55.5	53.6
顺义区	100.4	98.3	38.9	37.3
昌平区	190.8	188.9	100.2	100.6
大兴区	154.5	150.7	75.6	73.5
生态涵养发展区	190.4	189.9	31.4	31.7
门头沟区	30.6	30.3	4.9	5.0
怀柔区	38.1	38.2	10.4	10.6
平谷区	42.3	42.2	5.3	5.3
密云县	47.8	47.6	7.2	7.2
延庆县	31.6	31.6	3.6	3.6

从表 9-4 中可以看出，北京 2014 年常住人口全市密度为 1311 人/平方公里，但首都功能核心区的贡献最大，达到了 23953 人/平方公里，西城区则占全市最高，达到了 25767 人/平方公里，城市功能拓展区常

住人口密度达到了 8268 人/平方公里。城市发展新区常住人口密度达到了 1088 人/平方公里,而生态涵养发展区仅为 218 人/平方公里。可见,人口密度分布不均,差异过大,局部区域人口、资源与环境承载力过大,"城市病"问题表现更加突出,在首都功能核心区与城市功能拓展区交通拥堵、人口膨胀、环境污染等问题特别突出。

表9-4　　　　　　　　2014年北京常住人口密度

区县	土地面积（平方公里）	常住人口（万人）	常住人口密度（人/平方公里）
全市	16410.54	2151.6	1311
首都功能核心区	92.39	221.3	23953
东城区	41.86	91.1	21763
西城区	50.53	130.2	25767
城市功能拓展区	1275.93	1055.0	8268
朝阳区	455.08	392.2	8618
丰台区	305.80	230.0	7521
石景山区	84.32	65.0	7709
海淀区	430.73	367.8	8539
城市发展新区	6295.57	684.9	1088
房山区	1989.54	103.6	521
通州区	906.28	135.6	1496
顺义区	1019.89	100.4	984
昌平区	1343.54	190.8	1420
大兴区	1036.32	154.5	1491
生态涵养发展区	8746.65	190.4	218
门头沟区	1450.70	30.6	211
怀柔区	2122.62	38.1	179
平谷区	950.13	42.3	445
密云县	2229.45	47.8	214
延庆县	1993.75	31.6	158

注:表内人口数据根据人口抽样调查数据推算,为年末数。

资料来源:表内"土地面积"使用的是 2008 年数据,由北京市国土资源局提供。

西城区、东城区应该是人口膨胀最为严重的区域，应该重点分析西城区、东城区以及城市功能拓展区吸引更多人聚集的内在原因，而这些区域均是中央部委及其所属机构和事业单位集聚区，也是央企、国企、银行总部、国际组织机构、各类公司、写字楼、商场等高度集聚区，还是中国最为著名的大学和科研机构、三甲医院等集聚的区域。这些机构承担了首都的行政、经济、教育、文化、医疗等众多功能，也是中国各类资源最为高端、密集、权威、完善的利益高地。

人口总量增加和不断膨胀，必然带来更大的交通、住房、就业等压力，导致北京"城市病"问题的进一步恶化和加剧。从就医人口来看，外地来北京就医的人口估计达到80万人，算上陪护人员，预计达到160万—170万人。外地来北京就学以及陪读的人口估计几百万人。北京靠发展企业、卖地来增加财政收入，以保障北京巨大的财政开支和应对上级的GDP考核目标，必然导致发展经济的强大冲动。其传导机制为：增加财政收入—需要发展产业—吸引更多企业进入—促使人口增长—增加更多的建筑、交通需求—加大资源能源和环境承载压力。

二 交通总量持续增长，"首堵"问题长期存在

近些年来，北京加快交通道路建设，交通条件得到一定程度的改善，但交通"首堵"现象没有得到根本性遏制。交通基础设施建设力度不断加大，境内道路、公路总里程、轨道交通运营线路不断延伸，轨道交通客运量接近公共电汽车客运量。近些年来，北京交通基础设施建设力度加大，境内道路、公路总里程从2012年的28585公里增加到2013年的28808公里。2013年，高速公路里程达到923公里，城市道路里程达到6295公里，城市道路面积达到9611万平方米，城市道路立交桥数达到414座，城市过街天桥数达到520座。从表9-5公共交通及客运出租小轿车情况看，年末运营车辆2013年为27590辆，比2012年增加1759辆，2014年达到了28331辆。公共电汽车2013年为23592辆，比2012年增加1446辆。2013年轨道交通为3998辆，比2012年的3685辆增加313辆，运营线路条数从2012

年的 795 条增加到 2013 年的 830 条。从客运量看，2013 年达到 804775 万人次，比 2012 年的 761578 万人次增加了 43197 万人次，2014 年达到 815849 万人次，说明出行人次明显增加。从客运量结构来看，乘坐公共电汽车的人次有较大程度的减少，从 2012 年的 515416 万人次减少到 2013 年的 484306 万人次，减少了 31110 万人次，2014 年达到 477180 万人次，而乘坐轨道交通的人次却有较大程度的增加，从 2012 年的 246162 万人次增加到 2013 年的 320469 万人次，增加了 74307 万人次，2014 年达到 338668 万人次。从这一结构变化来看，北京市整体客运量明显增加，说明出行人次增加，越来越多的乘客选择的是轨道交通，轨道交通准时、客运量大等优势进一步得到乘客的认可，而公共电汽车可能因为城市交通拥堵无法准时到达、等待时间过长、运营时间短等问题存在，导致客流量较大幅度的下降。从客运出租小汽车来看，2013 年末运营车辆达到 67046 万人次，比 2012 年增加了 400 辆，2014 年达到 28331 辆。出租小汽车的客运量 2013 年达到 69946 万人次，比 2012 年增加了 84 万人次，2014 年达到了 66828 万人次，比 2013 年有一定的减少。从以上的公共交通运营车辆、运营线路条数与长度、客运量以及出租小汽车客运量等情况看，北京对公共交通的投入有明显增加，客运量均较前继续增长，说明北京交通出行的需求没有得到缓解，公共交通压力持续存在。

表 9-5　　　　2012—2014 年公共交通及客运出租小轿车情况

项目	2014 年	2013 年	2012 年
运营车辆（辆）	28331	27590	25831
公共电汽车（辆）	23667	23592	22146
轨道交通（辆）	4664	3998	3685
运营线路条数（条）	895	830	795
公共电汽车（条）	877	813	779
轨道交通（条）	18	17	16

续表

项目	2014 年	2013 年	2012 年
运营线路长度（公里）	20776	20153	19989
公共电汽车（公里）	20249	19688	19547
轨道交通（公里）	527	465	442
客运量（万人次）	815849	804775	761578
公共电汽车（万人次）	477180	484306	515416
轨道交通（万人次）	338668	320469	246162
客运出租小汽车（辆）	28331	67046	66646
年末运营车辆（辆）	67546	67046	66646
客运量（万人次）	66828	69946	69862

伴随首都人口的逐年快速增加，机动车总量不断攀升，尽管地铁线逐年得到延伸，交通设施不断改善，但首都的交通拥堵现象没有得到明显缓解，首都"首堵"难题没有从根本上得到遏制。由于产业在中心城区过度集聚，而住房问题在中心城区得不到解决，中心城区的高房价和高租金也制约了中心城区就业人口的就地住宿，只好选择相对便宜的远郊区县作为买房和租房的目的地，远郊区县就业能力有限，成为典型的睡城现象（如天通苑、通州等），结果是上下班高峰期更加的交通拥堵，主干道车多为患，地铁拥挤不堪，换乘点也是寸步难行。首都交通"首堵"问题与北京近年来汽车数量增长密切相关。如表9-6所示，北京机动车拥有量从2011年的498.3万辆增加到2013年的543.7万辆，2014年继续增加到559.1万辆，轿车增加到316.5万辆。如果不进行遏制，按此增长量进行计算，预计到2020年将达到590万辆甚至突破600万辆大关，这将对北京有限的交通道路承载力形成巨大的压力，如果不采取强硬措施对机动车总量进行严格控制，北京交通拥堵问题将难以得到缓解。

表9-6　　　　　　2010—2014年北京机动车拥有量　　　　单位：万辆

项目	2014年	2013年	2012年	2011年	2010年
机动车	559.1	543.7	520.0	498.3	480.9
民用汽车	532.4	518.9	495.7	473.2	452.9
载货汽车	28.9	25.7	23.7	21.5	19.4
载客汽车	496.9	486.1	464.9	444.2	425.7
私人汽车	437.2	426.5	407.5	389.7	374.4
轿车	316.5	311.0	298.2	286.2	275.9

资料来源：根据北京统计信息网公布的2010—2014年数据整理所得。

为缓解交通拥堵，北京市出台了机动车牌照摇号政策和限行政策，这些政策对已经拥堵不堪的城市交通有所缓解，但并不能真正治理交通拥堵。近些年来，北京也在探讨和研究征收交通拥堵费[①]问题，但一直处于研究阶段，没有进入政策试点或者实施阶段，如表9-7所示。

表9-7　　　　　　北京研究征收交通拥堵费相关文件

年份	主要政策内容
2010	北京市宣布出台28条措施缓解交通拥堵，研究制定重点拥堵路段或区域交通拥堵收费方案，择机实施。征收拥堵费开始浮出水面。
2011	针对当时出台的治堵新政策，北京市副市长吉林在接受媒体集中采访时表示，短期内不会考虑征收拥堵费。
2014	北京市环保局印发《全市2014年流动污染源监管工作细则》，其中指出，2014年将联合市相关部门开展政策标准研究，研究制定低排放区和交通拥堵费政策、燃油排污费和阶梯油价政策等。

---

① 拥堵费是指对特定时间驶入特定区域或特定的汽车，征收特别的费用。交通拥堵费在本质上是为了缓解交通拥堵，通过经济杠杆的作用加强交通需求管理。与此同时，由于当前机动车主要是燃油车，机动车尾气排放对环境污染也是重要的贡献者。征收拥堵费不仅可以降低交通拥堵，又承担起减少二氧化碳排放的重责。全球范围内，许多国家和城市征收交通拥堵费。参见周伟力《2016年北京试点　拥堵费征收四大悬疑》，《广州日报》2015年12月14日。

续表

年份	主要政策内容
2015	2015年12月3日，北京市交通委公布了《"十三五"交通规划》，规划明确指出要力争每年完成市级常规疏堵工程30项以上，构建京津冀一小时生活圈，推动京津冀交通设施互联互通。建设公交城市，力争实现公交专用道1000公里且连续成网，适时出台道路限行、拥堵收费试点、错峰上下班等新政策。

传统的交通治堵方式主要是限制车辆的拥有量，而非限制车辆的出行量，一定程度上造成社会不公，更是让百姓怨声载道，效果甚微。根据伦敦、纽约等发达城市的机动车治理经验，主要是降低机动车出行强度，改变以私家车上下班的出行方式，提高使用成本。如何提高使用成本，收取拥堵费和停车费是重要的政策选择。收取拥堵费是采取经济手段和市场机制有限地对城市中心区域道路空间资源的优化配置。随着政府在各领域的行政干预逐步减弱，市场的作用进一步加强，发挥市场机制在资源配置中的决定性作用，以经济手段和市场调节为主的治理方式是治理北京等特大城市交通拥堵的重要手段，时机也逐渐成熟。

三 产业结构不够合理，疏解低端产业困难重重

北京已经构建了以第三产业为主导的服务型经济结构。如表9-8所示，2014年，北京第三产业占地区生产总值的77.9%，比2013年增加了0.4个百分点，第二产业再次压缩，占地区生产总值的21.4%，而第一产业仅占地区生产总值的0.7%，说明北京的产业结构比重相对比较优化，与世界发达城市相比差距不大。但在第三产业结构中，如表9-9所示，金融业贡献最大，其次是批发和零售业，而信息传输、软件和信息技术服务业以及科学研究和技术服务业贡献度较差。这说明北京的服务业结构还不够优化，属于低端的批发和零售业的产业还占一定的比重，这与中央提出的疏解非首都功能，特别是要疏解低端、粗放的产业要求不符，这些低端的批发零售业也是北京市疏解非首都功能和低端产业的重点对象。

表9-8　　　　　2013—2014年北京地区生产总值构成　　　　单位:%

	2014年	2013年
地区生产总值构成	100.0	100.0
第一产业	0.7	0.8
第二产业	21.4	21.7
第三产业	77.9	77.5

表9-9　　　　　2013—2014年北京地区生产总值　　　　单位：万元

	2014年	2013年
地区生产总值	584406.3	542487.9
第一产业	4355.9	4373.7
第二产业	124515.1	117604.4
第三产业	455535.3	420509.9

2015年4月30日，中央政治局会议审议通过《京津冀协同发展规划纲要》。纲要指出，推动京津冀协同发展是重大的国家战略，核心是有序疏解北京非首都功能。北京市全面贯彻落实京津冀协同发展重大国家战略，在非首都功能疏解上严控增量、疏解存量，产业疏解取得了显著成效。但北京提出打造高精尖经济结构，将产业链的低端环节、低端市场疏解出去，存在许多难题。

推进京津冀一体化协同发展，疏解首都非核心功能是一项系统工程，不会一蹴而就，产业转移、承接是其难点之一。哪些产业迁出去，哪些产业引进来，需要出台针对性的细化清单和路径设计以及京津冀三地的协同推进和主动作为。许多产业尽管属于低端，但与市民的生活密切相关，如首都农批产业疏解亦是如此，所面临的形势复杂严峻。低端环节、低端市场有的主要是面向北京市民和经济社会发展基本需求，不能一刀切式地全面疏解。

如新发地农产品批发市场主要是保障中央领导、国家单位、首都市民的最基本的农产品供给安全，属于首都市民的菜篮子。该市场就不能被认为是非首都核心功能，更不能作为疏解和外迁的对象。我们课题组先后四次到新发地农产品批发市场进行了调研。北京新发地市场位于北京的南四环，成立于1988年5月16日，占地1820亩，承担了北京80%以上的农副产品供应，2014年交易量突破1400万吨，交易额535亿元，是全国农批市场的风向标。北京市农产品市场的总体格局是"一大十二中一百小"："一大"即新发地；"十二中"即中央、西南郊、京深、岳各庄、锦绣大地、大洋路、王四营、八里桥、石门、回龙观、水屯、南华等中等批发市场；"一百小"即遍布在各城区的100多个社区市场。从业态上看，北京新发地市场承担着北京市80%以上的蔬菜、水果供应；西南郊市场被称为北京市的大冰柜，是北京冻品供应的核心基地；京深海鲜市场是北京最大的鲜活水产品集散地，日均销量超过130万吨；锦绣大地批发市场的干果调料业务在各大市场中居于榜首。在用地规模上，仅"一大"和"十二中"就占土地8000余亩，所有从业人员加起来近百万人。这些市场大都是八九十年代自发形成的，在担负保障首都供应任务的同时，还发挥着全国性集散的非首都功能。北京各大农批市场中约60%的农产品进入北京后又分销到了北京以外的吉林、辽宁、黑龙江等东北地区，山西、内蒙古、宁夏等西北地区以及河北、天津等华北地区。

对新发地等农产品批发市场的疏解不能一刀切，不能简单地搬迁了之，需要进行深入调研和出台更加细化的疏解和转型升级方案。2015年2月25日，习近平总书记在北京考察工作时曾提出，要明确城市战略定位，坚持和强化首都全国政治中心、文化中心、国际交往中心、科技创新中心的核心功能，努力把北京建设成为国际一流的和谐宜居之都；调整疏解非首都核心功能，优化产业特别是工业项目选择，突出高端化、服务化、集聚化、融合化、低碳化，有效控制人口规模，增强区域人口均衡分布。可见，疏解非首都核心功能，不能简单关闭农产品批发市场，需要结合首都核心功能发展的需要以及北京市民生活必需品的实际需要，进行科学研判和分阶段疏解。对此，北京市也明确提出非首都功能主要包括以下四类：一般性制造业、区域性物流基地和区域性批发市场、部分教育医疗等公共服务功能以及部分行政性、事业性服务机构。作为非首都功能的疏解重点，将分类制定疏解方案，并分近、中、远三个阶段进行疏解。北京大型农批市场是不是首都核心功能，在京津冀一体化发展的进程中该不该疏解，要怎么疏解，需要进一步调研和重点分析。

新发地农产品批发市场作为首都市民的菜篮子，不可能简单搬迁，需要结合首都发展实际，进行部分疏解、部分升级，实现高端、品牌、持续发展。这些市场的部分功能不属于首都核心功能，如所承载的储存、冷库加工、大宗农产品中转等非首都功能可以及时疏解，而对其他功能进行改造升级。2015年8月，年交易量1400万吨农产品的"首都菜篮子"新发地开始规划升级改造。改造后的新发地将保留和升级在京集散功能，将部分仓储、初加工等非核心业务疏解到津冀两地。现代化、立体式的蔬菜交易中心、果品交易中心和冷链中心将取代现有的分散交易市场，规划占地660亩，实现土地资源的高效节约利用，腾出的土地全部用于绿化，建成公园式的市场[①]。由于关乎北京全市的农副产品供应，新发地农产品批发市场不会搬迁，但需要转型升级，应考虑由传统的"手手销售"向"电子商务统一收银"过渡，以提升功能[②]。目前，新发地市场在河北高碑店等区域建立了分市场，促进部分功能疏解，同时新发地市场进一步通过改造升级，疏解一些低端小商户，加强电子化、信息化管理，实现扶大扶优扶强，计划进行光伏发电改造，运用新能源，减少资源浪费。

我们到新发地农产品批发市场调研发现，该区域的交通拥堵现象确实非常严重，由于车流量大，道路规划设计不够合理，特别是没有做好分支道路的分流和支线毛细血管建设，导致道路"硬梗阻"现象特别严重，这恰恰说明政府在该区域的交通建设和管理职能没有履

---

① 《北京农批产业疏解亟待破局》，《中国食品报》2015年12月31日。
② 《"新发地"不会搬但需转型升级》，《国际商报》2014年3月10日。

行好，脏、乱、差的现象存在也说明当地政府没有认真履行其服务和监管职能。新发地农产品批发市场的改造升级除了疏解部分不适合在北京的非首都功能和低端项目，更重要的是按照现代化城市建设与管理的要求加强对该区域的交通、环境建设、住房等多方面的秩序整顿和改造升级，进行科学规划、合理疏解、有序升级，才能真正破解该区域的发展难题，既能保障市民的菜篮子工程建设得更好，也使该区域的交通、环境、资源能源和人口布局等问题得到科学解决，实现可持续发展。

又如十里河批发市场，80%是满足北京市民的生活服务需求。北京服装、石材、灯具等大型批发市场较为集中，且大多数是区域性批发市场，准入门槛较低，吸引大量的低端产业，而且从业人员多数非京籍，容易形成拖亲带友效应。低端产业批发业也成为大量农民工进京务工的热门行业。为此，疏解非首都功能，需要加强对这些低端的不适合北京发展的产业进行适度的疏解和搬迁。如2015年11月16日，华北最大石材市场——北京西直河石材市场疏解完毕。12月9日，天意地安门店正式停业，官批、万通等批发市场迎来一轮又一轮的关闭潮。12月10日，海淀区万家灯火、盛宏达、尧舜建材市场等14家大型综合市场春节前搬迁。陶然亭观赏花卉市场2016年1月1日正式关闭。2015年12月19日，北京动物园批发市场疏解20万平方米任务完成。12月25日，昌平城北回龙观交易市场月底全部清退[①]。但是，对于属于首都基本功能的生活型和生产型服务业不能一刀切地作为疏解对象。我们对这些区域的产业发展所带来的交通拥堵、市场混乱等环境问题，缺乏有效的治理方案，对这些方面缺乏专门研究和差异化的治理措施。

高端产业、高端环节尽管创造较高的GDP和财税收入，但存在劳动密集型、过于集中核心城区等问题，过于密集的写字楼集中了众多就业岗位、就业人口，带来严重的人口膨胀、交通拥堵、住房紧张、环境污染等问题。北京"城市病"很大程度上是

---

① 《北京农批产业疏解亟待破局》，《中国食品报》2015年12月31日。

与核心区过于密集的写字楼、办公楼、商场以及交通等基础设施不足密切相关,与发展更高端产业、吸引更多人口的经济增长冲动密切相关。我们对这些方面的问题缺乏系统研究和科学治理的顶层设计与行动方案。

四 能源消费总量攀升,雾霾问题严重,环境承载力不断下降

长期以来,北京遭遇雾霾天气困扰、资源能源匮乏等问题,这些问题严重阻碍美丽北京建设和国际一流的和谐宜居之都建设,这些问题成为社会和谐、社会稳定的障碍,市民对改变环境污染的首都形象期待迫切。从总体看,北京加大了环境污染治理力度,但雾霾问题依然严重,环境污染治理的任务日益艰巨。北京加大对环境污染的治理力度,污水处理能力、再生水利用量、垃圾无害化处理能力等持续提高。如表9-10所示,2013年北京污水处理能力为393万立方米/日,比上一年有所提升,2014年达到425万立方米/日,2013年污水处理率为84.6%,2014年达到86.1%。在管道建设方面,污水管道长度2014年达到6536公里。2013年的再生水利用量为80108万立方米,比2012年增加5105万立方米,2014年达到了86620万立方米。北京生活垃圾无害化处理能力得到提升,2014年达到21971吨/日,生活垃圾无害化处理率达到99.6%。

表9-10　　　　　　2011—2014年北京污水处理情况

年份	污水管道长度（公里）	污水处理能力（万立方米/日）	污水处理率（%）	再生水利用量（万立方米）	生活垃圾无害化处理能力（吨/日）	生活垃圾无害化处理率（%）
2011	4765	369	82.0	71012	16930	98.2
2012	5735	389	83.0	75003	17530	99.1
2013	6363	393	84.6	80108	21971	99.3
2014	6536	425	86.1	86620	21971	99.6

用水刚性需求大,污水处理缺口大,难以缓解超大城市用水紧张

难题。如表 9-11 所示，全年水资源总量从 2013 年的 24.8 亿立方米减少到 2014 年的 20.3 亿立方米，继续保持递减态势，人均水资源从 2013 年的 118.6 立方米减少到 2014 年的 94.9 立方米。

北京市水资源统一调度平台显示，南水北调中线北京段惠南庄入境水量达 5.09 亿立方米，全市自来水厂"喝"水 3.65 亿立方米，大宁、怀柔水库"存"水 0.5 亿立方米，回补地下水 0.94 亿立方米，但北京用水仍有缺口，缺水量接近 1 亿立方米[①]。北京万元地区生产总值水耗较 2013 年下降了 0.79 立方米，下降率达到 3.93%。

如表 9-11 所示，从用途来看，农业用水从 2013 年的 9.1 亿立方米下降到 2014 年的 8.2 亿立方米，工业用水与上一年持平，但生活用水从 2013 年的 16.2 亿立方米增加到 2014 年的 17.0 亿立方米，环境用水从 2013 年的 5.9 亿立方米增加到 2014 年的 7.2 亿立方米。可见，随着北京产业结构转型与优化升级，农业用水得到有效控制，工业用水总量没有增加，但人口增多，生活用水却增幅较大，环境问题严重，环境用水也有较大增长。一方面，用水刚性需求大，污水排放增加，给水资源供给增加更多的需求压力；另一方面，污水处理缺口比较大，水资源浪费严重，难以缓解城市用水紧张难题，节水工作需要加强。

表 9-11　　　　　2003—2014 年北京水资源情况

项目	2013 年	2014 年
全年水资源总量（亿立方米）	24.8	20.3
人均水资源（立方米）	118.6	94.9
全年供水（用水）总量	36.4	37.5
万元地区生产总值水耗（立方米）	18.37	17.58
万元地区生产总值水耗下降率（%）	5.87	3.93
按用途分		

---

① 张放：《北京用水缺口仍达 1 亿立方》，《京华时报》2015 年 9 月 8 日。

续表

项目	2013年	2014年
农业用水（亿立方米）	9.1	8.2
工业用水（亿立方米）	5.1	5.1
生活用水（亿立方米）	16.2	17.0
环境用水（亿立方米）	5.9	7.2

资料来源：北京统计局、国家统计局北京调查总队：《北京统计年鉴2015》，中国统计出版社2015年版。

北京能源生产量、消费总量均不断攀升，带来严重的能源消耗压力和碳排放强度，环境承载力不断下降。2013年，北京能源生产量继续增长，一次能源达到536.8万吨标准煤，比2012年增加了35万吨标准煤，二次能源生产量有所减少，2013年为3170.9万吨标准煤，汽油、煤油、柴油、燃料油、液化石油气等生产量均有所减少。但电力生产有所增加，从2012年的284.7亿千瓦时增加到2013年的328.1亿千瓦时。

从表9-12中可以看出，2014年北京能源消费总量为6831.2万吨标准煤，比2013年有所增加，从能源消费结构看，第一产业略有减少，第二产业有明显减少，第三产业和生活消费有明显增加。能源消费以第三产业和生活消费为主，而第二产业的能源消费有所减少，符合北京服务型经济结构，但能源消费总量提升可能带来更多的能源压力以及消耗所带来的排放问题。

表9-12　　　　　　2003—2014年北京能源消费总量　　　　单位：万吨标准煤

年份	能源消费总量	第一产业	第二产业	第三产业	生活消费
2003	4648.2	99.9	2476.7	1391.0	680.6
2006	5904.1	92.3	2773.1	2129.3	909.4
2009	6570.3	99.0	2544.2	2760.3	1166.8
2012	7177.7	100.8	2426.1	3252.1	1398.7
2013	6723.9	97.3	2079.2	3109.1	1438.3
2014	6831.2	91.7	1998.4	3236.5	1504.6

北京受人口膨胀等压力，能源供不应求、环境受雾霾侵袭现状短期内难以改观，环保设施建设滞后于经济发展，水环境不容乐观。如表 9-13 所示，废水排放总量继续增长，2013 年达到 144579.93 万吨，比 2012 年增加了 4306.34 万吨；从大气环境相关指标来看，二氧化硫排放量、氮氧化物排放量、烟（粉）尘排放量等均有所降低，但超大型城市的雾霾天气没有得到有效遏制。

表 9-13　　　　　　　　2012—2013 年北京环境保护情况

项目	2013 年	2012 年
水环境		
废水排放总量（万吨）	144579.93	140273.59
化学需氧量排放量（吨）	178475	186501
氨氮排放量（吨）	19704	20483
大气环境		
二氧化硫排放量（吨）	87042	93849
氮氧化物排放量（吨）	166329	177495
烟（粉）尘排放量（吨）	59286	66829

从现有研究成果中对北京大气污染特别是 PM2.5 解析成分来看，北京机动车污染占第一位，约为 31.1%，燃煤占 22.4%，工业及其他占 18.1%，扬尘和餐饮分别占 14.3% 和 14.1%。PM2.5 既来自污染源的直接排放，也来自二次生成；既来自人为源，也来自天然源。

一是机动车污染存在保有量不减、存量不断增加、尾气排放成为常态源等困境。机动车污染排放对本地污染的分担率是 31.1%。由于没有对机动车持有及使用采取必要措施，机动车尾气排放成为北京大气污染的刚性来源或常态的稳定源。对新增机动车没有形成总目标控制和刚性约束，尽管每年增量有所减缓，北京将年度新增量由 24 万辆压缩到 15 万辆，其中 2 万辆为新能源车。但总量还是每年增加了 13 万辆的燃油汽车，意味着有限的北京空气容量中至少要新增 13

万辆的排放，导致机动车污染总量的"雪上加霜"，新增机动车抵消了机动车淘汰及减排效果。新能源车推广与使用存在认识不高、技术低下、成本难降、设施不足等诸多难题。尾气排放不仅导致严重的空气污染，更严重的是影响市民的身心健康，导致肺癌、心血管病等危害，不坚决控制和减少机动车尾气排放，北京的污染型城市帽子就难以摘掉，建设国际一流的和谐宜居之都就是一句空话。

二是燃煤压减有成效，但全面推行天然气和能源替代存在能源设施规划滞后、燃气管道铺设难等困境。北京中心城区的无煤化目标能够实现，但许多远郊区县的燃气管道没有系统规划，在农村地区特别是山区农民铺设燃气管道很难实现，部分地区铺设燃气管道存在拆迁、补助等多方面难题。优质煤的补贴有限，加之劣质煤的价格下降，燃煤监管不力，导致部分农民或居民仍然使用劣质煤。对远郊区县的无煤化执法监管力量薄弱，避免燃煤、削减煤炭的空间有限，北京市域内减煤带来的雾霾治理的贡献有限。此外，新能源消费和结构调整也存在技术和成本等难题。

三是污染工业的淘汰存在京内城乡接合部死角难以根治、京外污染工业转型升级力不从心、区域传输问题难以解决等困境。北京是以三次产业为主，工业污染减排空间有限。北京通过污染工业的关停并转，污染型企业无论规模还是排放总量不断减少，完全不发展工业，或者将工业排放减少为最低水平的空间有限。服务业包括生产型服务业和生活型服务业污染排放也不断得到重视，但总体上的排放空间不是很大，对雾霾治理的效果不是很明显。

基于雾霾的区域传输问题，一定程度上来自于北京周边地区，特别是属于重度污染的河北省许多工业城市，难以实现周边工业规模和污染排放的严格控制与有效治理。加强对北京周边区域如唐山、邢台、邯郸等若干全国典型的重污染城市的治理是首都大气污染治理的难点。

四是扬尘控制需要减缓城市拆建频率和速度，城市化进程不能始终在拆与建的循环中追求 GDP 增长。西方发达城市重视规划，在建设一定时期后，基本不再进行大规模的拆除重建，许多城市重视保护古建筑，不再建设更多的新城或新建筑，这在欧美国家更加普遍，大部分建筑物均有长达百余年的历史。这不仅可以有效保存城市历史古迹和城市历史文化，也避免在重建中产生新的能源消耗和环境污染。北京需要减少或者降低建筑的拆建频率，重视保护古建筑，核心城区或者已经相对成熟的城市区域应该停止新楼规划和建设，减少城市建筑密度，留住更多的城市生态空间。此外，适度加强城市生活服务业的污染排放，餐饮污染控制对刚性的生活需求不能压减，控制空间有限，倡导绿色生活和消费宣传不够。

五是对若干重点污染源的治理力度不够，存在监管和控制真空。如对首都机场的排放治理还处于空白，可借鉴欧洲经验，对于排放超标的飞机严禁降落机场，并对超排飞机征税。而首都机场基本没有这方面的规定。首都机场、南苑机场每天飞机起降的燃油排放对顺义、通州、朝阳、大兴、昌平等区域的大气污染产生严重影响。

六是人口病、产业病、交通病与环境病交叉感染，难以根治。大气污染的直接原因来自于"城市病"，"城市病"的形成又是人口在城市区域的过度膨胀和集聚所引发的产业集聚、交通拥堵、住房拥挤等系列问题。人口过多会带来排放的刚性需求难以减少，新增人口出行以及购车导致交通尾气排放的增加，新增人口住房、办公带来新增建筑、产业的各种排放。这些病的综合诊断、全面体检、系统整治缺乏顶层设计和具体行动方案。

七是北京绿化建设本身力度不够，许多城市绿化隔离带被侵占和挤压，弱化了绿地对城市的降尘减霾作用。许多原本规划为绿隔的土地要么被改为工业用地、商业用地或居住用地，要么变成违建土地。城市绿化率偏低，对城市大气污染的净化失去应有作用。

八是大气污染防治和环境整治的末端环节缺乏运行机构，特别是街道、乡镇、社区缺乏环保执法力量。治安、城管、计生等部门力量没有整合，基层大气污染治理和环保工作缺乏执行者、参与者、监督者和社会支持力量。

第二节 北京"城市病"形成的原因分析

首都北京"城市病"的形成既具有作为一般特大城市的基本规

律，也具有作为国家首都特别是发展中大国和建设社会主义国家的首都的特殊性，其原因更加复杂。北京"城市病"形成的影响因素很多，关系复杂。从本质上说，"城市病"是城市资源环境承载力和城市化发展规模速度之间矛盾积累的结果[1]。一方面，北京作为超大城市，具有超大城市发展的一般规律，其"城市病"的形成与其他城市具有共同的演化规律，许多"城市病"并非北京的特例，人口膨胀、交通拥堵、住房紧张、环境恶化、资源耗竭也是其他城市的通病。另一方面，北京"城市病"的形成与该城市的历史发展、文化特色、区域实情、政治地位也有密切关系，需要结合北京所在的区位特点、市情现状进行分析。习近平总书记提出要落实首都城市战略定位，疏解非首都功能，为治理北京"城市病"、分析"城市病"的形成原因提供了指导方向。

一 缺乏"城市病"治理的顶层设计和统筹协调机制

（一）缺乏破解首都"城市病"问题的顶层设计和行动方案，城市规划不够合理

目前，尽管北京市贯彻落实习总书记讲话精神，做了许多的工作，取得一些工作进展和成效，但存在不少问题，缺乏对问题成因的深入分析、系统思考和顶层设计。从"城市病"的机理进行考察，"城市病"的出现是城市系统运行中各个要素、各个子系统之间出现不协调、产生紊乱的一种表现。城市作为一个开放的巨系统和自组织，系统内外部时刻在进行着各种能量的交流，包括信息、人才、知识、物质等的交流和互换，没有这些交流，城市运行就会受阻，哪一个环节出现故障，整个系统就会失调和紊乱。交流和系统反馈机制是维持城市保持总体平衡的根本，一旦交流和输入、输出系统出现问题，或者信息反馈机制失灵，都将使城市系统失去平衡，严重者会使

---

[1] 姜爱华、张弛:《城镇化进程中的"城市病"及其治理路径探析》，《中州学刊》2012年第6期。

城市运行陷入瘫痪状态①。"城市病"往往是伴随着城市化、工业化进程所产生的，在城市系统内部出现了物质传输和能量交换中的不协调问题，产生城市运行的无序、混乱和失控状态。因此，"城市病"的成因分析，要从整个系统进行考虑，特别是要从城市发展的顶层设计和系统发展的高度进行综合考虑。从整体上、系统自组织上看，缺乏落实首都城市战略定位、破解"城市病"的顶层设计和行动方案。由于没有从宏观、整体、系统的高度形成落实首都战略定位的决议或通过文件形式制定具体的行动纲要和战略规划，导致无论北京市层面，还是区县层面均难以形成统一部署、统一行动、统一措施，最终导致无的放矢，难以达到预期目标和成效。

  北京"城市病"产生的原因很多，最核心的问题是首都城市功能过多，影响了核心功能的发挥。习近平总书记提出要进一步明确和落实首都城市战略定位，充分肯定了全国政治中心、文化中心、国际交往中心、科技创新中心的提法。本次定位中在沿用了过去定位的基础上，重点增加了科技创新中心，这是我国应对全球创新竞争新趋势、实施国家创新驱动战略对首都发展提出的新使命和新要求。北京"城市病"的典型表现是人口过多，人口膨胀到"天花板"了。但人口为什么都涌入首都北京，除了北京作为特大城市所具有的天然人口吸纳能力之外，城市功能太多、资源过于集聚、公共服务不够均等也是重要诱因。北京是全国的政治中心、文化中心、经济中心、金融中心、科技中心、教育中心、医疗中心等，这些大而全、高而多的中心功能必然吸引大量人口流入，如看病主要是外地人集中在东西城区，小孩就学也一定比例是外地生源。功能多意味着更多的优势资源集聚，优势资源的背后又意味着某些利益的获得与不公平分配。作为全国的政治、文化、科技等中心，自然会集聚了全国高端的政治资源、文化资源、科技资源、教育资源、医疗资源等，也可能提供更多的高端的就业机会，为吸引高端人才提供了前提条件。

---

  ① 杨卡：《基于自组织系统论的"城市病"本质、根源及其治理路径分析》，《暨南学报》（哲学社会科学版）2013年第10期。

治理首都"城市病",但不能对首都功能进行科学定位,缺乏疏解非首都功能和"城市病"治理的顶层设计和明确行动方案,结果导致各种"治标不治本"性的"城市病"治理举措不得要领,难以解决核心城区功能过多、资源过于密集等根本性问题。如采取单一化的人口管控政策,驱逐低端产业及其就业人口,对群租房、地下室租房等进行人口驱赶,短期内会减少外来人口,但从长期来看,并不能减缓北京人口膨胀的趋势。只要吸引外地人口流入的诱因和条件不改变,北京人口膨胀的问题还将在一定时期内存在。这就要求加强对首都"城市病"问题及其成因进行深刻剖析,加强顶层设计,制定系统性的行动方案和战略规划,并加强各方面的统筹协调。但目前这方面的顶层设计和行动方案比较缺乏,已出台的《京津冀协同发展行动纲领》等可能仅仅停留在文件层面,具体落实并见到成效还有待于一段时间的考验。

对于首都城市核心功能、非核心功能没有进行深入辨析和界定。哪些功能该外迁,哪些基本功能不能外迁,理论认识上没有根本解决,没有很好地研究、设计和规划,导致在具体工作推进中进入深水区,难以持续、稳步、有效推进。如对北京动物园批发市场、大红门市场、官园市场、十里河市场等缺乏明确的功能疏解方案和城市发展规划,这些市场到底应不应该搬迁,是全部搬迁还是部分搬迁,往哪里搬迁,怎么搬迁,搬迁后这些土地或空地如何改造或利用,缺乏深入的研究、明确的设计和完善的规划。对这些市场主体如何给予利益补偿、产权如何划分、外迁市场如何对接,缺乏详细的计划和实施方案。

首都"城市病"的形成与城市规划不够合理密切相关。城市功能过多,产业过于集聚、高层建筑过于密集,基础设施建设滞后,均与城市规划不科学、不完善相关联。由于城市规划缺乏足够的前瞻性,缺乏对城市规模扩张、城市人口膨胀、城市产业发展、城市交通设施等的科学性预测和足够的规划空间,导致后来的城市发展受限。城市规划的问题主要表现在以下几个方面。

第一,城市规划缺乏深入调研、战略思考和科学论证,规划没有结合城市发展的特点、未来城市规模扩张的趋势进行，有的城市规划以个别或者部分领导意志为转移，缺乏前瞻性、科学性和战略性，城市规划急功近利，注重面子工程和政绩工程，致使城市规划跟不上城市发展的趋势。

第二，规划缺乏严肃性和协调性，规划本身的不合理导致规划难以有效实施，规划缺乏足够的论证和调研，规划不符合实际情况发展的需求，导致规划难以落实，规划难以充分处理各方面的利益，难以协调各方面的关系，规划形同虚置。在城市规划执行过程中，相关部门从部门利益出发，缺乏沟通协调，难以落实。如北京许多的绿化带、城乡接合部缺乏科学的规划和有力的规划执行机制，许多私搭乱建、违规建筑侵占城市绿隔现象未能及时监控和治理，导致城市交通拥堵、城乡接合部低端产业聚集、人口过快增长与膨胀。

第三，城市规划仅仅追求 GDP，经济利益至上，不充分考虑城市资源、能源和环境承载力。如城市核心区主要考虑能实现 GDP 增长，盲目引进更多的产业和项目，建设更加密集和高层的建筑，缺乏资源能源和环境方面的规划和制度约束。过于密集的建筑用地严重侵占了生态用地和公共文化空间，导致人口过于膨胀、交通拥堵、资源能源耗竭和环境污染不断恶化等"城市病"的积累。

第四，城市规划执行不严格，对违规行为治理不及时、不坚决。北京作为国家首都，城市规划一旦通过，就应该坚决执行，但许多地方存在的违规行为没有被及时制止和处理，缺乏足够的监督和执行机制。如有的绿隔被违建占领，但没有去及时发现、监督和制止，发现后又不能坚决进行查处和拆除，导致规划执行相对软弱，规划的权威性缺失。有的规划被个别领导人所修改，导致规划没有按照预定的目标去执行。在城乡接合部、在城市绿隔地段，这些地方的违建特别多，处理和拆违难度比较大，制约了城市规划的有效实施。在疏解非首都功能中，这些地段也是难点和棘手的区域。

（二）缺乏疏解非首都功能的相关法律依据，缺乏可操作性的政策措施

缺乏明确的规划和相关法律法规依据，导致首都非核心功能疏解

工作无法可依，仅仅依靠领导讲话和政府文件，都是行政行为直接对市场进行干预，违背了党的十八大报告提出的发挥市场机制在资源配置中的决定性作用的基本精神和要求，其实施效果也很差。如对于没有明显违规行为，不符合首都功能定位的一般企业和经营者，强制性地要求商户终止合同、限期搬离，是明显违背市场经济规律和基本原则的，实际上是行政过分干预市场的行为，而对这些搬迁的企业也没有明确的利益补偿或相关配套政策的支持，政府缺乏足够的疏解依据和调控手段。

非首都核心功能疏解的产业疏解、人口和土地调控等缺乏配套的具有操作性的政策措施。相关政策法规没有实施细则，导致基层在推进人口调控工作时，普遍存在调控无法可依、措施不好落实的问题。例如棚户区改造过程中，涉及中央、市属产权单位拆迁，以及拆迁所需保障房和资金供需差距大等问题，缺乏相关政策引导。再如，一批落后的工业生产业项目淘汰后，原有项目的用地闲置，由于土地性质、规划调整、行政审批等缺乏宏观层面的政策引导和详细的实施办法，导致发展方向不明确，影响其他产业迁入，无法实现产业的接续发展。政策不够完善直接导致人口调控工作的低效率。

对交通拥堵、乱停车、尾气排放等问题的治理，缺乏有效的法律依据，缺乏系统、精细化的《清洁空气法》《城市交通拥堵与污染防治条例》，难以对交通拥堵、乱停车等进行依法处罚和依法治理。

（三）缺乏有效的统筹协调机构，利益补偿机制不够完善，城市管理滞后

一是缺乏有效的统筹协调机构，单个主体难以推进治理工作。落实首都城市战略定位，疏解非首都核心功能涉及土地产权界定、利益补偿、市场外迁培育、公共服务、交通条件、财税政策等多方面的问题，没有建立从北京市到区县、乡镇（街道）乃至市场主体的统筹协调机制，许多工作需要规划委、发改委、交通委、工商行政等多个部门的协调和协作，单个部门或主体难以有效推进。如丰台区积极响应习总书记讲话精神和市委市政府的有关部署，成立了大红门疏解办

等实际推进部门，但无法与北京市级各职能部门形成有效对接。许多工作需要多头请示，如果缺乏市级层面的统筹协调机制，难以推进疏解中存在的各种问题，疏解过程中存在多头管理、互相推诿等问题。非核心功能疏解还涉及中央单位、军队、央企、国企等多个利益部门，事关各区县政府、乡镇街道、京津冀三地政府等多层级行政单元，利益主体多元、产权性质复杂、管辖关系交叉，不仅北京市内部协调困难，北京市与中央机关、军队、央企、津冀等各级政府和机构难以进行有效协调。

二是缺乏有效的利益补偿机制，难以从根本上激发疏解的内在活力。落实首都城市战略定位、疏解非核心功能、治理"城市病"涉及的利益关系复杂，疏解成本高，社会风险大。以人口疏解和调控为例，面临着城市化继续推进与北京人口规模调控之间的矛盾、京津冀发展差距与北京人口规模调控之间的矛盾、地方发展动力充足与北京人口规模调控之间的矛盾、公共资源分布不均与北京人口规模调控之间的矛盾、维护社会稳定压力与北京人口规模调控之间的矛盾、产业疏解的规律与北京人口规模调控之间的矛盾、手段的合法性与北京人口规模调控之间的矛盾等七大矛盾。

由于缺乏有效的利益补偿机制，许多利益博弈问题难以解决。落实首都城市战略定位、疏解非城市核心功能、治理"城市病"存在多方博弈、利益竞争、两难选择。存在政府干预与市场机制的矛盾，存在中央政府与市级政府、市级政府与区县政府及北京市政府与央企、国企、中央机关等不同部门之间的矛盾，存在不同市场主体之间的利益矛盾。产业疏解和市场搬迁会形成对原业主和租户之间的利益冲突，如何补偿？产业所在土地涉及原有国企土地、农民集体土地、企业自有土地等不同权属关系，利益如何补偿，缺乏明确的利益补偿和风险共担机制。北京市在补偿资金的投入、市区两级补偿资金分配、补偿标准等方面缺乏制度安排，降低了主体主动疏解的意愿。

北京市出台了对工业污染企业搬迁的奖励办法，但对于规模以下工业及其他疏散主体的奖励办法还没有出台。如果不能对这些利益缺损进行及时补偿，或给予政策层面的利益预期，难以促使这些企业或产业的搬迁与疏解，即使强制性地关闭企业和压缩产业空间，但人口疏解目标就会落空；即使某些产业或市场疏解了，但人口或市场转移到周边地区，导致人口膨胀问题会疏而不解。产业疏解的目的在于人口的疏解，当无法达到人口疏解的目的时，所做的产业疏解将是本末倒置和徒劳无功的结局。

三是没有形成功能疏解的市场条件，承接地公共服务差距太大，利益缺损难以平衡。北京非核心功能和产业向河北、天津等周边区域疏解和承接，但这些河北、天津承接区域并不具备类似北京的市场环境，在市场需求、上下游环节、交通条件、公共服务等方面都比不上北京。承接地在公共服务、教育、医疗、交通等方面存在的客观差异，难以确保人口的疏解，难以吸引市场要素进入。人为的强制性产业搬迁因承接地的市场条件不具备，可能会导致某些产业和企业的衰亡和利益损失，降低了产业搬迁的动力与意愿，导致迁而不走、疏而不解。同时，在 GDP 核算、转移支付、税收分成和返还等方面缺乏合理的制度安排和政策规定，北京和产业承接地难以在发展利益上达成共识，阻碍了企业的搬迁转移。

四是京津冀协同发展缺乏实体机构的推进，难以形成长久的长效合作机制。京津冀区域涉及两个直辖市和一个省，在北京直辖市范围内有中央部委及其国家级企事业单位，主体多元、层级复杂、利益交叉。由于京津冀协同发展缺乏强有力的组织领导机制和协调推进机制，导致即使各个主体都有合作发展愿望，也很难实质性推进。京津冀协同发展不仅仅是京津冀三地之间的事情，也涉及中央利益的维护和均衡问题。一方面，解决北京"城市病"问题，不是北京市级层面单方行动可以成功的。产业和人口疏解不仅包括北京市属企业和单位的外迁，也应该包括属于非首都核心功能的部分国企、央企、中央事业单位需要外迁和疏解，这些机构和部门对人口的吸纳能力相对北京市而言更强大，在人口控制、产业疏解等方面不是北京市政府所能控制的，需要中央从国家层面进行协调。另一方面，北京市在京津冀协同发展中确实应该发挥老大哥的角色，但缺乏直接的行政管辖权力和控制能力，仅靠北京市难以进行实际的利益均衡和发展协调。需要中央从国家层面建立推进实体机构，不采取实际推进的利益共享机制和实施方案，京津冀协同发展均难以实施。

五是城市规划、建设与管理水平跟不上建设国际一流的和谐宜居之都的要求。北京作为首都，作为发展中大国、人口众多大国的首都，人口过于膨胀、交通拥堵等问题具有客观性和不可避免性，但城市规划人才缺乏，城市规划、建设、管理水平滞后，城市建设理念缺乏偏差加剧了"城市病"的形成。受传统城市建设的以物为本的理念束缚，将城市化建设简单等同于修建城市大道、城市风光带、修建豪华城市广场、建设摩天大楼、盖商场，忽视城市自身的资源能源和环境承载力，忽视城市居民的生活宜居性，城市配套设施不够，城市服务设施滞后。在管理上重控制轻服务，重罚款轻制度，重统治轻参与，管理人才缺乏，管理能力有限，城市精细化、专业化管理严重滞后于城市发展水平，社会化服务水平差。多头管理、政出多门、各自为政等现象突出，基础设施建设、使用、经营和管理效率低，基础设施建筑质量差，事故频发[1]。结果是生活服务网点少，生活不便利，交通拥挤，私家车乱停乱放。此外，还存在入园难、上学难、就医难、养老难等多方面的发展难题，制约和谐宜居之都建设与城市经济社会的可持续发展。

二　缺乏替代 GDP 考核的科学机制，产业结构调整任务艰巨

尽管党的十八大报告、十八届三中和四中全会提出要全面深化改革，改变传统的唯 GDP 至上的政绩考核体系，发挥市场在资源配置中的决定性作用，但在实际政治运行和政府体制中，并没有出台改变传统的财税体制的文件，没有改变传统 GDP 政绩考核体系，缺乏科学的、可替代传统 GDP 政绩考核模式的新体制、新机制，在治理"城市病"、疏解非首都功能的过程中不免受追求 GDP 冲动的体制性影响。

---

[1] 姜爱华、张弛：《城镇化进程中的"城市病"及其治理路径探析》，《中州学刊》2012 年第 6 期。

我国城市发展受到多方面的体制因素影响，这些因素既是城市规模扩张、城市经济增长的重要动力，也是阻碍城市经济社会持续发展、形成"城市病"的重要诱因。有研究认为其主要包括干部选拔机制和政绩考核体系、财税体制、土地制度、规划体制等方面[①]，这些方面的因素可以说是我国城市发展的重要特色，也是制约城市进一步持续发展、科学发展、健康发展的重要桎梏，分析这些原因为选择科学的治理道路提供理论基础。

（一）干部选拔机制与政绩考核体系的影响

我国高度重视干部严格选拔，采取的是民主推荐、人事考察、党委讨论、上级审批的基本模式。如1986年1月，《中共中央关于严格按照党的原则选拔任用干部的通知》中规定的选拔干部的程序为：一是民主推荐，广泛听取意见，提出选拔对象；二是组织人事部门考察，党委集体讨论决定后按干部管理权限上报；三是上级组织部门进一步考察，然后提交党委讨论审批。1995年《党政领导干部选拔任用工作暂行条例》、2002年《党政领导干部选拔任用工作条例》、2004年《中共中央关于加强党的执政能力建设的决定》等文件对干部选拔制度进行修改和完善，其中领导提名、组织部门考察、党委讨论决定是干部选拔任免的关键程序，实际上是自上而下的干部任命制。

上级部门对领导干部的选拔、政绩考核均是影响下级部门及其领导干部行为的决定性因素。这种主要是依靠上级部门的考核、决定为主的干部选拔、任免模式决定了下级部门及其行为将受上级的偏好及其需求为导向，而对政绩考核在长期以来的坚持"经济建设"为中心的基本原则下，考核指标过于注重经济增长指标，以GDP为主导，对社会发展、民生改善、环境保护、可持续发展等方面指标重视不够，或者仅占较少比重，经济增长指标决定了下级部门和主要领导干部的业绩考量。在这种模式下，导致下级部门过于注重GDP，注重

---

① 林家彬：《我国"城市病"的体制性成因与对策研究》，《城市规划学刊》2012年第3期。

经济增长，城市发展让步于经济增长，经济增长快的城市受到上级领导的重视和好评，进而获得升迁。

过于注重经济增长指标的政绩考核体系给城市经济社会持续发展带来严重影响，过于重视经济，忽视社会建设和民生改善，忽视公共服务和基础设施建设，成为导致"城市病"的重要原因。由于过于注重经济建设和GDP增长，导致城市功能过于集中，中心城区由于具有更高地价和产业发展条件，建设更多、更加密集的高层写字楼以实现经济增长目标，而生态用地、交通设施改善、公共文化服务等方面的发展目标往往被忽视或者取代。

城市政府鼓励产业集聚，吸引大型项目的落户，导致城市资源环境和基础设施的不堪重负。过分追求可以看得到的经济建设和形象工程，忽视民生工程、社会建设和生态保护等，建设文化广场等形象工程和面子工程容易被上级领导视察时所感知，容易被领导关注和纳入评价考核，因而这些工程得到优先投资和建设，而关系到民生和社会建设的如城市排水、交通道路、城市生态修复和保护、社会保障等工程不易被关注，发展不受重视，建设严重滞后。这种政绩考核机制直接导致城市基础设施建设不足，而中心城区的商业地产开发过度，吸引更多的就业人口和交通出行，人口膨胀、交通拥堵、环境恶化等"城市病"问题难以避免。

（二）当前财税体制的影响

当前，我国财税体制对于城市政府产生重要影响。一方面，由于分税制，导致好的税源被上收，而承担过重责任的公共服务等事权与有限的地方财税来源严重不匹配，有的地方政府因为产业不够发达，企业税源过少，有的基本没有什么地方财税收入，但也缺乏上级财政转移支付的有力支持，结果导致吃饭财政和土地财政现象的出现。1994年，我国采取的分税制，实行更加利于中央财政的税种划分和税收分享比例，没有划清各级政府的事权和财政支出责任，结果导致财权上收、事权下放，地方政府缺乏财力，但事权支出责任过重。企业的税收是地方财政税收收入最重要的来源，但企业较少或者不够发展的区域，地方政府缺乏足够的财政税收来源，导致吃饭财政和土地财政的出现。吃饭财政反映了地方政府的财政税收受制，只能依靠土地财政来支撑，因为契税、房产税、土地增值税、城镇土地使用税等与房地产有关的税收都是地方财政税收的重要组成部分，这些税收与土地出让金共同构成了"土地财政"。地方政府事权与财力的不相匹配，使得城市政府寻求税收以外的收入来源，"城市经营"和土地财政大行其道。以企业相关税收作为主要收入来源的税制结构，使得地方政府为了扩大税源而千方百计地招商引资，在危旧房改造中进行高强度的地产开发，使得人口和经济活动更加密集，城市的基础设施更加不堪重负。

（三）土地制度的影响

我国土地制度对城市发展具有重大影响。由于实行的是城乡二元土地公有制，城市土地与农村土地的产权主体不同，城市土地为国家所有，农村土地为农民集体所有，除农村集体建设用地之外，建设用地只能使用国有土地。集体组织不可购买国有土地，国家可以强制征收集体土地。在现行的法律框架下，农民集体所拥有的农村土地产权是不完整的，农村集体土地只能通过国家的征收才能改变所有权主体和所有权性质。这些土地制度规定导致土地市场仅能由城市政府垄断经营，为城市政府圈地卖地、实行"土地财政"创造了便利条件。城市政府既是城市土地的所有者，又是城市土地的管理者和经营者，导致土地资源配置中非市场化因素过多，城市政府具有扩大拆迁规模、搞大拆大建的利益冲动，加剧了城市内部空间结构的复杂化和碎片化，也导致公共服务供给不足，建设用地侵占生态用地和公共设施用地，导致老城区的人口和产业集聚，加剧城市的交通拥堵等"城市病"的症状。

（四）规划制度的影响

由于城市规划本身不够合理，规划的决策权高度集中，容易引发越级决策、责权不对称等问题，规划不够科学合理，规划赶不上变化，导致"城市病"问题没有得到根本性的治理，如城市交通规划滞后于城市人口增长速度，城市建设用地规划不够合理，超过了城市资源能源和环境的承载力。规划缺乏权威性和执行力，很多地方

"换一届领导就改一轮规划"，新上任领导随意更改规划，以体现本届政府领导的新理念和新政绩，对违规开发与建设处罚太弱，起不到震慑违法的作用。此外，规划因审批程序滞后导致时效性不足，规划过程中缺乏公众参与，规划难以保障城市科学发展，追求政绩、片面追求经济增长、圈地卖地、追求财政收入最大化等导致"城市病"问题不断恶化。

由于以上原因，追求GDP的政绩考核机制、财税制度和土地制度的不良影响仍然存在，各区县政府发展经济的冲动没有从根本上转变，在产业疏解上的力度普遍不大。

一是追求GDP的政绩考核机制不转变，利益难以均衡。腾笼换鸟是为了更高的经济增长，吸引更多的产业、企业和人口的进入，而人口增多会导致更为严重的交通拥堵等"城市病"问题。如核心区的金融街、CBD等的外扩进一步加剧了人口膨胀、交通拥堵、环境恶化等"城市病"问题。由于追求GDP的政绩考核需要，京津冀各级政府均有积极发展经济的冲动，经济增长需要吸引产业和人口进入，导致更加严重的人口、交通、资源、能源、环境等系列"城市病"问题。

二是低端产业疏解导致GDP的减少，而高端产业暂时无法进入和替代时，减少了当地政府进行产业疏解的动力和积极性，或旧的低端产业的疏解，带来新的低端产业的进入，交通拥堵等"城市病"问题难以破解。此外，基于发展经济和追求GDP的内在动力存在，对于那些效益不错、耗能不高、污染不重、潜力待发掘但不属于首都核心功能的产业，还是下不了"壮士断腕"的决心疏解出去。就北京而言，包括核心区在内，尽管面临人口严重膨胀、交通严重拥堵、环境严重污染等现实问题，但发展经济的冲动始终没有减弱，淘汰低端产业不是为了疏解过多人口和交通，而是为了发展更多的GDP和财税收入。

三是没有建立绿色生态的低碳产业体系，经济发展方式粗放制约首都生态文明建设。绿色低碳技术创新力度不够，技术支撑体系尚未建立。生态文明建设要摆脱传统工业文明的"技术理性至上"及忽视生态、忽视环境的经济利益至上的价值取向，资源环境问题的解决有赖于一系列绿色低碳技术的创新与开发。目前，京津冀地区绿色低碳技术创新支撑体系尚未建立，有利于生态文明建设的财税、投融资政策还不完善。作为重污染的河北地区，高碳产业比重过高，低碳生态产业体系没有建立，污染企业的关停并转工作任重道远。

北京尽管是第三产业占主导的服务业经济，第三产业占GDP比重超过70%，但服务业结构中低端、生活型服务业比重大，如餐饮、交通运输、物流、批发零售等服务业的污染物排放大，知识密集型、技术密集型、低碳型服务业比重少，导致北京产业排放仍然强度大。降低北京周边包括河北省范围内的重化工业的比重，减少污染物排放，加强产业转型和生态产业发展，是推进京津冀生态文明建设的重中之重，也是促进首都生态建设、减少雾霾、改善环境的关键。如何减少京津冀地区的重化工业比重，如何提高企业环保水平，如何真正减少污染物的排放，需要京津冀三地的共同合作与强制性的举措，仅仅认识到而已很难解决，仅仅依靠类似于APEC的一次性的中央行动也难以持续，需要从中央到京津冀各级政府不再简单追求GDP的动真格的实际行动。

四是从京津冀大区域来看，北京大气污染很大部分来自于区域传输，全国污染最为严重的城市大部分属于河北，北京雾霾源的1/3来自北京周边地区，河北许多工业城市不转型，污染产业不淘汰，污染不控制，北京大气污染治理就难以成功。但这些污染城市追求GDP的冲动进而追求经济增长的政绩考核机制不转变，就难以在短时间内进行全部关停并转。就京津冀而言，河北、天津等追求GDP，继续发展污染型工业，尽快淘汰全部的高污染产业的动力不足。从根源上讲，北京"城市病"的暴发与我国现行的政绩考核体制和财税管理体制密切相关。市级政府和区县政府，乃至乡镇、街道都有经济考核和增加税收的多重压力。由于土地财政的冲动，存在"卖地—盖楼—卖房—进人"的发展套路，必然带来产业无序扩张、人口快速增长、环境持续污染。

由于未能建立首都财政体制，没有改变北京市各区县和河北、天津等省市区的政绩考核体制，受GDP压力驱使，难以使财政与自身经济发展脱钩，低端产业的疏解、淘汰没有进行有效的利益均衡和共享，产业同质化竞争激烈，使京津冀产业协同发展受到阻碍。京津冀区域各地区发展不均衡和不平衡，特别是在经济发展方面存在断崖式的差距。

三 缺乏人口控制治本之策，优势资源不疏解，难以遏制人口膨胀

从北京落实习总书记讲话精神以来采取的措施考察，人口控制没有抓住吸引人口进入的本质原因，人口疏解治标不治本。北京确定2020年人口控制目标是2300万，近年来北京各区纷纷将合理调控人口规模以及开展对流动人口的有序管理工作纳入政府工作报告，采取减少对低端劳动力的需求等措施，抑制流动人口无序盲目集聚膨胀，提高流动人口有序管理工作成效。如顺义区通过"以产引人、以业控人、以房管人"等措施，对餐饮、洗浴、美容美发等"五小门店"和小百货、小建材等各类市场进行整顿规范，整合清理了一批不具备基本条件的小门店、小企业，合理规划调控再生资源回收、物业管理、家政服务等生活性服务业的发展，减少低端就业岗位对流动人口的过度需求。房山区则对流动人口实施居住证管理，抑制劳动力密集、技术含量低和吸纳外来人口多的低端产业，包括小服装、小加工、小作坊等在内的五小企业，以及包括小旅馆、小餐饮、小网吧等在内的六小场所将加快被退出房山区的步伐，对不适合在区域内发展的行业和从业人员进行合理疏导，降低对低端劳动力的需求[①]。

以上对低端人口流动的严格控制，在短期内有效，但从长期来看，难以遏制外来人口进入北京的客观需求。目前，政府只注重外来流动人口或所谓的低端市场、低端就业人口的疏解，人口疏散措施不够系统，只注重表面，只简单地制定一个数字目标，下达人口控制的

---

① 《北京顺义控制人口：以产引人、以业控人、以房管人》，《北京青年报》2011年1月7日。

任务。

一是低端产业、低端就业市场的需求存在，必然会吸引更多的流动人口，任何城市的发展不可能全部都是高端人口，适度的低端产业和低端市场的就业人口存在是城市发展所需的，流动人口不可能全部疏解。以清理低端产业为例，低端产业主要是以商业服务业为主，这些产业是为人口提供服务的。即使将这些低端的服务业疏散出去，保留高附加值的高端产业，也难以有效控制人口增长。简单制定区县人口疏解的数字目标和指标任务，结果导致人口的区县间的转移，城乡接合部的人口整治难。

二是优势资源不疏解，人口膨胀难以遏制。北京市利用自身的政策优势，集中了全国的优质资源，从而可以提供更多、更好的工作机会和发展机会。北京500公里半径以内没有足够数量的具有竞争力的大中城市，东北、西北以及黄河以北的人毕业后的工作首选地就是北京。北京作为国家首都，拥有其他地方不具备的高端政治资源、高端教育机会、高端医疗机会、高端就业机会等优势资源，以及公平的发展机会、畅通的信息资源等，这些资源是吸引外来人口的核心因素。如北京生源考一本录取率为24.33%，但河北省仅为9.03%[1]。这些优势资源不疏解，资源差距不缩小，人口和产业的疏解就难以推进，京津冀也难以实现协同发展。

由于优势资源过于集聚，核心区人口密度过大，基础设施承载压力大，"城市病"问题难以遏制。"城市病"是由于大量的人口向城市集聚，带来交通拥堵、环境污染、房价高涨、贫民窟并存等一系列问题的统称[2]。人口总量增加和不断膨胀，必然带来更大的交通、住房、就业等压力，导致北京"城市病"问题的进一步恶化和加剧。而基础设施作为承载人口就业、生活的基本条件和服务保障，投入总量不足，与人口增量不匹配，必然会降低基础设施的供给能力，从而

---

[1]《2013年全国各地高考一本录取率及录取人数》，http://gaokao.gaofen.com/article/42224.htm。

[2] 赵弘：《给北京"城市病"的一剂良药》，http://finance.sina.com.cn，2014年5月4日。

又加剧"城市病"问题。交通、能源、资源、环境等领域基础设施建设与发展在客观上是缓慢提升的,在主观上由于人口流动性比较大,人口增量难以控制和预测,所以基础设施建设投入难以跟上人口增长水平,其结果必然会导致交通拥堵、环境恶化、资源能源消耗大等"城市病"问题,而且短时间内还难以遏制。

北京发展最突出的问题是人多。那么为什么人多,吸引外地人来京的主要原因有哪些?深层次分析是功能太多带来的,北京既有作为首都的政治中心、文化中心,又有经济中心、金融中心、科研中心、教育中心、医疗中心等诸多功能。这些功能的核心利益诱导在于过度集中的政治资源、更多优质的教育资源(特别是名牌高校资源)、更高水平的医疗资源、更多机会的就业资源等,形成与周边其他区域的利益高地和资源势差,这些资源不进行均等化疏解和均衡化配置,对外地人口的吸引力将难以减小,其结果必然导致其他人口调控和产业疏解政策难以真正有效。

绝大部分与首都功能联系不紧密的一般行政事业单位难以进行疏解,核心区的大量军事指挥机关及其附属机构、教育、医疗等公共服务机构没有进行疏解,高端优势资源没有进行疏解和分流,不仅吸引更多的外地人口进入,也难以实现人口的真正疏解和产业的有效外迁。这些优势资源没有在北京周边地区适度疏解或分流,将导致长期的虹吸效应,如北京外来人口有很大一部分来自河北,占北京总人口的22%,大约156万人,加剧了北京人口膨胀和交通拥堵,也拉大了河北与北京之间的经济差距。

北京暴发"大城市病",背后原因是其承载的功能过多、过度集中,同时与周边地区发展滞后有较大关系。比如北京的人口膨胀,一个重要原因是周边区域经济社会发展水平与北京落差较大,北京充足的就业机会、高品质的公共服务资源等都对周边人口形成强劲的吸引力,吸引周边人口不断向北京集聚。因此,北京解决"大城市病"问题,不可能孤立地在本市范围内进行,而是要在周边建立起强大的支撑腹地,在更大范围破解发展难题。

三是中心城区中央及市属机关产权房屋数量多且大多老旧,这些房屋用于出租经营的现象严重，在中心城聚居了大量流动人口。缺乏更加准确、及时的人口统计数据，由于公安、流管、交通、发改等不同部门的统计口径没有统一，缺乏客观的人口流动信息平台，难以掌控准确的人口数据。

四是增量改革不到位、存量改革难以调整。首都"城市病"治理和京津冀协同发展存在增量改革不到位、存量难以调整问题。对于人口疏解而言，一方面，通过行政手段疏解了部分人口，但每年仍然有较大的新增人口，结果导致疏解出去的人口数被新增人口数所抵消。另一方面，核心区人口调整到周边区县，但总人口没有根本性的变化，对于北京人口、交通拥堵问题没有实际性的成效。由于增量改革不到位，增速没有得到控制，各区县发展经济、吸引产业、增加企业的需求旺盛，人口、交通出行的增量、尾气排放的总量没有减少，导致大气病、"城市病"治理难以有效。

对于产业疏解而言，核心区的非首都核心功能的国企、央企等产业、企业的存量没有调整，仅仅对低端市场的行政干预和强制性疏解，并不能对北京人口特别是核心区人口总量疏解有实际性贡献。由于国企、央企、中央机关和事业单位的自主进京指标权限存在，北京市对新增人口难以有效控制，不能控制和减缓核心城区的新增人口，也不能对存量人口进行有效疏解，北京人口调控工作就难以推进。

对于新城发展而言，北京新城建设由于采取统一的人口指标控制，过低的人口增长空间，制约了新城产业发展，新城发展缺乏吸引核心区人口和产业的动力和条件。对于京津冀协同发展而言，缺乏吸纳北京人口增量转移的能力和条件，北京既有的重要存量资源如许多非首都核心功能的国企、央企、中央事业单位没有疏解到河北、天津去，难以形成资源集聚效应，京津冀合作与协同发展难以实际推进。

四 缺乏机动车总量控制目标，轨道交通建设滞后

城市公共服务设施承载力与城市发展、人口迅速膨胀不相适应，是导致"城市病"的主要原因之一。与发达国家，乃至与发展中国家相比，我国城市基础设施人均占有量都处于较低水平，基础设施建

设规模、管理水平均跟不上人口增长速度。随着城市化进程的快速推进，基础设施的数量不足和质量不高，已经成为我国加快城镇化进程和促进城市健康持续发展的主要矛盾和重要瓶颈。北京机动车拥有量的逐年增长，使得本来拥堵的道路更加雪上加霜，道路资源供求矛盾更加尖锐。交通拥堵主要涉及的是城市交通基础设施建设和管理水平问题，轨道交通建设滞后，导致轨道交通作为特大城市人口出行的主要工具的作用没有发挥。

一是未来北京人口增长导致交通仍将保持持续增长态势，而"城市病"的治理难度制约了"交通病"的治理速度。

二是开私家车上下班占较高比重，增加了交通压力，停车费太低，机动车使用成本太低难以有效抑制机动车增长和出行需求。

三是地铁、快线铁路和市郊铁路缺口依然巨大，"地铁挤"和"公交慢"的困境依然存在，轨道交通建设面临着资金不足和体制障碍，社会资本参与建设力度不够。地铁覆盖面不够，建设速度难以跟上超大城市发展需求，公交面临庞大的人口出行压力，机动车拥有量继续增加，加剧了"城市病"问题。近些年来，北京加快了轨道交通的建设速度，2013年轨道交通运营线路长465公里，2012年轨道交通运营线路长442公里，地铁线路每年都在延伸，地铁承担客运量越来越大，占整个客运量的39.82%，比2012年的32.32%提高了7.5个百分点，说明地铁在整个公交系统的作用和地位在提升。但与发达城市如纽约、伦敦、东京轨道交通客运量占整个公交或交通出行的80%相比，北京地铁的覆盖面和运能还远远不够。

北京地铁还没有完全覆盖到北京所有区县，如平谷、怀柔、密云等区县还没有通达，许多区域还仅有一条或两条地铁线路开通，导致如八通线、昌平线、15号线、房山线等上下班高峰期拥堵不堪，而且等待时间超过5分钟，换乘长达15—20分钟。为了分流还特意延长换乘路线，既浪费时间，也引发更多的乘客怨言。核心区的地铁线路尽管相对密集，但由于高层建筑、居住区、产业过于集聚和密集，高校、旅游景点密集如天安门等区域，导致游客流、学生流、上下班流等高度聚合，地下和地上交通均无法承担如此大的运能，导致北京成为最为拥堵的城市之一,社会安全问题也难以得到有效保障。

此外,北京还没有一条通往京外的地铁线路,已有的公交线路拥堵情况多,不拥堵情况少,如开往燕郊、香河、固安、涿州等周边区域的公交线路超负荷运行,由于公交的垄断性供给,公交车辆班次少,等待时间长,市场竞争不够,服务质量不高,早晚营运时间短,难以满足乘客的出行需求。这些客观存在的问题,严重制约了城乡一体化和京津冀协同发展,引导和鼓励低端产业和企业外迁就变得非常困难。

从机动车拥有量来看,民用汽车、私人汽车均有较大程度的增长,民用汽车2013年达到518.9万辆,比2012年增加了23.2万辆。私人汽车2013年达到了426.5万辆,比2012年增加了19万辆,为已经拥堵不堪的首都交通"添堵"、"延时",为严重的首都雾霾天气"充气"、"加油"。机动车数量逐年增长和排放量增加只能使北京更加拥堵和环境恶化。可以借鉴新加坡、伦敦等发达城市对私家车征收道路拥堵费的政策经验,但北京迟迟无法出台相关政策,采取经济手段、法律手段等多种手段进行综合治理。

四是"停车难"和"停车乱"的现象没有得到遏制,停车位不清,管理混乱。"断头路"和"肠梗阻"问题引起社会关注,交通信号灯缺乏"绿波"智能设计,城市慢行系统不够完善。

北京目前存在的停车难、乱占道、乱停车现象加剧了交通"首堵"问题,让原本拥堵的道路更是雪上加霜。在干线、支线、自行车道停车的现象频频可见,有的支线自建设以来路边就一直作为停车位使用,从来没有清理过,停车问题正在威胁城市的健康发展和有效运转,有些社区停车问题甚至危及安全。按照现在的机动车限购政策,一年增加20万辆汽车,排起队来也要上千公里,而北京城市道路也就6000多公里,大部分车要是停在路边,将很快把道路填满[1]。

从国外经验看,停车费一般通过科技手段直接上交国库或者停车

---

[1] 北京交通委:《先解决"停车乱"再解决"停车难"》,《北京晨报》2014年1月22日。

费征收系统，停车监督员是执法人员，不进行人工到场征收。而在一些社区、路边、单位院内基本可以免费停车。调查显示，2005年北京城六区小汽车出行免费停车占73%，2010年上升到86%，一辆汽车的停车空间比城市居民需要的空间还大，而且处于免费状态[①]。由于机动车总数不断攀升，没有进行上限控制，也没有对现有车牌加快淘汰，导致机动车总数与停车位严重不匹配，车多位子少，必然带来停车难问题，而且立体车库、地下停车空间建设严重滞后，许多社区为老社区，基本没有预留和规划地下停车场，立体停车库又存在投入资金困难等问题，导致机动车无地可停，不得不停靠路边。

停车位和停车费的管理职责不清，执行主体责任不明，导致许多乱停车行为无法管，无人管的局面，如乱停车问题主要集中在支线、小马路、胡同、社区内，这些地方不属于交通监管范围，这些地方的乱停车属于监管的空白地带和真空地带，一直没有引起上级部门特别是交通部门的重视。一般来说，交通要道之外的社区及周边范围为社区居委会所管辖，但居委会或者物业公司对乱停车没有执法权，只能通过劝导或者其他软措施进行约束，即使有部分车位，由于车位被买断或者长期租用，即使不用也是用地锁占用，造成社区停车位资源浪费或者限制。

此外，就国际上发达城市来说，许多城市社区、机构、单位、学校、医院都没有人为地设置过多的围墙，但在中国，包括北京在内，任何城市都基于本位主义和部门利益，建设围墙将本部门与外部进行空间隔离，导致许多的空间被割断，也导致了空间资源和道路资源被闲置。客观上加大了道路需求量和占用面积，一定程度上也加剧了停车难问题。

五是交通不便特别是具有公交性质的京津冀轨道系统没有建立，京津冀交通一体化工作机制不够完善，区域和市域交通结构没有实现两网融合，对内承载力不足，对外又扩张力不够，难以为人口外迁和

---

① 北京交通委：《先解决"停车乱"再解决"停车难"》，《北京晨报》2014年1月22日。

产业疏解提供必要交通条件。

五 缺乏环境治理的长效机制，雾霾防控措施不力

2014年2月26日，习近平总书记在北京市考察工作时发表了关于大气污染治理的重要讲话。习总书记指出，大气污染防治是北京发展面临的一个最突出的问题。近些年来发生的长时间、大面积雾霾，不但损害了市民健康，也损害了中国形象、首都形象。随着城市化、现代化建设步伐的加快，PM2.5严重超标、雾霾天气困扰等重大环境污染问题频发，直接影响首都北京经济社会的可持续发展，破坏和谐宜居之都、美丽中国建设的良好形象和期待。严重的大气污染也是当前首都经济社会矛盾的主要诱因之一，首都市民对污染严重的大气状况非常不满。改革开放以来，北京及周边地区经济高速增长的成就举世瞩目，但能源消耗居高不下，大气污染日趋严重，细粒物质（PM2.5）、吸入颗粒（PM10）和悬浮颗粒（TSP）污染加剧。由于工业生产中使用煤等矿物作为燃料，大量向空气中排放污染物，加上汽车尾气的大量排放，致使大量微小尘粒、烟粒或盐粒等颗粒悬浮在大气中，形成雾霾，致使大气污染持续困扰北京，城市空气质量严重下降。尤其是一段时间以来，雾霾天频频袭扰京津冀地区，大气污染问题的严峻性和紧迫性引起社会各界的高度关注。北京空气质量事关群众利益，事关国家形象和首都形象，治理大气污染、控制PM2.5是北京实现持续发展、建设和谐宜居之都躲不开、绕不过、逃不掉的突出难题和首要任务。习总书记提出北京要建设国际一流的和谐宜居之都的伟大目标。大气污染如此严重，北京就不会是宜居城市，环境污染严重损害北京形象，严重制约宜居之都、首善之区、绿色北京的建设。

近些年来，首都北京加大了环境保护和污染治理力度，各区县高度重视环境保护工作，取得了一系列成绩，但是首都环境形势依然相当严峻。从客观上看，大气环境问题形成的原因包括：

一是资源环境超负荷。习总书记指出，由于长期开发建设，北京自然生态系统已处于退化状态，资源环境已明显处于超负荷状态。雾霾天气频现从表面上看是大气污染的现象，但实际是北京人口、资源与环境的压力问题。长期以来，北京乃至周边地区工业化、城市化的快速发展带来人口增多、工业排放剧增、资源能源消耗和环境污染日益趋强，带来人口、资源与环境的压力与矛盾日益突出。习总书记指出，北京发展突出的问题是人多。人一多，资源环境压力就大。人口过多会带来排放的刚性需求持续增加，如新增人口出行以及购车带来的交通尾气排放的增加，新增人口住房、办公带来新增建筑、产业的各种污染排放。大气污染的直接原因来自于"城市病"，"城市病"的形成又是人口在城市区域的过度膨胀和集聚所引发的产业集聚、交通拥堵、住房拥挤等系列问题。

二是生态空间少。环境容量的基础是生态空间，由于区域环境污染严重，超越了有限的生态空间和环境容量，工业用地、生活用地挤占了生态用地，森林、湖泊、湿地等生态空间减少，地下水超采，自然报复力度自然增大。

三是PM2.5来源的1/3是燃煤。习近平总书记在2014年2月26日视察北京的讲话中指出，京津冀地区PM2.5的来源，1/3是燃煤。京津冀地区的生活用能、工业用能的传统模式是燃煤。巨大的煤炭消费量导致二氧化硫、氮氧化物、大气汞排放量居高不下。而这些污染物排放正是造成空气污染的主因。尽快转变以煤炭为主的能源消费结构迫在眉睫。除了燃煤，机动车污染排放也是北京雾霾的重要成因。北京出现霾的根本成因可能是城区交通排放的大量挥发性有机物、氮氧化物和周边工业生产排放的大量二氧化硫经化学反应转化生成的颗粒物，控制这三类气态污染物是北京大气污染治理的关键。

从管理体制上看，面对严峻的形势，现行的环保管理体制显得力不从心，缺乏环境治理的长效机制，雾霾防控措施不力。

（一）职能分工不合理，环境治理职责不清、交叉管理

资源、环境和生态管理部门职能分工不合理，环境监督乏力，难以落实和追究环境保护责任，区域、流域环境管理体制亟待改革。地区之间的合作缺乏法制依据，也缺乏有效的议事程序和争端解决办

法，致使跨区域环境问题重重，尤其是在流域水污染防治方面。北京地上和地下污水治理表现为人为分隔、多龙治水、职责不清、互相推诿等现象。环保部门的编制过少、权责不对等，环境保护工作有法难依、执法不严、违法难究。在环境管理的技术操作环节上，北京已经有了很大进展，如在环境设备、人员和资金投入上每年均有大幅提升。但在环境管理体制上，北京却仍然处于政出多门的状态。在环境管理体制上，北京尚处于"九龙治水"的局面，污水、垃圾、生态环境污染等环境管理职能分布在环保局、园林绿化局、市容市政管委、水务局等部门，仅垃圾处理就涉及多个部门。体制不顺、职能交叉、政府缺位，严重降低了北京环境管理的行政效率[1]，制约了首都生态文明建设。

（二）对建设项目把关难、对违法排污企业的查处难、对排污费的征收难

环境监察机构落实建设项目"三同时"管理时缺乏必要的强制手段，不能全面执行建设项目、环境影响评价和"三同时"制度，建设项目不向环保部门申报和不经环保部门审批进行开工建设的现象仍然存在。有的建设项目属于违规建设，有的是利用绿隔的集体土地进行违建，没有审批，没有监管，这些项目和违法排污企业难以进行查处。有的企业与环保监管部门玩"躲猫猫"游戏，如果白天监察就白天停工，晚上作业，如许多城乡接合部、偏远农村地区有许多的高污染企业行为难以监管。

（三）缺乏对污染现场的监督手段，致使污染设施的运转不到位或不正常，企业偷排、漏排污染物的现象严重

目前，基层的许多新建项目都存在先上车后买票现象，有的甚至是上了车不买票；违法排污企业今天查处了，明天又反弹；在排污费的征收上，难以足额征收，上规模的企业均由政府挂牌纳入政府政务中心管理，实行政府定收费额和缴纳时间，在限定的时间内环保部门

---

[1] 戚本超、周达：《东京环境管理及对北京的借鉴》，《宁夏社会科学》2010年第5期。

是无法过问的，一旦企业未缴，环保部门再去执法已时过境迁，而走执法程序又需要很长一段时间。环保部门缺乏必要的行政强制权，包括对地方政府环境违法行为的制约，现行的环保法律法规"号召性和倡导性的多，真正可操作的少，处罚的力度不强"。环保执法工作难以得到当地政府特别是一把手的积极配合和高度重视，环境保护工作进展缓慢。环保部门到企业检查、收排污费、处理信访等一系列的正常监督管理工作，常常因没有当地政府的其他职能部门的配合而无法进行。环保执法人员也因暴力抗法事件威胁到人身安全，导致工作热情大大降低。

（四）重表面轻内涵，重末端轻源头

所谓重表面就是过度重视市容环境，如路面是否干净。轻内涵即对环境质量的重视程度仍然不够，尤其是针对规模日益严重的垃圾和汽车尾气污染，有效应对措施不足。重末端轻源头，是指北京的环境管理更注重市容环境、垃圾等废弃物、汽车尾气等问题的后期处理，而对这些问题产生的源头控制和关注远远不够。

（五）重政府投入轻社会参与，经济手段运用不够

政府是目前北京环境管理的绝对主导者，作为城市运行重要主体的企业和公众，环境管理参与意识严重缺乏。一方面是政府花费了大量财力、物力、人力，但环境治理效果却不佳；另一方面是政府的环境管理方式也难得到社会公众的广泛认可。重行政手段轻经济手段，是指为了保证奥运会举办期间北京的空气质量，北京施行了两个多月的机动车单双号限行措施，这是以行政手段进行环境管理的典型模式。为了保障2014年北京APEC会议成功召开，首都采取了限车、停产、停工等行政手段，人为干预实现了短暂的"APEC蓝"。

北京市环保部门发布《APEC期间空气质量保障措施效果评估意见》，各项措施采取前后，使得2014年11月1—12日北京市PM2.5日均浓度值平均降低30%以上，京津冀周边地区PM2.5平均浓度同比下降29%左右。其他指标包括二氧化硫、氮氧化物、挥发性有机物等的减排比例平均在50%。会议期间，采取车辆限号、工地停工、工厂停产等措施，带来了污染物排放的大量减少。但APEC会议结束

后,这些措施得以停止,首都雾霾天气恢复常态。国外发达国家针对环境污染普遍采用的税费制度在北京仍未建立。环保部门与经济部门相互合作与制约机制不强,排污收费标准偏低,对超标排污行为的惩罚过低。环境法规规定的行政处罚方式以罚款为主,而且数额过低。

(六) 环境执法不严,监管不力

有些环境监管人员在执法时流于形式,执法行为不规范。有些地方保护主义严重,政府甚至成为企业环境违法行为的保护伞。我国环境保护实行的是"环保部门统一监督管理,各部门分工负责"的管理体制。环保部门管理的领域牵涉面广,复杂性强,每做好一件工作,都需要当地政府各个职能部门的密切配合与支持,环保部门无法独立完成。这样,执法的效果总是个未知数。而统一监督管理与联合执法往往无法实现:一是环保部门与有关部门的职责不清、关系不明。二是环保部门与有关部门同属政府平行部门,有关部门能否在环保部门的统一管理下开展环保工作,取决于当地政府是否重视。许多地方经济部门的权力大于环保部门的权力,环保部门及非经济部门被边缘化。其结果是排污费急剧下降,环境污染纠纷案件得不到及时处理,群众投诉增加,严重影响了污染的及时治理和环境质量的改善。

(七) 执法人员数量与实际环保工作需求不匹配,执法队伍素质不高,末端环节缺乏运行机构

在现行双重管理体制下,编制权在地方政府,由此造成一些环保部门的人员编制不合理,办公条件差,执法人员少,一人身兼数职的情况普遍存在,以至于许多环境执法工作无法开展。由于地方政府掌握着环保部门的干部人事权,有些地方政府对环保不重视,因此很容易把业务素质不高的人员调入环保队伍。另外,由于地方政府还掌握着环保部门的财政支配权,一些地方政府轻视环保或以财力有限为借口,对环保人员教育与培训的财政投入不够,从而也影响环保执法的高效、统一。大气污染防治和环境整治的末端环节缺乏运行机构,特别是街道、乡镇、社区缺乏环保执法力量,治安、城管、计生等部门力量没有整合,基层大气污染治理和环保工作缺乏执行者、参与者、监督者和社会支持力量。

(八)生态环保制度创新不够,浓度指标控制不科学,雾霾防控不得力

当前首都生态环境形势严峻,广大群众殷切期待切实加大生态环保力度,切实加强生态文明建设。近几年来,中央和许多地方采取了一系列措施加快转变发展方式,促进绿色发展和生态环境改善,加强环境污染治理。但总体而言,行政管制与财政投入性的措施多,管长远、管全局、有示范意义,然而充分发挥市场配置资源决定性作用的制度创新少。根本原因往往并不在于当地党委政府不重视,而在于制度创新不够。生态环保体制机制改革的决心不够,没有形成社会广泛参与的制度体系,没有从根本上改变思想上和行动上的脱节问题,没有从根本上改善环境,但实际都在参与环境污染,缺乏强制性的、权威性的、根本性的制度保障。

治理雾霾缺乏对污染源及其传输过程的实际控制,缺乏环境治理的长效机制和必要措施。《北京市2013—2017年清洁空气行动计划》明确规定了各区县的空气细颗粒物年均浓度下降和控制微克等指标,这些指标是对空气进行定期检测而获得的,但由于空气流动性和细颗粒物浓度下降的气象条件变动的随机性,难以体现各区县治霾的实际成效。根据已有的雾霾形成机理研究,北京污染源主要包括燃煤、机动车尾气、扬尘等方面,缺乏对这些方面治理的治本举措。如在削减燃煤、控制机动车尾气排放等方面缺乏系统的、根本性的制度规定,禁止远郊区县和偏远区域的农民燃煤,但没有可替代的能源方案,缺乏全市的天然气管道规划和建设,许多区域难以使用上天然气,表面上严格禁止当地居民燃煤,或鼓励使用优质煤,但实际上这种做法难以持久。

在控制机动车尾气方面措施也不得力。一方面取缔或淘汰了不达标的机动车,另一方面又发放新增的机动车牌照,新增机动车不仅对已经拥堵不堪的交通状况雪上加霜,同时也增加了尾气排放量。从区域传输来看,北京淘汰了一些污染企业,但这些企业又转移到河北周边地区继续污染,雾霾区域传输没有得到根本治理,北京雾霾治理成效难以显现。

六 缺乏社会群众的有效参与，没有形成"城市病"治理的合力

北京交通拥堵、环境污染等"城市病"的形成，是典型的"公地悲剧"。落实首都城市战略定位、疏解非首都功能、调整产业结构、加强城市基础设施建设、提升城市管理水平、防治大气污染，这些工作并非政府的单方面行动，而是基于首都长远发展的考虑，是基于首都"城市病"治理的需要，是基于市民建设美丽首都的期待。但缺乏有效的社会组织、社会群众的广泛、积极、及时、有效、有序的参与，导致认识难以提升，没有形成治理首都"城市病"的整体合力，也没有形成群策群力的创新活力。

一是将"城市病"的形成和治理全部推给政府，认为政府是万能的，认为政府承担全责。实际政府不是万能的，在计划经济体制下政府包办代替和垄断经营，所带来的破坏生产力的后果是沉重的，在市场经济体制下的政府能力更是有限的，必须依法进行治理，必须坚持社会群众参与和协同治理。但社会群众和市民个人没有认识自身也是大气污染源、交通拥堵等的重要生产者，从自我做起的意识不强，主动承担责任的意愿不强。"城市病"的治理，特别是涉及首都整体利益的重大规划均没有得到社会组织、市民的积极参与和共同行动，社会认识难以提升，行动不统一，支持力度不够，参与范围不广，导致落实首都城市战略定位难以有效推进。

二是思想发动不到位、宣传教育不充分，社会各界存在各种各样的片面认识、猜疑、等待、观望、畏难情绪浓厚。如对交通拥堵、乱摆摊、环境污染等行为的治理和整治，缺乏统一的社会行动、社会声音和社会支持。

三是"城市病"治理等诸多社会问题的解决没有重视社会组织的力量，组织培育不够，社会参与渠道不畅，长效机制缺乏。政府、市场与社会三者的关系没有理顺，政府不放权、市场不得力、社会不参与，进而导致"城市病"治理形成政府力不从心、市场存在失灵、社会叫苦连天的困境。西方发达国家的许多城市也经历过"城市病"，如英国伦敦、日本东京等，但通过有效治理，已经走出"城市病"的困境，这些城市的治理经验值得北京借鉴。但在实际上，借鉴和移植存在诸多的难题，如伦敦为治理城市机动车尾气排放和交通拥堵，在中心城区征收燃油费和道路拥堵费，效果明显，但在北京却迟迟未能采用。一方面是社会阻力很大，另一方面也说明社会群众对"城市病"如交通拥堵的治理没有形成共识，也没有发挥群策群力的合力作用，没有采取有效的创新措施，也没有发挥社会群众参与"城市病"治理的活力。

第三节 本章小结

本部分主要从人口、资源、环境等要素之间的互动关联效应进行实证研究和问题考察，分析北京"城市病"问题的主要表现以及内在成因，找到治理"城市病"的关键要素及其传导关系。

北京"城市病"问题主要表现在：一是人口增速放缓，但人口总量还在持续攀升，应对人口不断增长所带来的资源能源、环境等压力，超大城市的"城市病"问题一直困扰首都北京的持续发展；二是交通总量持续增长，"首堵"问题长期存在；三是产业结构不够合理，疏解低端产业困难重重；四是能源消费总量攀升，雾霾问题严重，环境承载力不断下降。

北京"城市病"形成的影响因素很多，关系复杂。从本质上说，"城市病"是城市资源环境承载力和城市化发展规模速度之间矛盾积累的结果。一是缺乏"城市病"治理的顶层设计和统筹协调机制；二是缺乏替代 GDP 考核的科学机制，产业结构调整任务艰巨；三是缺乏人口控制治本之策，优势资源不疏解，难以遏制人口膨胀；四是缺乏机动车总量控制目标，轨道交通建设滞后；五是缺乏环境治理的长效机制，雾霾防控措施不力；六是缺乏社会群众的有效参与，没有形成"城市病"治理的合力。

第十章 北京"城市病"治理及京津冀低碳协同发展对策

根据世界城镇化发展规律,当前我国城镇化还处在快速发展期,同时也可能是各种城市问题的集中暴发期。防治快速城镇化进程中的"城市病",成为亟须高度关注和认真解决的重大现实问题[①]。北京作为发展中大国的国家首都,伴随国家工业化、城市化进程的不断推进,率先进入了后工业化阶段,城市化是首都经济社会发展的必然趋势,也符合西方发达国家的城市化发展的一般规律。如伦敦也是经过了环境污染、人口膨胀、交通拥堵等"城市病",后经过了长期的治理,建成了世界绿色低碳城市。因此,北京"城市病"治理既要结合国际上"城市病"治理的一般经验与规律,也要结合北京的自身特色选择科学的发展对策,需要以落实首都战略定位为指导思想,以构建国际一流的和谐宜居之都为基本目标,加快北京"城市病"治理,加快京津冀低碳协同发展。具体而言,应该采取以下对策。

第一节 落实首都功能定位,加强顶层设计与统筹协调

一 落实首都功能定位,明确城市发展方向

2014年2月,国家主席习近平同志视察北京,针对北京存在的

---

① 王格芳:《我国快速城镇化中的"城市病"及其防治》,《中共中央党校学报》2012年第5期。

环境污染、交通拥堵、人口膨胀等"城市病"问题，明确了北京全国政治中心、文化中心、国际交往中心和科技创新中心的四个中心功能定位，建设国际一流和谐宜居之都的总目标。首都城市战略定位和发展目标为首都"城市病"治理指明了方向，也体现了国家对首都北京的殷切期望，反映了广大人民群众的呼声和期待。治理首都"城市病"，首先应该明确和落实首都北京的城市战略定位，加强"城市病"治理的顶层设计，建立统筹协调的长效机制。

近些年来，北京以10%以上的高速经济增长确保首都的快速发展，但同时因经济增长过快引发了令人揪心的空气污染、交通拥堵等"城市病"问题。治理首都"城市病"关系到北京经济社会的持续发展，关系到北京和谐宜居之都建设进程，关系到首都市民对北京生态环境的期待与切身利益。因此，治理北京"城市病"，应该以落实首都城市战略定位为指南和契机，根据首都城市战略定位来确定北京城市经济、社会、文化、政治、环境等各个领域发展的重点、方向以及相互匹配的城市空间容量和资源能源环境承载力，加强顶层设计和统筹协调。

全面把握首都的功能定位，坚持和强化首都核心功能。四个中心的首都功能定位，规定了北京作为国家首都在国家经济社会发展整体格局中的地位、方向和重点。首都城市规模扩张、经济社会持续发展、城市发展战略制定、城市发展模式选择等均不能与首都功能定位相冲突，必须做到相适应、相协调、相促进。不能仅仅考虑经济增长因素，将许多不适合首都功能定位的、超过首都资源能源和环境承载力的产业引进来，需要解决人口膨胀背后的功能过多、过于集中等深层次的问题。

（一）落实首都城市功能定位，建设全国政治中心

作为国家政治中心，北京要履行好服务中央的政治责任，为党中央、国务院和国家部委、国际组织的功能运行提供基本的条件和服务保障，要为这些部门的发展留出空间，特别是生态空间，创建更加展现国家政治功能的首都环境。因此，从建设国家政治中心的战略高度，应该做好顶层设计，既要确保政治中心的安全稳定，又要确保各

种政治活动、重大政治会议的正常开展，提高政治影响力，需要由国家出面在北京规划建设"中央政务区"①。东城区、西城区应该去经济化，弱化产业功能，强化政治服务和文化服务功能。鉴于当前党中央和国务院及各大部委主要集中在东城区和西城区，因此在落实首都功能定位、疏解非首都功能的战略机遇下，加快建立"中央政务区"，并为服务好"中央政务区"建立首都财政体制，一方面，对中心城区（东、西城）要加快对非服务中央政务的机构和部门的搬迁疏解；另一方面，要采用首都财政体制，由中央转移支付的形式确保东、西城作为"中央政务区"的基本财政开支，不能依靠自我造血和自我产业扩张来创收。东、西城区的建筑物过于密集，产业过于集聚，人口过多等"城市病"问题，均与其要发展经济的同时又要服务好中央等多重压力有关，因而导致"城市病"最为突出。落实首都战略定位，建设全国政治中心，就应该加强构建中央政务区的顶层设计，将与中央部门服务功能不够密切的，或者服务于整个北京市的机构、组织和企业等应该尽快搬迁和疏解到通州等副中心或周边地区。

（二）落实首都功能定位，加快建设全国文化中心

北京地域空间非常有限，特别是资源能源拥有量有限，不可能长期发展资源能源型产业，需要有所取舍。需要挖掘和保护自身具有悠久历史的文化资源，经济建设和产业发展不能侵占历史文化古迹用地。北京是全国的文化中心，拥有全国最集中和第一流水平的科研单位、教育机构、文艺和体育团体及新闻媒体，每年都举办大量的国际国内文化、艺术、体育等交流活动，在亚洲乃至世界具有一定影响。建设全国文化中心，需要重视和保护现有的文化资源，不能过分强调经济发展忽视文化保护和文化建设。落实首都建设全国文化中心的基本功能定位，需要确定全国文化中心的范围、领域、主导产业、公共服务等方面的内容，加强全国文化中心建设的战略规划，明确全国文

---

① 中央政务区，通常指一个国家的中央政府或地方政府所在地，并且周边相关政府部门较为集聚的区域，是一个国家或地方的政治心脏。中央政务区为集中行政机关及所属部门办公所在地。

化中心建设的目标、重点、方向、领域等。如何与疏解非首都功能结合起来,在此基础上进行全国文化中心建设的战略规划和配套建设?第一,加强全国文化中心建设应该重视本土文化资源保护、建设与品牌打造,不能为文化而文化,必须结合自身文化资源、文化特色、文化元素进行保护性的建设与开发,不能以破坏本土文化资源和文化遗产为代价进行所谓的仿古性、重建性开发与建设。第二,重视公共文化服务体系的均衡发展,实现文化优势资源的均衡布局和合理性发展。从疏解非首都功能、治理"城市病"的高度,重视各个区域基本公共文化服务体系建设,避免文化优势资源在局部或核心区的过度集聚,公共文化设施要进行均衡化、均等化建设与配套。如中心城区文化资源过度、文化设施过于丰富,而远郊区县或周边区域文化资源极度缺乏、文化设施严重不均等,结果必然导致中心城区的文化优势资源过于丰富,形成对人口、就业等更多的吸引,必然会形成新的"城市病",因此要重视基本公共文化服务体系建设和公共文化资源的均衡化、公共文化服务的均等化配置与布局。第三,文化产业发展要重视特色化、差异化、品牌化发展,建设全国文化中心应该发挥首都北京的文化引领作用,体现首都文化特色、文化品牌和品位,进行差异化竞争,不断提高北京文化产业的质量和效益,提高北京文化产业竞争力,进而提高首都文化软实力,打造全国文化中心。

(三)落实首都功能定位,加快建设全国科技创新中心

当前,随着经济全球化的到来,科技创新成为驱动经济增长的永恒动力。科技创新是国家和区域的核心竞争力,决定了一个国家或区域在国际上的经济地位和科技实力以及社会发展的前途命运。首都北京拥有全国无法比拟的科技资源和科技实力,无论在科研设备、实验室建设、科技人才、科技信息和知识等方面均在全国处于领先地位。建设全国科技创新中心,要充分利用好这些资源,加强资源整合与内在创新力的激活,以科技创新驱动首都北京经济社会的持续发展。第一,要重视科技创新的驱动引领作用,重视科技是第一生产力的战略地位,加大科技创新投入、产学研合作,促进技术转化,提高技术转化率,加强知识产权运用和保护,改革科技创新体制,激活科技创新

动力，发挥企业在科技创新中的主体地位，鼓励科研机构的专家和高技术人才到企业进行合作创新，重视技术转化和产业孵化。第二，要发挥科技创新在转方式、调结构、促增长中的突出地位，以科技创新提高经济质量和增长效益，以技术提高经济增长实力，打造"高精尖"经济结构，大力发展高技术型产业，以科技创新促进传统产业的转型升级。第三，以科技创新打造首都产业品牌，以科技创新来创造精品、创建品牌、创新品位，以科技创新突出高端化、服务化、集聚化、融合化、低碳化，形成高端引领、创新驱动、绿色低碳的产业发展模式。第四，发挥中关村国家自主创新示范区的战略地位和引领作用，以中关村与各区县进行科技园、创新园建设为平台，拓展科技创新领域、范围和水平，推动中关村与各区县包括河北、天津等区域的深度合作，促进科技创新与区域经济深度融合，促进中关村科技创新与不同产业、不同部门的深度合作，提高首都科技创新能力和国际竞争力，不断推广中关村自主创新模式，提高国家科技创新中心地位和全球科技影响力。

（四）落实首都功能定位，加快建设国际交往中心

国际交往中心是指拥有较多的国际组织，开展丰富的国际活动和国际会议，各种活动在全球形成重大影响力，从而能使城市在国际交往中发挥重要作用。当前，随着交通更加便捷，飞机、高铁等交通工具更加大众化，通信、计算机、互联网等技术加快发展，城市之间特别是跨境之间的交往日益频繁，国际分工日趋细化，城市经济发展对全球国际交往产生重大影响力，发展中国家在国际交往舞台上的作用明显增加，为形成国际交往中心打下坚实基础。

如何建设国际交往中心，需要以落实首都功能定位为契机，加强非首都功能疏解的同时，做好国际交往中心建设规划，为提升北京国际交往中心功能和地位拓展发展空间，集聚更多的国际组织和国际资源，为承接更多的国际会议、国际赛事、国际旅游、外事活动等提供条件和空间。现有的国际交往活动空间满足不了自身的发展，在有限的空间的过度集聚加剧了"城市病"问题，交通拥堵、人口膨胀、环境污染等多方面的问题制约了首都北京建设国际交往中心，影响了

首都的国际形象。从治理首都"城市病"、落实首都功能定位的角度，应该加强北京建设国际交往中心的战略规划和专题研究，既为建设国际交往中心拓展空间，也为治理首都"城市病"提供出路。

第一，从治理首都"城市病"的角度，加强顶层设计、组织领导、功能疏解。要加强对北京建设国际交往中心工作的顶层设计和组织领导，建议北京市委、市政府与国家有关外事部门联合成立北京国际交往中心建设领导小组，办公室设在北京外事办，统一协调与大力推进北京国际交往中心建设。从"城市病"治理和疏解非首都功能的战略高度，应该禁止新的国际组织、驻华大使馆等在已经拥挤的朝阳区等中心城区进行扩建和发展，引导和鼓励国际组织、驻华大使馆进行搬迁和疏解，如向国际新城的通州区、邻近机场的顺义区等周边区域进行疏解，减少和降低中心城区的交通拥堵量和人口流动水平，也为提高驻华大使馆的社会安全度创造条件。人口和交通过于密集的中心城区不利于国际组织、国际活动、涉外事务的安全保障，其自身发展空间也有限。应该启动疏解性的前期研究和专项规划，以分散化、安全性、扩展性为基本原则，提升北京作为国际交往中心的影响力和竞争力。

第二，要从转方式、调结构、促发展的战略高度，积极承办各类大型国际活动，提高国际交流的档次和知名度，制定举办各类专业性和综合性国际活动的行动方案，提高北京国际交往能力和服务水平。

第三，要从落实首都功能定位和疏解非首都功能的战略高度，制定国际交往中心建设的总体规划和实施计划。规划北京国际交往中心区，大力吸引国际组织，提高国际机构的集聚程度，制定吸引国际组织、跨国集团总部的税收减免、扩大出口权、放宽市场准入条件等政策措施，规划建设好与首都地位相适应的国际商务中心区。尽管当前北京的长安街及附近区域是北京政治中心、国际政治活动的中心区域，但这些区域国家机构、国际机构以及各类组织过于集聚，发展空间有限，不便于在长安街及其附近规划国际活动中心区，建议将国际商务中心区、国际活动中心区以及驻华大使馆、各类国际组织、跨国企业总部规划到通州新城或顺义新城，为这些组织及其活动拓展更为宽广、舒适、宜居、生态的新空间，疏解中心城区的人口和产业，为治理首都"城市病"提供实质性的帮助。

第四，从落实首都战略定位、疏解非首都功能、治理"城市病"的战略高度，在规划的国际交往中心新区大力兴建重点对外交流的基础设施，提高综合接待能力，建成一批特大型国际会展中心、跨国公司总部基地、国际科技博览中心等标志性国际交流设施和基地，弥补北京国际交往设施方面的缺陷，提升北京开展大型国际交往活动的服务能力，创造良好的国际交流环境。而国际交往中心新区的建设在疏解非首都功能、治理"城市病"的同时，带来新区及周边区域的协同发展。

二 以构建和谐宜居之都为目标，加强以人为本的新型城镇化建设

治理北京"城市病"，应该以构建国际一流的和谐宜居之都为基本目标。和谐宜居之都表现为和谐、宜居两大关键词。从和谐角度考虑，应该重视首都北京"城市病"治理，促进社会和谐、安全、健康发展，重视缩减区域差距、城乡差距、贫富悬殊等系列城市社会问题，中心城区过度集中的教育、医疗、文化、行政等高端资源导致房价高企和许多"学区房"的存在，而产业过于集聚在中心城区，房价和租金太高，形成许多的"蜗居"、"蚁族"等社会现象，引发许多的社会安全和不稳定因素等，因此构建和谐首都就应该重视这些方面的治理和疏解。宜居城市体现在生态治理和环境保护以及空间的舒适度等方面，但当前北京雾霾天气频现、环境污染严重以及过于拥挤的交通和人口状况，难以体现宜居城市的特色。治理"城市病"，需要以构建国际一流的和谐宜居之都为重要目标，走生产发展、生活富裕、生态良好的文明发展道路，遏制"摊大饼"式发展，严控城市边界，划定城市生态红线，促进以人为本的新型首都城镇化建设。

（一）构建和谐宜居之都，应该坚持以人为本的新型城镇化道路

治理"城市病"首先应该坚持科学的发展观。科学的城市发展观，就是在贯彻首都城市战略定位基础上，要明确城市建设为了谁、

服务谁的基本目标。"城市病"治理是为了人的全面发展，而不是背离该目标，因此需要明确城市发展和"城市病"的治理是为了人的全面发展，为了市民更加宜居宜业，而不是相反，就应该坚持以人为本的基本理念。城镇化或者城市化是人类社会发展的必然趋势，是不可抗拒的历史潮流，尽管西方发达城市暂时出现了逆城市化，但阻碍城市化进程，或者消亡城市化基本是不可能的。

在中国，城市化进程还没有结束，逆城市化在短期内还不会出现，即使出现也需要顺应城市化进程及其规律，坚持在城镇化中以人的全面发展为核心，避免传统城镇化道路由于没有认识到城镇化的服务人的本质内涵，盲目贪大求快而忽视城市边界，盲目重视经济建设而忽视社会发展和生态发展，盲目追求GDP而忽视发展效益和质量，出现许多的"城市病"问题。可以说，"城市病"的出现与忽视人的社会价值和全面发展密切相关，新型城镇化的新型就是要回归人的全面发展的永恒本质。

坚持以人为本为指导思想，坚持创新发展、协调发展、绿色发展、开放发展、共享发展的基本理念和原则，促进首都新型城镇化建设的健康稳步推进，促进首都北京打造国际一流的和谐宜居之都目标的实现。以人为本基础上的创新发展，是为了发挥人民群众的智慧和创造力，并将发展成果服务于人民群众；以人为本基础上的协调发展，是要以人民需求为导向加强城市各主体、各要素、各部门、各区域之间的利益协调，促进协同发展；以人为本基础上的绿色发展，是要不断改善城市环境，加快治理城市雾霾、水污染等环境病，为市民提供空气清新、绿色低碳、和谐宜居的生活空间和生产空间；以人为本基础上的开放发展，要求加快改变城市自我封闭的传统发展路径，整合内外部资源，搞好国内外市场，统筹政府和市场机制作用，吸引社会资本和社会力量，共同参与城市建设与城市发展，加快"城市病"治理，为新型城镇化发展输入更多正能量、优质资源和新鲜血液，为城市发展提供正能量，提高城市发展质量和效益；以人为本基础上的共享发展，是要重视城市发展成果应为人民群众所共建共享，才能实现公平正义，才能真正体现人文关怀和人本理念，共享才能和谐，共享才能稳定，共享才能发展，共享才能共赢。首都"城市病"的治理应该坚持以人为本，就是要进一步坚持和落实国家所提出的创新发展、协调发展、绿色发展、开放发展、共享发展的五大理念。

推进首都新型城镇化建设，要树立以人为本的基本理念，改变传统的以物为本或者以部分人为本的发展理念，逐步破解城镇化过程中存在的各种矛盾和发展难题。突出新型城镇化在"城市病"治理中的指导引领作用，应以促进人的全面发展为根本目的，从根源上预防和治理"城市病"，全面提升城镇化质量和发展效益[①]。为预防和治理首都"城市病"，应该坚持以人为本的发展理念，实现经济、社会、政治、文化、生态环境五位一体建设和协调发展。

一是要以人为本为原则引导市民积极参与城市管理和社会决策[②]。坚持以人为本，要坚持市民的有序政治参与性，变传统单一政府决策为社会公众积极参与城市管理与发展的决策，群策群力，集思广益，为共同治理"城市病"出谋划策，实现"城市病"治理的共建共享，有效提升城市管理决策的公开性、透明度和科学性。坚持以人为本，各项城市政策的出台要服务和满足市民的公共需求和良好期待，而不是满足部分阶层或人群的需求，通过市民参与，使城市政策更加民主、科学、合理，提高政策执行力，进而满足市民期待和需求，提高公共产品使用效率和公共服务质量，进而提高城市公共服务的满意度、获得感和幸福感，促进"城市病"的有效预防和及时治理。

二是以适度城市规模确保以人为本理念的实现。要统筹考虑城市人口、交通与产业规模扩张之间的必然联系，而产业规模扩张与城市规模扩张存在必然联系，因此"城市病"的治理，要适度控制城市规模，而控制城市规模特别是城市人口的控制，要与产业规模的控制和产业质量的提升紧密结合。控制城市规模和人口增长也要坚持以人为本，不能简单强制地将人口进行疏解和排斥于城市之外。坚持以人为本，需要深化研究人口、产业、公共服务之间密切关系，避免有业

---

① 杨传开、李陈：《新型城镇化背景下的城市病治理》，《经济体制改革》2014年第3期。

② 丁登林：《预防和治理城市病的途径思考》，《求实》2012年第S2期。

无城、有城无业等睡城、鬼城现象的出现，提升新城对人口和产业吸纳能力，搞好新城总体规划与土地利用规划的衔接和公共服务、基础设施、产业的综合配套，严格按照规划安排建设用地和控制规划保留用地，提高土地资源的有效利用，进而有效有序地适度控制城市规模，又能坚持以人为本，提高城市的综合效益和质量。

三是坚持以人为本与完善和提升城市功能紧密结合，提高城市治理体系和治理能力的现代化水平。包括新城在内的所有城市建设与管理，必须具有完善的居住、产业和公共服务功能，在进行城市功能定位时，应当以人为本，用现代科技手段进行城市规划，充分发挥城市居民居住、休闲、工作、交通等基本功能，实现城市整体功能的均衡和协调，为居民提供多元化、综合化的城市服务，满足多元化需求，提升城市品质。

（二）构建和谐宜居之都，重视民生改善与和谐社会建设

"城市病"治理、城市建设与发展的最终目的是服务于人，以人民群众的最大化利益为城市功能设计的核心目标。因此，构建和谐宜居之都，要更加重视和谐社会、文明城市建设，不断彰显城市文化底蕴和城市个性，突出城市建设发展的质量，注重发展方式的转变、发展质量的提高、社会民生的改善，不断提高居民生活质量和城市综合竞争力。以科学、理性、人本的城市理念和工作态度，重视城市文化底蕴的挖掘和提升，注重保护城市传统历史文化古迹和文化传承，处理好继承与开发、保护与建设之间的关系，立足城市传统文化特色和资源禀赋，坚持以人为本和多元化发展，传承城市文化，注重传统与现代的结合，注重历史文化与现代功能的结合，注重经济建设与文化培育、社会建设的结合，培育现代市场经济意识、可持续发展理念和城市人文精神，构筑让生活更美好的现代的宜居城市、和谐城市、文明城市。

要避免过于密集的产业布局和建筑挤占生态空间，避免中心城区过于重视经济建设而忽视社会建设和民生改善，避免中心城区与周边区域在社会建设、民生改善、公共服务等多方面的差距和不均等现象的发生。在传统的城市化进程中，过度注重土地的城镇化，过度重视城市规模的扩大，重视经济层面的发展，以人为本的原则体现得不够

充分，如在土地拆迁过程中不太重视失地农民和被拆迁户的利益均衡与协调，不太重视社会建设和民生改善。这些问题长期以来没有得到很好的解决，积累了许多的社会矛盾和冲突，特别是当地群众对党和政府的不满意没有得到妥善解决，影响了城市社会和谐与稳定发展。

（三）构建和谐宜居之都，重视城市环境改善和生态文明建设

生态恶化、环境污染严重的城市绝不是和谐宜居城市。构建国际一流的和谐宜居之都，应该以国际上的绿色生态城市为标杆，重视城市环境改善和污染治理，加强城市生态文明建设。要重视城市生态治理、修复和环境保护，构建生态宜居的低碳城市。环境污染是现代"城市病"的重要表现和问题，环境治理是"城市病"预防的核心工作和重点内容。"城市病"的治理，城市建设与发展必须与城市资源能源和环境承载力相匹配，坚持低碳、生态、绿色理念，重视生态文明建设，制定科学的生态文明建设规划，注重节能减排，提高资源能源利用效率，重视新型可再生能源的开发和利用，转变和替代传统能源，构建低碳生态的城市空间。

只有将社会建设、生态环境建设与经济建设统一起来，重视以人为本的新型城镇化，才能从根本上解决长期以来的"城市病"问题。以人为本的新型城镇化道路，就是要改变传统粗放型的以经济建设为唯一目标的城市发展模式，转变为重视民生和社会建设，重视生态环境改善的多元化的城市发展道路，坚持全面、协调、可持续的科学发展观，政府不再仅仅考虑GDP和经济建设目标，应该发挥宏观调控、市场监管、社会管理、公共服务等多方面的职责，有效克服市场失灵，而不是充当市场的主体。充分发挥市场机制在资源配置中的决定性作用，政府加强政策引导和公共服务，坚持以人为本、和谐宜居的发展理念，适当控制大城市规模，划定生态红线和城市边界，引导和鼓励教育、医疗、文化体育等公共资源和服务向落后区域、中小城镇进行均等化、均衡化发展，避免中心城区与周边区域在公共服务方面的巨大落差。通过以人为本的新型城镇化道路，积极促进基本公共服务均等化，有效引导和疏解非首都功能，吸引人口和产业向远郊区县和周边区域协调发展，提高城市或区域的综合质量和现代化发展水

平，实现城市经济、社会、文化、环境、政治五位一体发展，促进北京建设国际一流的和谐宜居之都和首善之区。

三 加快城市规划转型与人才队伍建设，促进京津冀协同发展

城市规划是"城市病"治理的指南，也是城市和谐宜居建设的龙头，事关北京城市发展的长远大局。科学的城市规划可有效节约城市建设成本，也可减少"城市病"发生的概率，失误的城市规划将导致巨大的经济损失，也影响社会和谐与城市健康持续发展。治理首都"城市病"，需要重视科学规划，采用更加战略性、前瞻性、科学性的视野、原则、方法进行首都城市规划，才能让首都北京少走弯路，少发生"城市病"。这本身是对城市规划的基本要求。

结合当前经济社会发展形势，特别是城市生态环境不断恶化，全球气候变暖对城市发展的刚性约束，必然要求城市规划要重视和规避这些制约因素的负面影响。特别是近些年来，我国城市建设处于快速发展时期，如何在全球气候变暖的情况下，建设生态、环保、低碳的现代化城市，解决环境、交通等城市问题，提高居民生活质量和促进城市经济可持续、健康发展，成为城市规划必须面对的问题[①]。由全球气候变化所引发的极端气候事件，给人类社会带来极大的破坏性影响，资源环境瓶颈性制约对城市影响日趋紧迫，环境承载能力已达到或接近上限，城市规模失控不仅超越了传统城市规划边界，也成为城市规划的重要桎梏。传统城市规划存在目标定位单一、问题前瞻不够、环境保护失灵等问题。第一，从目标定位考察，主要是依据现有的理论和模型，预先设计一系列理想性的城市发展目标，与实际脱节，目标定位过于理想、单一。第二，对"城市病"问题的考虑前瞻性不够，城市规划中主要考虑的是经济增长，如何发展产业，如何增加 GDP，对环境、生态、低碳发展问题考虑不够。追求 GDP 增长而忽视城市的宜居性，产城分离、职住分离、"睡城"现象均是传统

---

① 陆伟、张丹:《全球气候变暖背景下低碳城市规划研究》,《中国房地产业》2013年第5期。

城市规划的重要败笔，单一的经济增长目标和思维方式难以有效解决城市资源能源和环境的瓶颈性制约问题。第三，传统城市规划在一定程度上仍然是相互割裂的，城市并不是可持续的发展模式，没有从全球气候变暖、高碳排放等现实问题出发制定科学的规划，城市发展与气候变化的关系具有一定的相关性，许多问题趋于复杂化、系统化、持续化。城市规划编制体系更多强调技术的合理性，对规划编制与管理的关系关注不够，缺乏对城市系统环境和城市碳排放的深层考虑。面对日益严重的"城市病"及其规划问题，顺应城市居民对生态空间和宜居生活的良好期待，需要加快构建低碳经济的、创新驱动的城市规划模式和发展方式。

应对全球气候变化，当前城市发展需要协调城市与地球环境的和谐共存，减少城市碳排放，选择和发展低碳经济模式。现代城市规划应该改变传统的单一规划目标导向，积极应对全球气候变暖，选择低碳经济模式，加快低碳发展成为重要城市规划要求。西方发达城市通过制定低碳城市规划，实施"零排放城市和区域规划"，有效构建空气清新、经济低碳、环境友好的城市空间。低碳经济对现代城市规划转型提出了新的要求，如表10-1所示[①]。在规划内容上，传统城市规划注重城市的物质空间增长，过于关注城市产业和经济增长，缺乏对碳排放的关注度，城市属于高碳模式下的开发建设，规划方法是注重空间发展构成，规划理念是空间层面的视角审美，规划范围是城市要素的空间优化组合，缺乏对城市生态空间、大气环境等要素的考虑和规划设计。而现代城市规划则要求重视低碳发展，空间规划向社会发展需求、生态环境需求为重要导向的低碳规划转型。与传统城市规划相比，现代城市规划在技术方法、基本理念、规划范围等方面上得到实质性提高，面对全球气候变暖和推进生态文明建设、低碳发展的战略要求，现代城市规划必须向低碳化转型与发展。现代城市规划要求从城市建设的源头、过程乃至末端均应实现规划的低碳化，规划方

[①] 张洪波、陶春晖、庞春雨、刘生军、姜云：《全球气候变化影响下的低碳城市规划创新体系》，《四川建筑科学研究》2012年第5期。

法是实现城市气候环境与城市规划要素之间的和谐与共生，构建城市空间形态、交通模式、产业布局、碳排放量之间的关联体系。

表 10-1　　低碳视角下传统城市规划与现代城市规划比较

主要领域	传统城市规划	现代城市规划
规划内容	单一物质空间形体的设计，过于重视经济增长和物质财富积累，忽视城市环境和碳排放控制。	注重经济、社会、文化、环境、政治等多个方面的协同发展和规划设计，特别强调绿色低碳的城市空间发展。
规划方法	空间发展构成注重人口、交通、产业等要素，对城市环境和生态空间缺乏方法论指导。	重视城市气候环境与城市规划要素的关系，重视气候变化应对、大气治理、环境保护等规划方法的运用。
规划理念	注重空间视觉审美，城市规模扩大、城市要素的高度集聚促进经济发展，解决就业问题。	树立低碳创新理念，实现低碳城市，推进生态文明建设，注重城市的低碳性、宜居性、和谐性。
规划范围	城市要素的功能组织和区域经济环境发展，强调如何突出产业发展和经济增长实现城市繁荣与发展。注重人口城镇化与经济发展的关系。	规划考虑城市规模控制和生态红线划定，拓展城市生态空间，以低碳技术创新提升城市综合承载力，考虑气候系统下城市经济空间与生态空间的协调关系。

经济新常态下，中国经济保持中高速增长，破解资源能源环境的瓶颈性制约困境，推进生态文明建设，实现低碳发展和创新驱动，要在城市规划层面加强转型，加强低碳层面的规划设计。融入低碳发展理念，破解城市经济与环境的矛盾、应对全球气候变化、传统城市规划问题，需要加强首都北京低碳发展的现代城市规划转型。低碳发展对城市规划提出转型要求，面向全球气候变暖和生态文明建设的战略要求，必须加强城市的低碳创新规划。发展低碳经济需要低碳科技创

新作支撑①。所谓低碳创新，是指一定区域内，以降低碳排放，提高能源效率，实现区域低碳转型与低碳经济发展为基本目标，所采取的各种技术、制度、管理、文化等多方面的低碳化的创新手段和工具的集合②。

一是破解传统城市规划难题，应该高度重视低碳技术创新、低碳制度创新的重要支撑、引擎和杠杆作用，加强面向绿色、低碳创新的城市规划，尽可能减少不可再生资源的消耗，提高能源利用效率，合理进行产业布局和空间规划，降低碳排放和环境污染，避免人口、交通、产业过于集聚，有效治理"城市病"。

二是要通过规划层面的创新与转型，促进首都城市低碳创新与低碳发展。低碳创新的城市规划是实现经济、社会、生态环境、文化等多目标的动态规划模式，实现物质、社会与空间环境一体化发展。低碳创新融入城市规划，成为破解"城市病"、实现城市低碳宜居发展的关键性技术，是在低碳、绿色、和谐理念和价值观基础上，以不损害自然环境、构建宜居生态空间的方式实现城市发展价值的规划。低碳创新的城市规划特点是系统化、创新化、低碳化，通过系统的视角和规划思维、创新的规划手段和技术路线图、低碳的规划要求和目标选择，加强低碳创新的规划编制、规划管理、规划实施、规划反馈等环节，避免传统城市规划的单一线性模式，强调规划流程清晰、信息反馈及时，及时规避气候风险，建立环境预警机制，提高城市低碳创新发展的能力，促进城市的资源能源集约化利用、生态环境友好型发展。

三是加强城市规划人才队伍建设。目前北京"城市病"问题的出现，在很大程度上是与城市规划密切相关。城市规划的前瞻性、战略性、科学性往往与规划人才的素质和水平相关。因此，要进一步加强规划人才的选拔、培养和引进，打造与世界级城市相对应的高素质

---

① 岳雪银、谈新敏、黄文艺：《低碳技术创新在低碳经济发展中的作用及对策》，《科协论坛》2011 年第 4 期。

② 陆小成：《区域低碳创新的文化制约及其服务体系建设研究》，《华北电力大学学报》2012 年第 2 期。

规划人才队伍。但目前，在部分区域城市规划和城市管理等方面的人才能力偏低，有的没有接受过正规的城市规划和城市管理专业培训与教育，在城市规划、城市管理方面理论知识不强，实践能力有限，在城市规划与城市管理要求方面存在一定的差距。需要加强城市规划人才队伍建设，提升专业素养。

第二节 改变 GDP 为主导的评价体系，促进产业结构转型升级

一 改变传统 GDP 为主导的单一政绩考核体系，重视协调发展

治理北京"城市病"，应该建立科学的政绩考核体制机制，将社会建设、民生改善、环境保护、住房保障、食品安全等纳入到政绩考核体系中，改变传统的唯 GDP 主导的单一政绩考核体系。由于过于追求经济增长目标，许多城市区域超越了自身资源能源和环境承载力，如北京东城、西城及包括部分朝阳区和海淀区，侵占生态用地，开发更多的高层写字楼，超过城市自身的资源能源、环境、交通道路等承载力，导致产业过于密集，就业机会过于密集，就业人口过于密集，进而形成上下班的过于强大刚性出行需求，这直接导致了交通拥堵。因此，中心城区不能过分地追求 GDP，应该考虑到中心城区的资源能源、环境容量、交通设施、住房条件等综合承载力因素，要适度减少高层建筑物的规划和开发建设，城市不能过于"紧凑"和密集，应该以绿隔和生态用地限制城市的边界和规模，控制城市人口膨胀和产业过度扩张。有效控制产业过度扩张，关键是要改变城市政府的 GDP 导向的政绩考核体系，建立更加科学的政绩考核体制机制。

治理北京"城市病"，应适时对北京各级政府及领导干部的政绩考核体系进行调整和创新。主动弱化经济增长指标，增加对城市社会建设、民生改善、环境保护、生态文明建设等方面的指标设置与考核，要淡化 GDP 导向，引导城市政府贯彻落实以人为本、全面协调

可持续的科学发展观[①]。通过弱化经济增长指标考核，加强其他方面的建设，加强各个领域的统筹协调，促进各个区域的协同发展，避免区域差距过大。资源的均衡配置和布局，能有效疏解核心区的人口与产业，引导人口和产业在各个区域的均衡布局，进而有效治理"城市病"。

二 健全财力与事权相匹配的财政体制

基于北京"城市病"形成机理的考察，不仅是城市功能过多，也有承担财政支出责任的压力，在 GDP 增长目标的引导下，因要承担过多的地方事权和财政支出责任，必然会导致政府发展经济的冲动。如核心区尽管人口、产业、交通、写字楼过于密集，但因经济冲动和财政支出责任的存在，难以控制自我的经济增长冲动。过分的经济目标追求，必然会忽视民生、社会建设、交通、环境等约束。因此，要合理界定中央与地方的事权和支出责任。要在义务教育、公共卫生、公共安全、住房保障、社会保障等基本公共服务领域划清中央与地方的支出责任。要财权与事权相统一，改变传统的收支两条线和国税与地税划分等存在的问题，即财税收入被中央收取太多，而用于城市基本建设和公共服务的经费太少，其结果必然导致地方政府在其他方面进行财政扩张，如过多地依赖于土地财政，通过卖地、建房、商业开发来获得高额的利润回报，为其财政支出寻找资金渠道。

对于北京而言，不仅要明确财权与事权的高度统一，还要结合区域功能定位，改变传统 GDP 至上的政绩考核目标。如生态涵养区的经济考核指标不能设置太高，甚至于不应该设置经济增长指标。再如东城区、西城区等中心城区，尽管经济增长的能力比较强，发展经济目标容易实现，但东城区和西城区作为党和国务院及其中央各大部委所在地，承担着服务中央的政治责任，过度发展经济，必然导致中心城区的产业过于集聚，建设用地和商业用房比重过大，超过自身的环

[①] 林家彬：《我国"城市病"的体制性成因与对策研究》，《城市规划学刊》2012 年第 3 期。

境承载力、资源能源承载力、现有交通设施的承载力,进而形成人口膨胀、交通拥堵等长期难以解决的老大难问题。因此,要健全财权与事权相统一的财政体制,在东城区、西城区建立服务中央的"中央政务区"和"首都财政"体制,弱化甚至于取消这些区域的经济增长考核,并规定所有财政税收上交国库,再通过中央的转移支付形式确保东城区和西城区的必要财政支出,而不能依赖于自身发展经济和自我造血来实现自身的财政支出责任,否则中心城区的经济扩张冲动就难以得到根本的遏制。结合推进税制改革的潮流,按照税种属性和经济效率等基本原则,理顺中央政府与北京政府及各区县政府间收入划分,充分调动中央和地方的积极性,确保在服务好中央的政治责任的基础上,避免"城市病"问题,健全财力与事权相匹配和中央转移支付为主的首都财政体制,为北京市各级政府摆脱"土地财政"、摆脱依赖非规范化收入创造条件,也为破解首都"城市病"难题开辟通道。

三 改变土地财政体制,严格限制产业用地,扩展生态用地

"土地财政"是依托土地使用权转让及其升值获得各类税收,维持地方支出的财政模式。土地财政因属于预算外收入,被称为第二财政。因土地发生的各类税收包括狭义的土地财政收入,包括预算外土地出让金、新增建设用地有偿使用费等非税收入,也包括预算内与土地流转相关的税收收入,如城镇土地使用税、土地增值税等。广义层面的土地财政不仅包括狭义的土地财政收入,还包括政府土地抵押融资所得和对直接参与土地流转、使用相关的产业收取的税费[①]。地方政府通过控制土地转让,通过已有的国有土地转让与开发、对非国有土地的征地等方式,将土地推向市场进行交易,获得较高的土地价格,进而增加地方政府的财政收入,依靠土地转让促进 GDP 增长,而经济快速增长和地价升值,导致房价的上涨,高房价带来购房者的

---

① 许安拓、修竣强:《破解地方依赖土地财政的畸形发展模式》,《人民论坛》2012年第8期。

购房成本及其他成本，引发物价上涨、增加购房者经济压力等诸多风险。

土地财政体制是从1994年分税制改革之后形成的，中央上收了大量财权，75%的增值税被划归中央，2002年后又将原属于地方税种中增长较快的所得税改为共享税。随着中央将事权进一步下放，地方政府承担了更重的事权和支出责任，需要提供更多的公共产品和公共服务，需要承担社会保障支出、行政支出、地方建设性支出、非公益性支出等巨额的财政支出。因土地出让金全部划归地方政府，为地方政府创收获得巨大的操作空间。同时分税制模式导致好的税源通过国税制上交国库，而有限的地方税收难以支撑地方政府在教育、医疗、社会建设、文化体育以及城市建设等多方面的刚性支出，特别是地方企业不多，税源较少的区域变成了"吃饭财政"，有的还难以维持必要的公务人员和教师工资等基本支出，这些矛盾和压力导致地方政府必须通过其他创收渠道才能维持运转，因而通过土地出让获得巨额的财政税收提高了地方政府进行土地市场交易的积极性。

对于首都北京而言，由于土地财政体制的影响，导致地方政府对土地转让积极性不断高涨，引发系列的"城市病"问题。地方政府因职能错位，除需要提供基本公共产品和公共服务之外，还要承担发展经济的政治重任，在以GDP和财政收入为主的政绩考核体制下，地方政府为了取得政绩和发展经济，必然通过土地开发来促进城市经济发展，直接导致土地尽可能高价出让，大面积出让，不断减少生态用地，甚至修改土地规划，扩大土地出让规模。其直接的结果是各开发商竞相购买抬高土地价格，进而抬高房价，使土地不断升值，地方政府有更多的积极性发展经济，忽视了城市生态用地和公共用地建设，导致各类写字楼、高层建筑密集，而生态空间、交通用地、公共设施用地受到挤压。有的政府出让土地积极性很高，而进行城市基础设施建设、生态建设等积极性不高，进而引发中心城区人口过于膨胀、交通拥堵、生态恶化、房价高企等诸多"城市病"问题。

改革传统的土地财政体制，从治理"城市病"的战略高度，需要国家严格限制征地的范围、规模和程序，禁止地方政府将生态用地改为建设用地，在中心城区规定建筑面积上限，达到一定规模后必须严格控制再批再建，要提高生态用地规模和比例，要出台刚性约束条件引导开发商和相关部门加大生态环境建设与改善，加大绿色建筑建设，加大公共用地空间的拓展，加大交通设施配套建设，避免中心城区建筑面积和比例过大，生态空间和公共空间过小。当前，在疏解非首都功能的良好契机下，应该加大对东西城等中心城区的产业、机构、组织疏解，禁止腾退空间用于产业用地，应改为生态用地和公共空间用地，禁止过度的商业开发。另外，从解决城市社会问题和促进社会和谐的角度，应该根据土地升值比例提高征地补偿额度，当地政府要按照市场价格进行补偿征地，不得采取传统的低价征地，高价转让，进而盘剥失地农民利益。要严格界定公益性和经营性建设用地，建立和完善土地基准价格评估体系，以评估价格作为土地市场交易和政府征购价格的参照基准，改变地方政府依赖于土地财政、过度依赖企业税收的格局，扩大城区生态用地规模，划定生态红线范围和城市边界，促进和谐宜居之都建设，进而有效治理首都"城市病"。

四 加快产业结构转型升级，构建高精尖经济结构

北京市委书记郭金龙提出要下决心调整疏解非首都核心功能，始终坚持首都战略定位，走高精尖的路子。深入落实首都城市战略定位，需要加快构建北京高精尖经济结构，主要从全球、全国和全市的三个维度进行考察。从全球来看，经济全球化、科技创新步伐加快，国际竞争日益激烈，不加快创新，就有可能被淘汰。中国要积极参与全球科技竞争，提高科技竞争力，必须加快科技创新，选择高精尖的经济发展道路。应该紧跟世界经济发展潮流，随着经济全球化、知识经济、网络经济时代的到来，科技创新提速，国际竞争更加激烈，北京作为最大的发展中国家首都和 GDP 总量排名全球第二的城市，应加快战略转型与结构调整。从全国来看，转变发展方式，实施创新驱动战略，建设创新型国家，需要改变传统的代加工的粗放型经济增长模式，必须构建高端的、知识密集型、技术密集型的高精尖经济结构。从北京市全市来看，北京面临比较严重的特大型"城市病"问

题的困扰，解决环境严重污染、人口膨胀、交通拥堵、资源能源环境承载力不够等诸多问题，必须加快发展方式转变，加快经济结构调整。

加快产业结构转型升级，要重视传统产业的关停并转、转型升级与结构优化，也要重视现代产业的高端发展，构建高精尖经济结构。对于传统产业，属于落后淘汰、能耗型、环境污染型产业要严格进行关停和淘汰，属于必须发展的产业需要提高产业质量和效益，通过转型升级和技术改造降低能耗、提高产值和环境效益，进而实现高端高效发展，与现代高技术产业进行融合发展。对于现代服务业、现代高技术产业、高智能制造业等，需要加快科技创新，提高科技含量和产业竞争力，走高精尖的发展道路。高精尖的经济结构表现为三个方面的特点：一是高端产业。区别于传统的高投入、高能耗、高排放、高污染的粗放经济模式，北京需要大力发展高端产业，包括新一代移动通信技术及产品、集成电路产业、生物医药、新材料产业等。二是技术精密。构建高精尖经济结构必须是以精密、精益技术为先导，以高端技术创新为动力，以技术进步为核心竞争力，提高首都经济竞争力。三是全球顶尖。郭金龙书记指出，核心区的城市建设要向国际一流的标准看齐，必须发挥全球引领作用，打造具有全球影响力和竞争力的产业和品牌，以顶尖技术和组织架构、产品特征引领全球，形成具有国际影响力的知名品牌。

要实现以上高精尖经济结构，必须重点发展六大产业。一是抓好高端产业功能区建设。二是积极发展战略性新兴产业。三是大力发展生产性服务业。四是促进文化创意产业健康发展。五是提升生活性服务业品质。六是大力发展低碳节能产业，提高首都发展的质量和效益。

加快构建高精尖经济结构时要处理好舍与得、疏与解的关系。通过改革创新，从源头对高耗能、高耗水、高污染的产业进行限制，对过度集中的功能进行疏解，为构建高精尖经济结构打下坚实基础，也为京津冀协同发展留出更多空间。有的产业不适合在北京发展，必须尽快疏解到周边地区或者直接关停，只有通过有效疏解，才能释放新的市场活力，破解首都"城市病"，形成新的经济增长点，实现经济社会持续发展与和谐健康发展。

要以京津冀协同发展为契机，加快城市转型和"城市病"治理，加快低碳、非核心城市功能产业转移，加强战略布局、科学规划、顶层设计，加强首都北京产业结构调整、转型、升级，与天津、河北进行产业对接，在更大区域范围内，统筹促进人口资源环境相协调。首都产业要走内涵发展、集约发展道路，解决产业功能过度集聚的问题，尽快清理不符合核心区战略定位的产业，提高生活性服务业发展水平，更加集约地发挥优质资源作用，实现可持续发展。

要加强基础设施的配套建设，促进均衡发展，重点加快两大领域的配套建设，即交通一体化和生态文明建设的一体化，实现公共服务的均等化供给，重在教育、医疗、社会保障的协同化，解决人才问题。要加快京津冀产业协同、企业对接、资源整合、协同发展，通过这些方面的配套建设，为产业转型升级、构建高精尖经济结构提供强大支撑和基础条件。

第三节 加强优质资源均衡布局，引导人口有序分流

2015年7月11日，中共北京市委十一届七次全会表决通过了中共北京市委北京市人民政府关于贯彻《京津冀协同发展规划纲要》的意见，提出北京将聚焦通州，加快市行政副中心的规划建设，争取在2017年取得明显成效；"控"与"疏"双管齐下，严控新增人口，2020年人口控制在2300万以内，中心城区力争疏解15%人口。如何达到和完成此目标，关系复杂、问题突出、任务艰巨。本书认为，最为关键的是，应该加强核心区优质资源的均衡布局，这些优质资源包括高端的涉及中小学、高校的优质教育资源，三甲医院、国字号的文化资源、中央部委和央企国企等高端就业机会等，这些优质资源在核心区过度集聚，必然会引发人口过度膨胀，疏解困难重重。要引导人口有序分流，就需要从均衡、协调、引导的原则出发，适度稀释核心

区优质资源的高度集聚，核心区应该瘦身健体，非核心区应该加强公共服务均衡化布局和部分高端优质资源的引入，才能吸引和确保人口有序分流。

京津冀协同发展不仅仅是经济的一体化发展，更重要的是要确保京津冀区域全体公民能共享区域经济、政治、文化、社会、生态等领域的发展成果，实现区域基本公共服务普惠化、均等化。加强首都城市圈基础设施均衡化、一体化发展并行，以均等化的公共服务供给促进人口有效疏解、区域协同发展和超大型"城市病"的根本治理。首都作为超大型城市"城市病"的出现不是短时间内形成的，有多方面的原因，但趋利避害和用脚投票的逐利秉性存在，区域差异如基础设施的巨大落差存在是"城市病"形成的重要原因。只有加强首都城市圈基础设施的均衡化、一体化发展与建设，促进基本公共服务均等化才能减少用脚投票的发生频率，也才能有效疏解过密的中心城区人口和产业，引导市场要素的均衡分布和空间流动。北京"摊大饼"式的发展模式主要是因为中心城区资源过于集中，基础设施、公共服务等比周边区域有绝对的优势。落实首都城市战略定位，应该加快非首都功能疏解，应该加快优势资源的均衡布局，引导人口有序分流。

一 核心区减少增量但不降低服务质量，创新人才合理流动机制

核心区减少增量，减少新增项目，减少新增产业，减少新增人口。主要包括人口、企业、产业、行政机构和事业单位、高校、医院等应该减少增量，缓解核心区人口、资源与环境压力。不过，治理"城市病"的目的不是降低生活质量，而是让市民生活得更加舒适、愉快、幸福。减少增量不是全部搬迁或减少公共服务供给，要确保在基本的公共服务需求的基础上对过度或过多的优质资源进行疏解。只有高端优质教育、医疗、文化以及就业机会进行疏解和分流，增加疏解目的地的高端优质教育、医疗、文化、就业机会等条件，才能吸引人才往疏解目的地进行分流，才能真正有效减少核心区的人口增量以及人口总量，进而实现均衡发展、适度发展、宜居发展，共同提高城市生活品质，提高城市幸福感和满意度。

二　非核心区与核心区共建分支机构，促进人口有效疏解

非核心区与核心区加强合作，承接高端教育、医疗、文化等资源疏解，共建分支机构，提高公共服务质量，增加高端就业机会等资源的供给，适度增加优质公共服务资源。将增量转移到周边区县特别是河北区域，对于如何吸引或者引导人口、产业、行政机构和企事业单位外迁，应该做好利益补偿和市场引导，加强落后区域的基础设施投资与总量供给，加大基础设施的均衡化、一体化建设，如交通、教育、医疗、文化体育设施等的均衡化发展，在落后区域建立名校、名院的分支机构，或整体性搬迁。以均衡化的基础设施和均等化的公共服务供给促进人口疏解、京津冀协同发展，才能最终有效促进北京"城市病"的治理。

新增项目主要考虑远郊区和疏解目的地，核心区的优质教育、医疗、文化等资源可以与远郊区和疏解目的地进行合作，部分搬迁或者共建名校、名医院、文化场馆的分支机构。通过核心区减少增量和疏解高端优质资源，为疏解目的地和远郊区等其他区域创造均等的公共服务环境，吸引人口往非核心区进行疏解和分流。如海淀区、东城区、西城区均有非常好的教育资源、医疗资源、文化资源和就业机会，应该引导这些区域的学校、医疗和企事业单位以及国家部门与远郊区、河北、天津等周边区域建立合作机制，共建分支机构和分公司及分校、分医院等。如人大附中在周边区域建立了许多分校，就是很好的模式和案例，可以推广。此外，创建名师、名医的自由流动和均衡配置机制。

目前，根据北京市委市政府关于贯彻落实《京津冀协同发展规划纲要》的意见的要求，通州副中心的功能定位为北京市行政集中办公区、国际一流的和谐宜居之都示范区、新型城镇化示范区、京津冀协同发展示范区。建设好通州副中心，就应加强资源整合和功能统筹，做好职住平衡和产业上下游联动，尽快加强对东、西城高端优质资源如教育、医疗等的引导，与核心区名校、三甲医院进行合作，建

立分校、分院,做强通州区的公共服务质量,减少短板效应,进而吸引核心区人口流入和产业疏解。通州现已与海淀、西城、东城等教育强区进行合作,北理工附中、北京二外附中、西城区的四中、北海幼儿园、黄城根小学、东城区的二中、景山学校、北京五中等名校将在通州建立分校分园,通州与中心城区合作,引进市级名校,实施一体化管理,提升通州副中心的教育质量和水平。此外,消除人才在区域内的流动障碍,名师、名医的人事关系等可以不变动,但可以兼职、合作、顾问等多种形式到不发达地区进行交流与支援工作,带动周边区域共同发展。

通州等周边区域与中心城区的优质资源对接还需进一步推进和扩大,形成示范效应,促进资源的相对均衡布局,改变目前的单中心格局,促进人口的相对均衡布局,进而缓解中心城区的人口、资源、环境压力,破解"城市病"问题。

三 发挥政府与市场的互动作用,促进均衡发展和有序分流

政府与市场的关系一直是理论与实践研究的热点,也是难点,如何处理两者之间的关系很难说得清、做得好。政府与市场之间的关系是否理顺也直接影响到城市发展是否持续,是否均衡。对于北京"城市病"治理与京津冀协同发展而言,同样需要高度重视两者之间的关系,需要不偏不倚、科学对待。政府机制的宏观引导作用和市场机制的自由竞争作用的发挥成为实现城市协调发展的关键。如何引导和疏解优势资源向远郊区县及周边区域进行发展,需要发挥政府支持与市场机制两方面的"推"和"拉"的作用,既不能简单依靠政府强制性的行政干预和强制搬迁模式,也不能采取放任不管、政府不作为的模式。

在政府层面,需要通过让利于民、政策扶持、转移支付等多种模式,引导政府机构、社会组织、教育医疗机构在周边区域进行搬迁或建立分支机构,中心城区要限制开发,周边区域可以通过给户口指标、土地指标、减免税收等多种方式,引导中心城区的机构、组织和企业搬迁,同时政府要加大交通特别是轨道交通等基础设施建设,加

强对疏解目的地的名校、名医资源的疏解和配套。通过政府引导、适当推动，形成资源优化配置的良好环境，引导人口分流和均衡布局，充分发挥人力资本和人才资本作用，吸引高素质人才向周边区域扩散，将人力资本转变为经济增长的财富和社会生产力。

在市场层面，要充分发挥市场机制在城市优势资源均衡布局和非首都功能疏解中的决定性作用，为疏解目的地创造市场条件，营造良好的市场环境，让市场主体在新的疏解目的地有盈利的希望和空间，培育新的产业发展空间，形成新的经济增长点。疏解非首都功能和搬迁不适宜发展的产业和企业要尊循市场规律和市场利益补偿原则，通过必要的适当的利益诱惑引导其进行搬迁和均衡发展。在疏解优势资源和非首都功能过程中，要发挥市场机制作用，吸引社会资本、私人资本参与新市场的建设及城市交通设施、城市教育医疗文化等多个领域的投资与合作，盘活社会资本，通过市场力量促进新城建设和区域均衡发展，缓解和破解中心城区的各方面"城市病"问题，促进和谐宜居之都建设。

第四节　加快京津冀城市圈轨道交通建设，有序控制机动车增长

北京交通拥堵问题，一方面表现为现有公共交通及其配套设施严重不足，轨道交通建设滞后；另一方面因为公共交通建设滞后，公交挤、地铁挤、换乘不便等多方面的问题，又导致更多的市民选择私家车出行，机动车控制不力和过快增长加剧了首都的交通"首堵"问题。借鉴世界城市经验，提高轨道交通设施建设密度和覆盖面，缓解首都交通拥堵压力。借鉴纽约、东京等世界城市的经验，城市人口的流动主要是依靠地铁等轨道交通来承担，私家车大部分不用于上下班，而仅仅用于节假日出行。北京目前的出行特别是上下班出行主要依靠的是公共电汽车、地铁、出租车以及私家车，其中私家车还占有相当大的比例，这是导致交通拥堵以及交通尾气排放大的重要原因。因此，北京"城市病"治理，要加大轨道交通建设力度，地铁、轻

轨等轨道交通与一般铁路运输相比具有公交化、准时性、待时短、换乘快、运能大、能耗低、污染小等优势。北京应该提高轨道交通设施建设的密度和覆盖面。

一 核心区的轨道交通建设要加密

核心区按照规划要加密轨道交通建设,并提前开工,加快建设速度,以便尽快缓解交通拥堵压力,满足更高比例的市民出行需求。借鉴国际经验,如纽约、伦敦、东京等世界城市的轨道交通出行占总人口出行的60%以上,而北京还不到一半,因此轨道交通发展的空间比较大,需要加快轨道交通建设速度,提高轨道交通建设密度。高密度的城市居住空间、高层建筑和写字楼空间以及不相配套的道路空间和轨道交通,导致了交通拥堵不堪,过于密集的城市人口出行需求决定了我国必须优先发展大容量、高速度、快捷的轨道交通系统,轨道交通体系能够实现人均占用道路空间资源最少化,能源消耗最少化,排放和环境污染最低化,运输能力最大化,以及减少私家车出行需求等目标和基本功能。因此,北京作为国家首都和建设国际一流和谐宜居之都,需要加快城市公共交通建设,特别是重视城市轨道交通的建设,提高首都城市轨道交通运输能力,也为非首都功能疏解创造交通条件。相比东京等国际大都市,北京核心区轨道交通建设要进一步加密,力争在500—600米范围内能有地铁口,方便核心区市民出行,减少私家车出行需求和交通压力,创造便捷、和谐、宜居的首都交通环境。

二 远郊区县和周边区域要广覆盖

加快核心区与周边区县及河北、天津等交界区域的轨道交通建设,以便于缩小周边落后区域的交通基础设施差距,吸引新增人口和产业往周边区域转移,缓解核心区人口、资源、交通压力,控制住核心区的人口增量。目前,这方面的京津冀地铁规划还欠缺,发展严重滞后,加快周边区域的地铁等轨道交通建设,打造"轨道上的京津冀",能有效吸引资源要素的投入,为核心区转移或外迁的各类企业、行政机构、事业单位等提供条件和发展环境,增加吸引力,能引得来，留得住，发展好。

京津冀城市圈轨道交通建设要体现网络密集、服务高效的原则，通过客运专线、市郊铁路、城际铁路、地铁等多种方式构建分层布局、联系完善的京津冀轨道交通圈。根据现有规划，在2020年前将形成比较完善的客运专线网络，京津冀大部分地级市、区县能够实现全覆盖。但是城际铁路、市郊铁路以及地铁线严重不足，在北京中心城区地铁线覆盖密度不够，导致大多数线路在上下班期间严重超载，难以保障现有的地铁出行需求，在远郊区县和周边区域的地铁线比较单薄，有的基本没有覆盖，难以引导人口和产业向远郊区县进行分流和功能疏解。因此，需要从建设"轨道上的京津冀"战略出发，提高中心城区的地铁线路密度，已有的规划应该尽快提早开工。

提高地铁线路的覆盖面，引导人口和产业分流，实现区域均衡发展，加快远郊区县之间的地铁线和市郊铁路以及城际铁路建设。仅仅依靠市郊铁路和城际铁路能有效满足远郊区县到中心城区的交通需求，但并不利于远郊区县和周边区县的产业发展，仅仅实现的是远郊区县的"睡城"功能和生活功能。要实现区县之间的均衡发展，应该重视地铁与市郊铁路的同时推进，将已有的地铁线路打通"最后一公里"实现部分区县之间的地铁建设，如六号线在最后一站再建设"最后一公里"可以直接延伸到燕郊镇，方便几十万燕郊人口出行。八通线再往东延伸几站地就可以直接通到河北香河县。房山线可以延伸到河北涿州市等区域，方便邻近区域的交通出行，也为这些区域的经济社会发展提供基础条件，减少区域差距，实现京津冀协同发展。

三 拆除城市围墙，加快分支道路和断头路建设

北京"城市病"的形成特别是交通拥堵问题往往与道路不够通达密切相关，在主干道上车流太大，围墙太多导致微循环不够，许多十字路口变成单一通道，形成了"硬梗阻"，缺少分流的毛细血管和分支道路。这在北京许多区域存在着。实现国家治理能力和治理体系现代化，围墙的存在不仅不能促进城市治理的现代化，相反阻碍了城

市交通的通达性、人为地造成城市空间资源闲置和自我封闭阻塞，不符合中央提出的创新、协调、绿色、开放、共享的基本理念。反映封闭观念和生活习俗的围墙文化，依然存在于现代人的思想观念和生活习俗之中，传承千百年的高墙深院、筑墙围栏的旧习俗还在现代都市里盛行，这些围墙和封闭观念已成为生活发展和城市现代化建设的藩篱，与我国改革开放方针发生严重的冲突。丹麦城市设计专家扬·盖尔教授在《交往与空间》中，总结出五种促成开放交往与封闭孤独的方式（见表10-2），把有无围墙放在第一位，可见围墙有无和多少是判断城市开放与封闭、交往与孤独的一个标准和体现。凡曾经是古都的城市如沈阳、北京、开封、洛阳、南京等，城区里的围墙不仅长期存在，而且很多很普遍，反映了这些城市受封建文化的影响很深，封闭保守观念也比较重[1]。

表10-2　　　　　　促成开放交往与封闭孤独的方式比较

开放交往	封闭孤独
无墙	有墙
近距离	远距离
高速度	低速度
统一标准	不同标准
接近他人	避开他人

围墙之于当今，已经失去了它所固有的意义。围墙的历史作用不可否定。长城和那千百年来固若金汤的各地州省府县的城墙，除了文物价值之外，其原有的保一方平安的历史使命已告终结。北京建设国际一流的和谐宜居之都，既要与国际接轨，自身也要实现创新、协调、绿色、共享、开放发展，必须要加快拆除大多数围墙，打通交通毛细血管，缓解交通拥堵，构建更加通达的现代都市。

---

[1]　邱吉顺、孟笑梅、杜法义：《沈阳的围墙文化和城市现代化建设的冲突及对应策略》，《理论界》2005年第2期。

（一）北京城市围墙存在的诸多弊端

中国的围墙文化源远流长，主要发挥历史上的城市防卫功能。大的如两千年前秦始皇时代修建的万里长城，发挥军事上的防卫、抵御等基本功能。小的如城市中众多机关单位大院、居民小区自建的围墙。北京不仅有紫禁城、天坛、北海等众多古迹公园，还有更多的机关单位、军队大院、大学校园、中小学、医院等，以及众多的居民小区都建了各种形状的围墙，以与外部相隔离。这些围墙的存在既有历史以来的防卫意识的文化体现，也有自我封闭、减少与外部交流，加强内部保密和安全防范等多重功能考虑，还体现了中国文化的自我防范的理念和意识。

第一，挤占城市道路网空间，道路微循环不足，围墙林立制约城市通达性。北京在地理空间上被这些大大小小的围墙院落分割得七零八落，留给城市道路网的空间非常少。许多主干道周边被围墙所阻隔，在拥堵路段往往无法与周边的围墙内的道路实现通达、分流和微循环，许多主干道的单一通行性导致交通拥堵无法进行其他选择，因此长期拥堵成为常态。北京交通拥堵路段与道路微循环没有打通密切相关，主干道与分支道路的互联互通性不足，特别是在十字路口缺乏可以微循环的分支道路进行分流，导致部分路段拥堵无法进行疏解。围墙的存在和分支道路、道路毛细血管不通畅，自然影响到主干道的通达性。院落一般都不许外部车辆穿行，这就造成北京公共路网布局先天不足，道路过分稀疏，道路平均间隔在一二公里以上，城市交通微循环被围墙堵塞。道路微循环难以打通，分支道路的毛细血管往往走投无路、末端堵塞不通。从城市空间资源的有限性、开放性、共享性来看，多修一道围墙就少修一条路，就给城市居民增添一分拥堵，这是交通资源的不合理配置。从路权的公平性来说，围墙院落内外有别，院内的道路资源只供少数人使用，这是路权分配不公，违背了社会主义公平正义的原则。

第二，占据一定空间资源，导致城市资源的闲置浪费。围墙院落占地面积大，导致城市空间资源闲置浪费。北京有许多的高校、中小学、医院等，还有许多的企业事业单位，这些机构均设立了围墙。

去这些机构单位办事必须绕到大门才能进去，出来也必须找到可以通行的出口，否则在里面打转转是无法走出"死胡同"的，比如：紫禁城周边南北长1.66公里，东西宽0.96公里，周长5.24公里；北海公园南北长1.27公里，东西宽1.26公里，周长5.06公里；清华大学南北长2.31公里，东西宽1.86公里，周长超过8公里。城市围墙的存在本身要占据一定的土地面积，人为隔离城市空间，导致通达性不足，围墙空间资源往往是闲置浪费的，导致城市空间资源无法达到集约化利用[1]。公园是老百姓晨练、休闲、健身、娱乐、交流和养眼调剂的重要场所，但公园四周的高大围墙形成了自我封闭的空间，遮挡了人们的视线，限制了更多的交流和沟通，将公园内的美丽景色与城市生活人为地隔离，人为地形成碎片化空间[2]。

第三，导致城市的自我封闭，不利于城市功能的开放与共享。围墙文化是一种带有封建烙印的落后文化，这种文化包含了中国长期封建社会小农经济下形成的自我封闭的作茧自缚心态和占地为王的封建割据意识，还包含了一些对社会治安的恐惧心理。实际上，围墙除了限制人们出行方便之外，并不能保证墙内的安全。即使设置比较严密的保安监控体系，即使在高墙深院也频频出现文物被盗现象。因此，严密的保安系统并不能保证城市的安全，相反只有建立更加开放、高素质的共享空间，才能保障人们的心灵安全感和归属感。现代化的城市绝不是自我封闭、自我围堵起来的空间，相反要求更多的通达性和开放性。自我封闭得越多、越厚、越紧，城市对外开放性不足，视野受限，发展越无法开阔、开放。不说这其中浪费多少的时间和精力，更不说这些单位都要安排大大小小的保安岗位，这些保安的工资待遇很大一部分来自于纳税人的财政收入。

（二）发达城市无围墙的现状及其经验

第一，发达国家和城市不建设围墙，保障交通的微循环和通达

---

[1] 沈培钧：《围墙文化与城市交通拥堵》，《综合运输》2011年第10期。
[2] 赵杰：《拆除公园围墙，开放城市美景》，《今晚报》2015年1月26日。

性。发达国家的大学几乎都没有围墙，临街的居民楼不仅没有围墙，甚至看不到金属防盗栏。在发达国家城市内基本看不到围墙，道路平均间隔在几十米以内，交通微循环畅通。如日本东京非常重视分支道路建设，重视毛细血管的通达性，往往不允许建设城市围墙，主干道可以与社区、企业、机构等分支道路进行分流和循环。

第二，鼓励城市公共空间的共享，减少城市资源的闲置浪费。许多发达国家和发达城市允许市民利用城市公共空间，重视对外开放，提高城市资源的利用率和城市资源的共享性。如卢浮宫位于巴黎的城市核心区，占地空间不算很大，也没有建立围墙与外部隔绝，巴黎整个城市基本没有什么围墙，道路通达，楼与楼之间的道路还可供外部车辆穿行。伦敦著名的海德公园占地面积大，但没有用围墙与外部进行隔离，公园里的各条干道与外部进行连通，做到四通八达，实现城市交通的通畅性。当然，伦敦白金汉宫是个特例，用铁栅栏围了较小的院落，但不足北京故宫面积的1/10。欧美许多发达国家的高等院校、企事业单位，甚至政府机关、民居住宅，都没有围墙。即使私人别墅就建在林区、山上、水边，大多不建围墙。生活、工作在那里，人们不但没有因围墙的缺失而感到不安全，反而觉得整个社会都是四通八达、开阔舒适、开放共享。

第三，市民素质高，相互信任程度高，建立了国家诚信系统，保障对失信违规者的终身追责和惩罚。发达国家和发达城市的市民素质比较高，诚信度高。因此，城市不需要人为设置各种城墙和设置保安来防止偷窃等不安全行为的发生。发达国家和城市往往建立了比较完善的国家诚信系统，对每个人的行为可以随时跟踪、随时警告和惩戒，一旦违规、失信，将进入诚信黑名单，终身追责。该系统是拆除城市围墙的重要人文环境，确保人与人之间的诚信。

（三）拆除城市围墙，加快分支道路和断头路建设

第一，加强城市道路微循环、微血管建设，以及分支道路和微循环建设，缓解主干道的交通拥堵现象。无论是从尊重宪法的角度还是从整合城市空间资源的角度，需要打破城市空间的条块分割，合理规划城市路网布局。借鉴东京经验，在以法制保障安全的前提下，拆除

所有多余的围墙,除了重要政府保密机构、文化古迹等重要区域需要进行围墙封闭管理,其他一般性的企业事业单位、学校、医院、社会组织、商场、公园等均应该向外开放,拆除围墙,打通人为封闭的道路,把被少数人割据的土地和道路还给社会使用和城市空间共享,以保障全体人民的路权平等。加强城市交通疏导,重视城市路权平等,才能真正实现城市交通治理,共建共享城市发展成果。借鉴东京经验,北京应该以拆除过多围墙为契机,加快规划设计用于分流主干道路车流量的分支线路,特别是交叉路口处应该增加车的改道选择,一旦前方十字路口发生拥堵,就可以另选干道边的分支道路进行分流,减少拥堵压力,达到迅速通达的效果,规划设计和加快建设这些分支道路,彻底消除道路的死胡同和"硬梗阻"现象,有效治理首都交通拥堵。

第二,加强对围墙拆除后空间的规划再利用,实施首都拆墙透绿工程。基于北京空间资源有限,特别是用于城市绿地、绿隔的空间资源有限,贯彻落实首都城市战略定位,疏解非首都功能,与疏解和转移非首都功能结合起来,对无历史文化遗产保护功能的城墙加快拆除。一是规划部门加强对建筑、围墙退界及形式的控制,加强对围墙拆除后空间的规划再利用,注重系统性和协调性,促进城市景观、城市道路、城市建筑用地等多种功能的协调,力求创造良好城市街道景观及城市界面。二是拆除后不再用于产业用地,全部改为城市绿地和公共道路用地,实施拆墙透绿工程,增加城市绿化率和园林面积,促进绿色北京建设。三是新建城区不再规划建设围墙,制定相关法律法规明确强调,除特殊功能需要经批准可以建立围墙,其他情况企业、事业单位、机关、社区都不得新建围墙,要让人接近自然,爱护绿化。借鉴国外成功经验,探讨拆除公园围墙的可能性,使更多的公园内美景从远处就可以直接进入人们眼帘,成为百姓生活的一部分,在原来围墙的位置上种植一些低矮的植物,或者设置一些景观性的装饰金属链,烘托景观,又不阻挡大家欣赏公园美景的视线,并加大宣传和监管力度,让市民形成自觉爱护公园美景的习惯[①]。

[①] 赵杰:《拆除公园围墙,开放城市美景》,《今晚报》2015年1月26日。

第三，提高市民文明素质，倡导文明行为，不能随意占用城市围墙拆除后的公共空间，建立诚信档案。一方面，要提高市民素质，自觉形成不占用公共空间的意识和行为。另一方面，要加强监管和惩戒，建立必要的诚信档案。限于目前许多道路为乱停车、占道经营所占领，为避免被拆除的围墙空间为新的乱停车和占道经营所占据，应该加强相关制度体系建设，建立诚信档案，对乱停车、占道经营行为进行监控，一旦发现列入诚信档案，给予严厉的惩罚。

第四，加强智能化、数字化、信息化城市建设，推进城市治理能力和治理体系的现代化，通过技术手段对乱停车、占道经营行为进行严厉打击和惩罚。对城市围墙拆除后的所有公共城市空间进行新的规划和设计，能用作停车位的可以划定明确的停车位，能用作绿隔、绿地的空间不能改为他用，并通过安装摄像头、智能化管理手段对这些空间进行随时监控，一旦发现异常行为及时制止，并给予各种违规者以相应的惩罚，从而达到清理公共空间，纯净城市公共环境的目的。通过拆除城墙，强化城市诚信文明，共创交通通达、生态宜居、诚信关爱、充满活力的新首都。

第五，加强断头路建设。许多断头路现象明显存在，特别是在北京与河北、天津等周边区域的连通上难以打通。2015年北京加快推动密涿高速、京秦高速开工建设。在疏通大路的同时，三地交通部门已经启动了普通干线公路的规划对接。同时，三地在交通运输部的牵头下共同研究加快推进首都地区环线高速公路建设。预计到2017年，京津冀三地之间再无断头路。随着这条高速路的开通，北京通往东北地区将开辟一条新的快速通道，天津北部、唐山、秦皇岛与北京的交通将更加便捷，对促进京津冀区域经济发展具有重要作用。根据功能定位，首都地区环线高速公路的作用在于疏解非首都功能、引导过境交通通行、完善华北至津冀港口的货运功能，京津冀三地需要加快研究和共同推进首都地区环线高速公路建设[1]。

---

[1] 北京市交通委：《2017年京津冀消除"断头路"》，《北京日报》2015年6月29日。

京津冀三地间存在许多的断头路,但农村公路、地方性公路等属于地方事权的项目,制约了京津冀交通一体化发展。京津冀协同发展必须交通先行,依托交通一体化和互联互通,加快非首都功能疏解和人口、产业的区域之间的分流与均衡布局,因而必须加快断头路建设。京津冀轨道交通投资公司的成立,为京津冀轨道交通建设提供了组织保障,同时也要吸引社会资本参与京津冀一体化建设,建立利益分享、风险共担机制,为京津冀协同发展提供便捷的交通出行条件,有利于人口流动和疏解。

第五节 深化首都生态文明体制改革,建立环境治理的长效机制

近几年北京雾霾天气频现,给首都北京贴上了污染型城市标签,因此一谈到雾霾,首先必然想到北京。生态恶化、环境脆弱的客观现实,以及市民对清新空气和宜居城市的强烈渴求,必然要求加强北京环境治理和生态文明建设。党的十八大报告明确提出大力推进生态文明建设,以及党和国家对首都北京提出的构建国际一流的和谐宜居之都的殷切期望和发展目标,北京加强生态治理和环境建设,加快环境污染的治理成为重要工程。加快首都生态文明建设,需要深化生态文明体制改革,建立环境治理的长效机制。生态文明体制改革涉及经济、社会、文化、政治等多个领域,单一领域、单一区域的改革难以全面推进生态文明建设。生态文明建设与经济建设、社会建设、文化建设和政治建设的融合,必须进行系统的体制创新。首都生态文明体制改革应加强经济、环境、社会、文化等多领域的改革创新,重点领域与改革路径包括以下方面。

一 加强经济体制创新,建立生态产业体系

加强经济体制改革,破解经济发展与环境污染之间的两难问题,实现经济建设与环境污染的脱钩,实现经济发展与生态文明建设之间的双赢。

(一)建立生态的经济体系，构建高精尖经济结构，加快产业转型升级，大力发展低碳、绿色、生态产业

建立绿色生态的经济体系，大力发展低碳、绿色、生态产业，降低环境污染和碳排放，提高经济效益，实现经济增长与环境污染脱钩，以生态产业、生态经济促进首都生态文明建设。加快构建高精尖经济结构，加快产业转型升级，大力发展低碳产业，建立生态的首都经济体系。争取中央支持，牵头河北、天津等省市采取措施，加强产业转型升级与区域产业合作，不断降低北京周边包括津冀范围内的重化工业的比重，减少污染物排放，加强产业转型和生态产业发展，是推进京津冀生态文明建设的重中之重，也是促进首都生态建设、减少雾霾、改善环境的关键。

(二)加强生态区的经济补偿，完善生态补偿机制

通过深化财政体制、税制改革，完善要素配置的体制机制创新，解决生态功能区的生态保护经济补偿问题。首都生态涵养区主要位于边远的山区等生态薄弱地带，包括延庆、怀柔、密云、平谷等区县，经济和公共服务基础比较薄弱。根据国际经验，政府财政转移支出在实现政府特定政策目标、发挥财政宏观调控作用、引导地方合理配置资源、推动地方经济发展等方面具有重要支撑作用。首都生态文明体制改革应增强生态保护的内在动力，创新区域税制体制，探讨生态保护区与优化开发区的税收分成和税收转移规模及其比例。推动首都核心区与远郊区县、首都北京与津冀地区间建立横向生态补偿机制。联合天津、河北共同制定《首都生态补偿管理条例》，明确法理、法律依据，使代内、代际的生态公平通过实施生态补偿机制走上法制化轨道，多方筹措生态补偿资金。

(三)加强能源体制改革，大力发展新型能源产业

生态经济发展涉及能源经济领域，传统能源供给与消费体制阻碍了资源能源的集约化利用和能源排放、环境污染等的治理。能源体制改革是推动经济增长和节能减排的重要措施。能源革命主要是解决能耗过高的问题。从国家层面，建议统筹推进国企改革与能源行业改革，加强油气等行业体制的市场化改革，改革矿产资源管理体制，对

尚未开发的石油、天然气区块以及页岩气、页岩油等非常规油气区块进行招标出让，价高者得。改革流通体制，在油气批发、零售、进出口环节放开准入。深化电力体制改革，出台电力体制改革方案，电网退出单边购买方的地位，实现发电方与用电方"多买多卖"的直接交易[①]。北京发挥能源科技资源优势，加大新能源技术创新，大力发展太阳能、风能等新型能源产业，提高低碳可再生能源在能源结构中的比重，减少碳排放和环境污染。

二 加强环境管理体制创新，加大环保执法力度

推进首都生态文明建设，必须对现行的不符合生态文明要求的制度、体制、机制进行改革与创新。党的十一届三中全会以来，我国建立了政府主导的环境行政管理体制，在生态环境治理方面取得了一定成效。但是，经济管理和行政管理还未能形成对粗放型、外延扩张型的经济发展方式的有效制约，致使不少地方片面追求生产总值的增长，以破坏生态环境为代价获得短时期内的经济繁荣，自然资源的消耗越来越多，对环境的破坏越来越大，生态越来越恶化。面对严峻形势，必须加强生态环境保护与污染防治的体制创新，加强生态文明制度建设。

（一）加强顶层设计，建立垂直型、综合型、区域型的生态治理机构

加强顶层设计，加快生态文明行政管理体制创新，以转变政府职能为核心，探索生态型区域管理体制和考核体制的改革创新。在管理体制方面，可通过建立高规格的协调和决策机构，进行基层管理扁平化改革等创新。对具有战略性发展意义的区域或领域设立高规格的协调和决策机构，是国内外管理体制设计的共性。这一方面可以提高行政办事效率，避免按照传统行政程序而耽误重大战略的发展。另一方面也可以整合各方面资源，集中解决核心问题。生态文明发展不同于

[①] 范必：《能源体制雾霾不除，大气雾霾难消》，http://finance.sina.com.cn，2015年3月2日。

常规工业化发展，迫切需要建立高规格的协调和决策机构，突破落后的行政体制束缚。针对生态区管理人口少、经济总量少等特征，可探讨实施基层管理扁平化改革试点创新；设立独立的生态保护管理局，强化生态保护和管理的职能；整合现有街道办事处和社区工作站管理资源，减少行政层级，提高行政效率，构建绿色政府。

加强首都生态文明体制改革的顶层设计，发挥首都生态文明体制改革专项小组的推动改革作用，建立垂直型的环保管理体制，创新组织机构，提高生态环境治理能力。打破传统的环保机构设置按照行政区域来划分的体制，避免地方环保机构在人事、经费等方面受当地政府领导和制约。在管理体制上，市环境保护局下设分局及派出机构，人、财、物均垂直领导和管理，与区县政府脱钩。在运行过程中，要减少金字塔式的官僚程序，实行扁平化管理，各地环境分局及其派出机构能够直接与市环保局沟通，实现垂直领导，做到下情上达，减少地方保护主义对环保执法的干扰，加强环保管理的权威性和统一性。要利用微信、网络问政等现代化网络平台和技术手段，建立领导层级上垂直化、管理机制上扁平化、信息共享上网络化的生态治理体制机制。

加强综合型的环保管理机构建设，在首都生态文明体制改革专项小组的基础上，整合体制资源，统筹发改、环保、园林、农业、水务、国土等部门的力量，深化资源环境行政管理体制改革，建立跨部门生态文明协调机构。要改变环保部门监管弱化倾向，强化环保部门监管的主体责任、权威和地位，避免多部门管理无人管理，多龙治水，无龙治水的现象，将所有涉及环保、生态等方面的监管统一纳入环保部门，明确环保责任主体，并依法加大惩罚力度和强化责任追究。明确部门职责分工，协调环境保护和生态建设工作，制定环境保护与经济发展相协调的环境政策。合理划分北京与各区环境保护职权，加强基层环保机构建设，强化跨区域环境管理。加强环保队伍自身建设，根据环境执法和监督的实际需要，增加环境执法编制，环保部门与交通部门、水务部门、城管部门建立联合执法队伍，实现执法队伍下沉，夯实乡镇、社区、村庄的环保执法力量，造就一支"政治强、作风硬、业务精、纪律严"的环保队伍,提升环保机构的执法能力和业务水平以及环保执法的覆盖面。

加强京津冀区域型的环保管理机构建设,建立环境治理联防联控机制。北京要发挥首都排头兵作用,牵头协同天津、河北等周边地区建立首都经济圈生态文明建设联防联控机制,建立区域性环保管理机构,实现综合控制污染、统筹规划产业布局、优化产业结构,做到既发展经济又保护环境,实现环境保护与经济发展的双赢。根据区域社会经济、自然生态状况进行统筹协调产业布局、环保规划、污染治理,打破以往按照行政单元的分割管理,扭转环境治理中分而治之、力量分散、花费大而效果不明显的局面,以期达到区域环境综合治理、经济协调发展的效果,实现经济、环境、社会和谐可持续发展。

(二)抓住治理重点,加强大气、水务、垃圾领域的治理体制创新

抓住大气、水务、垃圾等领域的治理重点,首都生态文明体制改革专项小组进一步整合大气污染治理体制改革专项小组、首都环境建设委员会、首都经济体制改革小组等力量,以生态环境优先为原则,由市环保局加大对规划、发改、交通、工商等部门的生态文明建设及相关环保工作的监督和评价,改变传统的环境保护工作让位于经济建设的现状。

第一,加强首都大气环境治理体制创新。加大北京大气污染治理,习近平总书记提出了标本兼治和专项治理并重等基本原则和重要观点。贯彻落实习近平总书记重要讲话精神,要在加大北京大气污染治理力度和大气环境治理体制创新上有新举措。

一是标本兼治和专项治理并重。从大气监测结果来看,PM2.5主要是来自燃煤、汽车尾气、扬尘及工业废气等。做好大气污染防治工作,必须找准症结所在,弄清楚主要污染行业、主要污染源、主要污染因子。雾霾是"城市病"的重要表征,但"城市病"与大气病是互相影响的。治理大气污染应该首先治理好"城市病",才能做到标本兼治。如控车需要控人,控人需要控制核心区产业和就业岗位增加,控制产业需要减少或避免 GDP 考核和经济增长的冲动。治理雾

霾需要与疏解非核心功能、控制核心资源过于集中相协同。

二是常态治理和应急减排协调。加强大气污染治理应该成为北京经济社会发展的新常态，加大环境执法力度，使环境执法成为常态，严控污染和排放。大气污染的常态治理，应该与发展新能源车、电动车、慢行系统、植树造林等活动紧密结合。加强应急减排，应该针对重度污染天气重启"无车日"、单双号限行等活动。

三是本地治污和区域协调相互促进。北京大气污染治理要重视本地治污工作的进一步加强，加大产业转型、燃煤缩减、能源消费清洁化等工作力度。更要重视区域协调，如加强与河北、天津区域内的高污染型工业、企业、城市进行对接与协同治理，合作建立产业优化升级机制，共建新型服务业园区机制、税收分享机制、人才科技信息共享机制等，提高区域协调、产业转移的内在激励动力，避免转移流于形式和空洞化。

四是多策并举，多地联动，全社会共同行动。多策并举，要求经济手段、法律手段、行政手段、信息手段等多种手段和策略并用。要出台《首都交通拥堵污染防治条例》，对机动车排放征收污染排放税和拥堵税，提高停车费标准，引导和减少机动车出行频率和使用强度。多地联动，要求北京核心区与功能拓展区、生态涵养发展区进行联动，要求北京与天津、河北联动。全社会共同行动，要求北京治理大气污染不仅要给区县下指标、下任务，还应该向市属企业、事业单位下指标、下任务，向中央请示，力争中央部委机关、国家单位、央企、国企的合作和共同行动。应该加强各类社会组织、市民的共同参与和行动，建立大气污染的各类协会、行会、商会、基金会等，发挥社会力量、社会资本的作用，共同治理大气污染。

五是继续抓好四大领域治理，建立跨区域的京津冀大气环境治理协同体制机制，加强执法监管。习近平总书记指出，继续聚焦燃煤、机动车、工业、扬尘四大重点领域，继续抓好压减燃煤、控车减油、治污减排、清洁降尘等措施。加快淘汰落后产能，改造提升传统产业，大力发展循环经济、低碳经济。加强首都污染型产业外迁或转型升级，重视交通尾气治理，设立收费区和低排放区管理机制，强力治理大气污染。重视交通尾气治理，设立首都核心城区"收费区"，规定进入城市核心区域的机动车辆必须缴纳一定的"交通拥堵费"或环境污染税；市环保部门与交通部门联合建立交通尾气监控和协同治理中心，在四环或三环内建立"低排放区"，不允许污染严重的车辆进入这些区域，对超标排放机动车进行全天候监控，并对其进行重罚；提高停车费标准，对于乱停车加大惩罚力度，降低私家车使用强度，减少交通拥堵的同时减少机动车尾气排放；北京五环以内的机动车辆均使用清洁燃料，加快公共汽车、出租车等使用清洁能源和安装过滤器，减少排放量，加强执法检查，加大尾气排放超标惩罚力度；鼓励使用电动车，规定牌照面向机动车发放，完善充电配套设施，减少机动车尾气排放，促进首都大气环境改善和生态治理。要建立大气环境承载能力监测预警机制，确定大气环境承载能力红线。要严格指标考核，加强环境执法监管，认真进行责任追究。针对北京清洁空气行动计划的浓度指标，不便于各区县操作和实际减排，应将减少机动车排放、产业排放、扬尘排放等作为考核标准。考虑区县大气污染基数的差异性，核心区、功能拓展区、涵养区的指标应该分层设计。环保部门应整合公安、城管、计生等单位力量，形成城市综合执法队伍，鼓励建立环境执法协管员或志愿者队伍，充实基层环境执法力量。

建立跨区域的京津冀大气环境治理协同体制机制，加强大气环境污染的严格执法。建议北京生态文明体制改革专项小组联合河北、天津两省市建立京津冀或环渤海大气环境信息网、建立京津冀污染源信息发布平台，强制性要求重污染区域、产业、企业，应该制定污染减排目标或淘汰、转型升级时间表，明确每年的减排任务和目标，对京津冀三地所有的污染源安装监控设备和相关监测指标设施，进行实时监控、实时反馈、实时追责，迫使重污染区域政府和企业采取刚性措施不断减少污染，提高环保水平，促进首都乃至京津冀生态文明建设。

六是推广清洁能源和加大城市绿化建设。习近平总书记指出，推广清洁能源，公交车就要力推一下。以公交车、出租车为试点，考虑如何减少北京燃油汽车总量，本书建议，采取措施分步实现清洁化、电动化，全面推广新能源车，力争在3—5年内将新能源车提高到总机动车的50%—60%，然后再逐年替代燃油汽车，最后达到全部为新能源车，彻底解决汽车尾气污染问题。

加快制定政府机关清洁能源车实施方案和政策措施，制定清洁能源车技术路线图，完善配套设施，以政府采购、企业赞助、社会参与等多元化方式共建充电桩。加大新能源车的技术研发，提高电池技术，减少新能源车的各项成本。加大能源消费结构转变，鼓励各行政单位、事业单位、学校、企业、社会组织、社区居民在自有屋顶或空地投资建设分布式光伏电站，国家电网出台更加便利的入网手续和鼓励政策，大力发展光伏、风能等新能源。加快城市绿化和生态文明建设，全面实施城市绿化、美化各项重点工程，重视城市绿色基础设施、绿隔建设，加快构建首都城市绿色生态屏障，提高环境承载力和大气环境自净能力。

第二，加强首都水务治理体制创新。要加强面向地表和地下水治理的环保、水务等相关部门改革和机构整合，建立健全河道管理、排水管理、水源保护等全流程的水务治理体制，将与水务相关的政府职能部门进行整合，或统一纳入首都生态文明体制改革专项小组体系之内。积极推广生态河道建设，建立流域综合治理体系，以点、线、面结合强化系统治理，建立首都水务协同治理体制。点，即抓住重点、难点，点点击破，按照集中与分散相结合布局再生水厂，针对不同的污染类型建立不同种类的污水处理设施，充分考虑污水处理后就地回用。从源头收集和处理污水，根据生活污染源布局，完善城市生活污水收集管网，完成沿线截污管线建设和雨污合流改造，严格控制并减少流入河道的污水量，提高污水治理标准。线，分横向和纵向。横向以流域内水资源、生物资源承载力为基础，开展陆地生态、水陆交错生态、水生态三个梯次的治理。纵向以连接河道、营造水景观为基础，构造有生命的河流，恢复生物多样性，逐步形成清洁生态廊道。面，以流域综合治理带动社区生态建设，由生态环境到生态经济、生态人文，全面构建清洁社区、绿色城区，发展低碳绿色经济。

第三，加强首都垃圾治理体制创新。要夯实全过程精细化管理基础，强化顶层设计，把减量化作为根本途径，探索实施最严格的排放源头管理措施。针对社区、企业事业单位、农村等不同类型对象，落实垃圾分类管理责任人制度，进一步摸清全市和各区各类垃圾产生、排放和流向底数，夯实精细化管理基础。统一垃圾分类标识引导系统，统一垃圾分类收集设施技术规范和设置标准，统一规划垃圾分类分流回收与运输体系，做好前端分类、回收运输与焚烧、生化等处理设施有效衔接、合理匹配的顶层方案，协同推进。以餐厨和厨余垃圾为重点，大力推进垃圾分类系统建设，深入开展餐厨垃圾排放登记试点工作，在市级党政机关、区县政府所在地、学校、星级宾馆等开展餐厨垃圾就地资源化处理。进一步完善垃圾分类收集、运输和处理体系，在中央直属机构、在京中央国家机关及市级党政机关开展垃圾分类试点，在公共场所开展新型垃圾分类收集箱试点，基本完成城镇地区密闭式清洁站改造任务。

（三）创新生态制度，建立资源产权、生态补偿、群众参与制度

第一，建立资源产权制度。对首都水流、森林、山岭、荒地、滩涂等自然生态空间进行统一确权登记，形成归属清晰、权责明确、监管有效的自然资源资产产权制度。建立完善集体林权制度改革，健全国有林区经营管理体制。建立独立的环境监管和行政执法体制，统一监管所有污染物排放。建立生态系统保护修复和污染防治区域联动体制机制。

第二，科学划定和保护生态红线。在核心区、生态涵养发展区、功能拓展区等全方位确定区域内林地和森林资源、湿地、石漠化治理、耕地、水源地、水资源管理、河湖保护、物种等红线范围，实行严格的耕地、林地和水资源保护制度，实行红线区域分级分类管理，一级管控区禁止一切形式的开发建设活动，二级管控区严禁影响其主体功能的开发建设活动。五环以内限制或延缓批准新增建设用地，核心区以疏解低端产业、疏解人口、减少资源能源环境压力为目标，尽可能拓展生态红线，增加园林绿化用地，改建设用地为首都国家公园用地。

第三，建立资源环境承载能力监测预警机制，对水土资源、环境容量超载区域实行限制性措施。坚持使用资源付费和谁污染环境、谁破坏生态谁付费原则，加快自然资源及其产品价格改革，全面反映市场供求、资源稀缺程度、生态环境损害成本和修复效益，将资源税扩展到占用各种自然生态空间。

第四，建立生态补偿机制。发挥市场机制在首都生态文明资源配置中的决定性作用，坚持谁受益、谁补偿原则，完善对重点生态功能区的生态补偿机制，推动首都核心区与远郊区县、首都北京与津冀地区间建立横向生态补偿机制。联合天津、河北共同制定《首都生态补偿管理条例》，明确法理、法律依据，使代内、代际的生态公平通过实施生态补偿机制走上法制化轨道，多方筹措生态补偿资金。通过政府财政转移支付、生态受益者付费、生态使用者付费、生态税、社会捐赠等方式筹集，探索建立生态补偿标准体系、生态补偿的资金来源、补偿渠道、补偿方式和保障体系。在延庆、怀柔、密云、平谷等生态涵养发展区实施生态补偿机制，适时将范围扩大到其他区域。积极开展节能量、排污权、水权等交易试点，加快建立化学需氧量、二氧化硫等排污权有偿使用与交易制度。加强清洁发展机制项目建设，进一步完善首都碳排放权交易制度，在现有的北京碳交易市场基础上进一步拓展到京津冀地区乃至周边更大区域。

按照主体功能区规划，建立首都国土空间开发保护体制和空间规划体系，划定生产、生活、生态空间开发管制边界，落实用途管制，健全能源、水、土地节约集约使用制度。明确各类国土空间开发、利用、保护边界，实现能源、水资源、矿产资源按质量分级、梯级利用，发挥资源最大效能。

第五，建立和完善首都生态文明教育制度、全民节约制度、环境信息公布制度、社会监督举报和群众参与制度。运用经济和社会力量，推动环保市场发展，建立吸引社会资本投入生态环境保护的市场化机制，推行环境污染第三方治理。建立京津冀生态文明建设相关的重点产业领域的行业协会，由行业协会、中介机构、社会群众等共同发挥社会化监督、全民化参与、第三方治理的有效作用，加强对行业内企业排放的监控和年度排名，对污染严重企业加强行业监管和减排督促，政府部门以社会组织和第三方的评价结果为依据对污染企业进行惩罚，以强大的社会力量和舆论作用促进污染企业的淘汰、转型与改造，进而促进整个首都地区的生态文明建设。

（四）坚持严格的耕地保护政策，完善生态用地保护制度，建立首都土地督察制度，建立和完善开发权转移和容积率奖励制度

第一，推进土地综合整治，实施耕地"建设性"保护，冻结征用具有重要生态功能的荒地、林地、湿地，降低或减少城市建筑用地，提高首都城市生态空间。对优质耕地必须严格保护，优化用地布局、提高耕地产能、稳定生态环境、改善生产生活条件，发挥耕地的生态功能，营造良好宜居的田园风光和生活环境。首都要增加生态空间，缓解环境压力，提高环境承载力，建立生态用地保护和委托管理制度。生态用地是承担重要生态功能的土地，其生态功能体现在保护生物多样性、调节气候、涵养水源、净化环境、防止土地退化及减少自然灾害、维系区域生命支持系统的正常运行方面。依据首都土地利用总体规划，严格执行土地用途管制制度，明确土地承包者的生态环境保护责任，加强生态用地保护，冻结征用具有重要生态功能的荒地、林地、湿地，降低或减少城市建筑用地，增加和保护城市生态用地，提高首都城市生态空间。进一步完善和严格执行生态用地规划制度、生态用地用途管制制度、生态用地禁止征收制度、生态用地转用审批制度、生态用地占补平衡制度。对优质耕地必须严格保护，优化用地布局、提高耕地产能、稳定生态环境、改善生产生活条件，发挥耕地的生态功能，营造良好宜居的田园风光和生活环境。

摈弃贪大求全、大手笔建设的用地思路。现代文明不是高楼林立、厂房密集，村村点火、处处冒烟，而是追求宜居、和谐、可持续的社会状态。通过节约集约用地，走新型城镇化之路，破解资源约束瓶颈，实现可持续发展。要优化国土空间开发格局，提高首都城市绿化率。土地利用要尊循自然规律，这是生态文明建设的本质要求。在土地适宜性评价的基础上，全面实施国土空间开发总体战略，从首都

层面根据劳动地域分工和生产力布局，确定土地开发利用方向，构建开发、保护、整治"三位一体"格局，推进全域立体开发，避免开发区遍地开花、产业结构趋同恶性竞争、新城区盲目扩张、后备资源无序开发的问题。核心区的资源环境承载力低，应该减少产业布局和建筑用地规划，开展核心区和功能拓展区的生态红线保护工作，规划和布局城市绿地建设，多建园林绿地，少布局建筑，加强立体绿色建筑物的规划设计与建设。

第二，建立首都土地督察制度。土地督察机构在促进生态文明建设中责无旁贷，确保生态文明战略目标的实现。要拓展对土地利用方式合理性的督察，突出对土地利用环节的督察；加强调查研究，积极宣传督促引导督察区域转变土地利用方式、转变发展理念，科学合理用地。重视规划的落实、定期检查监督和责任追究，规划委和环保部门联合加大对违规违建及时查处力度，提高惩罚标准，维护规划的法制权威性，避免在绿隔、集体土地上违规建设，避免不断侵占生态用地，避免扩大城市规模边界导致"摊大饼"重演。

第三，建立和完善开发权转移和容积率奖励制度。建议首都在生态功能区对涉及历史文化遗产区域进行整体改造或城市更新时，探索使用开发权转移和容积率奖励政策，对能够保留历史文化遗产的开发商或开发主体，给予额外建筑容积率补偿的政策。容积率奖励，是指土地开发管理部门为取得开发商的合作，在为开发商提供一定的公共空间或为保护特定公益性设施（如古文化遗产）的前提下，奖励开发商一定的建筑面积。开发权转移，作为容积率应用的补充和深化，将奖励范围扩大化，在土地开发价值得到规划管理部门肯定的前提下，以转让开发权为条件，换取对生态及历史环境的保护或经济补偿，同时将换取的开发权转移到更具有开发价值的地方。容积率奖励和开发权转移政策的突出优点是，能够协调保护与开发建设之间的矛盾。建议首都在生态功能区对涉及历史文化遗产区域进行整体改造或城市更新时，探索使用开发权转移和容积率奖励政策：即以政府为主导，引进社会资本，对能够保留历史文化遗产的开发商或开发主体，给予额外建筑容积率补偿的政策。

（五）强化生态行政，建立生态文明政绩考核体系

对现有的环境保护管理体制进行重大改革，探索建立生态行政管理体制。按照科学发展观的要求，发挥行政体制改革的关键作用，推动生态文明体制深化改革，促进经济发展方式转变，促进生产方式和生活方式的生态化，推动整个社会走上生产发展、生活富裕、生态良好的文明发展之路。各级政府把保护生态环境作为重要职责，切实加强政府生态建设公共服务功能。

建设生态文明政绩考核指标体系，将生态文明指标替代传统的唯GDP的政绩考核指标。制定实施《首都生态文明建设目标考核实施办法》，将生态文明建设综合考评指数优劣状况作为综合考核区县领导班子和领导干部的重要内容。落实生态环境责任制，将区县资源消耗、环境损害、生态效益纳入经济社会发展评价体系，建立体现首都生态文明要求的目标体系、考核办法和奖惩机制。引导各级政府重视生态建设投入，重视城市绿色基础设施和城市园林绿化建设，重视绿色建筑、绿色交通、绿色社区等建设。

研究编制首都自然资源资产核算体系及负债表方案，采用总表与分表相结合的编制方法。用总表反映首都自然资源资产总量，用分表反映单一自然资源资产的价值构成和自然资源量值的存量情况。自然资源被分为林地、饮用水、湿地、城市绿地、古树名木等，负债方面包括饮用水资源保护投入资金、河流治理投入资金等指标，构建具有可操作性、定量评估自然资源资产的核算方法，区域生态环境质量越差，管理部门所拥有的自然资产权益越小，越远离自然资源资产价值的达标价值。

研究制定首都自然资源资产离任审计制度。审计对象应包括市级政府领导及各职能部门领导、区县级政府各部门、各街道办事处正职或主持工作的副职领导。审计内容包括：是否有因个人决策失误给自然资源资产造成破坏、损毁的行为；是否存在违法占有、浪费、破坏、污染自然资源情况；任期内对违法破坏自然资源案件的查处率、结案率等。依据制度设计，自然资源资产离任审计结果将作为该区领导干部任用、处理时的参考依据。对严重违反国家法律法规的，应当

给予党纪政纪处分；严重损毁自然资源资产的，将由纪检监察机关处理；涉嫌违法犯罪的，移送司法机关处理。

完善污染物排放许可制，实行企事业单位污染物排放总量控制制度，对造成生态环境损害的责任者严格实行赔偿制度，依法追究刑事责任。建立生态环境损害责任终身追究制。要使生态环境方面的制度与经济建设、政治建设、文化建设和社会建设的各项制度相互衔接，成为首都生态文明建设的完整、无缝隙的制度体系。

（六）建立生态文明综合配套改革试验区和国家公园体制

根据党的十八大报告提出的生态文明建设的目标及经济发展方式转变的需要，首都生态文明体制改革可以设立首都生态文明综合配套改革试验区，探索生态文明发展模式的配套改革路径。北京作为重污染型城市，加强环境保护和生态文明建设意义重大。在首都特别是污染相对严重、雾霾相对严重的大兴、通州、昌平、朝阳、东城、西城等区域，建立国家生态文明综合配套改革试验区，既能有效推进首都生态文明建设，又能在全国形成典型的示范效应，助推全国生态文明体制改革与生态文明建设，为建设美丽中国、美丽城市发挥领头羊和示范推广作用。

当前，延庆、怀柔、密云、平谷等为首都生态涵养区，且密云、延庆已经入选国家生态文明先行示范区，这些区县的生态建设相对较好，环境污染没有首都核心区及功能拓展区严重。考虑到首都北京核心区作为城市污染、生态恶化、"城市病"突出的重灾区，应选择东城、西城、朝阳区、大兴区、昌平区、海淀区等区域为生态文明体制改革和生态文明建设的重要试点或试验区，这些区域的生态文明建设进程及其效果直接关系到整个北京区域的生态环保建设。核心区污染相对严重，加强首都生态文明建设首先需要加强这些污染严重区域的生态文明建设。因此，所谓生态文明建设示范区和试验区不能仅仅放在生态基础较好的涵养区，还应该考虑放在污染最严重的城市核心区。鉴于生态文明建设政策创新涉及财政、金融、土地、行政管理等方面，建议发挥先行先试的使命，选择重污染区作为国家生态文明综合配套改革试验区，研究这些污染相对严重、环境承载力低的核心城区，如何通过产业调整、技术创新、制度完善促进这些区域的生态文明建设，引导这些区域选择又好又快的生态型、低碳型城市发展道路。

建立首都国家公园体制，加强首都国家公园区划设置，实现权、责、利统一，防止部门利益化，建立统一的首都国家公园管理体系。要从首都发展和公益性的高度加强对首都国家公园土地规划、机构设置和其他支持系统的整合，完善科学考察和总体规划工作。对以国家公园功能为核心职能的主体功能区，建立系统匹配的国土空间开发保护制度，构建以高层级政府财政为主的筹资机制，完善这些区域的生态补偿机制，以实现国家公园的资金机制创新。

整合林业部门、发改、规划、国土、文物、宗教、旅游等多个部门力量，建立统一的首都国家公园管理体系，避免多头管理和交叉管理等问题。重视国家公园区域的生态与环境资源的综合管理和附近用地的集约化利用，加强国家公园管理的规划、监测、评估等环节，打破部门利益局限，构建有效率的资源管理与运行体系。

增加政府投入，鼓励社会资本、社会力量积极参与国家公园建设，创新国家公园建设与运营的多元化融资机制，提高国家公园运行效率和社会效益。将公园基本建设投资和人员经费纳入财政预算，增加政府投入，在保护的基础上鼓励社会资本、社会力量参与到国家公园建设中来，鼓励企业主动承担社会责任，通过慈善、赞助、认养等多种方式吸引社会资本参与，建立和创新国家公园的多元化融资机制。吸引优秀人才，完善基础设施配置，开展正常的管护活动。

增加京津冀区域范围内的国家公园数量和面积。根据首都城市生态容量和环境承载力进行测算，将北京特别是六环、五环以内的未建、未批空地规划为国家公园用地，以拓展首都城市生态用地和生态空间，缓解首都资源能源环境压力，提高首都生态承载力，为未来发展留住空间。在用地方面，以严控城市规模、边界和划定生态红线为刚性约束，减少核心城区建筑用地的审批，尽可能增加城市生态用地，改建筑用地为生态用地，在保护生态红线的基础上进一步扩大生态用地范围，强制性地规定建设绿色建筑和屋顶绿化，增加城市生态空间和绿化覆盖率。

三 加强社会体制创新，积极培育生态环保组织

生态文明建设的目标是实现社会公正。实现社会公正，需要有效整合和凝聚社会各领域、各阶层的力量，推动符合广大人民利益的改革，能够及时反映社会多数群体的意愿，在体制改革、制度安排、程序设计中必须能有效整合社会大多数人的意志和利益诉求，建立体现社会公正、集中力量、权衡利益的法律和制度，弱化利益冲突和社会对立，推动社会进步，重建文化和道德秩序，从深层结构方面提高生态文明水平，维护社会公正。因此，首都生态文明体制改革需要加强和重视对社会领域的生态治理。社会治理体制创新体现了整合生态文明建设的社会各领域、各阶层的力量及其主体地位，体现了生态文明多元参与、良性互动、基层民主的体制创新，是实现生态文明建设由统治、管理、管制走向治理、善政和善治的体制创新。

（一）梳理各级政府、个人与社会中介组织或者民间组织之间的关系

将公共利益特别是生态文明利益作为最高价值要求，在生态文明体制中纳入、整合广大首都人民群众的力量、利益诉求和思想智慧，通过多元参与，在对话、沟通、交流中形成关于首都生态文明公共利益的共识。社会治理体制创新要体现多元主体共同参与。这些主体除了各级政府及其所属职能部门和企事业单位之外，还应该包括各类与生态文明建设相关的非政府组织、社会中介机构、民间组织、公民个体以及民营企业等。

（二）积极培育生态文明建设的社会中介机构、环保类的社会服务组织，积极推进环境第三方治理

建立企业、政府、社会联动的环保常态机制，增强生态文明建设的社会发展活力，依托社会力量和群众组织的资源整合，提高生态文明建设的社会治理水平和社会监督能力。要激发生态文明建设

的社会组织活力，加快实施政社分开，推进社会组织明确权责、依法自治、发挥作用。适合由社会组织提供的生态文明领域的公共服务和解决的事项，交由社会组织承担。支持和发展生态环保领域的志愿服务组织，真正发挥社会组织为承接生态文明建设和环境治理的政府职能，履行社会责任，群策群力，共同加强生态文明建设和环境治理。党的十八届三中全会明确提出"建立吸引社会资本投入生态环境保护的市场化机制，推行环境污染第三方治理"。改变传统依靠政府主导企业自觉治污模式，第三方治理强调由排污企业出钱购买环保公司、环保类社会中介机构和社会服务组织的治污服务，专业治理的优势明显，环保部门集中监管，降低执法成本，提高治污效果，改善环境。建立吸引社会资本投入生态环境保护的市场化机制，推行环境污染第三方治理。

（三）加强生态社区、低碳社区建设，改进社会治理方式

鼓励和支持生态文明建设中的基层社区群众参与，实现生态文明建设的政府治理和社会自我调节、居民自治良性互动。坚持生态文明建设和环境防治的源头治理、社区治理、标本兼治、重在治本，以网格化管理、社区化服务、生态化治理为方向，健全生态文明建设的基层综合服务管理平台和社区群众参与服务网络，及时反映和协调首都人民群众在生态文明建设中的利益诉求，提高首都人民群众的生态环保意识和生态文明建设的参与意识、参与能力、参与水平。

四　加强文化体制创新，形成重视生态环保的文化氛围

要重视文化发展领域的生态文明建设和生态文化建设，重视关于生态环保领域的文化体制创新。

（1）树立生态绿色的文化意识，营造重视生态文明建设的文化氛围。要提升国家生态、环保、低碳的文化软实力，培育和践行人与自然和谐的社会主义生态文明核心价值观，提高全社会生态文化意识。

（2）推行绿色低碳生活方式，丰富生态文化内涵，开展节约减排行动。利用广播电台、电视台、互联网、微信等平台开展绿色低碳

生活的科普活动,引导首都居民广泛使用节能型电器、节水型设备,鼓励绿色消费,推动绿色出行,推广绿色建筑。

(3) 建立健全生态低碳的文化市场体系,重视生态文化产业发展。文化体制改革重点在于要科学区分文化事业与文化产业、文化市场的边界,不能按照传统的计划经济体制模式下对文化事业的管理模式,要激活文化市场资源要素的活力。对文化产业的管理要发挥市场机制在文化资源配置中的决定性作用,完善文化市场准入和退出机制,鼓励各类市场主体积极参与生态宣传、生态建设的文化产品生产和创新,构建生态文明的现代文化传播体系。

(4) 构建生态文明建设的公共文化服务体系。建立生态文明建设的协调机制,统筹服务设施网络建设,推动生态文化惠民项目与群众文化需求有效对接。整合基层宣传生态文明、生态环保科技普及、绿色环保健身等设施,建设综合性生态文化服务中心。

(5) 保护和开发生态文化资源,建设一批首都生态文化保护区。首都北京历史悠久,具有非常丰富的历史文化资源和生态文化资源。这些生态文化资源不能因为城市化而被覆盖和消亡,必须重视维护首都生态文化多样化和个性特征。加大对首都历史文化名镇(村)、历史文化街区、传统村落的生态保护力度,加快建设和形成一批以绿色企业、低碳社区、生态村庄为主体的生态文化宣传教育基地。

第六节 建立社会参与机制,破解社会问题,形成治理合力

北京"城市病"治理,需要发挥广大人民群众的集体力量,仅仅依靠政府或者企业难以明显见效。"城市病"的治理、城市建设与管理绝对不是政府单一部门的事情,也不是城市居民所能完成的工作,而是需要建立健全社会参与机制,形成"城市病"治理的强大合力,提升首都"城市病"治理能力。北京拥有人才荟萃、人口众多的资源,将现有人才或人口的优势和潜力发挥出来,就能变成北京"城市病"治理和经济社会发展的正能量和生产力,否则就是北京城

市发展的压力和负担。因此，要重视北京的人才与人口工作，如何采取有效措施激发广大人民群众的活力和创造力，是每一位首都市民必须形成的共识。在治理首都"城市病"中，需要建立社会群众的有序参与机制，共同出谋划策破解社会难题，形成治理活力。

一 加强市民素质教育，提升城市市民文明程度

"城市病"的治理离不开全体市民的积极参与，离不开市民的广泛支持，也离不开市民的身体力行。需要大力提升市民文明素养，加强市民素质教育，在治理交通拥堵、环境保护、垃圾回收、节约能源等方面发挥主体性作用。许多"城市病"的发生，如交通拥堵、乱停车、占道经营、乱扔垃圾等问题的出现，均是与部分市民不讲秩序、不守规则有关，市民素质的高低决定城市文明程度。

要加强市民素质教育，提升城市市民文明程度，构建文明城市和文明京津冀都市圈。加强"城市病"治理和参与城市建设的各方面的知识宣传和教育，提高市民的交通规则意识、环保意识、卫生意识、服务意识等，树立城市的主人翁意识，不断提高市民文明程度，引导市民共建共享城市文明成果，积极预防和共同参与"城市病"的治理过程。通过素质教育和知识普及，增强城市文明发展的理念和价值导向，提升市民道德水准，为治理"城市病"形成良好的社会舆论氛围和精神支撑。

二 建立畅通的市民参与城市治理的渠道和机制

"城市病"的治理需要市民的广泛有序的社会参与，不仅需要提高参与意识，而且需要畅通参与渠道、机制和平台，能将群众力量及时转化为首都发展的正能量和内在动力。有序的市民参与不仅能化解各种矛盾，还能积聚市民智慧和力量，促进"城市病"的预防和治理，真正体现人民城市人民爱，人民城市人民建，建好城市为人民的宗旨。因此，需要进一步畅通民情民意表达渠道和机制，鼓励市民为"城市病"治理出谋划策、鼓励市民参与"城市病"治理和城市建设监督，提高首都城市建设质量与水平。

鼓励和引导社会群众参与首都城市治理是体现以人为本、社会群众当家做主、共同建设美好首都的神圣使命和必然要求。北京人口规模庞大，构成复杂，常住人口突破2000万，社会阶层结构、利益结构和需求结构日趋分化，处于人流、物流与资金流的枢纽位置，经常性流动人口都在数百万以上，这么庞大的人口流动，如何及时掌控动态，如何及时了解信息，如何引导市民舆论，是非常巨大的工程，唯有构建市民参与的公共平台和长效机制，才是迎接挑战和破解困境的出路。

一是需要加强对流动人口的引导、分流，提高市民参与和关心城市发展的意识，共同治理"城市病"，主动放弃不文明的社会行为，营造良好的城市文明氛围。

二是要加强对城市流动人口的服务、管理和引导，建立人口有序流动和疏解的风险预警机制，完善全方位社会保障和社会参与机制，促进首都社会和谐、稳定、健康发展。

三是要引导市民参与城市规划、城市建设的监督和评价，使各类"城市病"问题消除在萌芽阶段。如许多绿隔被违建占领，如果能够让市民积极参与监督，及时举报，并且有专门的机构和人员负责执行，许多的"城市病"问题就能够及时得到处理和制止，既能减少损失，也能为城市发展营造良好的环境。要破解传统的市民参与冷淡、参与不畅通、参与受阻等诸多困难，建立市民与政府及时沟通、互动、监督的长效机制。

三 培育首都"城市病"治理的各类社会组织

根据新公共管理理论，政府由传统管制型、垄断型转变为服务型、市场导向型政府，加强政府职能转变，将更多的、可以由社会承担和完成的公共服务外包或者委托给社会组织或企业，特别是第三部门等非营利性社会组织在承担各种社会公共事务中发挥着政府无法代替的作用。在"城市病"治理中，也需要大力依靠和发挥社会组织的积极作用。依托第三部门力量弥补政府失灵和市场失灵，发挥社会组织的中介和桥梁作用，积极参与首都"城市病"治理、监督、评价等各个环节，社会组织主动承接政府职能转变，在治理"城市病"中发挥重要主体作用，体现首都城市共建共享原则。建立首都市民、社会组织、企业、政府部门协同合作的长效机制，形成齐抓共管的"城市病"治理合力，在非首都功能疏解、人口分流、产业外迁、环境治理、交通疏导等多个领域发挥社会群众和社会组织的参与作用。

四 加强城市管理队伍建设，实现城市治理能力和治理体系现代化

各级政府部门要提高认识水平，高度重视政府在"城市病"治理中的监管、调控和服务职能，提高城市治理能力和治理水平。人口集聚程度越高，越需要秩序、规则，否则就越容易出现混乱局面。"城市病"的发生，与城市的管理者缺乏组织城市生产、生活的能力有关，人口膨胀的城市更加需要提高城市治理能力和治理体系建设。北京作为国际大都市和发展中大国的首都，城市化、后工业化的到来，对城市治理提出许多新的要求，在做好服务中央、服务首都群众等方面承担艰巨任务，加强"城市病"的治理，迫切需要加强城市管理、城市建设人才队伍的建设。一方面，要提升城市管理队伍素质和知识水平，适应现代化、大都市管理的高要求。另一方面，要提高政府政策的执行力和公信力，主动履行好职责，及时响应市民期待和各种需求，对"城市病"问题以及可能出现的各种风险加强防范与治理。要从干部培训、干部选拔任用、干部考核评价等，加强城市治理的队伍建设和组织建设，不断提高城市治理和应对重大突发事件与风险的基本能力，实现首都城市治理能力和治理体系现代化。

第七节 推进京津冀低碳协同发展，加快非首都功能疏解

所谓低碳协同发展，是指以低碳发展为目标加强多方协同与合作，在融合、协同、合作的基础上共同改变传统的高碳增长模式，发展低能耗、低污染、高效益的低碳经济。低碳协同发展注重以协同、

合作、融合为基本原则，加强低碳技术创新和制度创新，不断提高整个区域的能源利用效率，积极发展新型能源和低碳产业，减少碳排放，形成低碳高效的经济体系[1]。京津冀协同发展为治理首都"城市病"，疏解非首都功能提供了良好的政策机遇和发展契机。2015年4月30日，中央政治局会议审议通过的《京津冀协同发展规划纲要》指出，推动京津冀协同发展是一个重大国家战略，核心是有序疏解北京非首都功能。如何实现京津冀协同发展，改变传统高能耗、高污染、高排放的粗放型城市增长模式，杜绝传统的城市"摊大饼"模式，需要以资源集约、环境友好、绿色低碳为发展方向和指导原则，推进京津冀低碳协同发展。首都"城市病"治理必须跳出北京看北京，必须改变传统只顾"一亩三分地"的传统思维，必须走创新、协调、绿色、开放、共享的低碳协同发展道路。

第一，创新发展才能突破传统路径惯性，以创新释放京津冀协同发展的新能量和新动力，创新驱动是京津冀协同发展的重要引擎。创新发展是历史进步的核心动力，是时代发展的关键支撑，是未来发展的永恒话题。习近平同志在党的十八届五中全会上提出的创新、协调、绿色、开放、共享"五大发展理念"，把创新提到首要位置，指明了我国发展的方向和要求，代表了当今世界发展潮流，体现了我们党认识把握发展规律的深化。创新是事物不断发展前进的基础，是国家发展全局的核心。创新尤其是科技创新成为世界主题、世界潮流、世界趋势。世界范围的新一轮科技革命和产业变革蓄势待发，信息科技、生物科技、新材料技术、新能源技术广泛渗透。世界大国都在积极强化创新部署，如美国实施再工业化战略、德国提出工业4.0战略。把创新放在发展全局的核心位置，体现了以习近平同志为总书记的党中央的坚定决心和历史担当[2]。科技创新是第一生产力，京津冀区域要加快发展，需要坚持科技创新、文化创新的双轮驱动和引擎作用，以创新驱动实现京津冀转型发展和跨越发展。

---

[1] 陆小成：《推进京津冀低碳协同发展》，《前线》2015年第2期。
[2] 任理轩：《坚持创新发展——"五大发展理念"解读之一》，《人民日报》2015年12月21日。

第二，协调发展是京津冀协同发展的应有之义，京津冀协同发展的目的是促进各区域之间的沟通与协调，促进利益协调和政策协同，最终实现共同发展、双赢发展。京津冀协同发展应该从区域大尺度进行战略思考，即要实现各行政区域之间的协调发展，首都作为区域大尺度概念，不应局限于北京行政区划范围，应该包括北京、天津、河北等大城市圈范围，通过三地协调发展、联动发展，加快非首都功能疏解，适度分散过于集中的首都资源，实现资源均衡分配和优化配置，才能从真正意义上破解北京"城市病"问题，也才能真正改变以往北京作为经济高地、政治高地、教育高地、医疗高地等对河北、天津的人才、资本等的虹吸效应。

第三，绿色发展是破解当前京津冀地区严重的雾霾天气困扰、生态环境恶化的必然选择，绿色低碳发展才是永续发展之路，传统的高碳高排放的粗放发展模式不可持续，加强对京津冀地区特别是河北、天津等省市的高能耗、高排放的工业的转型升级是重点，以绿色发展、低碳发展寻求发展的制高点。要改变传统的高能耗、高污染、高排放的粗放型发展模式，必须走低碳、绿色、生态的发展道路，才能真正构建国际一流的和谐宜居之都。

第四，开放发展是京津冀协同发展的必要条件，三地之间的联系与交流本身就是开放的重要方面，同时三地还加强与国内和国外资源的开放与交流，唯有开放、改革才能实现新的协同发展。

第五，共享发展是京津冀协同发展的最终目的，一方面，京津冀协同发展的目的是服务于人民群众，而不是仅仅局限于哪一个区域的人民群众，是服务于三地的广大人民群众，让人民群众能共享三地发展的成果。另一方面，三地的发展离不开人民群众的参与和智慧，需要三地的人民群众集思广益、群策群力地加强京津冀协同发展，为三地的跨越式、持续化、低碳化发展服务。

基于以上五大理念的指导，本书提出京津冀低碳协同发展应该坚持低碳发展的理念，其中协同体现了创新、协调、开放、共享等内涵，而低碳体现了协同发展必须以绿色低碳为基本原则，必须坚持绿色低碳的创新发展、绿色低碳的协调发展、绿色低碳的开放发展、绿色低碳的共享发展。具体而言，应该采取以下发展路径：

一 加强京津冀低碳协同发展的宏观布局

基于低碳城市理论和生态文明建设的战略需要，推进京津冀低碳协同发展，需要从国家层面建立京津冀协同发展领导小组，下设生态文明建设小组专门负责京津冀生态文明建设与低碳发展问题。建立京津冀低碳协同发展的组织、法制、信息化的合作框架。从生态文明建设、功能布局和均衡发展的战略高度，将北京非核心功能疏解到天津、河北等地，促进京津冀三地的协同、均衡发展。考虑到北京城市的人口资源和交通等压力，北京的产业布局除了发展高科技研发、高端服务业和高端制造业等外，尽量将一般制造业、非北京核心功能定位的产业、多数央企、一些事业单位或者非核心的行政机构退出北京，向河北、天津疏散，为天津、河北协同发展输送资本、人力和部分行政资源，在产业布局、经济形态上互补，尽量避免重复和雷同，在高端制造方面形成相对优势。河北在承接北京和天津一些产业转移、功能总体布局的调整方面要扮演重要角色，要实现由多赢到共赢，错位发展，形成相对竞争优势和合力。在低碳经济发展中，需要京津冀三地政府的积极合作与共同参与，防止行业垄断，促进市场竞争，要防止低碳经济出现区域垄断性。

二 加强低碳技术创新和产业分工，建立低碳科技公共服务平台

京津冀区域各级政府应该特别注重在低碳技术方面采取措施，鼓励技术创新。北京应该积极利用自己的研发优势、人才优势发展低碳技术，加强京津冀地区低碳技术领域的信息交流。积极探索低碳技术合作创新机制，推动三地高校和科研院所与企业横向合作，促进低碳技术的研究、开发和推广与应用。推进生态文明建设和低碳协同发展，应该加强产业的协作分工，避免同质化恶性竞争，对产业链的不同环节进行合理分工，实现功能互补。以保定太阳能和风能设备制造产业发展而言，鼓励在河北、天津和北京等各个区县大力发展节能服务产业和新能源产业的应用。建议在北京设立低碳技术等研发中心和

低碳产品的消费与应用终端，大范围推广太阳能路灯、太阳能光伏建筑、太阳能热水器等，保定的太阳能和风能设备及产品可以在北京各区县广泛使用，而制造仍然可以放在交通方便、资源和劳动力丰富的保定。京津冀低碳产业发展要重视这些资源的整合和优势互补，加快建立京津冀低碳科技公共服务平台，突破行政体制障碍，为京津冀低碳发展提供高质量的低碳科技信息共享、资源整合、低碳技术扩散与低碳技术转化、产业孵化等服务，促进京津冀不同区域间的低碳产业分工、梯度转移和低碳产业集聚，构建功能互补、宏观布局、市场互联的低碳创新一体化机制[1]。

三 加强低碳技术人才培养，为京津冀合作提供保障

要加快低碳技术方面的人才培养与队伍建设，为京津冀低碳合作发展提供人才支撑和基本保障。建议考虑开设低碳技术专业和相关课程，培养低碳技术人才，吸引和留住低碳人才。就京津冀地区而言，率先在高职、本科、研究生不同层次开展低碳经济、低碳技术相关教育，鼓励高校与企业合作培养低碳人才。以北京为中心，建设区域性低碳技术人力资源培养合作平台，充分发挥教育行业的合作优势。京津冀区域间要完善促进人才流动的政策，打破户口限制，加强三地公共服务的均等化供给，将目前的限于北京户口的招聘改为限于京津冀地区户口，逐渐释放打破身份和户口限制的活力，减少和拉平北京户口与天津、河北户口之间的利益差距，重点消除限制要素特别是人才自由流动的制度障碍，在人事管理制度上和户口管理制度上进行大胆的改革，使劳动力能够不受限制地按照市场规则和自由、自愿的原则流动。

四 开展京津冀碳交易，建立生态补偿机制

习近平明确提出要着力扩大环境容量生态空间，加强生态环境

---

[1] 陆小成：《区域低碳创新系统理论与实践研究——基于全球气候变化的思考》，中国文史出版社2011年版，第190—195页。

保护合作。京津冀低碳协同发展启动大气污染防治协作机制，完善京津冀防护林建设、水资源保护、城市绿化、环境治理、低碳能源使用等领域的长期合作机制，试行碳排放强度考核制度，探索控制温室气体排放的体制机制，在特定区域或行业内探索性开展碳排放交易[1]。一是积极开展碳交易，加强跨省市、跨流域协同治理，积极推进大气污染联防联控，改善区域生态环境，扩大环境容量，拓展生态空间，实现经济、社会和环境协调发展。二是探索京津冀生态共同保护制度，建立京津冀区域生态补偿专项资金，用于补偿区域水资源使用权损失、生态林业用地使用权损失等费用，提高京津两市对河北地区在植树造林、水资源输送、"稻改旱"工程等方面的补偿标准，建立生态补偿的长效机制。三是通过生态补偿机制，建立以低碳发展为导向的产业体系，帮助落后地区建立低碳领域的协同发展与合作机制。

五 打造低碳自主品牌，加强低碳产业集群发展

京津冀低碳协同发展应以低碳、协同发展为契机，加强低碳自主品牌建设，加快高能耗产业的转型、淘汰或升级，开辟一些低碳的新型产业园区，河北省有目的地进行新兴产业、高端产业、低碳产业的培育和集群发展。打造低碳自主品牌，重视低碳产业集群规划和低碳宣传，从提出概念到品牌包装、注册、网上运营等加强配套设施建设，在税收减免、技术创新、基础设施、用地保障、行政审批等方面给予优惠政策。京津冀区域加强政府在低碳产业集群中的主导作用，为企业提供良好的环境，根据地方的优势不同，打造不同特点的低碳企业集聚。

六 疏解非首都功能，打造京津冀低碳协同发展六大服务圈

疏解非首都功能，确保这些产业、人口等要素能流出去，关键在

---

[1] 陆小成：《基于区域低碳创新系统的生产性服务业集群模式》，知识产权出版社2010年版，第3页。

于交通、教育、医疗、文化体育等基础设施和公共服务配套的一体化、均等化的发展。基础设施和公共设施存在客观和主观层面的差距就难以形成足够的吸引力，促使北京非核心功能的真正转移。因此，要加强京津冀基础设施的协同发展和融合发展。一方面，要继续加大基础设施的总量供给，如北京的地铁建设还存在许多的"历史欠账"，密度不够，覆盖面不够，对周边的辐射带动不够，与东京、伦敦、纽约等世界城市差距较大，要加大总量供给，缩减总量的历史欠账，不断缓解北京交通拥堵。另一方面，要注重京津冀多个"协同圈"建设。

一是京津冀地铁圈建设。地铁系统包括城市轻轨，不同于现有的国家铁路系统，具有一卡通、换乘便利、等候短暂、票价优廉等优势。加快北京地铁与天津、河北等周边城市的对接，能有效缓解交通压力，促进周边区域的协同发展，如解决当前燕郊的长下班"潮汐现象"和乘车难问题，应该尽快将6号线或八通线延长到燕郊和香河地区。

二是生态防护圈建设。建立绿色基础设施的协同发展圈，共同规划、共同建设。

三是教育服务圈建设。三地高考统一政策和待遇，在河北、天津等区域建立北京高校的分校区，或将首都部属高校的部分院校或本科或研究生层次教育搬迁到河北，促进人口向河北等地疏解。

四是医疗服务圈建设。将协和医院、301医院等名牌医院或专科医院在河北建立分院，可以规划建立京津冀医疗服务产业园区，在园区内有北京各大医院的分支机构建立，以分流和疏解来京就业及陪护人口。

五是旅游服务圈建设。基于京津冀三地的优势旅游资源，可以整合协同发展。京津冀三地有丰富的旅游资源，深厚的历史文化底蕴，但当前京津冀三地旅游资源没有实现互联互通，三地旅游企业、相关政府部门、旅游类的社会组织没有进行深度合作与协同创新，难以形成抱团优势和集群效应。就北京自身而言，旅游资源没有得到很好的整合与一体化发展，相互之间同质化、恶性竞争比较严重，旅游设施不够完善，吃、住、行、娱、购、游六大领域没有完善，也没有整合，在整个京津冀区域也没有形成很好的服务链条。

加强京津冀旅游服务圈建设，目的在于充分整合北京各区县的旅游资源，充分整合周边包括河北、天津的优质旅游资源，根据不同特色遴选出精品旅游线路，联合推出旅游通票，涵盖京津冀三地多个旅游景点，大规模开展三地网络营销和线上销售，加强旅游宣传，提高服务质量，减少宰客、欺骗等不良行为的发生，提高京津冀三地旅游品牌质量和旅游形象。鉴于首都北京在节假日旅游景点爆满、服务跟不上、人口过于集聚和交通拥堵等诸多问题，应该建立京津冀旅游服务圈，合理引导游客分流，满足游客多方面、多层次消费需求，提高旅游产业服务水平。在破解"城市病"问题的同时，建设京津冀旅游服务公司，将旅游服务产业做大做强，强调诚信为本，提高旅游服务业创新能力，不断提高京津冀旅游产业质量和效益，促进京津冀协同发展。

建设京津冀旅游协同服务圈，应该加快建立健全京津冀旅游协同发展工作机制，加快推进旅游组织一体化；进一步相互拓展旅游市场，加快推进旅游市场一体化；深化旅游监管合作，加快推进旅游管理一体化；加强对旅游产业发展、规划编制以及项目建设等重大问题统筹，加快推进旅游协调一体化。

六是文化体育圈建设。京津冀文化体育设施可以统一规划建设、资源共享，联合承担国际或国家大型赛事活动。北京作为国际交往中心和全国体育文化中心，天津、河北周边省市区也拥有许多丰富的体育资源和历史文化资源，应该整合这些资源，建立京津冀体育文化圈，包括"一个核心和三个环"，核心层区域包括北京、天津、廊坊等地，以发展体育俱乐部为主，适合开发室内健身、短途旅游等项目，广泛展开市场推广活动，宣传其他三个环的体育旅游业务和特色，是整个体育旅游圈的核心。第一环区域包括保定、唐山、张家口、承德等地，也是发展的重点。第二环区域包括石家庄、秦皇岛、沧州等地，需要设计适合各地特色的体育旅游项目。第三环区域包括邢台、邯郸等地以及内蒙古、东北、山西、山东等。当前，随着交通条件进一步改善，一小时高铁圈或城际铁路圈逐渐形成,快速便捷的高铁、一站式通达的旅游直通车、畅通的高速路网等形成了京津冀半小时或一小时旅游圈,推进了京津冀旅游一体化和旅游服务圈的建设与发展。

以上京津冀协同发展的六大圈,应该建立新的协同发展的服务网络,通过一体化、协同化、网络化的发展,促进基本公共服务的均等化供给、一体化建设、均衡化布局,共享首都城市发展成果,共同实现城市生活工作的便捷、舒适、宜居、幸福,共同促进首都"城市病"治理。通过以上六大服务圈的重点建设,促进京津冀基础设施和公共服务的均等化供给,完善相关服务设施和产业发展,有效吸引人才、资金、产业向河北、天津疏解,促进均衡、低碳、协同发展,为打造世界级城市群提供支撑和发展基础。

第八节 创新城市管理方式,推动城市智能化,建设智慧首都

"城市病"治理是系统工程,要创新城市管理方式,加强城市精细化管理。城市精细化管理突出城市管理者对"城市病"治理的完美追求,突出对城市治理工作的严谨态度和精益求精的思想状态,突出采用先进技术对城市治理进行系统思考和过程优化、改进、提升,突出运用标准化、程序化、数据化、科学化的手段,使城市治理更加精确、高效、协同及持续运行。加强首都"城市病"治理,需要创新城市管理方式,针对超大型城市运行规律,重视规范流程、规范运作、优化资源、量化责任、监督控制,实现城市治理的服务理念,注重细节、制度化管理,提高城市治理水平、服务效率和管理质量。

创新城市管理方式,要提升网格化管理水平,推动城市管理重心下移。所谓网格化管理是以数字技术为重要基础,以单元网格管理为基本特征,以城市管理思路、手段、组织架构和工作流程的系统再造为重要内容的管理模式创新。与传统城市管理模式相比,网格化城市管理模式独具特色,主要体现在数字化、闭环式、精细化、动态化的管理特征和管理理念,关键技术主要包括:第一,3S技术,包括地

理信息系统（GIS）、全球定位系统（GPS）、遥感（RS）三项技术。第二，分布式数据库及分布式计算技术。分布式数据库是由相互关联的数据库组成的系统，分布式数据库的设计需要用到分布式计算技术。第三，网格及网格计算技术。网格计算是把计算机和信息资源都连接起来。第四，构件与构件库技术。构件是被用来构造软件可复用的软件组成成分，可被用来构造其他软件，它可以是被封装的对象类、类树、功能模块、软件构架、分析件、设计模式等。网格化城市管理模式的基本特征如表10-3所示[①]。

表10-3　　　　网格化城市管理模式的基本特征

特征	主要表现
数字化管理	网格化城市管理模式借助于现代3S技术、海量数据存储技术、移动通信技术、中间件技术等，实现现代科技手段与管理的高度融合，如终端管理的"城管通"凝结现代数字技术的结晶，实现工具理性与社会理性的高度统一，并共同为管理实践服务。
闭环式管理	网格化城市管理模式实现了从源头到终端的全方位、闭环式管理，构建了监管分离的两级城市管理体制，监督中心既负责信号输入，也负责评价结果，社会公众参与监督和评价，直接对管理者进行信息反馈，督促管理工作绩效的改进与提升，管理系统实现了闭环控制。
精细化管理	精细化管理即突出管理的细化、深化，注重细节优化，明确关键控制点，构建高效的业务流程。将所有城市部件，如小到井盖、路灯、邮筒、果皮箱、行道树，大到停车场、工地、立交桥、电话亭、公厕等进行编码，每个监督员对自己负责辖区的编码进行控制，突出精细化、精益管理的特征和品质，提高管理绩效。
动态化管理	网格化管理避免传统的突击式、运动式检查管理模式，强调日常化、常态化、动态化的管理理念，以网格化城市管理信息平台作为技术支撑，实现信息的实时更新和动态监控。单元网格内一旦某一城市部件出现问题，会第一时间被发现，第一时间被解决，第一时间被反馈，第一时间被检验，实现准确、及时、高效的动态化管理和主动化管理。

[①] 姜爱林、任志儒：《网格化：现代城市管理新模式——网格化城市管理模式若干问题初探》，《上海城市规划》2007年第1期。

北京作为网格化管理模式的重要实践地，应该进一步发挥和强化网络化管理经验，做实做强街道社区，充分发挥北京市民素质好、政治觉悟高、执行力强等政治优势，重视城市社区自治和城市自我管理。通过网格化、参与化、协同化治理，有效防治交通拥堵等"城市病"，减少简单机械的行政干预，重视健全法规政策、社区自治等规范城市交通等管理，注重运用经济手段、思想教育等多种手段引导首都市民绿色低碳出行，促进首都低碳交通建设与发展。通过网格化、参与化、协同化治理，破解"城市病"难题，在群租房治理、社会失业、青少年犯罪、乞丐等诸多城市社会问题方面发挥重要作用，促进和谐宜居之都建设和首善之区建设。通过网格化、参与化、协同化治理，完善城市社会管理格局和社会治安防控体系，健全社会矛盾调处化解机制、城市监测预警机制、应急响应机制、协调联动机制等。

要推动城市智能化，建设智慧首都，有效防治"城市病"。智慧城市建设是国际大都市发展的必然趋势，也是治理大"城市病"的重要手段。以信息技术为核心的新一轮科技革命正在孕育兴起，现代网络技术、计算机技术、通信技术成为科技创新和技术进步的重要推动力，移动互联网、物联网、云计算、大数据智能硬件等成为新一代信息技术质量的标准，推动了智慧城市的发展。智慧城市是新一代信息技术的深度拓展和集成应用，是新一代信息技术勇于突破的重要方向之一，成为信息领域的战略制高点[1]。治理首都"城市病"，促进京津冀协同发展，需要加快建设以感知、互联、智能应用为特征的智慧城市，加快城市化、现代化、城镇化、农业现代化的融合，提升首都北京城市可持续发展能力和发展质量。

建设智慧首都，要利用现代网络技术、信息技术，加强对城市交通拥堵、乱停车、停车难等的治理。将所有交通要道、干线，包括社

---

[1] 亚文辉：《智慧城市建设面临新形势，发展需因地制宜》，《中国高新技术产业导报》2015年5月2日。

区、单位、机构等所有可能用作停车位的地方均进行统一编号进入系统,加快建设停车诱导系统。1971年,德国的亚琛(Aachen)市就建立了被公认是世界上最早的停车诱导系统,对市内的12处停车场设置光电显示的停车诱导标志。20世纪90年代中期,英国莱彻斯特设计采用的停车诱导系统,由21块可变信息板组成,为总容量达5200泊位的8个多层停车场服务。1996年2月,停车诱导系统在美国首次应用于圣保罗市商业区,耗资120万美元的系统管理7个停车库和3个停车场。1993年4月,东京建立了第一个停车诱导系统,位于日本东京中心的新宿区,诱导功能完善,应用成功。与先进国家相比,我国停车诱导系统建设还处于初期阶段,绝大部分停车场还处于车主自己进停车场找车位的时代。加强停车诱导系统建设,则会进一步缓解停车问题,达到社会资源的合理利用,并创造更多的价值[①]。借鉴国际经验,北京建设国际一流的和谐宜居之都,要充分利用现代化网络技术、数字技术、智能技术等手段,建设智慧首都,加快智能化、信息化的停车诱导等交通系统建设,进而提高交通道路使用效率,破解交通拥堵和停车难等系列"城市病"问题。

此外,建设智慧首都,除了采用现代技术手段加快智慧交通建设,还要加强交通安全、交通文明出行等素质教育,构建良好的首都交通秩序。要采取综合治理的手段,整合首都停车资源,摸清底数,做好规划,加强管理,因地制宜,不断创新,提高停车资源利用效率。要进一步优化和完善区域差别化停车收费,特别是要提高中心城区停车费,利用经济杠杆来减少中心城区车辆停放,降低车辆在中心城区的上路率,引导市民乘公交或地铁出行。建立全市停车位网站,及时获取和更新停车位信息,加大对停车位的实时监控,加大对违规停车的处罚力度。

推动城市智能化,建设智慧首都,为首都信息化发展的新形态和北京市信息化发展的普及,为有效治理"城市病",强化首都的核心

---

① 《国内外停车场诱导系统 PK,中国还需继续发力》,http://www.qianjia.com/html/2015 - 03/13_ 245785. html。

功能，调整疏解非首都功能提供重要的信息支撑和技术保障。推动城市智能化，建设智慧首都，需要充分发挥"互联网＋"的积极作用，整合各类资源，加强跨界融合发展，以信息流去引领资金流和人才流，更好地为城市发展服务，打造智慧首都。从单一中心的城市发展模式转变为北京各区县一体化、融合化发展和京津冀协同化发展，制定实施智慧城市群发展策略，实现资源共享、互联互通等。

第九节　本章小结

本章主要研究北京"城市病"治理及京津冀低碳发展对策。北京"城市病"治理既要结合国际上"城市病"治理的一般经验与规律，也要结合北京的自身特色选择科学的发展对策，需要以落实首都战略定位为指导思想，以构建国际一流的和谐宜居之都为基本目标，加快北京"城市病"治理，加快京津冀低碳协同发展。具体而言，应该采取以下对策：

一是落实首都功能定位，加强顶层设计与统筹协调。落实首都功能定位，明确城市发展方向，以构建和谐宜居之都为目标，加强以人为本的新型城镇化建设，加快城市规划转型，促进首都低碳发展。二是改变 GDP 为主导的评价体系，促进产业结构转型升级。要改革传统 GDP 为主导的政绩考核体系，重视协调发展，健全财力与事权相匹配的财政体制，改变土地财政体制，严格限制产业用地，扩展生态用地，加快产业结构转型升级，构建高精尖经济结构。三是加强优势资源均衡布局，引导人口有序分流。四是加快轨道交通建设，有序控制机动车增长。五是深化首都生态文明体制改革，建立环境治理的长效机制。六是建立社会参与机制，破解社会问题，形成治理合力。七是推进京津冀低碳协同发展，加快非首都功能疏解。八是创新城市管理方式，推动城市智能化，建设智慧首都。

第十一章 总结与展望

"城市病"作为世界性问题引起国际上的高度关注。西方发达国家"城市病"形成及其治理的一般规律值得其他国家借鉴，特别是诸如伦敦、纽约、东京等世界城市长期积累的"城市病"治理经验具有典型意义。北京在长期快速发展中积累形成人口膨胀、交通拥堵、雾霾天气频现、环境污染等"城市病"难题，引起党中央和国务院的高度重视。从理论和实践相结合的基础上，分析"城市病"的演化规律和阶段性特征，比较典型的世界城市如纽约、伦敦、东京等治理"城市病"的基本经验，分析北京"城市病"问题及其成因，提出北京"城市病"治理及京津冀低碳发展的政策建议。

第一节 研究总结

1. 对"城市病"治理的相关理论进行回顾和阐释，为本书研究提供重要的理论基础

对"城市病"的研究有其共同规律，也有因存在国别和发展阶段的差异而呈现出的差异性。但围绕"城市病"及其治理，学术界形成了相关的研究成果和理论体系。对古典社会学、人类生态学、社区学、田园城市、低碳城市等理论进行回顾性梳理，提出指导北京"城市病"治理以及京津冀低碳发展的重要理论支撑。古典社会学理论对早期"城市病"及其治理给予关注，为研究和治理"城市病"问题提供基础性的理论支撑。人类生态学理论是"城市病"治理的重要理论基础。社区理论是对社区范围内各方面问题进行研究所形成

的理论、学说、观点的通称。社区理论学派主要侧重于城市的微观视角。田园城市理论区别于传统城市的去农村化模式，田园城市勾画了一幅城市生产生活与自然相互融合的美好图景。低碳城市理论为"城市病"治理和城市经济社会持续发展提供新的理论工具。

2. 研究和考察"城市病"的演化规律及阶段性特征

所谓"城市病"，是指在长期城市发展过程中，因城市资源过于集聚、产业过于集群、功能过于集中导致人口膨胀、交通拥堵、污染严重、生态恶化、社会冲突等诸多问题。"城市病"的表现主要是人口膨胀以及老龄化问题、交通拥堵、环境污染、资源短缺、社会问题等。一般而言，城市演化规律遵循城市中心区快速增长、城市郊区化、大都市区化等典型阶段，每个阶段表现不同的特征，也面临不同的"城市病"问题。"城市病"的演化与城市产业发展密切相关，是随着城市产业的兴起、发展、繁荣、衰退而产生和发展的。许多"城市病"的形成与城市产业不断集聚，城市规模不断扩大，人口膨胀带来资源能源短缺、产业发展滞胀相关。城市产业规模膨胀受到资源能源瓶颈性制约，经济结构升级对城市运行模式产生新的要求，导致了"城市病"演变。

3. 基于跨区协调的视角对纽约"城市病"治理的经验进行考察

纽约城市演变经历了从城市化向城郊化的过程。基于工业化、城市化进程加快所带来的"城市病"问题，纽约市各级政府选择新的发展战略，加强城市规划，在原有城市化的基础上向城市郊区化转变和演进。纽约通过从城市化向郊区化演进有效缓解"城市病"问题，大致经历了城市居住功能的郊区化、城市商业功能和产业功能的郊区化、以卫星城镇实现城市综合功能的郊区化、城市功能的跨区域协同化等阶段。纽约在实现从城市化向郊区化过渡的基础上，进一步实现跨区域的协同发展，建立了大纽约都市圈的协同格局，缓解纽约"城市病"问题，促进区域的协调发展。

4. 基于雾霾治理的视角对伦敦"城市病"治理经验进行考察

伦敦通过治理雾霾由雾都变绿都。伦敦雾霾问题源于1952年的烟雾事件。伦敦烟雾事件使英国人开始反思空气污染酿成的苦果。伦敦雾霾治理的主要经验是多种手段齐抓共管。堪称半个多世纪的铁腕治污，使伦敦终于走出雾都的魔窟，变成了拥有清洁空气、生态宜居的世界绿都。伦敦雾霾治理的经验启示及北京的对策建议主要表现为：制定首都空气清洁法规，加强雾霾治理的制度建设；设立污染检测点，严控尾气排放；加强雾霾治理的技术攻关，以技术创新促进治理；发展绿色公共交通，使用清洁低碳能源，减少碳排放；重视社会群众参与首都雾霾治理。

5. 基于空气污染治理的视角对洛杉矶"城市病"治理经验进行比较研究

洛杉矶作为美国比较典型的工业城市，先后经历雾霾事件和光化学烟雾污染事件，经过几十年的治理，洛杉矶地区的空气质量得到了明显改善。洛杉矶空气污染的治理先后经历了组织法规治理时期、市场技术治理时期、转型协同治理时期三个阶段。根据洛杉矶空气污染治理的阶段性特征及其具体政策措施，为北京"城市病"治理提供重要借鉴，主要表现为：建立跨行政区的空气污染治理机构，建立联防联控机制；制定空气质量规划和标准，建立严格执行机制；鼓励市民参与空气污染治理，建立共建共享机制，加强产业结构和能源结构调整，建立低碳技术创新机制；积极建设绿色交通和建筑，建立低碳发展机制。

6. 基于副中心建设的视角对东京"城市病"治理经验进行考察

东京采取有效的"城市病"治理措施，从规划引导、功能疏解、副中心城市建设、产业调整、人口疏导、资源配置等多个方面加强治理。这些经验值得北京借鉴和参考。东京"城市病"的主要表现为：人口过快增长，工业企业在城市中心区过度集中，钢铁、造船、机械、化工和电子等产业迅速发展，东京地区集聚了大量的制造业企业，吸引了更多外来人口的集聚，进而造成住房困难、交通出行压力大、企业扎堆儿，导致排放增加和城市环境污染严重。

7. 基于文化改造与产业升级的视角对德国鲁尔区"城市病"治理经验进行考察

鲁尔区依托煤炭资源推动传统工业发展，逆工业化引发城市转型困境。鲁尔区对传统工业区进行文化内涵的改造提升，总结出区域整治、博物馆、公共游憩空间、综合开发、低碳发展等经验模式。借鉴鲁尔区经验，中国城市发展应该重视文化改造，制定区域整治规划，不能千城一面，重视文化基础设施建设，加强城市生态修复与环境治理，加强产业优化升级，促进城市低碳发展。

8. 基于人口、资源、环境等要素之间的互动关联效应，进行实证研究和问题考察，分析北京"城市病"问题的主要表现以及内在成因，找到治理"城市病"的关键要素及其传导关系

北京"城市病"问题主要表现为：一是人口增速放缓，但人口总量还在持续攀升，面对人口不断增长所带来的资源能源、环境等压力，超大城市的"城市病"问题一直困扰首都北京的持续发展；二是交通总量持续增长，"首堵"问题长期存在；三是产业结构不够合理，疏解低端产业困难重重；四是能源消费总量攀升，雾霾问题严重，环境承载力不断下降。北京"城市病"形成的影响因素很多，关系复杂。从本质上说，"城市病"是城市资源环境承载力和城市化发展规模速度之间矛盾积累的结果。

9. 深入研究并提出北京"城市病"治理及京津冀低碳协同发展的具体对策

北京"城市病"治理既要结合国际上"城市病"治理的一般经验与规律，也要结合北京的自身特色选择科学的发展对策，需要以落实首都战略定位为指导思想，以构建国际一流的和谐宜居之都为基本目标，加快北京"城市病"治理，加快京津冀低碳协同发展。具体而言，应该采取对策：一是落实首都功能定位，加强顶层设计与统筹协调；二是改变 GDP 为主导的评价体系，促进产业结构转型升级；三是加强优势资源均衡布局，引导人口有序分流；四是加快京津冀城市圈轨道交通建设，有序控制机动车增长；五是深化首都生态文明体制改革，建立环境治理的长效机制；六是建立社会参与机制，破解社会问题，形成治理合力；七是推进京津冀低碳协同发展，加快非首都功能疏解；八是创新城市管理方式，推动城市智能化，建设智慧首都。

第二节　研究不足及未来展望

（1）本书对生态学、宜居城市理论、可持续发展理论、低碳城市理论的研究还不够深入，有的理论泛泛而谈，没有结合本书研究进行理论分析和应用研究，理论深度不够。如对宜居城市理论研究，进一步深入北京如何构建国际一流的和谐宜居之都，国际上有哪些成功经验可资借鉴，本书没有展开。又如对低碳城市理论的研究没有进行深化。不过本书侧重于对低碳创新和低碳发展的研究进行一定程度的展开，但还需要进一步深入研究北京如何建设低碳城市。

（2）本书对国际经验分析还不够全面深刻，需要进一步拓展和深化研究。一方面，本书主要研究了纽约、伦敦、东京等比较典型的国际性大都市或者世界城市，从不同的侧重点进行分析，如对纽约的跨区协同、对伦敦雾霾治理、对东京副中心建设进行选择性的研究，其实这些城市在其他方面也有许多的成功经验值得深入研究。另一方面，除了本书所列举的主要城市的"城市病"治理情况，世界上其他城市在治理"城市病"过程中有许多可资借鉴的经验，值得深入研究。

（3）本书对国内的许多城市的成功案例没有深入研究。在治理"城市病"中，中国其他城市采取了一些措施和政策，值得北京借鉴，如长三角、珠三角等区域在实现区域协同发展方面有许多成功的做法，没有进行深入研究。如上海、广州、深圳等发达城市尽管也遇到各种"城市病"问题，但有的城市在某些方面的"城市病"治理有非常好的经验与模式，值得北京借鉴和学习。许多地方在生态城镇建设、低碳城市建设、宜居城市建设、交通拥堵疏解等方面具有非常成熟的经验模式，可以进行深入比较和学习借鉴。

（4）本书对北京"城市病"的研究，结合落实首都战略定位、疏解非首都功能进行一定的研究，但还没有进行拓展。如北京、天津、河北如何进行协同，没有进一步深入研究；对京津冀协同发展的未来趋势没有进行预测、展望和深度思考，需要进一步拓展研究。

附录一 芝加哥多中心模式对中国城市转型的启示

芝加哥曾经历过中心城区的工业过于集中、人口膨胀、环境污染等系列"城市病"。同时，高度城市化所带来的"城市病"引发政府、社会组织、城市居民的深刻反思。芝加哥作为世界重要的中心城市，通过科学规划、市场化运行、产业转型等，实现多中心、多元化、低碳化的转型发展。多中心城市群发展模式助推芝加哥城市成功转型，对于中国许多城市转型提供了重要的经验借鉴和政策启示。

一 芝加哥城市转型历程

芝加哥作为美国中西部的经济中心，曾经是五大湖地区的传统工业重镇，经历了由繁荣到衰落再转型发展的历程。20世纪60年代末期的经济危机，引发许多世界工业城市的转型问题，作为"工业锈带"的芝加哥面临工业衰退、工人下岗、经济增长迟缓、贫困人口增多等诸多问题。随后，美国进行经济结构调整与转型，芝加哥许多制造业企业倒闭或外迁，而芝加哥以产业转型为契机实现城市经济、社会、文化等全面转型，表现出由制造业到服务业再到高端的知识型服务业、文化服务业的演进历程。具体而言，主要表现在以下几个方面：

（一）从制造业逐步转为运输业，减少重化工产业比重

早在1909年，芝加哥依照其得天独厚的地理位置奠定了雄厚的重工业基础，依靠钢铁工业、机械制造业、金属加工业、食品加工

业、印刷业等对经济贡献极大的制造业支柱部门，成为了美国重要的工业城市。但是这种发展伴随着二战结束后美国经济的重新转型，工业发展已经越来越无法成为芝加哥的主要发展动力，于是以美国的结构转型为契机，芝加哥开始从制造业逐步转型为依靠交通运输业为主的中心城市。1955年，芝加哥建成了世界上最大的奥海尔国际机场，成为美国和全球的航空运输中心。运输业的发达促进城市功能提升和产业升级，重化工业得到一定程度的控制和减少，进而降低了城市资源能源消耗强度，促进城市绿色转型。

（二）从第二产业到第三产业的服务化转型

自20世纪60年代开始，由于郊区城市与原有大中城市商业中心之间的土地差价日益显著，许多大公司纷纷将其总部迁至郊区城市，新兴产业也更多地在郊区兴起，芝加哥出现了郊区化所带来的制造业和就业岗位外迁问题。面对此种问题的产生，芝加哥开始加紧进行新一轮的产业结构转型并最终确立"以服务业为主导的多元化经济"的发展目标。这种发展目标一方面立足于传统制造业，通过引进新兴科技工业中的管理、研发、营销等价值链高端部门使服务业与金属加工、食品等传统优势制造业有机结合起来；另一方面利用它位于美国交通运输网络中心的有利区位，大力发展第三产业，强化传统金融贸易中心地位，对商业贸易、金融业、会议展览及旅游业等服务业产业进行培育和扶持。

（三）务业向高端服务业转型，建立多中心、均衡化、低碳化的经济模式

进入21世纪，芝加哥前期的产业转型战略成效显现，并在传统的服务业上重新构建高端服务业体系。芝加哥依靠卫星城市与中心城市形成紧密关联和多中心城市之间的集群发展模式，积极吸引外资投入，积极发展高科技产业，建设具有高新技术引领、资本多元化的国际大都市。在吸引外资的同时，芝加哥重视高科技产业发展，强化新兴产业的高端环节提升，重视企业技术创新、产品研发、流程管理、市场营销等价值链延伸，提高产业竞争力，从而使得芝加哥成为国际航空运输中心、国际（美洲）光缆通信中心、美国的制造之都、金

融贸易之都、会展之都、文化教育和工业中心，基本形成了以服务业为主的多元化经济结构①。伴随美国的城市郊区化趋势，芝加哥城市郊区化进程提速，许多大企业、大集团将总部搬迁至郊区，或在郊区建立分支机构，郊区基础设施、交通条件、社会化服务进一步完善，郊区城市功能进一步强化，吸引中心城市的人口、资本和产业转移，促进了中心城区产业向郊区转移，实现了多中心、均衡化的产业布局和结构调整。城市郊区化及其基础设施完善，并按照新城建设标准进行布局，增加新城的园林绿化和生态建设，实现了低碳化发展。企业外迁郊区和郊区自身功能的完善，进一步强化了城市郊区的均衡化发展，进一步吸引更多的企业、社会机构等在郊区的入驻，大大减缓了中心城市的各种资源、土地、交通等压力，促进城市的和谐、绿色、低碳发展与转型。

二 芝加哥多中心城市群转型模式的基本特征

（一）实施多中心城市群发展，促进城市郊区化拓展

在城市空间转型方面，实现郊区化拓展，形成郊区发展与中心城区复兴的互动。20世纪上半叶，芝加哥开始城市郊区化转型，郊区成为新的卫星城市与中心城市形成紧密关联和多中心城市之间的集群发展，促进了城市郊区化进一步拓展，城市功能的均衡化、多元化、多中心化转型发展。20世纪80年代，美国许多城市郊区成为都市中心的复合型城市功能的卫星城市或"边缘城市"，共同构建了多中心、群带状的大都市圈。高新技术、信息、资本、人才等高端要素不仅仅单向性流向中心城市，向郊区和卫星城市集聚成为重要的趋势，加速郊区城市化进程。到20世纪90年代，中心城市向外围拓展，郊区城市化和大城市群不断疏解中心城市功能、减缓核心城市压力。芝加哥城市的郊区化进程是基于城市重工业发展、环境恶化与犯罪率上升等问题的反思，城市居民为追求新鲜空气、阳光、安

---

① 崔晓文：《芝加哥大都市区制造业结构变迁历程》，http://www.istis.sh.cn/list/list.aspx?id=8357，2014年10月27日。

全感、宜居生活不断搬出污染和拥堵的核心城区，汽车普及、交通状况改善提升了城市人口郊区化的空间移动能力。人口的郊区化的原因有很多，包括交通运输的变化为人们从郊区通勤创造了条件、郊区居住环境好用地广、郊区用地广阔、地价便宜，有利于员工停车以及大型仓库和大型厂房的修建与扩大[①]。工业企业、商贸企业、社会机构、基础设施等均在郊区发展和投资，郊区成为企业新的利润来源与经济增长点。郊区变成新的城市或者实现城市周边地区的均衡发展，是芝加哥城市转型和演化的重要特征。但中心城市工业外迁、人口向郊区集聚，以及市区本身人口的不断自然衰减导致芝加哥中心城区的衰退。为促进中心城复兴，芝加哥市政府提出"发展和多元化、交通和可达性、滨水地区和开敞空间"三条原则，希望通过多元化发展，不断改善交通条件、公共基础设施、商贸设施、住宅等振兴中心区，实现郊区与中心城区的互动和均衡发展。

(二) 实施产业多元化战略，推动第三产业发展

在产业转型方面，实施产业多元化发展战略，转变传统的单一重化工业占主导的工业型经济结构，选择城市大力发展服务业，推动第三产业发展，构建服务型经济结构。芝加哥通过实施多元化、服务化的产业发展战略，抢占产业各领域的最前沿，形成技术密集、知识密集、竞争力强、特色明显的多元化经济结构。20世纪90年代，芝加哥通过转型和调整，实现产业发展和经济复兴，并在改造传统重工业结构基础上，大力发展第三产业，强化传统金融贸易中心地位，对商业贸易、金融业、会议展览及旅游业、文化旅游等服务业进行培育和扶持，资源能源消耗降低，服务型经济结构不断形成和完善。新兴的文化产业逐步取代牺牲资源发展的传统制造业成为主流发展驱动力，帮助芝加哥实现了从工业城市向创意城市的转型。2005年，芝加哥创意文化企业超过1.6万家，2012年，芝加哥吸引游客人数达4600万[②]。

---

① 王法辉、胡忆东：《芝加哥制造业发展过程及区位因素分析》，《地理科学》2010年第2期。

② 何玉珍、林昆勇：《美国芝加哥城市转型及其文化力的彰显与启示》，《城市》2015年第2期。

以芝加哥会议展览业为例，政府加强会展基础设施建设，加快建设麦考米克展览中心（Mc Cormick Place），通过扩展实现展馆面积达到22万平方米，成为北美最大的室内展览中心，每年承办国际五金展、机床展、家庭用品展及制造业展等特大型国际性展览，每年吸引的游客超过400万。此外，大力建设公共活动中心和城市旅游景点，吸引市民和外来游客。金融业也成为芝加哥发展第三产业的重要产业类型，拥有300多家美国银行、40家外国银行分行和16家保险公司。文化创意产业发展进一步增强芝加哥的知名度和城市辐射力，实现城市高端转型与绿色发展。

（三）以吸引外资和发展高科技产业促进城市转型

芝加哥重视外资投入，积极发展高科技产业，建设具有高新技术引领、资本多元化的国际大都市。芝加哥重视投资环境改善，积极推进招商引资工作。2009年芝加哥招商局为大芝加哥都市区引进及扩展了107家企业，总投资额达17亿美元，为芝加哥的城市转型升级做出巨大贡献。在吸引外资的同时，芝加哥重视高科技产业发展，强化新兴产业的高端环节提升，引进先进的企业技术创新、产品研发、流程管理、市场营销等价值链延伸，提高产业竞争力。芝加哥在发展高科技产业、高端服务业同时，重视对传统制造业的改造和转型，没有全部放弃和淘汰掉传统制造业，而是重点扶植如包装工业、食品加工及金属加工等传统制造产业，提高技术创新能力和产品竞争力，实现服务业、高科技产业与传统制造业转型升级的互动和融合，实现实体经济和虚拟经济高度融合，进而促进芝加哥城市产业转型、振兴和竞争力提升。

（四）开展绿色节日、绿色街道、绿色屋顶建设，促进城市的绿色低碳化转型，打造低碳城市形象

芝加哥积极利用"绿色节日"等活动，开展节能环保讲座、展卖环保产品，让大家在愉快享受节日的同时掌握环保知识，参与环保行动。开展"绿色节日"活动时，来自全国环保行业的作者、领袖和教育专家等来到现场举办讲座，向公众传授如何节约能源、保护环境。人们还可以在"绿色节日"里吃到健康的绿色食品，喝到有机啤酒和

红酒等①。在开展"绿色节日"活动的同时,重视绿色街道的建设,促进城市环境的改善和低碳化转型。为了抵御洪水、减少对雨水管道的需求,以及减缓城市热岛效应,芝加哥施行绿色街道项目,在总计1900英里长的街巷中采用透水和反光材料铺装人行道,这项工程的实施效果明显,芝加哥市政府正考虑将这一做法拓展至更多的地区②。芝加哥为促进城市转型,重视绿色低碳城市建设,特别是大力发展绿色屋顶。2005年推出"绿色屋顶奖励津贴项目"的鼓励措施,协助建立了20个绿色屋顶项目;2006年环境部门又拨出更多奖励津贴,以协助居民和小企业建设绿色屋顶;鼓励私人房产开发商仿效市政厅的做法进行屋顶绿化③。芝加哥有400多座已建成或者正在建设的绿色屋顶建筑,面积共计400万平方英尺,为美国绿色屋顶面积最大的城市。到2020年,屋顶花园面积将达700万平方英尺④。芝加哥推广绿色街道、绿色屋顶建设,对城市转型、绿色建设、环境改善发挥突出作用。

三 对中国城市转型的经验启示与政策建议

党的十八大报告明确指出,我国发展中的不平衡、不协调、不可持续问题依然突出,加快城市转型关系到我国未来经济以及社会发展大局。许多城市对不可再生资源大规模、高强度、大面积的常年开采,使得资源耗损严重,生态环境遭到破坏,城市可持续发展受到严峻挑战,迫使城市加快转型⑤。城市转型是每个城市在发展中所必须要面对的重要问题,是城市转变发展模式、重新焕发活力的重要手段。城市转型包括城市经济、生态、社会三方面,即城市可持续发展

---

① 《芝加哥"绿色节日"突出可持续发展和环保主题》,http://news.xinhuanet.com,2010年5月23日。
② 《芝加哥绿色街道项目为可持续发展做出示范》,《国际城市规划》2010年第4期。
③ 《浅谈屋顶绿化的发展现状及应用前景》,http://www.jsforestry.gov.cn/art/2012/11/20/art_124_63611.html。
④ 《芝加哥绿色城市计划拟变身全美低碳城市先锋》,http://www.weather.com.cn/climate/qhbhyw/06/1348872.shtml。
⑤ 吴宗杰、李亮、王景新:《我国资源型城市低碳转型途径探讨》,《山东理工大学学报》2010年第6期。

的三位一体转型，而城市中的产业结构转型则是城市转型中最为重要的因素。芝加哥多中心发展模式给我国城市转型提供了重要的借鉴意义，主要表现在以下几个方面：

(一) 树立低碳发展理念，制定多元化发展战略

在政策理念上，借鉴芝加哥城市绿色转型经验，应该重视生态文明建设，树立低碳发展理念，制定城市绿色转型的战略和目标，鼓励大力发展绿色低碳产业，经济发展效率与高就业率相平衡，高经济效率与高就业率有机结合，不能只注重新兴产业所带来的高经济效率而忽略传统经济所带来的高就业率。城市政府应该注意到城市的经济转型是一种长期性行为，在短时间内抛弃旧有产业只能是切断原有城市发展的动力，中国大部分城市在相当时期内应该建立、保持多元化的经济基础，而不是盲目追求高科技产业和高端服务业。在芝加哥的转型过程中，该城市并没有因为追求现代服务业等新兴产业而完全放弃传统制造业，而是在大力发展金融、会展等现代服务业的同时，通过引进新兴科技工业中的管理、研发、营销等价值链高端部门使服务业与金属加工、食品等传统优势制造业有机结合起来，不断调整优化制造业产业结构，实现各个产业的多元化均衡发展。中国城市转型要重视多元化发展，不断改善交通条件，完善公共基础设施，实现郊区与中心城区的互动和均衡发展。

(二) 发展第三产业，推动城市服务化转型升级

目前，中国许多城市已经是第三产业为主导，发展质量和效益还不够高，借鉴芝加哥转型经验，应该提高服务业发展质量，融入现代信息技术，提高服务业层次和附加值，根据当地自身特色发展符合当地特色的文化产业和旅游业。芝加哥根据自身的发达交通条件和区位优势，积极发展绿色低碳的会展业，促进城市产业优化升级。与此同时，芝加哥依靠卫星城市与中心城市形成紧密关联和多中心城市之间的集群发展模式，大公司将其总部迁至郊区城市，新兴产业也更多地在郊区兴起。芝加哥大力发展金融业，金融业也成为芝加哥现代服务业的品牌，同时大量的文化传媒企业坐落于此。中国城市绿色转型，应加强产业结构优化升级，大力发展高技术产业和旅游文化产业，应

将低碳经济与技术创新高度结合[①]，借助自身的优越地理条件和区位优势，重视会展业等服务业发展，提高产业层次和技术含量，促进城市服务化转型升级。

（三）建立均衡化的基础设施和公共服务体系，特别是郊区和落后区域基础设施要加大建设力度

芝加哥重视区域均衡发展，特别是基础设施建设注重均衡化发展、基本公共服务均等化发展。芝加哥城市规划以交通为中心的基础设施建设为先导，修订区划条例降低鲁普北区的建设强度，提高鲁普西区的建设强度来指引中心商务区的西移，为东部的教育、医疗、文化、艺术等新型创意产业腾出发展空间[②]。我国要消解区域差距和城乡差距，要重视基础设施的均衡化、基本公共服务的均等化供给，降低中心城区开发强度，实现区域均衡发展，促进人口、产业、技术、资本向落后区域的流入，以减少特大城市包括北上广等城市空间的恶性膨胀、无序的扩张，外来人口大量涌入、环境恶化和交通长期拥堵等问题。通过郊区基础设施、交通条件、社会服务等功能完善，较低土地成本等吸引中心城市的人口、资本和产业转移，新兴产业、商业服务、企业总部等向城市周边迁移落户，进一步强化城市郊区的均衡化发展，进一步吸引更多的企业、社会机构等在郊区的入驻，大大减缓了中心城市的各种资源、土地、交通等压力，促进市的和谐、绿色、生态发展与转型。

（四）重视城市社会组织和城市文化教育，发挥城市转型的中坚力量和坚强堡垒作用

芝加哥和美国许多其他城市一样，属于移民型城市，复杂的种族问题和行政问题，迫使芝加哥重视市镇自治和社会组织培育。许多"城市病"的治理，都是在社会组织的合作下实现协同治理和公共治理，社会组织成为城市转型的中坚力量，也是确保城市持续发

[①] 陆小成：《我国城市绿色转型的低碳创新系统模式探究》，《广东行政学院学报》2013年第2期。

[②] 黄玮：《空间转型和经济转型——二战后芝加哥中心区再开发》，《国外城市规划》2006年第4期。

展的坚强堡垒。"大都会区规划委员会"（MPC）、"芝加哥都会区2020委员会"等社会组织有效治理了城市问题。社会组织不仅是城市管理的中坚力量，也发挥了城市文化教育的堡垒作用，大力发展高等教育，促进城市市民素质提升。芝加哥决策者利用其良好的高等教育体系，积极提升，努力为未来进一步转型打下更加深厚的基础。借鉴芝加哥经验，中国城市转型要重视除政府、企业力量之外的第三方力量发展，重视社会组织在城市发展、城市转型、城市提升中的突出作用，重视城市高等教育发展，提升市民素质，提高市民自治意识和能力，大力发展社会组织，促进城市良性发展和社会化转型。

（五）改善多中心城市的投资环境和生态环境，促进城市协调发展、绿色低碳发展与生态转型

芝加哥市政府改善投资环境，大力推进招商引资工作，重视城市生态环境改善，加快城市绿色屋顶、绿色街道建设，促进城市的绿色低碳发展和周边城市的协调发展与生态转型。城市生态转型是指城市发展的方向、目标、战略、模式等向着符合生态学规律转变，提升城市生态系统的生态环境质量与效率水平，提升城市人居环境的竞争力水平和生命力，提高城市生态系统的可持续发展水平[1]。中国城市转型要借鉴芝加哥经验，重视多中心发展的同时，重视均衡化、协调化、低碳化、生态化发展。一方面，要依靠卫星城市与中心城市形成紧密关联和多中心城市之间的集群发展模式，积极吸引外资投入，使大量的外资落户在多层次的卫星城市群，减缓核心城市压力。另一方面，重视周边城市的协调发展，重视城市生态环境改善，鼓励绿色街道、绿色屋顶和绿色建筑建设，以良好的、生态的、绿色的、低碳城市促进城市转型，形成更加和谐宜居城市。中国大多数城市面临资源耗竭、环境恶化、污染严重等诸多问题，因此要重视多元化、多中心模式选择，特别要重视周边城市的协调发展、投资环境改善，尤其是

---

[1] 沈清基：《论城市转型的三大主题：科学、文明与生态》，《城市规划学刊》2014年第1期。

城市生态环境的改善，大力发展绿色低碳城市，大力推进生态文明建设，促进城市转型更加和谐、更加宜居、更加生态，构建多元化、低碳化、生态化的中国特色城市转型道路。

附录二　基于"城市病"治理的超大城市基础设施建设

城市基础设施是为城市生产和生活提供能源、交通、邮电、通信、供水、排水、环境保护等多个领域特定服务的设施，是城市赖以生存和发展的物质基础，也是产生城市集聚效应的决定性因素[1]。城市基础设施的发展水平在一定程度上反映城市的发展水平和竞争能力[2]。超大城市在长期快速发展中积累形成人口膨胀、交通拥堵、雾霾天气频现、环境污染等"城市病"难题，引起党中央和国务院的高度重视。2014年2月26日，针对北京雾霾等超大"城市病"问题，习近平总书记提出要加快京津冀协同发展，加快解决北京"城市病"问题。深入落实首都城市战略定位，加强首都超大"城市病"治理，加快北京基础设施建设与"城市病"治理步伐具有重要的现实紧迫性和战略意义。

一　超大城市基础设施建设的发展态势：以北京为实证分析

（一）1 城市基础设施投资高位运行，不断增加设施供给总量

根据2014年国务院发布的《关于调整城市规模划分标准的通知》中的新标准将城市划分为五类七档，城区常住人口1000万以上的城市为超大城市，如表1所示。2013年北京市常住人口为2114.8万人，首都功能核心区为221.2万人，城市功能拓展区超过1000万人，达到1032.2万人。北京市属于典型的超大城市。面对人口不断

---

[1] 唐建新、扬军：《基础设施与经济发展：理论与政策》，武汉大学出版社2003年版。
[2] 张舰：《我国特大城市基础设施发展水平及分布特征》，《城市问题》2012年第6期。

增长所带来的资源能源、环境等压力，超大城市的"城市病"问题一直阻碍着首都北京的持续发展，加大基础设施投资和供给总量也是北京一直以来应对超大城市发展的基本举措。

表1　　　　　　　　　城市规模划分标准

类别	人口规模	
超大城市	城市人口1000万以上	
特大城市	城市人口500万—1000万	
大城市	城市人口100万—500万	300万以上500万以下的城市为Ⅰ型大城市
		100万以上300万以下的城市为Ⅱ型大城市
中等城市	城市人口50万—100万	
小城市	城市人口50万以下	20万以上50万以下的城市为Ⅰ型小城市
		20万以下的城市为Ⅱ型小城市

目前，北京市对基础设施投资仍处于千亿元的高位运行，如表2所示，2013年北京市基础设施投资比2012年有所减少，但整体上是上升态势，从1978年的5.4亿元增加到2013年的1785.7亿元。基础设施投资占全社会固定资产投资比重2013年为25.4%。其中，能源基础设施投资增速最快，从2012年的231.9亿元增加到2013年的270.2亿元，邮政电信基础设施较上一年略增长10.9亿元，而公共服务业和交通运输业的基础设施投资各有50亿元左右的下降。逐年的基础设施投资不断扩大了基础设施建设水平和覆盖面，基础设施总量不断提升，为促进首都经济社会持续发展提供了重要的基础条件和保障作用。

表2　　　　　　　1978—2013年全社会基础设施投资

年份	基础设施投资（亿元）	能源（亿元）	公共服务业（亿元）	交通运输（亿元）	邮政电信（亿元）	基础设施投资占全社会固定资产投资比重（%）
1978	5.4	1.4	0.6	1.7	0.4	23.9

续表

年份	基础设施投资（亿元）	能源（亿元）	公共服务业（亿元）	交通运输（亿元）	邮政电信（亿元）	基础设施投资占全社会固定资产投资比重（%）
2008	1160.7	144.1	291.6	604.2	86.7	30.2
2010	1403.5	157.2	359.1	720.5	94.2	25.5
2011	1400.2	171.1	379.4	680.7	82.3	23.7
2012	1789.2	231.9	508.1	712.0	122.0	27.7
2013	1785.7	270.2	451.3	664.5	132.9	25.4

数据来源：《北京市统计年鉴 2014》，中国统计出版社 2014 年版，http：//www.bjstats.gov.cn/nj/main/2014-tjnj/CH/content/mV104_0505.htm。

（二）交通基础设施建设力度加大，境内道路、公路总里程、轨道交通运营线路不断延伸，轨道交通客运量接近公交电汽车客运量

近些年来，北京交通基础设施建设力度加大，境内道路、公路总里程从 2012 年的 28585 公里增加到 2013 年的 28808 公里。2013 年，高速公路里程达到 923 公里，城市道路里程达到 6295 公里，城市道路面积达到 9611 万平方米，城市道路立交桥数达到 414 座，城市过街天桥数达到 520 座。从表 3 中可以看出，运营车辆 2013 年为 27590 辆，比 2012 年增加 1759 辆。公共电汽车 2013 年为 23592 辆，比 2012 年增加 1446 辆。2013 年轨道交通为 3998 辆，比 2012 年的 3685 辆增加 313 辆，运营线路条数从 2012 年的 795 条增加到 2013 年的 830 条。从客运量看，2013 年达到 804775 万人次，比 2012 年的 761578 万人次增加了 43197 万人次，说明出行人次明显增加。从客运量结构来看，乘坐公共电汽车的人次有较大程度的减少，从 2012 年的 515416 万人次减少到 2013 年的 484306 万人次，减少了 31110 万人次，而乘坐轨道交通的人次却有较大程度的增加，从 2012 年的 246162 万人次增加到 2013 年的 320469 万人次，增加了 74307 万人次。从这一结构变化来看，北京市整体客运量明显增加，说明出行人次增加，越来越多的乘客选择轨道交通，轨道交通准时、客运量大等优势进一步得到乘客的认可，而公共电汽车可能因为城市交通拥堵无法准

时到达、等待时间过长、运营时间短等问题存在，导致客流量较大幅度的下降。从客运出租小汽车来看，2013年末运营车辆达到67046万人次，比2012年增加了400辆，出租小汽车的客运量2013年达到69946万人次，比2012年增加了84万人次。从以上的公共交通运营车辆、运营线路条数与长度、客运量以及出租小汽车客运量等情况看，北京对公共交通的投入有明显增加，客运量均较前继续增长，说明北京交通出行的需求没有得到缓解，公共交通压力持续存在。

表3　　2012—2013年公共交通及客运出租小轿车情况

项目	2013年	2012年
公共交通		
运营车辆（辆）	27590	25831
公共电汽车（辆）	23592	22146
轨道交通（辆）	3998	3685
运营线路条数（条）	830	795
公共电汽车（条）	813	779
轨道交通（条）	17	16
运营线路长度（公里）	20153	19989
公共电汽车（公里）	19688	19547
轨道交通（公里）	465	442
客运量（万人次）	804775	761578
公共电汽车（万人次）	484306	515416
轨道交通（万人次）	320469	246162
客运出租小汽车		
年末运营车辆（辆）	67046	66646
客运量（万人次）	69946	69862

（三）污水处理能力、再生水利用量、垃圾无害化处理能力等继续提升

北京不断加大污水处理、垃圾等领域基础设施建设，特别是污水

处理能力、再生水利用、垃圾无害化处理能力得到提升。2013年北京污水处理能力为393万立方米/日，比上一年有所提升，污水年处理量达到131401万立方米，污水处理率为84.6%，污水排放总量为155317万立方米。在管道建设方面，排水管道长度达到13505公里，污水管达到6363公里，雨水管达到5038公里，均比上一年有一定程度的增加。2013年的再生水利用量为80108万立方米，比2012年增加了5105万立方米。2012年节水量为11322万立方米，比2011年增加了11万立方米。北京生活垃圾处理能力得到提升，2013年达到21971吨/日，生活垃圾无害化处理率达到99.3%。

（四）能源生产量、消费总量均不断攀升，能源消费以第三产业和生活消费为主

2013年，北京能源生产量继续增长，一次能源达到536.8万吨标准煤，比2012年增加了35万吨标准煤，二次能源生产量有所减少，2013年为3170.9万吨标准煤，汽油、煤油、柴油、燃料油、液化石油气等生产量均有所减少。但电力生产有所增加，从2012年的284.7亿千瓦时增加到2013年的328.1亿千瓦时。从表4中可以看出，2013年北京能源消费总量为7354.2万吨标准煤，比2012年增加了176.5万吨标准煤。从能源消费结构看，第一产业略有增加，第二产业有明显减少，第三产业和生活消费有明显增加。能源消费以第三产业和生活消费为主，而第二产业的能源消费有所减少，符合北京服务型经济结构，但能源消费总量提升可能带来更多的能源压力以及消耗所带来的排放问题。

表4　　　　　　　　2003—2013年北京能源消费总量　　　　单位：万吨标准煤

年份	能源消费总量	第一产业	第二产业	第三产业	生活消费
2003	4648.2	99.9	2476.7	1391.0	680.6
2006	5904.1	92.3	2773.1	2129.3	909.4
2009	6570.3	99.0	2544.2	2760.3	1166.8
2012	7177.7	100.8	2426.1	3252.1	1398.7
2013	7354.2	102.6	2402.2	3422.9	1426.5

二 超大城市基础设施建设与"城市病"形成的原因分析

（一）核心区人口密度过大，基础设施承载压力大，"城市病"问题难以遏制

"城市病"在区域经济学上是指由于工业革命中的大规模工业生产，大量的人口向城市集聚，带来交通拥堵、环境污染、房价高涨、贫民窟并存等一系列问题的统称[①]。伴随着北京市常住人口的逐年增长，2013年常住人口达到2114.8万人，较2012年增加了45.5万人，其中常住外来人口达到802.7万人，较2012年增加了28.9万人。如表5所示，从人口密度来看，核心区达到了23942人/平方公里，西城区人口密度是全北京最高的，达到了25787人/平方公里。西城区、东城区应该是人口膨胀最为严重的区域，应该重点分析西城区、东城区以及城市功能拓展区吸引更多人集聚的内外部原因，而这些区域均是中央部委及其所属机构和事业单位集聚区，也是央企、国企、银行总部、国际组织机构、各类公司、写字楼、商场等高度集聚区，还是中国最为著名的大学和科研机构、三甲医院等集聚的区域。这些机构承担了首都的行政、经济、教育、文化、医疗等众多功能，也是中国各类资源最为高端、最为密集、最为权威、最为完善的区域高地。人口总量增加和不断膨胀，必然带来更大的交通、住房、就业等压力，导致北京"城市病"问题的进一步恶化和加剧。而基础设施作为承担人口就业、生活的基本条件和服务保障，投入总量不足，与人口增量不匹配，必然会降低基础设施的供给能力，从而又加剧"城市病"问题。交通、能源、资源、环境等领域基础设施建设与发展在客观是缓慢提升的，在主观上由于人口流动性比较大，人口增量难以控制和预测，所以基础设施建设投入难以跟上人口增长水平，其结果必然会导致交通拥堵、环境恶化、资源能源消耗大等"城市病"问题，而且短时间内还难以遏制。

---

① 赵弘：《给北京"城市病"的一剂良药》，http://finance.sina.com.cn/zl/china/20140504/16051899447.shtml，2014年5月4日。

表5　　　　　　　2013年北京常住人口密度（按区县分）

地区	土地面积（平方公里）	常住人口（万人）	常住人口密度（人/平方公里）
全市	16410.54	2114.8	1289
首都功能核心区	92.39	221.2	23942
东城区	41.86	90.9	21715
西城区	50.53	130.3	25787
城市功能拓展区	1275.93	1032.2	8090
朝阳区	455.08	384.1	8440
海淀区	430.73	357.6	8302
城市发展新区	6295.57	671.5	1067
生态涵养发展区	8746.65	189.9	217

（二）地铁覆盖面不够，建设速度难以跟上超大城市发展需求，公交面临庞大的人口出行压力，机动车拥有量继续增加，加剧了"城市病"问题

近些年来，北京加快了轨道交通的建设速度，2013年轨道交通运营线路长465公里，2012年轨道交通运营线路长442公里，地铁线路每年都在延伸，地铁承担客运量越来越大，占整个客运量的39.82%，比2012年的32.32%提高了7.5个百分点，说明地铁在整个公交系统的作用和地位在不断提升。但与发达城市如纽约、伦敦、东京轨道交通客运量占整个公交或交通出行的80%相比，北京地铁的覆盖面和运能还远远不够。北京地铁还没有完全覆盖到北京所有区县，如平谷、怀柔、密云等区县还没有通达，许多区域还仅有一条或两条地铁线路开通，导致如八通线、昌平线、15号线、房山线等上下班高峰期拥堵不堪，而且较多地铁站等待时间超过5分钟，换乘长

达15—20分钟。为了分流还特意延长换乘路线，增加分流栏杆既浪费时间，也引发更多的乘客怨言。核心区的地铁线路尽管相对密集，但由于高层建筑、居住区、产业过于集聚和密集，高校、旅游景点密集如天安门等区域，导致游客流、学生流、上下班流等高度聚合，地下和地上交通均无法承担如此大的运能，导致北京成为最为拥堵的城市之一，社会安全也难以得到有效保障。此外，北京还没有一条通往京外的地铁线路，已有的公交线路拥堵情况多，不拥堵情况少，如开往燕郊、香河、固安、涿州等周边区域的公交线路超负荷运行，由于公交的垄断性供给，公交车辆班次少，等待时间长，市场竞争不够，服务质量不高，早晚营运时间短，难以满足乘客的出行需求。这些客观存在的问题，严重制约了城乡一体化和京津冀协同发展，引导和鼓励低端产业和企业外迁就成为很大交通障碍。从机动车拥有量来看，民用汽车、私人汽车均有较大程度的增长。其中，民用汽车2013年达到518.9万辆，比2012年增加了23.2万辆。私人汽车2013年达到了426.5万辆，比2012年增加了19万辆，为已经拥堵不堪的首都交通"添堵"、"延时"，为严重的首都雾霾天气"充气"、"加油"。机动车数量逐年增长和排放量增加只能使北京交通更加拥堵和环境更加恶化。

（三）用水刚性需求大，污水处理缺口大，难以缓解超大城市用水紧张难题

从表6中可以看出，北京全年水资源总量从2012年的39.5亿立方米减少到2013年的24.8亿立方米，人均水资源量从2012年的193.3立方米减少到2013年的118.6立方米。按来源分，北京地表水、地下水的供应均有所下降，再生水以及依靠南水北调均有所增加，可见北京水资源无论总量供给还是人均水资源供给均比较严峻。尽管污水处理能力有所提升，但污水未处理量2013年为23916万立方米，而且污水排放总量2013年比上一年增长了3307万立方米。一方面，用水刚性需求大，污水排放增加，给水资源供给增加更多的需求压力；另一方面，污水处理缺口比较大，水资源浪费严重，难以缓解城市用水紧张难题，节水工作需要加强。

表 6　　　　　　　　2003—2013 年北京水资源情况

项目＼年份	2003	2006	2009	2012	2013
全年水资源总量（亿立方米）	18.4	22.1	21.8	39.5	24.8
人均水资源（立方米）	127.8	140.6	120.3	193.3	118.6
全年供水（用水）总量（亿立方米）	35.8	34.3	35.5	35.9	36.4
按来源分					
地表水（亿立方米）	8.3	5.7	3.8	4.4	3.9
地下水（亿立方米）	25.4	22.2	19.7	18.3	17.9
再生水（亿立方米）	2.1	3.6	6.5	7.5	8.0
南水北调（亿立方米）	—	—	2.6	2.8	3.5
应急供水（亿立方米）		2.8	2.9	2.9	3.0

（四）能源环保设施建设滞后于经济发展，水环境不容乐观，大气环境相关指标有所降低，超大城市的雾霾天气没有得到有效遏制

北京受人口膨胀等压力，能源供不应求、环境受雾霾肆虐现状短期内难以改观，环保设施建设滞后于经济发展，水环境不容乐观。如表 7 所示，北京废水排放总量继续增长，2013 年达到 144579.93 万吨，比 2012 年增加了 4306.34 万吨。从大气环境相关指标来看，二氧化硫排放量、氮氧化物排放量、烟（粉）尘排放量等均有所降低，但超大型城市的雾霾天气没有得到有效遏制。

表 7　　　　　　　　2012—2013 年北京环境保护

项目＼年份	2013	2012
水环境		
废水排放总量（万吨）	144579.93	140273.59
化学需氧量排放量（吨）	178475	186501
氨氮排放量（吨）	19704	20483

续表

年份 项目	2013	2012
大气环境		
二氧化硫排放量（吨）	87042	93849
氮氧化物排放量（吨）	166329	177495
烟（粉）尘排放量（吨）	59286	66829

三 基于"城市病"治理的超大城市基础设施建设路径

加快基础设施建设能够拉动超大型城市的投资需求，稳定经济增长，能有效缓解城市发展进程中的"城市病"问题，并推动产业结构转型①。因此，加快北京"城市病"治理，需要落实首都城市战略定位，以京津冀协同发展为基本理念和重要战略，加强超大型城市的基础设施建设与发展。针对北京基础设施建设存在的主要问题，应采取以下发展路径：

（一）加强首都城市圈基础设施的均衡化、一体化发展，以均等化的公共服务供给促进人口有效疏解、区域协同发展和超大型"城市病"的根本治理

首都北京作为超大型城市"城市病"问题的出现不是短时间内形成的，有着多方面的原因，但人口自身的趋利避害和用脚投票的逐利秉性存在，区域差异如基础设施的巨大落差存在是"城市病"形成的重要原因。加强首都城市圈基础设施的均衡化、一体化发展与建设，促进基本公共服务均等化才能减少过多用脚投票于中心城区的发生频率，也才能有效疏解过密的中心城区人口和产业，引导市场要素的均衡分布和空间流动。北京"摊大饼"的发展模式主要是因为中心城区资源过于集中，基础设施、公共服务等比周边区域有绝对的优势，这些资源有行政力量的驱使，也有资源集聚所带来的集聚效应和

---

① 《国务院鼓励社会资本进入城市基础建设领域》，《南方日报》2013年9月18日。

规模效应，进一步强化极地效应。落实首都城市战略定位，应该加快城市功能疏解。一方面，核心区应减少增量，包括人口、企业、产业、行政机构和事业单位、高校、医院等应该减少增量，缩少或者外迁促进存量人口和功能均衡布局，缓解核心区人口、资源与环境压力。另一方面，将增量转移到周边区县特别是河北区域。如何吸引或者引导人口、产业、行政机构和企事业单位外迁，应该做好利益补偿和市场引导，加强落后区域的基础设施投资与总量供给，加大基础设施的均衡化、一体化建设，如交通、教育、医疗、文化体育设施等的均衡化发展，在落后区域建立名校、名医、名院的分支机构，或整体性搬迁。以均衡化的基础设施和均等化的公共服务供给促进人口疏解、京津冀协同发展，才能最终有效促进北京"城市病"的治理。

（二）借鉴世界城市经验，提高轨道交通设施建设密度和覆盖面，缓解首都交通拥堵压力

借鉴纽约、东京等世界城市经验，城市人口的流动主要是依靠地铁等轨道交通来承担，私家车大部分不用于上下班，尽可能减少私家车使用强度，而仅仅用于节假日出行。北京目前的出行特别是上下班出行主要依靠的是公共电汽车、地铁、出租车以及私家车，其中私家车还占有相当大的比例，这是导致交通拥堵以及交通尾气排放量大等的重要原因。因此，北京"城市病"治理，要加快轨道交通建设。地铁、轻轨等轨道交通与一般铁路运输相比，具有公交化、准时性、待时短、换乘快、运能大、能耗低、污染小等优势。北京应该提高轨道交通设施建设的密度和覆盖面。一方面，核心区按照规划要加密，并提前开工，加快建设速度，以便尽快缓解交通拥堵压力，满足更高比例的市民出行需求。另一方面，加快核心区与周边区县及河北、天津等交界区域的地铁建设，以便缩小周边落后区域的基础设施差距，吸引新增人口和产业往周边区域转移，缓解核心区人口、资源、交通压力，控制住核心区的人口增量。目前，这方面的京津冀地铁规划还欠缺，发展严重滞后，加快周边区域的地铁等轨道交通建设，能有效吸引资源要素的投入，为核心区转移或外迁的各类企业、行政机构、事业单位等提供条件和发展环境，增加吸引力，能引得来，留得住，

发展好。

(三) 提高节水意识，安装节水设施，加强污水河道治理和生态修复，构建首都水生态圈

基于北京水资源严重匮乏的基本现状，应该提高全民节水意识，鼓励安装节水设施，并制定节水量交易制度。同时，加强污水河道治理与生态修复，对排污企业进行强制性的关停并转，不得排放污水，或者进行强制性的污水治理投资和购买污水排放权，引入社会资本参与污水处理、河道治理和生态修复，加大首都水资源的统筹协调和蓄水工程建设。基于北京地下水严重超采导致地质下沉，以及地下水严重污染等严重问题，应明确规定北京禁止地下水开采。基于海水淡化技术进步，应重视利用海水资源、发展海水淡化产业的良好机遇，加快海水淡化及引渤入京工程的前期研究和项目建设。通过节水、水资源保护、生态修复、海水淡化与海水引入等系列工程建设，恢复北京多条河流功能，构建首都水生态圈，重现古都北京历史上的水乡本色，为构建国际一流的和谐宜居之都创造基础条件。

(四) 加强能源环保设施建设，优化能源消费结构，开发低碳新能源

基于北京能源消费强度大，以及能源消耗所带来的环境污染等系列问题，应该加强首都能源环保设施建设，优化能源消费结构。减少传统能源消耗，积极开发太阳能、风能、海洋能、核能等新型能源，减少能源碳排放强度，提高低碳新能源比重，充分利用北京在低碳技术等领域的科技优势、人才优势，加大低碳能源领域的技术研发和产业孵化。加快对周边污染地区及产业的能源技术改造和升级，加大节能减排力度，降低传统能源消耗，减少废气排放，协同解决环境污染和能源消耗问题。在环境治理中，要严格控制机动车增长，一是以总量控制减少交通尾气排放，加大对交通尾气的治理，强制性安装过滤器，对排放量大的机动车征收更重的污染税。二是鼓励使用电动车，加大充电桩等配套设施建设，引入社会资本、社会力量参与，鼓励停车场、商场、社区安装充电设施，实行前三年免税政策。三是加大对太阳能、风能、生物质能、海洋能、核能等低碳新能源的开发，加强

新能源设施建设与投资，以新能源及其产业发展，促进能源消费结构调整，促进能源发展方式转型和能源革命，进而形成新的经济增长点，促进超大"城市病"治理与建设。

（五）以京津冀协同发展为战略指导，鼓励社会资本和社会力量参与周边区域基础设施投资与建设，为非核心产业转移、人口分流、"城市病"治理提供保障

北京"城市病"治理离不开津冀的合作与协同发展，需要加大超大城市基础设施、产业、城市功能等多方面的协同规划与合作发展。一是以落实首都城市战略定位，推进京津冀协同发展为指导思想加快周边区域基础设施投资与建设力度，加大对北京周边地区的经济建设与基础设施投资，利用市场机制，鼓励社会资本参与，盘活京津冀三地的基础设施资源，促进基础设施建设主体的多元化、投融资渠道的多元化、基础设施与公共服务供给的多元化，提高基础设施的供给总量和服务质量，加强交通、教育、医疗、文化体育、能源、环保等多领域的设施建设。二是基于北京首都的区位、科技、人才、产业、资本、信息等多方面的优势，加快京津冀三地经济合作与产业发展，核心区加快构建高精尖经济结构，以北京核心区的部分高校、医院、部分国家机构及所属企事业单位、央企国企的搬迁或建立分支机构，为河北、天津增加政治资源、信息资源及其他关键性资源，以资源疏解、功能调整、产业转移促进人口的均衡迁移，在减少首都北京总人口或减缓人口增量的基础上，不断降低北京的人口压力、交通出行压力及资源能源和环境等多领域压力，才能有效治理北京超大"城市病"问题。三是在空间布局上，以促进京津冀协同发展为基本战略，构建多个中心城市，优化城市空间，重视周边城区或分中心城市的基础设施建设。实现重心外移，突破只顾"一亩三分地"的传统思维，加大基础设施建设，进一步缩小城乡、区域差距，减少产业、人口外迁的阻力，促进京津冀协同发展，为构建国际一流的和谐宜居之都提供基础保障。

附录三 新常态下城市低碳发展的公共治理转型

城市低碳发展是一种新常态。新常态是我国城市经济运行改变传统高碳模式、度过增速换挡期、转入中高速增长、实现低碳转型发展的新阶段、新均衡态的基本特征。新常态下的城市发展不仅要求加快传统粗放发展模式转型，也要求传统城市管理方式的转型。党的十八届三中全会明确提出大力推进生态文明建设，促进绿色发展、循环发展、低碳发展。十八届四中全会提出要依法治国，提高国家治理能力，实现治理能力现代化。十八届五中全会提出坚持绿色发展理念，推动建立绿色低碳循环发展产业体系，并提出要深化行政管理体制改革，进一步转变政府职能，提高政府效能。2015年12月，中央城市工作会议指出，要贯彻创新、协调、绿色、开放、共享的发展理念，转变城市发展方式，完善城市治理体系，提高城市治理能力，不断提升城市环境质量，提高新型城镇化水平。以上一系列的战略部署充分反映了党和国家高度重视城市生态文明建设与低碳发展，实现城市经济、政治、社会、生态、文化的"五位一体"建设的统一，充分反映坚持以人为本、低碳发展、依法治理成为新型城镇化的新常态。随着城市化、工业化进程不断推进，但人口、资源与环境的瓶颈性制约不断趋强，城市环境污染、生态恶化现象不断凸显，靠单一的政府管制和垄断性干预难以充分、有效、全面地体现城市公共治理的优越性、主动性和创造性。新常态下，基于生态文明建设的战略要求，需要选择城市低碳发展道路，需要由政府单一管制向低碳理念、多元主体、群众参与、社会善治的公共治理模式转型。

一 治理转型：新常态下城市低碳发展的必然要求

城市发展的新常态是要转变传统高能耗、高投入、高污染、高排放的高碳发展模式，必须以质量、效益、低碳为前提实现中高速稳步增长与城市可持续发展。主动适应新常态要求，改变传统的粗放型经济模式，走节能降耗的低碳经济路线已成为中国经济发展的必然选择[①]。加强城市低碳发展是以资源集约、环境友好、节能减排、绿色低碳为基本特征，是对资源、能源、环境瓶颈性制约及其治理实践提出的迫切要求，也为加强城市生态治理与环境保护的治理理念创新、治理模式转型、治理能力提升创造了必要条件和重要契机。20 世纪 80 年代以来，基于提升政府能力、提高服务质量与效益、满足公民意愿等要求，西方国家财政压力和公民对政府公共服务的不满意引发全球性改革运动，实现从政府管理到公共治理的转型[②]。公共治理转型与改革的目的就在于节约公共开支，提高公共服务质量，使政府运行更加高效。城市的传统粗放增长、高度集权、政府过分管制、社会利益难以表达、群众参与监督乏力的管理模式难以实现城市低碳发展与转型。在化石能源稀缺性和环境容量有限性的背景下及科学发展观的指引下，低碳转型理应成为新型城镇化发展的目标[③]。低碳发展的公共治理要求加强传统政府理念、管理模式、管理主体、政府职能、政府功能的全面转型。加强城市低碳发展是包括经济、政治、文化、社会、生态"五位一体"建设的系统性工程，是实现科学发展、社会和谐、资源集约、环境友好的创造性转型，是国家治理体系和治理能力现代化的题中之义，是贯穿于政府、企业、社会组织、人民群众等协同推动、共同参与、实现善治的全面性转型，包括治理理念、模

---

① 王雅莉、王妍：《新常态的中国低碳经济发展机制及其路径构建》，《求索》2015 年第 4 期。
② 钱振明：《公共治理转型的全球分析》，《江苏行政学院学报》2009 年第 1 期。
③ 蒋长流、韩春虹：《低碳城镇化转型的内生性约束：机制分析与治理框架》，《城市发展研究》2015 年第 9 期。

式、主体、功能等方面，如表1所示。

表1　　　　　　　城市低碳发展的公共治理转型

	传统城市管理	城市公共治理
治理理念	高碳排放的粗放型增长模式形成高排放、高消耗、高浪费型的城市治理理念。	面对生态文明、低碳发展和公共治理的现实需要，城市必须树立低碳型、参与型治理理念。
治理模式	传统城市政府高高在上，体现的是对资源、信息、权力等的高度垄断，政府管制型治理模式。	政府上下级之间及政府与社会组织、企业、人民群众之间生态关系的重构，强调政府治理的公共服务性、分权化。
治理主体	传统单一主体的政府统治或管制型模式，政府对经济利益过分追求而忽视生态利益和社会利益。	城市治理向多元化主体参与转型，各级政府、城市企业、社会组织、社会群众等多元主体参与和多中心治理。
治理功能	以维护城市安全稳定、经济增长为核心目标的政府统治性功能，追求单一经济利益导致城市资源加速耗竭、能源消耗快、环境污染严重。	满足城市多方面的治理需要，重视城市生态环境的治理、环境生存权的保障，强调城市经济繁荣与社会稳定、文化复兴、生态良好的"善治"状态。

（一）低碳治理理念：由高碳排放向低碳发展转型

全球治理委员会在《我们的全球伙伴关系》中对治理的界定，即各种国家的、社会的或私人的组织和个人管理社会公共事务的方式的总和，是调和利益冲突并实现集体行动的持续过程[1]。城市转型的重要领域是改变传统高碳排放的粗放发展模式，转变为以低碳理念为

---

[1] 汪向阳、胡春阳：《治理：当代公共管理理论的新热点》，《复旦学报》2000年第4期。

指导的低碳发展范式。低碳治理理念是指在城市低碳发展过程中，治理主体基于生态文明建设和低碳发展要求所秉持的一种生态化的、相对固定的并超越治理实践而存在的治理观念和价值取向。低碳治理的目的是为了城市经济社会的低碳发展，通过治理理念转变实现城市的低碳、节能、高效、服务。"治理"已经不再单纯局限于制度规范和管理行动本身，而是国家——社会——公民——环境之间协调利益关系、强化利益整合、采取共同行动、管理公共事务、提供公共服务、改善生态环境的联结互动的持续性过程。改变传统的粗放型发展模式，城市要实现高质量、高效益、持续性发展，必须重视和选择低碳发展道路，必须以生态文明和低碳发展观为重要执政观，树立重视经济与生态环境低碳协调发展的公共治理理念。

(二) 低碳治理模式：由政府管制向公共服务转型

转型中的中国政府的职能中心应从经济建设走向公共服务的转型，加强管理公共事务、解决公共问题、提供公共服务[①]。城市低碳发展是指城市经济社会发展不能以牺牲环境为代价，不能仅仅追求经济利益至上。当前，资源耗竭、生态恶化、环境污染的现状日趋严重，加快现代城市经济社会持续发展，不能放弃对生态环境的保护，忽视自然环境必然会遭到大自然的惩罚。实现节能减排、环境治理、空气清新、生态宜居的城市低碳发展与治理模式关乎每个人的利益，应该鼓励和引导广大人民群众、社会组织及其他利益主体的参与。城市低碳发展需要改变传统对资源、信息、权力的高度垄断、高度管制型发展模式，强调经济社会持续发展的同时，重视生态环境效益的增进和提升，实现经济效益、社会效益、生态环境效益的高度统一，实现既要金山银山又要绿水青山的高度统一。低碳发展的公共治理模式本质上是政府上下级之间及政府与社会组织、企业、人民群众之间生态环境关系的重构问题，改变政府高高在上、高度垄断和过分管制的传统型政府模式，强调政府治理过程中的服务化、低碳化、多元化。城市低碳发展需要改变传统的政府管制模式，应该

---

① 薛澜、张强：《中国公共治理需要转型》，《安徽决策咨询》2003年第6期。

强调不同区域、不同群体、不同阶层的差异和实际利益需求,善于吸纳多方面主体的利益需求,需要重视经济利益与社会利益、生态环境利益的高度统一和有效均衡,提升城市政府对生态环境的治理能力和公共服务能力,这也是相当长时期内城市治理模式改革、治理能力提升、治理体系现代化的必然要求。

(三) 低碳治理主体:由政府垄断向多元参与转型

治理理论所倡导的是主体多元化,低碳发展必须改变传统由政府对社会资源的高度垄断,改变政府对经济利益过分追求而忽视生态利益和社会利益,加强向多元化主体参与的转型,重视城市各级政府、城市企业、科研院所、行业协会、中介组织、社会群众等多元主体参与和多中心治理,如图1所示。多中心意味着在城市社会事务管理过程中,并非只有政府一个主体,而是存在着包括城市各级政府、各种政府派生组织、各种私人机构以及公民个人在内的多个决策中心[1]。在现代治理体系中,治理主体的多元化包括政府组织、执政党和参政党、基层群众自治组织、国际组织、行业协会、高等学校等社会自治组织[2]。通过它们的协商与合作,获得一种主体多元的治理体系[3]。从治理主体和权力配置上看,低碳城市治理呈现出多层次和非行政化特征,城市治理的行为主体从最初的政府逐步向私人企业和非公金融机构拓展[4]。实现城市低碳发展,关键要充分发挥城市人民群众的主体地位,改变传统的政府垄断的单一主体治理结构,回归人民群众主体性地位的多元主体参与治理结构。这不仅体现了低碳发展治理"为了谁"的价值内涵,而且也包含了"依靠谁"的深刻意蕴,赋予自治组织、社会组织与人民群众获得参与治理的渠道、机会与平台,并充分发挥其主体参与、协同治理、监督评估作用。

---

[1] 唐娟:《政府治理论》,中国社会科学出版社2006年版。
[2] 常欣欣:《现代国家治理的中国特色与制度自信》,《科学社会主义》2014年第1期。
[3] 高秉雄、张江涛:《公共治理:理论缘起与模式变迁》,《社会主义研究》2010年第6期。
[4] 陈桂生:《低碳城市的公共治理系统及其路径》,《云南社会科学》2011年第5期。

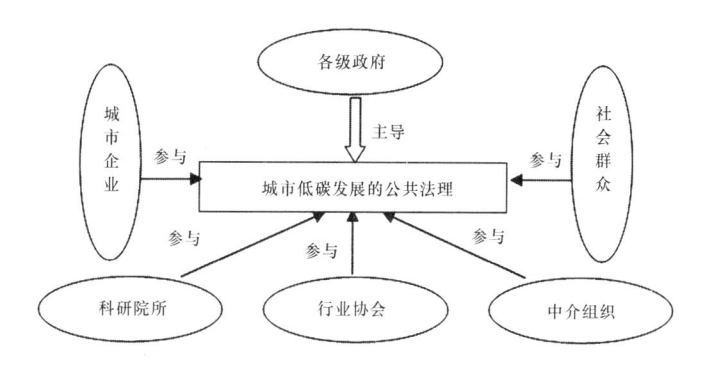

图 1　城市低碳发展的多元参与治理模型

（四）低碳治理功能：由政府统治向城市善治转型

实现城市低碳发展的治理功能，在于由城市政府统治功能向整合城市社会资源、集聚社会力量、完善社会功能、实现城市善治功能的全面转型。在传统政府功能中，统治的主体只能是政府权力机关，过于强调维护城市安全稳定，过于追求经济增长，甚至于以环境破坏和忽视民生为代价实现城市统治功能。善治是政府与公民对社会公共生活的共同管理，是国家与公民社会的良好合作，是两者关系的最佳状态[①]。城市低碳发展的善治功能的实现主要在于治理不仅仅是满足城市政府管理的需要，最根本的是服务自然环境的治理、服务群众追求基本的环境生存权的需要，强调治理最终追求的资源能源节约、生态环境友好、人与自然和谐发展的积极效果和正面价值，强调城市政府与城市居民对低碳发展、低碳社会构建的共同治理，形成城市低碳发展与低碳社会的良好合作，强调构建城市经济繁荣与社会稳定、文化复兴、生态良好的"善治"状态。城市政府应该改变传统追求单一 GDP 至上的政绩考核体系和经济增长型政府功能，应该更加重视和融合对城市生态环境改善与保护的基本服务职能，成为现代政府治理和生态文明体制改革的基本方向和重要内容。区别或创新现有的公共治理理论，不仅强调治理的"国家—社会"两维主体之间的功能协调，更加强调"国家—社会—自然环境"三维主体之

---

① 俞可平：《善治与幸福》，《马克思主义与现实》2011年第2期。

间进行功能协调，促进和谐发展、低碳发展、生态发展。履行城市低碳发展的治理功能，在于现代政府在政治、经济、文化、社会、生态的"五位一体"建设过程中应该发挥引领、服务、治理的基本职能，构建政治稳定、经济发展、文化繁荣、社会和谐、生态文明的善治状态，实现城市经济绿色增长、社会低碳发展、建设生态文明，最终促进城市人民福祉目标的功能实现。

二 转型困境：城市低碳发展的公共治理难题

城市低碳发展是对现实生态恶化的环境问题的深刻审视。进入新时期，全球经济社会环境发生着深刻变化，气候变暖、温室效应、环境恶化等生态危机影响着城市经济社会发展。我国工业化进程起步晚，发展落后，工业化和城市化的需求引发相对严重的生态环境问题。倘若生态文明建设问题得不到解决，就会引发严重的社会建设问题，进而会对经济建设、政治建设和文化建设发生负面影响，严重影响中国特色社会主义建设事业[1]。城市低碳发展的公共治理转型就是面对当前的紧迫性和长期性问题进行战略思考和审视，分析当前城市发展中出现的人口、资源和环境问题及其内在成因，完善城市治理结构，重视经济与社会、自然环境的持续和谐发展，重视人与自然和谐关系的改善。一方面，城市发展遇到诸多的转型难题，增长速度转换、结构调整阵痛、前期政策刺激消化等三期叠加本身就是城市发展转型的诸多难题；另一方面，适应城市发展新常态，改变传统城市管理模式和治理范式也遇到不少困境。当前，城市低碳发展与转型存在的治理困境主要表现为：

（一）高碳的发展理念制约城市低碳发展，迫切需要转型

长期以来，缺乏资源意识，缺乏生态环境保护意识，资源能源低价，生态环境严重破坏，高污染、高排放行为屡禁不止等现象的长期存在，严重威胁城市的持续发展。中国作为发展中大国，实现经济长期的高速增长，但与此同时，资源能源消耗过快，生态环境破坏日益

---

[1] 吴瑾菁、祝黄河：《"五位一体"视域下的生态文明建设》，《马克思主义与现实》2013年第1期。

严重，雾霾天气频现、污染型城市越来越多，迫使人们必须高度重视城市低碳发展问题。传统城市政府管理模式更多地以自然环境的破坏和污染为代价汲取资源，获得财富增长，同时过于强化政府对自然环境、经济社会的单一力量的政治管控，缺乏对自然环境、经济与生态、经济与社会等和谐关系的系统认知和有效约束。这种理念严重阻碍城市健康发展。生态保护和低碳发展的理念滞后、指导思想混乱引发生态治理的方向偏差、政策失误、行为不当。受传统的高度集权管理体制的影响，行政管理体制转变的滞后性、追求 GDP 政绩考核又决定了思想观念变革的滞后性，导致生态环境的保护和环境污染治理缺乏科学的思想指导和足够重视，高碳思想和高碳行为的耦合加速了生态环境污染，城市低碳发展及其治理难上加难。

(二) 粗放的治理模式制约城市经济质量与效益提升，迫切需要改变

以高投入、高消耗、高污染为代价的粗放型经济增长模式带来了城市经济快速增长和短期繁荣。由于长期以来采取"管制型政府"模式，下级政府更擅长于做上级政策的执行者以及社会民众的管理者，许多政策缺乏对目标群体利益的综合，有利就执行、不利就变形也经常出现。特别是缺乏财税保障的城市基层政府，在分税制体制下，财权事权不统一，为完成上级的 GDP 考核任务，不得不忽视生态环境保护、忽视生态环境治理，甚至选择以破坏环境、耗竭资源能源为代价的发展道路。这种 GDP 主导、高碳排放为特征的城市经济增长模式导致资源能源的快速耗竭、环境日益恶化，过分追求 GDP 增长、竭泽而渔、不重视环境治理的传统政府治理道路不可持续。以统治、控制、GDP 主导、忽视生态环境为核心导向的传统城市治理模式已经不适应现实需要，推进从国家主导渐渐向地方主导、政府主导向多元化参与、经济主导向"五位一体"的治理方式转变尤为重要。

(三) 单一的治理主体制约城市资源与力量整合，迫切需要拓宽

实现城市低碳发展需要多个主体的公共治理和协同参与，传统的封闭、单一主体、政府垄断模式难以真正实现城市低碳发展，难以激活城市低碳发展的多元化的社会活力。城市低碳发展不仅是对当前环

境污染、生态恶化的迫切回应，也是整合政府、企业、社会组织、人民群众乃至跨区域利益的必然需要。传统由上到下高度集权和政府管制的单一治理主体结构不符合现代城市治理发展的实际，也严重阻碍城市社会各主体的利益表达、利益综合，阻碍城市利益主体的创新动力和发展活力。当前存在城市政府职能转变不到位、其他治理主体缺失、治理机制不顺畅等困境，整体上体现出以政府为单一治理中心的管理特征。伴随市场经济体制不断改革和完善、社会利益结构的多元、生态环境自身的恶化程度加剧以及人民群众对生态环境的重视程度不断提升，如果不拓宽治理主体，不有效输入和表达各个群体的利益需求，均会引发破坏城市社会稳定性风险。城市低碳发展不是政府"唱独角戏"，仅仅依靠政府管制力量难以真正实现低碳发展，传统的由上而下、政府管制的单一治理主体有待拓宽。

（四）有限的治理功能制约城市治理现代化，迫切需要提升

党的十八届三中全会强调要紧紧围绕美丽中国建设深化生态文明体制改革，要加强政府职能的转变和治理功能提升，这是实现城市公共治理能力提升和城市治理现代化的重点和核心。在生态环境资源配置中，由于各级政府、各个阶层、各个利益集团之间的目标和利益差异，导致政府难以有效履行生态修复、环境保护、污染治理的基本职能，存在政府职能越位、错位、缺位等问题。过多强调政府的经济职能，忽视对环境的保护和治理，企业只顾追求经济利益最大化，忽视对环境成本的承担，社会群众监督不力，上级环保政策执行不畅，有限的公共治理格局和功能制约了城市治理现代化。受传统"压力型"行政管理体制和"分税包干"财税体制等因素的制约，目前政府职能并没有实现根本改观，"任务型政府"、"经济建设型政府"和"全能型政府"的角色依然明显[①]。城市政府不能是追求单一经济建设目标的机器，不能是破坏环境和过快消耗资源能源的"保护伞"，城市经济社会持续发展不在于单一评价经济总量的多少。推进城市生态文明建设

---

① 陈荣卓、唐鸣：《科学发展观引领下的乡镇治理转型与优化》，《马克思主义与现实》2014年第1期。

的要求，需要着力推动城市政府职能转变，凸显和延展其社会、文化、生态文明建设职能及其优越性，需要在强化公共服务、着力改善民生、促进低碳发展、建设生态文明等方面发挥政府主导作用。

三 转型路径：城市低碳发展的公共治理新常态

适应和引领新常态是我国城市低碳发展与公共治理转型的基本逻辑和重要路径。推进城市生态文明建设，需要加快城市低碳发展与治理转型，借鉴现代公共治理理论，尊重自然规律，重视以人为本，强调群众主体地位和参与作用，选择科学的城市低碳发展的公共治理转型新路径，成为实现城市经济与社会、经济与环境、人与自然的低碳绿色发展的新常态。加强城市低碳发展的公共治理转型，应在践行中国梦的指引下，以推进生态文明建设和实现低碳绿色发展为基本方向，在治理理念、治理模式、治理主体、治理功能等方面选择有效路径。

（一）以建设低碳城市践行中国梦为方向，树立创新、协调、绿色、开放、共享的公共治理理念

加快城市低碳发展的公共治理转型，需要以建设低碳城市、践行中国梦为指导方向，加强转变城市发展方式和城市治理模式。转变发展方式首先在于转变观念，必须推行低碳和生态的城市治理理念，并将其贯彻落实到各项城市建设与管理之中[①]。当前，城市低碳发展存在资源能源与环境约束、利益结构不断分化、利益诉求不断增多等现实压力与挑战，需要以五大理念引领城市低碳发展的公共治理转型。五大发展理念在城市低碳发展的公共治理转型中互相作用、共同促进，形成具有内在联系的集合体，如表2所示。树立创新、协调、共享、绿色、开放的公共治理理念，一方面，要重视以教育、宣传、引导等多种方式，加强生态道德教育，增强生态环保观念和低碳思想。加强生态道德教育，在全社会树立低碳式的生存态度、道德意识和伦理价值素养，为城市低碳行动注入内在的精神动力，低碳发展才能成

---

① 刘琰：《低碳生态城市——全球气候变化影响下未来城市可持续发展的战略选择》，《城市发展研究》2010年第5期。

为人们的自觉追求和持久行动[①]。另一方面，要以五大理念引领城市低碳发展与公共治理，加强城市低碳政策引导，制定低碳发展规划，强调低碳管理，实施低碳经济行为，引导和鼓励人民群众的低碳行为，积极参与城市低碳发展，构建大众创新、万众创业的城市低碳发展新空间，实现城市的协调发展、绿色发展、开放发展、创新发展，提升城市低碳经济建设和低碳社会发展的公共治理质量和效益。

表2　　　　　　　　　　城市低碳发展的公共治理理念

理念	基本要求	主要联系
创新	以技术创新破解城市资源能源和环境瓶颈性制约，引领城市低碳发展新常态，以制度创新、文化创新形成城市低碳发展的生产模式、消费方式和治理结构，提高城市低碳发展与公共治理的质量和效益。	树立创新理念，依托创新实现城市低碳发展具有更高质量和效益，依托创新发展，实现城市节能减排，使城市空间更加均衡、环保、和谐，依托创新形成城市协调、绿色、开放、共享发展的强推动力。
协调	实现城市低碳发展的平衡性、协调性和可持续性，破解城市经济发展与社会发展、生态环境发展不协调等问题，破解资源能源耗竭和城市环境恶化等问题。	树立协调理念，注重城市各个领域、阶层、行业之间更加均衡、全面、低碳、和谐，避免仅注重经济发展忽视环境和社会发展，避免仅注重部分人富裕而排斥其他人共享成果。
绿色	坚持节约资源和保护环境的基本国策，坚持低碳富城、绿色惠民，选择更加清洁生产模式和绿色消费方式，更加注重城市发展的低碳、生态、和谐，显著提升市民的生活质量，满足市民对清新空气、清洁水源等的环保需求与期待，推进低碳城市建设。	树立绿色理念，需要不断加强技术创新和制度创新，也需要加强各部门、区域之间的协调性和开放性，吸引群众参与和监督，在产业和项目引进中更加注重节能减排，提高环保标准和准入门槛，促进城市协调、开放发展，共享城市发展成果。
开放	以开放的视野制定城市低碳发展战略，丰富城市对外开放内涵，提高城市对外开放水平，改变传统自我封闭、高碳增长、低端加工的城市发展模式，着力发展更高层次的开放型、低碳型经济。	树立开放理念，以开放获得更多人才、信息、技术等资源，促进优化配置与自由竞争，以开放增强城市创新动力与活力，促进城市发展更加均衡协调与绿色低碳，以开放增强低碳发展的竞争性、参与性，实现共享发展。

---

① 薛勇民、王继创：《论低碳发展的生态价值意蕴》，《山西大学学报》（哲学社会科学版）2012年第2期。

续表

理念	基本要求	主要联系
共享	共享更加注重城市发展的公平与正义，要求城市低碳发展要为了人民，也要依靠人民，城市发展成果应该全民共享。公共治理转型鼓励市民参与治理本身就是实现群众共享发展成果的重要机制，城市低碳发展是市民共享宜居空间的共同福祉和基本民生，维护居民的生态公平与正义。	树立共享理念，通过政府、社会、群众的协商治理和共建共享，吸收社会群众力量与智慧，坚持群众的首创精神，构建大众创新、万众创业的城市低碳发展新空间，共同治理和改善城市生态环境，实现城市的协调发展、绿色发展、开放发展、创新发展，创建更加低碳宜居的美好生活。

（二）以城市经济增长与环境污染脱钩为要求，构建资源集约、环境友好的城市公共治理模式

在低碳发展的五大理念指导下，应该在城市政府层面强调经济增长与环境污染脱钩。按照单位 GDP 环境压力降低是否引起环境压力总量下降，可将脱钩分为"绝对脱钩"与"相对脱钩"两种形式，如图 2 所示①。相对脱钩，即城市环境污染速度或环境压力低于城市经济发展速度；绝对脱钩，即城市经济增长的同时能使城市环境污染水平绝对减少。一是要以实现和维护城市生态文明和环境利益为导向，加强政府职能转变，充分发挥城市政府在低碳发展和生态环境治理中的主导、监管、引导、服务等作用，切实加强对重点污染源的监控和治理。二是科学合理利用城市土地资源，发挥城市政府在提供环境产品、保护生态环境的公共服务职能，加强城镇空间的绿化建设，加强生态修复和生态补偿，发挥绿化体系的生态功能。三是改变传统的单一 GDP 主导的政绩考核体系，建立经济增长与环境污染脱钩的城市生态文明政绩考核体系，纠正单纯以经济增长速度评定政绩的偏向，加大资源消耗、环境损害、生态效益、产能过剩等指标的权重。

---

① 黄海峰、李博：《北京经济发展中的"脱钩"转型分析》，《环境保护》2009 年第 2 期。

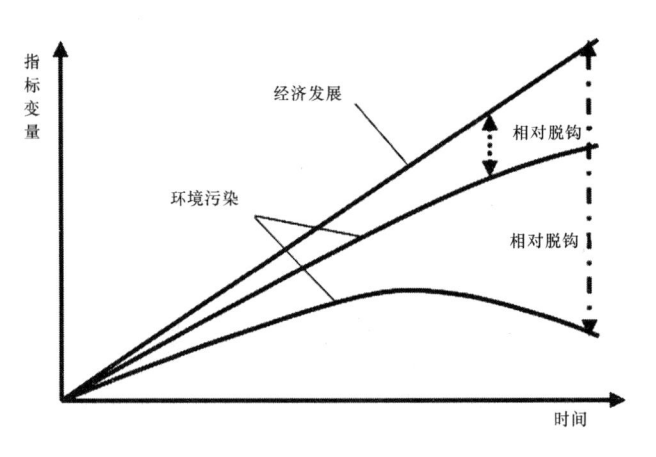

图 2　城市经济发展与环境污染的脱钩状态

（三）以城市经济效益与社会效益、环境效益的统一为原则，完善多元参与、利益均衡表达的公共治理体系，实现城市低碳发展的公共治理体系和治理能力现代化

改变粗放型、GDP 主导型、高碳型的城市经济增长模式和政府治理道路，迫切需要通过建立有效的民意表达、民主协商、民众监督的多元治理机制，使各种利益主体有效嵌入城市治理的利益结构中。多元包含治理主体的多元化和权力的多中心化，其中：治理主体的多元化并非政府"唱独角戏"，包括政府与社会组织、社会群众的广泛参与和互动；权力的多中心化有利于打破权力垄断，形成必要竞争，增强治理的合法性[1]。改变传统的单一追求经济利益的发展目标，强调经济效益、社会效益、环境效益的高度统一，构建和完善多元参与、利益均衡表达的公共治理体系和社会参与网络。提升城市生态环境治理能力，实现城市低碳发展治理体系现代化，需要在现有的制度框架和利益格局内，有效动员各类制度主体、利益主体特别是广大人民群众的参与作用。完善公民参与的制度化渠道，搭建政府、社会、公民协作治理的制度化平台，鼓励和支持社

---

[1] 余军华、袁文艺：《公共治理：概念与内涵》，《中国行政管理》2013 年第 12 期。

会组织参与提供公共服务，激发社会组织的活力[1]。要强化社会组织或第三部门对城市生态文明建设、低碳发展的决策影响力和政策执行力，建立政府与社会组织或第三部门战略合作的公私伙伴关系[2]。创新人民群众参与机制，为人民群众参与低碳发展治理提供平台和机会，确立社会各方共同参与的生态利益需求表达机制，吸纳人民群众和社会组织在城市低碳发展治理中的意见和建议，构建城市生态环境得到保护、经济社会低碳发展、人民群众共建共享的城市善治状态，实现城市低碳发展的公共治理能力和治理体系现代化。

（四）以创新生态文明制度为保障，完善和优化城市低碳发展、经济与环境和谐、人与自然和谐的政府善治功能

城市低碳发展的善治是在低碳发展理念和目标的指引下，实现城市政府与社会群众各方利益得到表达、综合与均衡，达到包括城市政治、经济、社会、文化、生态等多方面的利益统一的良好治理格局。作为城市政府与社会自治力量的最佳合作，善治表明民主参与生态环境治理和经济社会低碳发展的合法性得到强化，多元化的低碳发展主体地位得到增强，城市低碳发展的治理能力得到提升。城市低碳发展应该以建立和创新生态文明制度为保障，完善和优化城市低碳发展、经济与环境和谐、人与自然和谐的政府善治功能。如图3所示[3]，城市低碳发展需要创新生态文明制度，由政府、企业、社会共同参与，加强在生产、建筑、交通、能源等方面提供必要的制度保障，依托低碳技术创新和低碳制度创新，实现城市消费低碳化、清洁生产循环化、城市空间生态化，实现城市低碳发展的善治功能。

---

[1] 刘建平、杨磊：《中国快速城镇化的风险与城市治理转型》，《中国行政管理》2014年第4期。

[2] 党秀云：《公共治理的新策略：政府与第三部门的合作伙伴关系》，《中国行政管理》2007年第10期。

[3] 诸大建、陈飞：《上海发展低碳城市的内涵、目标及对策》，《城市观察》2010年第2期。

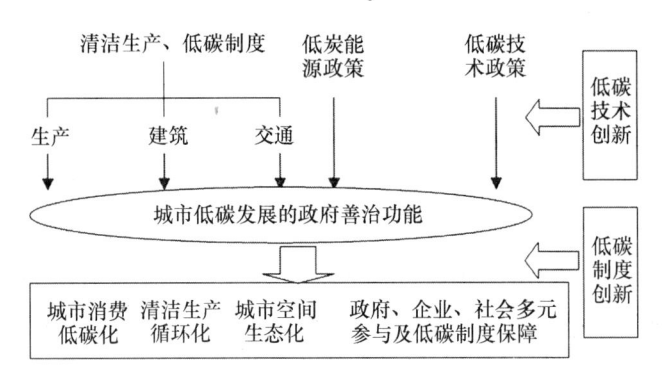

图 3 城市低碳发展的政府善治功能

具体而言，实现城市低碳发展的善治功能要努力做到以下几方面：第一，需要深化城市生态文明体制改革，建立城市生态文明制度，合理界定城市各级政府在生态文明建设和低碳发展中的职责范围和事权范围，明确各级政府财政支出责任，完善转移支付制度，建立生态补偿机制，以低碳生态制度创新，提升城市低碳发展的治理能力。第二，制定低碳能源政策，大力支持低碳能源技术创新，改革能源生产模式和能源消费结构，开发低碳新能源，提高能源利用效率，提高可再生能源消费结构比重。第三，制定生产、建筑、交通等领域的低碳政策，促进清洁生产、低碳技术应用，推动城市产业优化升级，淘汰高耗能产业，积极发展低碳产业。第四，尊重城市政府之外的企业、社会组织、人民群众等主体地位，建立城市生态环境污染责任追究制、生态环境保护的合作参与和多元治理机制，搭建城市低碳发展的协同治理平台，引导社会力量、社会组织、社会群众积极参与，整合低碳发展资源，实现城市低碳发展的善治功能，促进城市和谐社会与生态文明建设。

附录四　基于低碳创新的城市规划转型研究

全球气候变化是当今社会人类生存与发展面临的严峻挑战，引发人们对传统城市发展模式的深刻反思和对生存危机的深层担忧。城市作为人类社会生活的主要空间和碳排放的主阵地，减少二氧化碳等温室气体的排放既是环境问题，也是发展问题。城市是碳减排的关键，城市规划应该承担起建设低碳城市的重要角色[①]。城市规划作为城市通过土地合理利用和空间资源优化配置的战略设计，是引导城市经济社会持续发展的重要手段。应对气候变化，加快城市规划转型，走低碳创新道路，构建低碳经济模式成为未来城市发展的重要战略选择。由于传统城市规划决策失误、缺乏足够的前瞻性或预见性，规划实施不到位，导致城市"摊大饼"、资源能源承载力不足、生态环境恶化等系列"城市病"问题。应对气候变化，破解高碳排放、环境恶化等"城市病"问题，需要从生态文明、低碳发展、创新驱动的战略高度，加快城市规划转型，选择低碳创新道路。

一　城市规划问题与低碳创新的提出

近年来，我国城市建设处于快速发展时期，如何在全球气候变暖的情况下，建设生态、环保、低碳的现代化城市，解决环境、交通等城市问题，提高居民生活质量和促进城市经济可持续、健康发展，成

---

① 张泉、叶兴平、陈国伟：《低碳城市规划——一个新的视野》，《城市规划》2010年第2期。

为城市规划必须面对的问题[①]。经济新常态下，中国经济保持中高速增长，破解资源能源环境的瓶颈性制约困境，推进生态文明建设，实现低碳发展和创新驱动，要在城市规划层面加强转型，加强低碳层面的规划设计。融入低碳创新的发展理念，破解城市经济与环境的矛盾，应对全球气候变化、传统城市规划问题，加强低碳创新的现代城市规划转型。

（一）城市规划问题的提出

由全球气候变化所引发的极端气候事件，对人类社会带来极大的影响，资源环境瓶颈性制约对城市影响日趋紧迫，环境承载能力已达到或接近上限，城市规模失控不仅超越了传统城市规划边界，也成为城市规划的重要桎梏。传统城市规划存在目标定位单一、问题前瞻不够、环境保护失灵等问题。主要表现为以下几个方面：

第一，从目标定位考察，传统的城市规划主要是依据传统理论和模型，预先设计一系列理想性的城市发展目标，与实际脱节，片面地看待城市发展问题，目标定位过于理想、单一。没有充分考虑到城市经济、社会、生态、文化、政治等多方面的因素，仅仅考虑单一方面。城市规划的整个城市发展的指南和未来方向，一旦确定就很难进行改变。好的城市规划，能为城市跨越发展创造先机条件，不好的城市规划则束缚城市发展，而且"城市病"问题将日益严重。

第二，对"城市病"问题的考虑前瞻性不够。城市规划中主要考虑的是经济增长，如何发展产业，如何增加GDP，对环境、生态、低碳发展问题考虑不够。追求GDP增长而忽视城市的宜居性，产城分离、职住分离、睡城现象均是传统城市规划的重要败笔，单一的经济增长目标和思维方式难以有效解决城市资源能源和环境的瓶颈性制约问题。

第三，传统城市规划在一定程度上仍然是相互割裂的，城市并不是可持续的发展模式，没有从全球气候变暖、高碳排放等现实问题出

[①] 陆伟、张丹：《全球气候变暖背景下低碳城市规划研究》，《中国房地产业》2013年第5期。

发制定科学的规划，城市发展与气候变化的关系具有一定的相关性，许多问题趋于复杂化、系统化、持续化。城市规划编制体系更多强调技术的合理性，对规划编制与管理的关系关注不够，缺乏对城市系统环境和城市碳排放的深层考虑。面对日益严重的"城市病"及其规划问题，顺应城市居民对生态空间和宜居生活的良好期待，需要加快构建低碳经济的、创新驱动的城市规划模式和发展方式。

（二）低碳经济对现代城市规划的转型要求

应对全球气候变化，当前城市面临的主要问题是协调城市与地球环境的和谐共存，减少城市碳排放，选择和发展低碳经济模式。现代城市规划应该改变传统的单一规划目标导向，积极应对全球气候变暖，选择低碳经济模式，加快低碳发展成为重要城市规划要求。西方发达城市通过制定低碳城市规划，实施"零排放城市和区域规划"，有效构建空气清新、经济低碳、环境友好的城市空间。

低碳经济对现代城市规划转型提出了新的要求，如表1所示[1]。在规划内容上，传统城市规划注重城市的物质空间增长，过于关注城市产业和经济增长，缺乏对碳排放的关注度，城市属于高碳模式下的开发建设，规划方法是注重空间发展构成，规划理念是空间层面的视角审美，规划范围是城市要素的空间优化组合，缺乏对城市生态空间、大气环境等要素的考虑和规划设计。而现代城市规划则要求面向低碳发展的要求，空间规划向社会发展需求、生态环境需求导向的低碳规划转型。与传统城市规划相比，现代城市规划在技术方法、基本理念、规划范围等方面得到实质性提高，面对全球气候变暖和推进生态文明建设的战略要求，现代城市规划必须向低碳化转型与发展。现代城市规划要求从城市建设的源头、过程乃至末端均应实现规划的低碳化，规划方法是实现城市气候环境与城市规划要素之间的和谐与共生，构建城市空间形态、交通模式、产业布局、碳排放量之间的关联体系。

---

[1] 张洪波、陶春晖、庞春雨、刘生军、姜云：《全球气候变化影响下的低碳城市规划创新体系》，《四川建筑科学研究》2012年第5期。

表1　　　　低碳视角下传统城市规划与现代城市规划比较

主要领域	传统城市规划	现代城市规划
规划内容	单一物质空间形体的设计，过于重视经济增长和物质财富积累，忽视城市环境和碳排放控制。	注重经济、社会、文化、环境、政治等多个方面的协同发展和规划设计，特别强调绿色低碳的城市空间发展。
规划方法	空间发展构成注重人口、交通、产业等要素，对城市环境和生态空间缺乏方法论指导。	重视城市气候环境与城市规划要素的关系，重视气候变化应对、大气治理、环境保护等规划方法的运用。
规划理念	注重空间视觉审美，城市规模扩大、城市要素的高度集聚促进经济发展，解决就业问题。	树立低碳创新理念，实现低碳城市，推进生态文明建设，注重城市的低碳性、宜居性、和谐性。
规划范围	城市要素的功能组织和区域经济环境发展，强调如何突出产业发展和经济增长实现城市繁荣与发展，注重人口城镇化与经济发展的关系。	规划考虑城市规模控制和生态红线划定，拓展城市生态空间，以低碳技术创新提升城市综合承载力，考虑气候系统下城市经济空间与生态空间的协调关系。

（三）低碳创新与城市规划转型的互动关系

城市规划当前需要解决的重大问题是城市与地球、城市经济与城市环境之间的矛盾问题，避免城市成为地球的"皮肤癌"。低碳发展对城市规划提出转型要求。基于全球气候变暖和生态文明建设的战略要求，必须加强城市的低碳创新与低碳规划。发展低碳经济需要低碳科技创新作支撑[1]。所谓低碳创新，是指一定区域内，以降低碳排放，提高能源效率，实现区域低碳转型与低碳经济发展为基本目标，所采取的各种技术、制度、管理、文化等多方面的低碳化的创新手段和工具的集合[2]。一方面，破解传统城市规划难题，应该高度重视低碳

---

[1] 岳雪银、谈新敏、黄文艺：《低碳技术创新在低碳经济发展中的作用及对策》，《科协论坛》2011年第4期。

[2] 陆小成：《区域低碳创新的文化制约及其服务体系建设研究》，《华北电力大学学报》2012年第2期。

技术创新、低碳制度创新的重要支撑、引擎和杠杆作用，依托面向绿色、低碳的创新系统构建与城市规划，尽可能减少不可再生资源的过度消耗、低效利用，要提高能源利用效率，合理进行产业布局和空间规划，降低碳排放和环境污染，避免人口、交通、产业过于集聚，有效治理"城市病"问题。另一方面，要通过规划层面的创新与转型，促进城市低碳创新与低碳发展。低碳创新的城市规划是实现经济、社会、生态环境、文化等多目标的动态规划模式，实现物质、社会与空间环境一体化发展。低碳创新融入城市规划，成为破解"城市病"、实现城市低碳宜居发展的关键性技术，是在低碳、绿色、和谐理念和价值观基础上，以不损害自然环境、构建宜居生态空间的方式实现城市发展价值的规划。低碳创新的城市规划特点是系统化、创新化、低碳化，通过系统的视角和规划思维、创新的规划手段和技术路线图、低碳的规划要求和目标选择，加强低碳创新的规划编制、规划管理、规划实施、规划反馈等环节，避免传统城市规划的单一线性模式，强调规划流程清晰、信息反馈及时，及时规避气候风险，建立环境预警机制，提高城市低碳创新发展的能力，促进城市的资源能源集约化利用、生态环境友好型发展。

二 城市规划转型的低碳创新系统建构

适应经济社会发展的新常态，需要面对生态文明、低碳发展、创新驱动的多方面要求，加强城市规划转型是实现经济社会发展进入新常态的基本战略，加强低碳创新的战略思考和系统构建是城市规划转型的重要使命。探索一条工业化过程中的低碳发展模式，走出一条具有中国特色的低碳城市规划之路显得尤为重要[①]。城市规划转型的低碳创新系统构建是以低碳创新为驱动力，坚持以人与自然、人与社会的和谐共生，低碳发展为基本价值取向，在空间尺度上实现城乡一体化、产城融合化、经济社会环境协同化的低碳共生模式。在此背景下，城市规划转型的低碳创新系统构建分为技术层面、空间层面、支

---

① 袁贺、杨犇：《中国低碳城市规划研究进展与实践解析》，《规划师》2011年第5期。

持系统等层面，如图1所示。

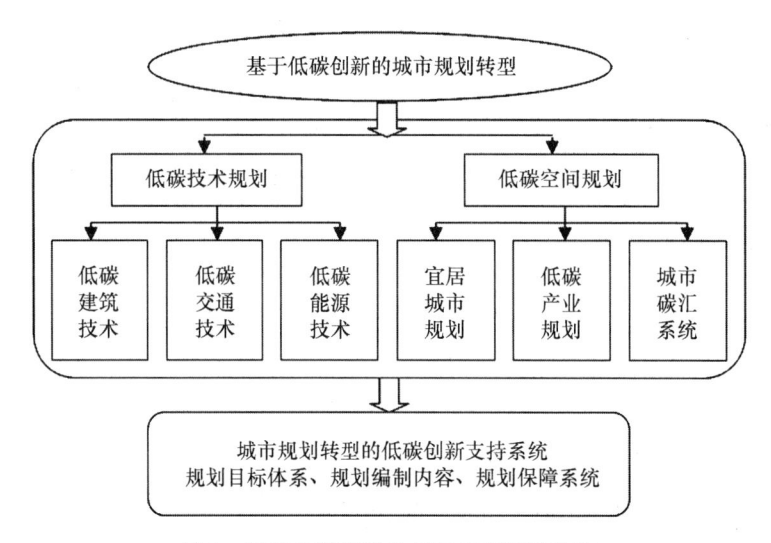

图1 城市规划转型的低碳创新系统构建

（一）低碳技术创新的城市规划

科技是第一生产力，城市规划转型要重视技术层面的创新规划。面对生态文明和低碳发展要求，要加强低碳技术的创新规划，即在城市规划中用于城市碳减排的规划技术，包括低碳技术的规划和规划中的低碳技术两个层面。一方面，要重视各个领域的低碳技术创新，如低碳建筑、低碳交通、低碳能源等领域的技术创新与规划，重视关键性节能减排技术的开发与应用。另一方面，重视规划中的低碳技术创新与应用，如控制性详细规划中建筑物节能的应用、低碳产业体系的建立及低碳城市规划指标体系的构建等。要重视建筑领域的低碳技术规划，减少建筑的能耗与碳排放，构建绿色建筑、空中花园等控制建筑中的能耗，规划新建筑的低碳能源技术开发与应用，要重视太阳能、地热能、风能等利用设施和资源循环利用，要重视低碳交通技术规划，重视电动车、充电桩等设施建设与规划。

（二）低碳城市空间的创新规划

城市规划决定城市的空间结构，对城市物质空间结构具有锁定作用，一旦建立起来就很难改变，对城市环境、生活及经济的发展产生重大的持续性的影响。要重视低碳城市空间的创新规划，即从城市空间的大尺度进行规划设计，融入低碳、绿色、生态的规划理念，加强宜居城市、低碳产业、城市碳汇等系统规划。一是宜居城市的空间规划。低碳创新的目的是改善城市人口、资源能源与环境之间的矛盾，构建更加低碳、绿色、宜居的城市空间，因此要加快城市规划转型，改变传统的过于注重经济增长和产业发展的规划、追求 GDP 增长而忽视城市的宜居性，避免产城分离、职住分离、睡城现象，应该重视低碳创新和宜居城市的空间规划，严控城市规模和边界，严控城市建筑密度，严控建设用地挤压生态用地和在绿隔区域进行违法乱建，通过职住平衡、产城融合、生产生活生态融合来实现宜居城市建设。二是低碳产业的空间规划。要大力发展低碳产业，淘汰落后产能和高污染型产业，通过低碳技术创新发展低碳产业体系，包括低碳的、知识密集型的服务业、新能源产业等。三是城市碳汇的系统规划。要加强城市绿地建设，增加吸收碳能力的绿色空间和生态空间，提高城市碳汇能力和自我净化能力，加强城市绿色基础设施、绿隔、城市森林公园等的建设，用绿环将居住用地和第二产业用地隔开，扩大绿地、公园的规模。

（三）低碳创新规划的支持系统构建

为实现城市低碳技术创新、低碳空间创新的系统规划，需要重视相关支持系统的构建，主要包括：一是以低碳创新理念为目标导向，制定低碳创新的城市规划目标体系。加快现代城市规划转型，应该树立低碳理念，以低碳和创新为基本思路、以低碳化模式的城市规划理论为方法指导，构建低碳创新的城市规划目标体系。二是明确低碳创新的城市规划编制内容。充分考虑城市发展对自然环境、气候变化的深度影响，深刻理解低碳创新的社会意义和生态价值，借鉴张洪波和陶春晖等（2012）研究成果，应制定城市低碳创新的战略规划、城市总体规划和详细规划，构建保护城市生态环境、重视低碳创新、实现低碳发展、构建宜居空间的系统性城市规划体系，如表 2 所示。关于低碳创新的城市规划编制内容应包括低碳创新的战略谋划、低碳技术创新规划、低碳产业规划、低碳能源规划、低碳城市空间规划、低碳基础设施与绿地建设等。三是建立低碳创新的城市规划实施保障体系。要建立和创新保障低碳创新及其规划落实的长效体制机制，深化城市体制机制改革特别是全面深化生态文明体制改革。在城市规划许可与审计中，要制定低碳技术规划和标准，建立城市碳排放审计的考核，明确低碳减排目标，完善城市碳排放监控与惩罚机制，建立城市生态用地监控、城市碳汇系统监控等保障体系与机制。

表2　　　　　　　　基于低碳创新的城市规划编制内容

规划层次	规划内容	作用
战略规划	城市能源消耗水平、碳排放水平分析，城市低碳发展、技术创新的现状和特征、城市碳足迹分析研究，运用情景分析和定量研究制定明确减排目标和低碳创新战略计划，低碳技术创新战略设想，重视低碳创新战略选择。	从区域和城市层面摸清碳排放分类清单，引导城市低碳化发展，研究低碳技术促进碳减排的空间。
总体规划	城市空间布局和规模与碳排放的关系研究；土地混合利用与低碳交通模式一体化研究；城市绿化碳汇系统；应对气候变化和城市生态安全研究；城市气候改善与宜居环境系统；低碳创新规划开放指引和实施系统；低碳创新的规划指标评价系统。	强调低碳创新的驱动和引导作用，促进城市生态文明建设与低碳发展，增加低碳创新的总体规划实效性，科学引导城市详细规划的编制。
控制规划	低碳生态地块控制单元；低碳规划理念性导则和技术性导则，城市低碳发展和生态红线。	制定低碳创新规划导则，指导修订规划。
详细规划	以资源供求和资源承载力和低碳环保为设计理念，建立"提议方案—评估比较—调整修正"的循环工作体系，将低碳规划导则落实到规划要素中，合理进行低碳创新规划设计。	以低碳创新指标指导方案设计，制定低碳创新规划编制流程，重视社会参与规划，指导低碳创新建设。

三　基于低碳创新的城市规划转型道路选择

加强城市低碳创新，应以城市规划转型为重要契机，加快经济发展方式转变，提高经济发展质量和效益，推进生态文明建设，促进绿色发展、循环发展、低碳发展。基于低碳创新的城市规划转型，应该包括：树立低碳创新理念，制定低碳创新的城市战略规划，布局城市绿色低碳空间；制定低碳技术创新规划，提高城市能源利用效率和减排技术水平；制定城市低碳产业规划，提高低碳产业竞争力，加强产业结构优化升级；制定城市绿色基础设施建设和低碳消费等相关规划，加强城市生态环境综合治理和低碳发展。具体而言，基于低碳创新和生态文明建设，加强城市规划转型应该选择以下路径：

（一）树立低碳创新理念，制定低碳创新城市规划，布局城市绿色低碳空间

要深刻理解低碳创新的本质内涵和规划意义，认识到低碳创新对于城市发展方式转变、绿色经济增长、城市低碳发展的重要驱动与引擎作用。树立低碳创新理念，强化低碳创新的战略意识和规划理念，从内涵和战略层面认识到低碳创新的本质意义，各级政府、企事业单位、社会组织和社会群众均能树立低碳意识、低碳政绩观、低碳创新观、低碳消费观[①]。中央政府树立低碳业绩观，地方领导树立低碳执政观，普通百姓树立低碳消费观，才有可能打破现有的制度障碍，构建低碳经济政策保障体系，进而使低碳城镇化顺利进行[②]。制定低碳创新城市规划，充分考虑低碳创新对于改变城市传统高碳、粗放型增长模式的重要意义，避免以资源、能源、环境为代价发展城市。应该注重资源能源环境的综合承载力和以城市容量为刚性约束，通过低碳创新、低碳发展的城市规划，布局和增加城市绿色低碳空间，实现城市跨越式、低碳化、创新化发展。

（二）实施创新驱动战略，加强低碳技术创新规划，以低碳技术提升城市绿色竞争力

党的十八大报告明确提出要实施创新驱动战略，要重视面向生态文明、低碳发展的技术领域创新。低碳技术创新与应用是成就中国特色低碳之路的重要保障，应合理规划低碳技术发展路线图，通过增加研发投入、创立完善的科技创新体制、确立企业作为新主体的地位等

---

① 陈晓春、蒋道国：《新型城镇化低碳发展的内涵与实现路径》，《学术论坛》2013年第4期。

② 弋振立：《低碳城镇化：中国可持续发展必由之路》，《光明日报》2010年4月2日。

提高低碳技术的自主创新能力[1]。实施创新驱动战略，把低碳技术创新作为城市规划转型和生态文明建设的重要支撑，制定城市低碳科技计划和低碳科技重大专项，发挥低碳技术创新引导和支持政策作用。推进重点产业关键性低碳技术的研发，加强重大低碳技术研究成果的推广和产业化，提升城市低碳技术创新能力和城市绿色竞争力。构建低碳技术创新服务体系，推进低碳技术创新战略联盟建设，建设一批具有较强低碳技术推广服务能力的中介服务机构和公共服务平台，发挥中介机构在绿色低碳领域的技术研发、设计、检验检测、质量控制等服务功能，支撑中小企业开展低碳技术创新，提升城市低碳创新优势、特色产业低碳创新能力。推进以企业为主体、产学研结合的低碳技术创新体系建设，着力规划和突破重点领域的关键和共性技术创新，推广先进绿色制造技术和清洁生产方式，加强环保和资源综合利用技术的推广应用，降低重点产业领域资源、能源消耗和污染物排放。发挥企业在绿色低碳领域的技术创新主体作用，鼓励企业加大低碳创新投入，加强低碳创新的产学研结合，提升企业低碳技术水平。

（三）制定低碳产业和新型能源规划，形成低碳产业集群，提高城市能源效率和减少碳排放强度

发展低碳产业是城市发展方式转变、经济结构优化、生态文明建设的重要支撑。要制定低碳产业规划，积极发展低耗能、低排放、低污染的低碳产业，逐步淘汰高耗能、高污染的传统产业，加强对传统产业的"关停并转"与转型升级，积极发展战略性新兴产业、低碳节能型工业和服务业。加强低碳技术创新与产业优化升级相结合，建立有利于城市低碳发展的行业标准和重要产品标准体系，促进低碳技术创新成果产业化和推广应用，形成低碳产业集群。要制定低碳新型能源规划，重视低碳新型能源利用，构建低碳能源型城镇，不断创新能源利用技术，开发风能、太阳能、地热能、海洋能等低碳新能源，降低城市能源碳排放强度。转变能源消费方式，控制能源消费过快增长，加快淘汰能源行业落后产能，着力降低煤炭消费比重，提高天然

---

[1] 吴昌华：《低碳创新的技术发展路线图》，《中国科学院院刊》2010年第2期。

气和非化石能源比重,制定发展电力替代工程战略,支持清洁能源发展,减少废气排放和城市污染。

(四)重视绿色基础设施的规划转型与创新,划定城市生态红线,制定低碳的城市市政规划指标,加强城市绿隔、绿道等基础设施建设

传统城市规划失误和经济增长冲动,导致生态用地不足,环境承载力下降,绿隔被侵占和违规建设,进而导致"摊大饼"等系列"城市病"问题。加快城市规划转型,需要转变传统的过于强调经济发展的城市规划模式,以绿色基础设施创新和建设为基础条件,规划城镇土地资源,划定城市生态红线,加强城镇生态规划,制定低碳的城市市政规划指标,采取低碳化的市政建设策略,如图2所示[①]。

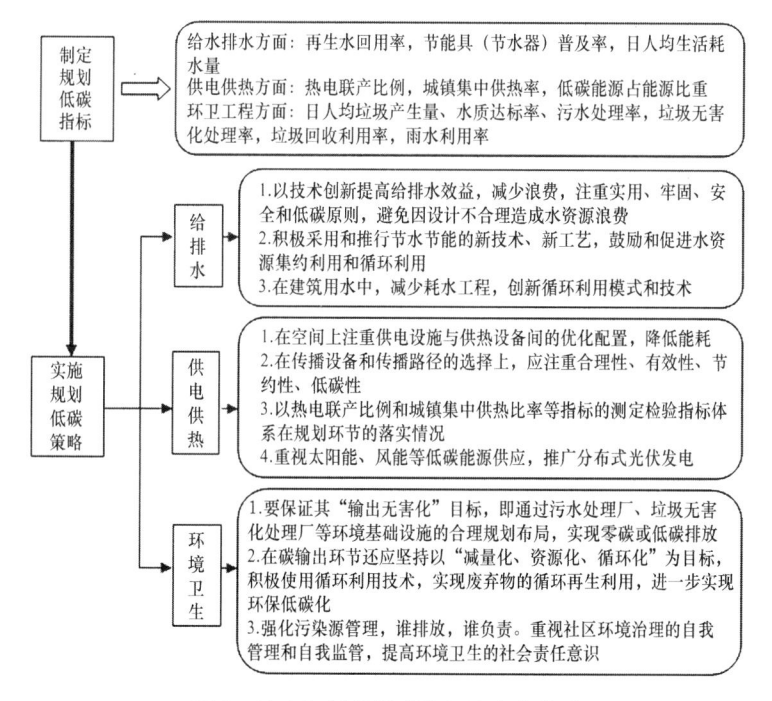

图2 城市规划的低碳指标及实施策略

---

① 吴南、王雪岚、杨军、刘征:《城市规划中的减碳和固碳策略研究》,《规划师》2012年第S1期。

低碳的城市市政规划指标主要包括给水排水、供电供热、环卫工程等方面。市政系统的低碳化对策，主要包括规划设计应严格遵循简洁实用原则，采用和推行节水节能的新技术、新工艺，积极使用循环利用技术，实现废弃物的循环再生利用，提倡工业废弃物焚烧发电、太阳能供热、太阳能发电和风能发电等可再生能源技术，构建立体的城镇绿化体系，增加碳汇源，加强给排水、污水处理、垃圾资源化综合利用、绿色建筑、绿色交通设施建设等。

（五）加强城市低碳消费的相关规划，鼓励和引导市民的低碳生活方式创新

构建以低碳价值观、低碳创新理念为主导的低碳消费文化，加强低碳消费方面的城市规划，鼓励和引导市民选择和主动参与低碳的生活方式和消费模式。一是树立低碳消费意识，形成全社会注重节约、节俭、生态、低碳、实用的消费习惯，拒绝奢侈和浪费。二是强化社会低碳责任，鼓励和引导社会资本、社会力量积极参与低碳创新、低碳消费活动，鼓励企业生产低碳绿色产品，建设高效快捷的低碳产品物流体系，建立节能和低碳产品信息发布与查询平台，实施低碳产品惠民政策，鼓励消费者选择和购买绿色低碳产品，引导低碳生活方式和消费模式创新。三是营造低碳消费环境，规划方面重视低碳能源开发，提高低碳能源消费结构比重，规划城市低碳交通体系，完善慢行交通系统，鼓励公众选择乘坐公共交通工具、电动汽车、自行车或步行等低碳出行方式。倡导公众参与造林增汇活动，消除碳足迹。鼓励积极参与生态修复和生态补偿，从源头控制、过程减量、结果回收进行全过程的低碳化管理，共同营造低碳创新、低碳生活、低碳消费的城市文化环境。

四 结论

全球气候变化、防控雾霾天气、强化生态治理是现代城市规划转型的新常态。将低碳创新融入现代城市规划成为破解"城市病"难题、实现城市低碳发展的关键性技术和重要战略。基于低碳创新的城市规划是城市规划与低碳经济融合的重要道路，也是现代城市规划理

论吸纳生态文明和低碳经济理论的发展方向与重要创新。城市规划转型的低碳创新道路是在空间尺度上实现城乡一体化、产城融合化、经济社会环境协同化的低碳共生模式。加强城市规划转型的低碳创新应树立低碳创新理念，布局城市绿色低碳空间，加强城市低碳技术创新规划，制定低碳产业和新型能源规划，重视绿色基础设施的规划转型和城市低碳消费方式创新。应对气候变化，推进城市生态文明建设，加强低碳创新的城市规划转型是促进城市低碳发展和建设宜居城市、美丽城市的重要依据和关键支撑。

附录五 基于低碳陷阱的中国城市低碳发展对策

当前，全球气候变暖是不争的事实。可持续发展问题是人类在21世纪面临的最大挑战，快速发展的工业化进程，使得我们这个地球资源耗费和二氧化碳排放不堪重负。而城市作为人口集聚区域，碳排放的重灾区，实现低碳发展是应对低碳陷阱和全球气候变暖的关键。关于全球气候变暖的原因，包括客观层面也包括主观层面的原因。但人为因素对自然环境破坏所形成的温室效应是人类社会不可推卸的重要责任。由于人类社会的工业化、城市化发展，通过大量焚烧化石燃料包括石油、煤炭等，砍伐森林和焚烧活动产生二氧化碳等温室气体，导致地球温度上升，形成温室效应和全球气候变暖现象。全球气候变暖会使全球降水量重新分配、冰川和冻土消融、海平面上升等，既危害自然生态系统的平衡，更威胁人类的生存。全球气候变化的到来迫使所有国家、城市不得不采取实际性行动进行应对，因此即使不面对这种低碳陷阱，发展中国家也必须顺应时代潮流，加快节能减排和低碳转型。资源能源瓶颈性制约以及本国所存在的严重环境污染问题需要有战略性、长远性的发展眼光和行动，应对低碳陷阱，加快中国城市的低碳发展任重道远。

一 全球气候变化："低碳陷阱"问题的提出

（一）全球气候变化引发城市低碳发展问题

全球气候变暖的客观现实构成对人类生存环境的严重威胁，应对全球气候变化、实现低碳经济发展已经成为世界各国的共同责任，也形成了基本共识。2014年8月3日，云南鲁甸发生6.5级地震。该地区在本次地震前生态环境的不断恶化，自然灾害频繁，生态失调，气候变暖，一方面导致年降水量呈减少趋向，另一方面导致暴雨、洪旱自然灾害频繁，严重制约着鲁甸县的经济发展。由于无序开山采石、采砂造成水土流失、岩层裸露，加之冶金业的发展对空气形成污染诱发酸雨破坏植被，环境的严重破坏让人们陷入窘境[①]。低碳经济是以低能耗、低污染、低排放为基础的经济模式，它不仅是应对全球气候危机的有效措施，而且已经成为世界经济的发展趋势[②]。城市作为碳排放的主阵地，温室效应的存在导致城市不再宜居，雾霾天气频现和碳排放日益增长导致城市空间难以持续发展。因此，城市低碳发展旨在强调通过技术创新和制度创新以及思想创新，在人类工业文明进程中，尽可能最大限度地减少温室气体排放，减缓全球气候变暖，实现经济和社会的清洁发展与可持续发展[③]。因此，加快城市低碳发展迫在眉睫。

（二）"低碳陷阱"源于西方国家基于气候变暖的国际应对

"低碳陷阱"现象源于西方发达国家基于全球气候变暖所出台的碳壁垒。对于全球气候变暖，西方主流的共识是试图把它归结为科学问题，但哥本哈根会议期间的"气候门事件"揭露，引发了少数派关于"碳排放"与大气变暖并无直接的因果关系的持续争议，认为这是发达国家借碳排放遏制发展中国家发展的一场规模巨大的"骗局"。这种碳壁垒"骗局"或"陷阱"成为制约发展中国家工业化进程的重要担忧。西方发达国家从战略层面考察，纷纷将低碳经济视为未来经济发展的引擎与方向。2003年英国率先提出低碳经济的概念，引起国际社会高度关注。应对全球金融危机，许多国家启动了新能源革命，期望以低碳经济作为振兴战略激活新一轮经济增长。欧盟将低

---

① 《民众怎不一早搬离鲁甸震区？》，http://view.news.qq.com/original/intouchtoday/n287.html，2014年8月1日。
② 武雁萍：《低碳经济的法律路径研究》，《河北科技大学学报》2010年第3期。
③ 刘国建：《中国梦语境下的低碳发展》，《广东工业大学学报》（社会科学版）2014年第1期。

碳经济、新能源革命视为第三次工业革命，日本提出构建低碳社会和环境立国战略。美国奥巴马政府提出气候变化战略，制定新能源政策助推国家低碳发展。

联合国发布极具影响力的《联合国气候变化框架公约》（1992）和《京都议定书》（1997）两个纲领性文件，并积极组织各国制订可行的低碳发展行动计划。包括美国、日本、欧盟15国在内的主要发达国家承诺到2030年将二氧化碳排放减少50%，如美国、欧盟15国、日本等承诺到2030年将二氧化碳排放分别减少到8155、5123、1219百万吨，如表1所示。中国和印度作为发展中国家也承诺到2030年将二氧化碳排放减少到10716、2205百万吨。发达国家与发展中国家就经济增长权与发展权的博弈，导致哥本哈根大会和坎昆会议成果寥寥。

表1　　1990—2030年部分国家和地区二氧化碳排放趋势

单位：百万吨

国家/地区	历史		预测	
	1990年	2003年	2015年	2030年
美国	4978	5796	6718	8115
欧盟15国	4089	4264	4623	5123
日本	1011	1206	1228	1219
中国	2241	3541	7000	10716
印度	578	1023	1592	2205
世界	21223	25028	33663	43676

以中国为代表的发展中国家在碳减排问题上坚持双轨制，即1992年《联合国气候变化框架公约》中的"共同但有区别的责任"

原则。而以美欧为代表的发达国家和地区，试图淡化"历史责任"，要放弃"区别责任"原则，在碳减排目标上实施单轨制。西方国家经历了长达百余年的工业化进程，"先污染、后治理"的经济模式让西方国家享受免费污染和经济发展的先到先得优势，对资源能源的消耗、全球气候影响和生态环境污染没有承担应有的责任，结果却要求全球其他发展中国家承担责任，这显然是不合理的、不公平的。中国还没有完成西方国家早在 100 多年前就开始的工业化、城镇化进程，经济增长具有较高的碳排放强度需求，实行无区别的国际碳减排责任，显然不利于中国经济增长，甚至于严重阻滞中国经济社会发展，将引发严重的失业问题和社会稳定问题。在这一背景下，中国理论界与实践界的部分人士对于减碳心存疑虑，视减排为"陷阱"[①]。

（三）低碳陷阱催生后危机时代的世界新规则

发达的资本主义国家试图利用碳市场机制和碳关税谋取本国利益最大化，遏制包括中国在内的一些急速走向现代化的国家的发展。发达的资本主义国家希望长期占领经济制高点，同时占领道德制高点，为后危机时代的世界制定新的游戏规则。西方国家可能借全球气候变化应对和低碳经济要求进行碳壁垒、碳制裁，制约其他国家特别是发展中国家的工业化进程，因而人们将这种可能的碳壁垒称之为"低碳陷阱"现象。但不可小觑的是，全球气候变暖的加速直接威胁到人类社会未来生存与健康生活，不管真相如何，低碳经济的确不是单纯的经济或科学问题，而是一个政治经济学、国际战略问题。既然西方低碳经济的碳市场方案及其话语的提出是出于追求资本谋利的动机，其方案对发展中国家是个陷阱，又占领了道德制高点，那么中国就应顺势而为，既不抗拒，也不大意，必须自主创新，形成自己的低碳话语和发展模式[②]。

---

① 王倩、黄蕊、双星：《"碳陷阱"：理论辨析与政策导向》，《经济学家》2011 年第 10 期。

② 张连国：《低碳陷阱：民主社会主义背景下的低碳经济》，《河南社会科学》2011 年第 4 期。

西方国家可能借助该契机，形成阻碍发展中国家的各种低碳壁垒。低碳陷阱一定程度上确实可能阻止发展中国家不能享受几十年前乃至100多年前西方国家大肆消耗全球资源能源、大肆破坏环境的免费"搭车"行为，加快西方国家自身后工业化进程的同时，由全球人们为其环境污染和能源消耗代价继续买单。低碳陷阱催生了后危机时代的世界新规则思考，西方发达国家可能是在进行新的游戏规则制定，继续掌控和主导世界新政治经济秩序，长期占领世界经济未来发展的垄断地位。发展中国家要改变历史以来的被控制、被制约的地位，必须高度认识低碳发展及其可能带来的"低碳陷阱"问题，主动迎接挑战和紧紧抓住难得机遇，制定新的低碳战略，获得应有的国际低碳话语权，重构世界政治经济的低碳新秩序。对于工业化、城市化尚未进行完毕的大多数发展中国家，在加快城市化进程中，需要积极面对碳陷阱问题，既不能回避，也不能夸大碳陷阱问题，需要客观、公正、科学地认识和对待碳陷阱及其可能带来的机遇与挑战。

二 气候变化的挑战：低碳陷阱带来的机遇与共赢

哥本哈根会议揭开了"碳时代"的序幕，并有可能形成一个以"碳实力"竞争为核心的国际格局。"碳时代"正在逐步瓦解由某一国家全面控制全球事务的可能性，促使各种国际行为体在公共平台上建立碳责任与碳实力之间的平衡[①]。借助这种挑战、压力和危机，迎难而上、积极应对、低碳转型、创新发展，也许是包括中国在内的发展中国家及其城市走出低碳陷阱困境、实现低碳崛起与转型发展的重要机遇，唯有实现低碳发展，才能获得城市发展的共赢机会和新引擎。

（一）低碳陷阱对发展中国家的主要挑战

当前，发展中国家要想加快工业化和城市化进程却不能享受这种

---

① Anthony Giddens: *The Politics Climate Change*, Cambridge: Polity Press, 2009, p. 16.

待遇，其资源能源消耗和对环境的污染需要承担巨额成本，还面临来自全球的政治层面的诸多限制，这就给发展中国家带来了重大挑战。发展中国家的经济发展将对碳排放有较大增长需求，经济增长与碳排放总量还难以真正脱钩，在一定时期还将呈现正相关关系，这将与被要求承担一定国际减排责任形成严峻挑战。西方发达国家的发展历程表明，当人均生活水平和质量达到现代化水平时，其人均能源消费量至少要在4吨标准油以上（美国甚至高达8吨标准油），人均二氧化碳排放量超过9吨（美国人均高达19吨二氧化碳）。英国、美国、日本、韩国在经济长期稳定发展阶段，其人均二氧化碳排放都曾急剧增加[1]。发展中国家经济发展需要更多的碳排放空间，人均二氧化碳排放量也将不断增加，需要由高碳经济即高能耗、高排放、高污染向低能耗、低排放、低污染的低碳经济模式转变。这种转变需要投入大量的人力、物力、财力、技术，必须支付一定的成本，而这种成本又难以由私人个人或政府和社会组织承担，发达国家即使有援助的义务，但没有援助的契约性责任，援助和以技术换市场形同虚设。

联合国开发计划署2010年5月在北京发布的《2010年中国人类发展报告——迈向低碳经济和社会的可持续未来》指出，中国实现未来低碳经济的目标，至少需要60多种骨干技术支持，而在这60多种技术里面有42种是我国目前尚未掌握的核心技术。发达国家垄断了重大的低碳核心技术，经济合作与发展组织发布的《2008专利统计纲要》显示，至2005年，可再生能源专利技术中的36.7%、20.2%和19.8%分别由欧盟、美国和日本所掌握，机动车污染控制专利技术中的48.9%、13.7%和31.4%分别由欧盟、美国和日本所掌握，如图1、图2所示[2]。

---

[1] 曾宪植：《试论北京发展低碳经济的代价和正负效应——兼论北京发展低碳经济的路径选择》，《低碳经济与世界城市建设——北京自然科学界和社会科学界联席会议2010高峰论坛论文集》2010年8月，第80—81页。

[2] 崔玉清：《知识产权保护对低碳技术转让的影响》，《开放导报》2011年第1期。

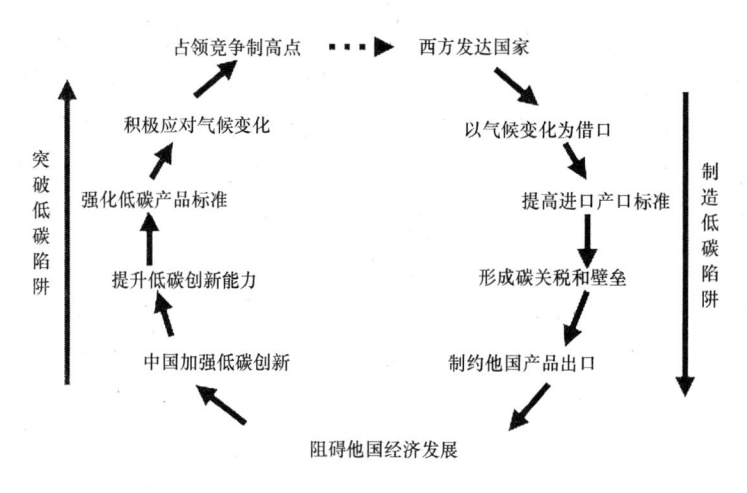

图1 可再生能源技术专利的国家份额

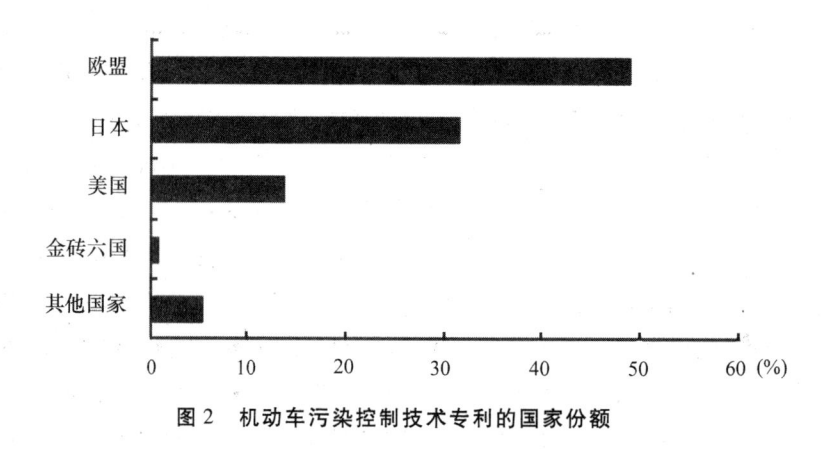

图2 机动车污染控制技术专利的国家份额

发达国家方面，虽然多次承诺向发展中国家提供资金支持和技术转让，但基于国家战略利益的考虑，发达国家缺乏向发展中国家转让先进低碳技术的政治意愿，发达国家的先进技术往往受到严格的知识产权法律保护，知识产权转让费用高，发展中国家难以承受高昂的转让费用，从而无法获得更多的低碳技术[①]。发达国家有义务向发展中

---

① 陈文剑、黄栋：《我国低碳技术创新的动力和障碍分析》，《科技管理研究》2011年第20期。

国家提供技术转让,但实际情况与之相去甚远。发展中国家面临更多经济高碳发展困境和低碳技术障碍等挑战。

(二) 低碳陷阱背景下的城市发展机遇

低碳陷阱问题所带来的严峻挑战、迫切压力和重大危机,也可能形成某种意义上的发展机遇和关键动力。中国必须利用低碳陷阱为契机加强城市发展转型,实现城市低碳发展和"弯道超车"。落后就要挨打,这是包括中国在内所有发展中国家在历史长河中的沉痛教训。西方国家借助其发达的经济实力和军事力量,能在全球进行资源掠夺和侵占,两次世界大战均是以资源能源、土地等多方面的掠夺为目的的西方国家游戏。当前,发生世界性大战的可能性不大,但是西方发达国家对发展中国家的资源能源等物质掠夺始终没有停止过,只不过换了获取物质财富的形式、手段和工具。如通过技术竞争、标准及西方国家所制定的国际条约、规则,控制国际金融体系等,极大程度地形成对发展中国家的利益获取。

针对低碳陷阱而言,一方面,西方国家所惯用的绿色壁垒、碳关税、贸易保护政策等,能形成对来自发展中国家贸易的严重制约,形成对发展中国家经济发展的重大障碍。在日益苛刻的国际减排标准面前,中国必须小心规避某些"环境正义"幌子下的"碳陷阱"[①]。但是另一方面,应对全球气候变化,要加快城市发展方式转变和战略转型,优化供给侧结构,提升经济结构质量与效益。城市低碳发展应该重视技术创新的引导作用,特别要加强低碳技术创新,提高技术竞争力,形成国际标准和品牌,加快低碳崛起和"弯道超车",都是发展中国家加快自身发展和抢占国际未来经济制高点的大好机遇和重要筹码。

(三) 低碳陷阱的辩证反思实际上可能形成国际共赢

发达国家如果从共赢、合作、和谐的全球视角和战略高度出发,简单的碳壁垒和碳陷阱并不利于西方发达国家单方面自身的长远发展,而如何通过与发展中国家进行合作,重视向发展中国家进行低碳技术转让、低碳技术输出等,将既有利于共同改善和减缓全球气候变

---

① 肖洋:《国际海运减排博弈及中国面临的碳陷阱》,《现代国际关系》2013 年第 6 期。

暖，有利于共同应对全球气候变化所产生的系列政治经济问题，也有利于发达国家气候变化状况的改善和国家经济绿色增长。因此，也有较多研究认为，西方国家并非完全是"低碳陷阱"。发展低碳经济，由高碳向低碳转型，进而建立低碳社会，英、法、德、美等欧美诸国以及巴西、以色列、日本、韩国、印度等早已拉开架势开干了，并非设计"低碳陷阱"，坑害中国等发展中国家[①]。

对于发展中国家而言，从辩证反思的视角考察低碳陷阱现象，西方国家的碳壁垒既是对发展中国家的压力和挑战，也是促使发展中国家加强低碳技术创新的动力和重要机遇。中国碳排放量递增并为全球第一大排放国，面临低碳减排和低碳经济发展模式选择的压力。低碳经济兼顾了"低碳"和"经济"的本质内涵，低碳意味着经济发展必须最大限度地减少或停止对碳基燃料的依赖，实现能源利用转型和经济转型[②]。对于中国而言，传统的高投入、高能耗、高污染、高排放的粗放型经济增长模式不可持续，多年来以资源能源快速消耗、资源型产品廉价生产、贱价出口的代加工模式导致严重的资源能源安全问题和环境问题。一方面，中国自身的资源能源危机和环境污染问题不可小觑，传统高碳模式必须转型，中国提出的生态文明建设和低碳发展战略是不得已而为之。另一方面，中国为西方国家提供廉价品的"费力不讨好"高碳模式必须转型。长期以来的资源品代加工模式，以低价或无价形式开采中国的资源能源，以低成本、廉价劳动力的形式促进商品出口，以资源能源消耗、环境污染为代价获取产业价值链的低端的微薄利润。西方国家甚至全世界都在享受"中国制造"的廉价产品，直接或间接地规避产品生产可能导致的国家资源能源耗竭、环境污染风险的同时，还以种种借口指责、设置碳壁垒阻碍中国发展。

基于以上内外压力和种种挑战，中国城市发展的现代化必须正视低碳发展所可能带来的国际机遇，只能迎难而上，加快低碳转型。既要选择国内低碳经济发展战略，又要借助国际力量加强低碳技术合作

[①] 孟赤兵：《发展低碳经济要统一认识》，《中国科技投资》2010年第11期。
[②] 王家庭：《基于低碳经济视角的我国城市发展模式研究》，《江西社会科学》2010年第3期。

和低碳领域的协同发展，这样才能有效改变中国传统的高碳代加工模式，增进发达国家与发展中国家之间城市低碳发展的共同利益。因此，应对低碳陷阱，探讨中国城市反"低碳陷阱"的应对战略选择具有现实紧迫性和重要战略意义。

三 低碳陷阱的应对：中国城市低碳发展的对策选择

党的十八大报告明确提出大力推进生态文明建设，促进绿色发展、循环发展、低碳发展。西方国家制造的"低碳陷阱"所带来的各种发展机遇将是中国进行"反低碳陷阱"和实现低碳发展的重要动力。抓住这个机遇，加快自身的低碳转型与发展，提高国际低碳竞争力，增加国际社会和国际市场的低碳话语权，打破自身的弱势地位和边缘化困境，进入国际社会"第一方阵"，进而能构建公平、民主、自由的新国际政治经济体系提升实质性的中国软实力。应对全球气候变化，要进行低碳发展的共同治理，整合和团结一切可以利用的资源和力量，提高对全球气候变化适应技术水平和能力，同时也借助该机遇加快自身发展，提高自身的国际声誉和国际地位，实现反低碳陷阱战略和策略，实现经济发展的低碳"软着陆"。因此，包括中国在内的发展中国家应该慎重、战略性地认识这种挑战和机遇，制定反低碳陷阱战略，实现技术追赶和经济赶超，才是改变自身命运的唯一、关键性的战略选择。

（一）在技术层面，加强城市低碳技术创新，形成国际低碳核心竞争力

科学技术是第一生产力，在适应和治理全球气候变化层面，加强低碳技术创新，是发展低碳经济的关键战略，也是提高国家核心竞争力的重要举措。适应全球气候变化，应加强低碳技术创新能力建设，促进低碳技术转化。中国加强低碳科技创新是破解西方国家"碳壁垒"、"碳陷阱"的战略突破口[①]。以低碳方向为指引的技术创新是实现低碳经济发展模式转变的内在驱动力。低碳技术创新主要包括三类技术：一是以电

---

① 陆小成：《中国低碳科技公共服务平台构建研究》，《西南石油大学学报》2012年第1期。

力、交通、建筑、冶金、化工、石化等高能耗、高排放领域的节能减排技术、煤的清洁利用、油气资源和煤层气的勘探开发技术等为主的减少碳排放的减碳技术；二是发展可再生能源技术的无碳技术，如核能、太阳能、风能、生物质能、地热能等；三是碳捕捉与封存技术、温室气体的资源化利用技术等为主的去碳技术。有学者把低碳技术归纳为三类，即能源替代技术、节能技术和碳隔离（固碳）技术，这三类低碳技术的创新内涵与关键技术领域，如表2所示[1]。

表2　　　　不同类型低碳技术创新的内涵与关键领域

低碳技术类型	低碳技术创新内涵	关键技术领域
能源替代技术	非化石燃料替代化石燃料、低碳排放化石燃料替代高碳排放化石燃料。	高效光伏发电技术、大型风力发电技术、地热供暖与发电技术、生物燃料与氢燃料技术、先进核能技术、替代燃料汽车技术。
节能技术	供方的能源生产、加工转换和运输中的能源效率提升技术，需方的终端能源使用效率提升技术及节能管理技术。	超燃料系统技术、超时空能源利用技术、高效发电技术、建筑节能技术、高效火力发电技术、智能电网技术、热点联供技术、垃圾填埋发电技术、先进能源管理技术。
碳隔离技术	碳捕集与封存技术（CCS），包括物理固碳与生物固碳技术。	燃煤电站CCS技术改造、整体煤气化联合循环发电技术、CCS生物质发电、生物固碳技术。

中国城市如果主动迎接挑战，抓住机遇，在低碳技术领域实现突破和追赶，有可能在某些或者更多的低碳技术方面占领国际低碳技术的前沿，获得低碳技术创新的话语权和应有地位。中国要发挥企业低碳技术创新的主体地位，鼓励企业加强低碳技术创新能力提升，通过国家配套资金支持和相关低碳技术政策的扶持，支持企业、科研院所、大学共同建设低碳技术创新试验室、国家工程低碳技术研究中心，促进低碳技术转化和产学研一体化，提升低碳技术创新能力。对于低碳经济发展中起关键性作用的共性技术、产业节点技术，对资源

---

[1] 周五七、聂鸣：《促进低碳技术创新的公共政策实践与启示》，《中国科技论坛》2011年第7期。

以及生态环境影响大的技术，组织集体专项攻关，切实提高低碳经济的科技含量和低碳技术创新能力。突破"低碳陷阱"和"锁定效应"困境，加强关键共性低碳技术的攻关，抢占未来世界经济制高点。对于我国而言，加强国家或区域低碳创新，需要布局和谋划低碳技术路线图，在智能电网、碳捕捉与封存技术、锂离子电池技术等重点领域制订未来10年乃至更长时期的低碳重大研究计划，提高低碳技术创新水平与核心竞争力，抢占未来世界经济和技术竞争的制高点，进而突破技术方面的"低碳陷阱"和"锁定效应"困境，如图3所示。突破"低碳陷阱"和"锁定效应"困境，我国各级政府应该从战略的高度，建立低碳技术创新的动力机制，建立低碳技术发展的专项基金进而从财务上支持低碳技术的研发，给予采用低碳技术进行生产的企业税收优惠，以降低低碳技术的应用成本，加大低碳技术的需求，促进节能减排，破解资源能源瓶颈性制约问题，促进经济模式的转型[①]。同时，企业加强低碳技术创新，提升企业核心竞争力，树立企业低碳形象和体现企业社会责任，创造更多的就业机会，构筑新的经济增长点。

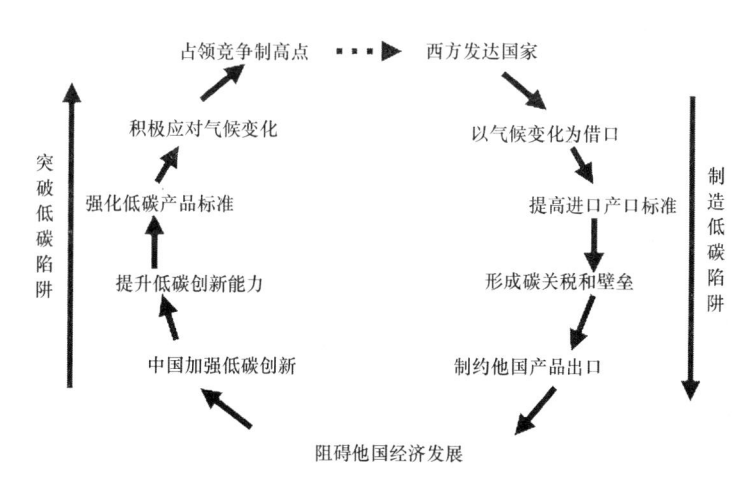

图3　中国突破"低碳陷阱"的技术创新路径

---

① 葛小芳、傅正华：《低碳经济下的技术创新路径选择》，《价值工程》2011年第13期。

（二）在经济层面，大力发展低碳产业，加强城市能源结构调整，树立国家低碳形象

发展低碳产业是转变经济发展方式、降低产业碳排放强度、提高经济发展质量、实现国家低碳发展的关键支撑。低碳经济逐步成为全球意识形态和国际主流价值观，低碳经济以其独特的优势和巨大的市场已经成为世界经济发展的热点。一场以低碳经济为核心的产业革命已经出现，低碳产业是未来世界产业发展的新方向、新潮流，更已成为全球经济持续增长的新支柱、新动力，也是中国占据世界经济竞争制高点、实现低碳崛起的关键产业。发展低碳产业战略主要包括：一是加强对传统高碳产业的转型升级和低碳改造，严格控制高污染、高能耗产业的规模及其排放，对高投入、高消耗、高污染的产业和企业进行"关、停、并、转"，加强对传统高碳产业和企业的低碳化改造。二是大力发展低碳绿色的战略性新兴产业和再生能源产业，减少产业的碳排放强度。发展战略性新兴产业是中国实现绿色低碳发展的重要国家战略选择，是建立在重大前沿科技突破基础上，代表未来科技和产业发展新方向，体现当今世界知识经济、循环经济、低碳经济发展潮流，尚处于成长初期、未来发展潜力巨大，对经济社会具有全局带动和重大引领作用的产业，主要包括新能源、节能环保、电动汽车、新材料、新医药、生物育种和信息产业等。优化能源结构，重视低碳新能源开发与新能源产业发展，如重视太阳能、风能、海洋能、生物质能等开发，有效降低能源碳排放强度。三是大力发展知识密集型、技术密集型、低碳绿色型的生产性服务业和现代文化创意产业。当前，城市经济已经是服务经济，随着服务经济时代的到来，制造业服务化和生产性服务业不断发展，已经成为城市经济质量提升的支柱产业，要大力发展低碳型服务业和文化创意产业，构筑新型国家低碳服务业体系，促进城市低碳发展与生态文明建设。

（三）在创新网络层面，构建国家和区域低碳创新系统，实现低碳崛起与"弯道超车"

所谓区域低碳创新系统，指的是在特定区域内，与低碳技术创新

全过程相关的政府、企业、高等院校、科研机构、中介服务机构、金融机构等组织机构和制度与机制等实现条件构成的网络体系。低碳创新系统构建目的是服务于国家和区域低碳经济、低碳社会发展要求，提升区域低碳技术和低碳制度的创新能力和创新效率[1]。构建国家或区域低碳创新系统，应加强低碳科技创新资源整合，加强不同区域之间、不同城市之间的低碳科技资源整合与低碳创新联盟，加快建设具有全球影响力的国际低碳科技创新中心，加快构建产学研相结合的低碳技术创新系统、知识产权体系和国际低碳科技创新政策体系，通过低碳创新试点，培育创新者的低碳创业意识、提升低碳创新与低碳实践能力，试行碳排放强度考核制度，探索控制温室气体排放的体制机制。实现低碳崛起和"弯道超车"，应构建应突破行政体制障碍和地方保护主义壁垒，加强面向低碳经济的低碳科技公共服务平台建设，为国家低碳创新系统建设提供高质量的低碳科技信息共享、资源整合、低碳技术扩散与低碳技术转化、产业孵化等服务，依托机场、港口、车站等交通枢纽优势，促进不同区域间的低碳产业分工、梯度转移和低碳产业集聚，加强国家或区域低碳合作与优势互补，构建功能互补、宏观布局、市场互联的低碳创新一体化机制。

（四）在人才培养层面，应加大对低碳技术人力资本投资，提高城市低碳人才竞争力

所有的国际竞争都离不开人才的竞争，战略的制定与实施都需要人才，国家从反"低碳陷阱"战略的制定中，需要大量的高端人才加盟与合作。一方面是低碳技术人才的培养和吸引，低碳技术创新能力提升离不开高端人才的培养，需要加大低碳技术专业人才的教育，针对市场需求和低碳技术发展的需要，加强低碳技术领域的人力资源开发，提高人力资本水平，提高技术吸收能力和学习能力，提升区域低碳技术自主创新能力。另一方面是加大低碳发展、

---

[1] 陆小成：《区域低碳创新系统的构建：基于技术预见的视角》，《科学技术与辩证法》2008年第6期。

低碳创新、低碳金融、低碳战略等多方面的服务型人力资本的投入，提高低碳经济与低碳产业发展的专业服务水平和质量，为低碳发展提供高质量的人才服务保障。此外，中国还应加强对其他国家的低碳人才交流，以低碳人才培养为举措提升中国低碳发展和气候变化适应能力。

（五）在国际合作层面，加强国际低碳交流，积极开展低碳外交，获得反"低碳陷阱"的国际话语权

低碳经济时代既是国家之间经济竞争问题，也是国家之间的实力政治问题，中国应积极开展"碳外交"，在"共同但有区别的责任"原则下，增强自身的"碳实力"，积极履行减排承诺，维护中国负责任大国的形象[1]。中国应当加强与发达国家进行低碳技术转让、低碳创新资金援助、低碳技术市场开放、碳交易、清洁发展机制等合作方式，尤其要加强与美国、欧盟、日本等发达国家和地区的低碳技术交流与合作，争取国际资金、技术援助，帮助发展中国家提高低碳技术创新能力，与世界其他国家建立低碳创新的长期合作平台和协调互动机制。中国应积极发挥在低碳创新国际合作中的先行主导作用，积极参与国际低碳能源和低碳技术的交流，通过各种交流合作和协调互动，引进、消化、吸收发达国家先进的节能技术、能效技术和可再生能源技术等。要制定一些特殊的优惠低碳创新政策，吸引国内外的先进低碳技术和资金到中国参与低碳创新和低碳发展，抓住资本和市场两个要素，加强低碳创新的系统规划和协调互动。中国应积极改善与周边区域关系，加强与发达国家、发展中国家的低碳合作，共同构建国际低碳金融中心、低碳物流中心、低碳技术研发中心等，实现低碳资源在全球范围的优化配置，建立国际化、立体化、生态化的低碳物流中心和低碳交通体系，实现对全球战略性低碳资源、战略性低碳发展通道进行优化整合，提升低碳创新的全球竞争力，提升中国在国际上的低碳绿色形象和国际低碳影响力。制定国际低碳新标准，实现适应全球气候变化

---

[1] 肖洋、柳思思：《后哥本哈根时代的中国"碳外交"》，《当代国际关系》2010 年第 9 期。

的公共治理。在遵守国际游戏规则的基础上，形成更高、更严格的低碳标准，发挥中国作为最大发展中国家在国际上应有的低碳话语权和低碳竞争力，共同推进生态文明建设，实现中华民族复兴、建设美丽中国的伟大梦想。

附录六　美丽中国视域下的低碳创新城市建设

党的十八大报告提出建设美丽中国，大力推进生态文明，实现中华民族伟大复兴的梦想。习近平总书记强调要为实现中华民族伟大复兴的中国梦而努力奋斗。2015 年，中国城市化率已经达到 56.10%[1]，意味着大部分人将生活或工作在城市，而且这一比率还将提升，有研究指出到 2020 年将达到或超过 70%。中国梦在很大程度上属于中国城市梦。转变传统高能耗、高污染的经济增长方式，大力推进节能减排，发展以低能耗、低排放为标志的低碳经济，成为世界各国经济发展、现代城市建设的共同选择。加快低碳经济发展和创新驱动，促进低碳创新城市建设，努力控制和减少温室气体排放是我国"十三五"期间必然面临的重要战略选择。

一　美丽中国视域下低碳创新城市的提出

低碳城市（Low-carbon City），是指以低碳经济为发展模式及方向、市民以低碳生活为理念和行为特征、政府公务管理层以低碳社会为建设标本和蓝图的城市[2]。也有研究认为，低碳城市就是在城市实行低碳经济，包括低碳生产和低碳消费，建立资源节约型、环境友好

---

[1] 国家统计局：《2015 年中国城镇化率达到 56.10%》，中国经济网年，2016 年 2 月 29 日。

[2] 胡鞍钢：《中国如何应对全球气候变暖的挑战》，《低碳经济论》，中国环境科学出版社 2008 年版。

型社会，建设一个良性的可持续的能源生态体系①。建设低碳创新城市是中国建设低碳城市、应对全球气候变化的现实要求和首要工程。建设低碳城市，关键在于构建低碳创新城市（Low-carbon Innovation City），即通过面向低碳经济发展的技术创新和制度创新，加强城市经济社会的节能减排的系统性战略布局和路径选择，构建低碳化的创新型城市。低碳技术是低碳经济发展的动力和核心，低碳技术的创新能力，在很大程度上决定了我国能否顺利实现低碳经济发展②。

（一）全球气候变化与国际减排的压力，生态文明建设是世界潮流

在全球气候变化的大背景下，减碳是目前国际社会共同关注的焦点。著名自然灾难专家比尔·麦克古尔预言：如果2015年之前净碳排放依然无法稳定，等待的将是不可逆转的恶性循环和撒旦诡异的"微笑"③。各国纷纷致力于减少碳排放，奥巴马表示要改变美国的环境政策，宣布政府将在未来10年投入1500亿美元进行替代能源研究，并承诺2050年之前将美国的二氧化碳排放减少80%；欧盟更是在G20峰会上表示将碳排放指标自动减少20%。西方发达国家要求中国进行碳减排，并通过碳壁垒、碳关税、碳封锁对中国施加压力。生态文明建设已成为世界各国人民的共识，是世界各大城市和区域发展的重要方向和潮流。生态文明建设有利于改善环境、促进生态平衡，有利于应对全球气候变化，加强节能减排，是世界发展的共同趋势与潮流。

（二）中国作为碳排放大国与承诺目标压力，生态文明建设迫在眉睫

作为发展中国家，中国人均碳排放量不算高，但中国人口基数大，因此中国的碳排放问题不容忽视。中国人均二氧化碳排放量由2000年的2.7吨增加到2007年的5.0吨，尽管人均量还不属于最高

---

① 夏堃堡：《发展低碳经济，实现城市可持续发展》，《环境保护》2008年第3期。
② 金起文：《构建发展低碳经济的技术支撑体系》，《光明日报》2010年3月15日。
③ 何涛舟、施丹锋：《低碳城市及其"领航模型"的建构》，《上海城市管理》2010年第1期。

国家，但增长趋势最快①。改革开放30多年来，中国经济的高速增长是以牺牲环境为代价的。据统计，我国85%的二氧化碳、90%的二氧化硫和73%的烟尘都是由燃煤排放的②。党的十八大报告提出，必须清醒看到，我们工作中还存在许多不足，前进道路上还有不少困难和问题。发展中不平衡、不协调、不可持续问题依然突出，科技创新能力不强，产业结构不合理，农业基础依然薄弱，资源环境约束加剧，制约科学发展的体制机制障碍较多，生态环境等关系群众切身利益的问题较多。面对资源约束趋紧、环境污染严重、生态系统退化的严峻形势，加强生态文明建设迫在眉睫，刻不容缓。

（三）城市是碳减排的主体，生态文明建设必然要求加强低碳创新城市建设

城市作为人类社会经济活动的中心，集聚了全世界一半以上的人口，温室气体排放占全球总量的75%左右。城市既是许多环境问题的制造者，又是环境问题的受害者，同时也是解决这些环境问题的主导力量。中国城市化率不断攀升，西方发达国家高达70%，中国已经超过50%。改革开放30多年来，以经济建设为中心，城市化进程不断提升，城市化率由1978年的17.92%提高到2012年的52.57%，提高了34.65个百分点。城市化率很高但质量和效益却被忽视。能源短缺和环境污染成为全社会关注的焦点问题，特别是二氧化碳的大量排放是造成温室效应、环境污染的罪魁祸首。当前，片面追求GDP和经济增长，人为破坏自然环境和加快资源能源消耗，城市化扩张吞噬了更多的自然空间，耕地、森林、绿地等自然生态系统被迫改成以钢筋水泥为主的城市建筑，人口拥挤、交通拥堵、生活垃圾、工业污染等充斥、破坏着原生态的自然系统，禽流感、沙尘暴、雾霾天气、食品安全、水污染等均严重威胁人类社会的生存环境，这促使我们必须深刻反思人类社会的城市化、工业化进程所带来的各种危害与非和

---

① 陆小成：《生态文明视域下中国城市低碳转型研究》，《河北科技大学学报》2013年第2期。
② 郭丕斌、周喜君、李丹、王婷：《煤炭资源型经济转型的困境与出路：基于能源技术创新视角的分析》，《中国软科学》2013年第7期。

谐因素。

基于以上问题背景，现实城市问题包括雾霾天气频发、资源能源匮乏、交通拥堵、房价高企、人口膨胀等多方面的瓶颈，已经形成倒逼机制。建设美丽中国，实现中国梦，要以创新为核心动力尽快改变这种现状。建设低碳创新城市，就是依托低碳技术创新和制度创新，形成节约资源和保护环境的城市空间格局、城市产业结构和城市生产生活方式。建设美丽中国，改变当前城市发展模式和空间格局，应该加快城市转型，促进低碳创新发展，构建低碳经济的城市发展格局。

二 美丽中国视域下的低碳创新城市架构

习近平总书记提出的中国梦，不仅是中国共产党和中国政府的梦，不仅是追求 GDP 全球第一的梦，更多的应该是中国人的梦，更多的是涉及经济绿色增长，人人收入日增，社会和谐稳定，环境优美宜居的梦。低碳创新城市梦是实现生活和谐、家庭幸福、空气清新、环境优美的大同社会，这正是我们党的小康社会之梦，是共产主义社会之梦。针对环境污染、资源能源匮乏和能耗强度大的现实，应对全球气候变化和城市温室效应等严重问题，加强生态文明建设，需要大力发展低碳经济，实现中国低碳创新城市梦。在城市内推行低碳经济，实现城市的低碳排放，甚至是零碳排放。所谓低碳经济，就是以低能耗、低污染为基础的绿色经济[①]；低碳城市，是指以低碳经济为发展模式及方向、市民以低碳生活为理念和行为特征、政府公务管理层以低碳社会为建设标本和蓝图的城市[②]。低碳创新城市，是指经济绿色增长、社会和谐稳定、能源持续使用、环境优美清新、生活绿色宜居的低碳城市之梦。

作为发展中大国，中国必须尽快建立具有中国特色的发展低碳经

[①] 庄贵阳：《中国经济低碳发展的途径与潜力分析》，《太平洋学报》2005 年第 11 期。

[②] 胡鞍钢：《中国如何应对全球气候变暖的挑战》，《低碳经济论》，中国环境科学出版社 2008 年版。

济的低碳技术创新体系和低碳制度创新体系[1]，低碳创新城市建设主要包括清洁生产和低碳技术在生产、建筑、交通等领域的提升，利用可再生能源，加强碳捕捉等的技术创新和制度创新，实现城市消费低碳化、清洁生产方式的循环化、城市空间结构的生态关系，以及政府、企业、社会共同治理和低碳制度保障。低碳创新城市建设旨在加强城市低碳技术创新和低碳制度创新，改变以往高投入、高消耗、高污染的城市发展模式，最大限度地减少城市温室气体的排放，形成结构优化、循环利用、节能减排的低碳创新体系和低碳消费模式，最终实现城市的资源节约、环境友好的创新发展格局。建设低碳创新城市将有利于改变城市现有粗放型发展模式，有效应对全球气候变化，缓解中国城市发展的资源、能源、环境瓶颈所带来的国际压力，为中国城市低碳繁荣崛起、经济结构调整和优化升级做出巨大贡献，开辟新型城市低碳发展道路。

（一）城市经济的绿色增长

经济绿色增长即不以高能耗、高物耗、高污染为代价，要通过要素价格、差别税负、技术创新等政策措施激励企业发展绿色低碳经济，构建以实现可持续发展、循环经济为特征的现代经济增长模式。席卷全球的金融危机，对我国推进科技进步，调整经济产业结构，推进城市的循环经济发展，实现经济社会的可持续发展带来了前所未有的挑战和机遇。从经济学角度看，能源与环境已成为中国可持续发展的主要瓶颈。低碳创新城市应该强调经济的绿色增长与低碳繁荣，传统的高能耗、高污染、高排放的粗放型经济增长模式不可持续，应该选择以技术创新、绿色低碳发展为特征的绿色增长模式。低碳创新城市是在经济高速发展的前提下，城市保持能源消耗和二氧化碳排放处于低水平。通过产业结构的调整和发展模式的转变，低碳经济不会放慢经济增长，反而会促进经济的新一轮高增长，并增加就业机会，改善生活水平。

---

[1] 诸大建、陈飞：《上海发展低碳城市的内涵、目标及对策》，《城市观察》2010年第2期。

(二) 城市社会的和谐稳定。社会和谐稳定强调不再把仅仅追求经济利益作为唯一目标选择，应该综合考虑社会利益增进、社会和谐发展、社会安全稳定、社会文明程度提升

低碳创新城市不仅强调自然环境的绿色低碳，更强调人文环境的生态和谐、安全稳定，强调城市社会是人与自身和谐、人与自然和谐、人与人以及人与社会和谐的现代文明城市。社会的和谐稳定，应该坚持社会公平正义的基本原则，强调公平的经济竞争和公平的政治参与；强调不同社会阶层共同享有改革开放的经济成果，主要通过税收、投资等政策创新，让社会大众分享公共资源，满足低收入者的基本生存和发展需求；强调能照顾社会中的困难群体，让人人生活在一个公正和人道的社会里，保证改革能够符合绝大多数老百姓的利益要求，共享改革成果，顺民意、得民心，建立健全网格化的社会保障体系，保障城市社会的文明和谐，实现城市社会的长治久安。

(三) 城市能源的持续使用

能源持续使用强调加强对传统化石能源的节能改造，重视对太阳能、风能等可再生能源的开发利用。中国的可持续发展面临着资源能源危机，优质能源资源不足，能源环境问题严重，能源安全日益迫切，应该在能源政策和措施上进行改进，提高能源效率和可再生能源的供应，提高能源市场透明度，加强能源统计，取消对传统化石能源的价格补贴，为国民经济发展和社会进步提供持续的资源和能源保障。能源持续使用要重视合理规划，优化布局，加大科技创新力度，提高资源和能源的利用效率，增强节约资源和能源的意识，推广资源和能源的节约技术，开发新型绿色能源，构建资源节约型社会。

(四) 城市环境的优美清新

城市环境是人类利用和改造环境而创造出来的高度人工化的生存环境。城市环境是与城市整体互相关联的人文条件和自然条件的总和，包括社会坏境和自然环境。前者由经济、政治、文化、历史、人口、民族、行为等基本要素构成；后者包括地质、地貌、水文、气候、动植物、土壤等诸要素。城市的不合理发展和过度膨胀会导致地域环境和城市内部环境的恶化。城市人口密集、建筑密集、交通拥

堵，自然环境遭受严重破坏，城市温室效应和雾霾天气频发严重降低城市环境质量。构建低碳创新城市应该强调通过有效的对策使城市环境不断得到改善，构建更加优美、清新、生态的宜居城市。

（五）城市生活的绿色宜居

生活绿色宜居强调城市人居环境良好，能够满足市民物质和精神文化生活需求，适宜人类工作、生活和居住的城市，在经济、社会、文化、环境等各个方面都能协调发展，人们对城市的工作、生活和居住都感到满意，并愿意长期继续居住下去。城市气候条件宜人、生态景观和谐，拥有规划设计合理、生活设施齐备、环境优美、和谐亲切的社区环境，同时具备单体建筑内部良好的居室环境，包括居住面积适宜、房屋结构合理、卫生设施先进，以及良好的通风、采光、隔音等功效等。以低碳设计、低碳建筑、低碳居室、低碳社区、低碳交通为重要支撑点，改变传统的高度拥挤、空气污浊、人满为患的非和谐、非宜居、高碳的城市生活方式和消费模式，避免职住分离、睡城、鬼城现象的发生，构建空气清新、绿化美化、低碳宜居的生活空间，增强城市居民的归属感和自然亲近感，进而增强城市生活层面的和谐宜居感和幸福感。

三 实践中国梦的低碳创新城市建设道路

中国梦是所有中国人的梦，每个人都需要和急迫希望改变城市雾霾之困、城市污染之困、城市不和谐之困，需要构筑中国低碳创新城市梦。低碳创新城市梦是可持续发展思想在城市发展中的具体实践，是生态文明意识和低碳发展理念在城市美好发展梦想中的重要体现。结合我国城市化快速推进和社会主义初级阶段的基本国情，明确城市发展的资源能源消耗和环境影响等目标要求，通过在城市发展低碳经济，促进经济社会持续快速发展。在努力降低城市经济社会活动的"碳足迹"、实现可持续城市化的同时，尽量满足人民生活水平提高的需求，与全面建设小康社会、构建生态文明及实现和谐社会目标相一致。中国低碳创新城市梦是在政策引导和制度安排下，通过政府、企业、个人和组织机构等多方面的努力，倡导低碳发展战略、低碳生产方式、低碳消费模式、低碳组织建设的没有雾霾、没有污染的绿色宜居城市。主要从以下几个方面采取有效对策措施：

(一) 政府政策：构建低碳发展的战略框架，为美丽中国建设谋划蓝图

城市低碳发展规划是进行城市低碳转型、推进城市低碳发展模式的根本所在[①]。要制定中国低碳能源发展的战略框架，为美丽中国建设谋划低碳蓝图，主要包括以下几个层面：一是观念层面。倡导低碳发展的生产、生活和消费的价值理念，树立人与自然和谐相处的低碳价值理念，推进低碳创新，选择低碳经济发展模式，大力宣传低碳发展的概念、内涵、措施及其战略意义。二是空间层面。实施低碳创新城市发展战略，加强低碳创新城市空间布局，为美丽中国建设提供绿色空间，应建立适合人类生存和持续发展的低碳、绿色的城市空间，城市扩张要重视环境保护和生态修复、低碳生产和绿色生活互动的空间结构。低碳创新城市应构建适度宽松、宜居宜业、生态绿色的城市空间。三是能源层面。能源消费结构逐步合理化，能源使用效率不断提高，加强以太阳能、地热能、风能、海洋能、核能及生物能等可再生能源为核心的能源结构优化和能源技术创新，强化清洁能源、低碳能源开发和利用的鼓励性政策体系与相配套的法规和标准，发展新能源产业，提高可再生能源结构比重，构建低碳能源型城市。四是产业层面。产业结构不断优化升级，积极发展太阳能、风能等低碳可再生能源产业、知识密集型和技术密集型工业与服务业，服务业与高技术产业比重逐步增加，新能源及其低碳装备制造产业具有较强的国际竞争力。五是技术层面。建立较为完善的低碳发展技术创新体系、政策支撑体系、激励约束机制和法规保障体系。六是环境层面。生态环境质量明显改善，人居环境质量和城市形象得到进一步提升，城市竞争力不断提高，形成以低碳为特征的新型城市发展模式，建设和实现生态、低碳、宜居的美丽中国之梦。

---

① 楚春礼、鞠美庭、王雁南、王圆生：《中国城市低碳发展规划思路与技术框架探讨》，《生态经济》2011年第3期。

（二）企业生产：加强低碳创新与绿色生产，为美丽中国建设提供重要保障

建设美丽中国，离不开企业的参与和低碳创新的主体作用，需要鼓励企业加强低碳绿色技术研发，鼓励低碳友好型技术的研究、开发和推广与应用，改变传统的高能耗、高污染、高排放的投资运营模式，从源头制止和减少更多污染物的产生。通过市场机制发挥企业积极参与低碳技术创新的主体作用和应有积极性，发挥企业对市场需求的高度敏感性，对低碳绿色市场的及时响应和低碳技术研发、转化、应用，促进城市或区域低碳经济发展，实现中国低碳创新城市梦。要积极引导企业生产绿色低碳产品，实行低碳绿色营销。对于产品在制造、施工、安装和其使用的整个生命周期内，应尽量减少化石能源的使用，减少污染物的排放，使用环保材料制作，提高生产工效，最终还要降低二氧化碳的排放量。鼓励企业对上下游供应商提出绿色环保要求，所使用的原材料、元器件、包装等具有较高的可循环再生利用率，生产过程注重对有害物质排放的达标控制，主动回收产品使用后的废弃物。政府对绿色企业和绿色产品要进行税收减免，主动通过政府采购购买绿色低碳产品。

（三）市民生活：鼓励参与低碳创新城市建设，积极倡导绿色低碳消费模式

要立足保护环境、保护家园、建设绿色中国的战略高度，鼓励社会群众积极参与低碳创新城市建设，积极选择绿色低碳消费模式。树立低碳消费、低碳生活的基本理念和社会责任意识，戒除高碳奢侈浪费的生活模式，选择绿色、节能、低碳、安全的消费方式。以公众的消费选择，引导和鼓励企业开发低碳产品技术，向低碳生产模式转变，最终达到减少全球温室气体和共同建设美丽中国的多赢目标。一是要加强低碳、绿色、生态的科技知识普及与传播，利用现代传媒和网络手段宣传推广绿色低碳创新城市生活方式，形成低碳、生态、节约、文明的生活习惯。二是要积极推广低碳节能产品，如节能灯具、节能电视、太阳能产品等，积极推进可再生能源建筑应用示范工程，改造和建设绿色建筑，鼓励使用绿色交通系统，开展交通节能等。三

是增加和完善城市社区回收站点、分拣中心和区域性集散市场，提升再生资源回收的便利化，提高资源利用效率，积极推广文明、节约、绿色、低碳的消费模式。四是鼓励社会公众参与植树造林，充分调动市民参与植树护绿的热情，组织和带动市民参与到植树造林的实际行动中。要充分调动社会各界的积极因素，充分利用网络资源，密切联系各类生态环保社团、绿色志愿者等组织，广泛吸引社会公众参与绿化行动，形成全面动员、人人参与生态建设和环境保护的良好氛围。要建立健全社会公众参与植树造林的长效机制。

（四）组织保障：鼓励社会组织为低碳发展出谋划策与提供低碳服务

各类社会组织要发挥引导作用，无论是官方组织还是非官方组织，营利性机构还是非营利性机构，都可以给政府、企业和个人提供低碳创新性意见和建议，加强鼓励低碳、重视低碳、参与低碳，并为政府、企业、社会提供低碳声音、低碳建议、低碳服务。构建鼓励低碳发展的社会舆论氛围，加强面向低碳发展的新型智库、新型社会组织建设。此外，社会组织作为政府部门与私人企业部门之外的第三部门，要积极发挥社会服务和中介服务作用，为低碳创新城市构建和低碳发展牵线搭桥，提供信息服务，发挥低碳发展的桥梁作用，鼓励各类社会资本、社会组织、社会力量积极参与到低碳创新城市梦实现活动之中，为实现中国低碳创新城市梦提供优质、高效服务，共同推进生态文明建设。

参考文献

常欣欣:《现代国家治理的中国特色与制度自信》,《科学社会主义》2014年第1期。

石敏俊、刘艳艳:《城市绿色发展:国际比较与问题透视》,《城市发展研究》2013第5期。

宋迎昌:《"大城市病"治理刍议》,《城市》2015年第2期。

唐娟:《政府治理论》,中国社会科学出版社2006年版。

唐佑安:《伦敦治理"雾都"的启示》,《法制日报》2013年1月30日。

陶希东:《包容性城市化:中国新型城市化发展新策略》,《城市规划》2013年第7期。

万广华、朱翠萍:《中国城市化面临的问题与思考:文献综述》,《世界经济文汇》2010年第6期。

陈柳钦:《低碳城市发展的国内外实践》,《价值中国》2010年第9期。

王格芳:《我国快速城镇化中的"城市病"及其防治》,《中共中央党校学报》2012年第5期。

王桂新:《大城市病的破解良方》,《人民论坛》2010年第32期。

王桂新:《我国大城市病及大城市人口规模控制的治本之道》,《探索与争鸣》2011年第7期。

王华平、盛晓明:《社会建构论的三个思想渊源》,《科学学研究》2005年第5期。

王缉慈等:《创新的空间——企业集群与区域发展》,北京大学出版社2001年版。

王家庭：《基于低碳经济视角的我国城市发展模式研究》，《江西社会科学》2010 年第 3 期。

王稼琼、绳丽惠、陈鹏飞：《区域创新体系的功能与特征分析》，《中国软科学》1999 年第 2 期。

王军、邱少男：《关于老工业区改造与"转方式、调结构"的思考——德国鲁尔区经济结构调整对青岛的借鉴》，《中国发展》2012 年第 3 期。

陈柳钦：《健康城市建设及其发展趋势》，《中国市场》2010 年第 33 期。

王军利：《屋顶绿化的简史，现状与发展对策》，《中国农学通报》2005 年第 12 期。

王开泳等：《国外防治城市病的规划应对思路与措施借鉴》，《世界地理研究》2014 年第 1 期。

王宁：《特大城市空间结构缺陷与"城市病"治理》，《区域经济评论》2015 年第 1 期。

王让会：《全球变化的区域响应》，气象出版社 2008 年版。

王茹、王红梅：《地方政府低碳经济发展评价的关键因素探究》，《经济研究参考》2010 年第 29 期。

王文军：《低碳经济：国外的经验启示与中国的发展》，《西北农林科技大学学报》2009 年第 6 期。

王小鲁：《中国城市化路径与城市规模的经济学分析》，《经济研究》2010 年第 10 期。

王小明：《我国资源型城市转型发展的战略研究》，《财经问题研究》2011 年第 1 期。

陈荣卓、唐鸣：《科学发展观引领下的乡镇治理转型与优化》，《马克思主义与现实》2014 年第 1 期。

魏后凯：《论中国城市转型战略》，《城市与区域规划研究》2011 年第 1 期。

魏江、陶颜、胡胜蓉：《创新系统多层次架构研究》，《自然辩证法通讯》2007 年第 4 期。

吴瑾菁、祝黄河：《"五位一体"视域下的生态文明建设》，《马克思主义与现实》2013 年第 1 期。

吴南、王雪岚、杨军、刘征：《城市规划中的减碳和固碳策略研究》，《规划师》2012 年第 S1 期。

吴伟、付喜娥：《绿色基础设施概念及其研究进展综述》，《国际城市规划》2009 年第 5 期。

武红艳：《浅析德国鲁尔区工业遗产旅游的模式及启示》，《太原大学学报》2010 年第 3 期。

夏建中：《现代西方城市社区研究的主要理论与方法》，《燕山大学学报》2000 年第 2 期。

静波：《推进产学研合作创新机制研究》，《人民论坛》2009 年第 17 期。

陈淑华：《东北资源型城市工业旅游的发展——从德国鲁尔区视角分析》，《学术交流》2010 年第 3 期。

徐凤君、赵涛、袁兰静：《循环经济综合评价指标体系的构建》，《内蒙古大学学报》2008 年第 6 期。

徐康宁：《文明与繁荣——中外城市经济发展环境比较研究》，东南大学出版社 2003 年版。

徐睁、权衡：《中国转型经济及其政治经济学意义——中国转型的经验与理论分析》，《学术月刊》2003 年第 3 期。

许安拓、修竣强：《破解地方依赖土地财政的畸形发展模式》，《人民论坛》2012 年第 8 期。

薛勇民、王继创：《论低碳发展的生态价值意蕴》，《山西大学学报》（哲学社会科学版）2012 年第 2 期。

亚文辉：《智慧城市建设面临新形势，发展需因地制宜》，《中国高新技术产业导报》2015 年 5 月 25 日。

陈晓春、蒋道国：《新型城镇化低碳发展的内涵与实现路径》，《学术论坛》2013 年第 4 期。

闫彦明：《产业转型进程中城市病的演化机理与防治研究》，《现代经济探讨》2012 年第 11 期。

颜文涛：《城市生态系统健康属性综合评价模型及应用研究》，《系统工程理论与实践》2007 年第 8 期。

杨传开、李陈：《新型城镇化背景下的城市病治理》，《经济体制改革》2014 年第 3 期。

杨红娟、郭彬彬：《基于 DEA 方法的低碳供应链绩效评价探讨》，《经济问题探索》2010 年第 9 期。

杨华峰、姜维军：《企业节能减排效果综合评价指标体系研究》，《工业技术经济》2008 年第 10 期。

杨耀武：《技术预见的基本理念》，《世界科学》2003 年第 4 期。

杨张乔：《我国的城市化与城市社会问题》，《浙江学刊》1988 年第 5 期。

尤建新：《发展低碳经济重在行动，成在创新》，《上海企业》2008 年第 8 期。

初铭宇：《低碳城市发展现状》，《今日科苑》2010 年第 23 期。

余文烈：《绿色城市、循环经济与技术创新》，《南方论丛》2006 年第 2 期。

袁东振：《国外如何应对"城市病"》，《科学决策》2005 年第 8 期。

袁贺、杨犇：《中国低碳城市规划研究进展与实践解析》，《规划师》2011 年第 5 期。

袁艺、王双进：《低碳城市发展理论研究综述》，《北方经济》2010 年第 20 期。

岳雪银、谈新敏、黄文艺：《低碳技术创新在低碳经济发展中的作用及对策》，《科协论坛》2011 年第 4 期。

臧淑英、李丹、韩冬冰：《资源型城市转型与循环经济发展——以黑龙江省伊春市为例》，《经济地理》2006 年第 1 期。

张晨光、李健、闫彦明：《纽约城市产业转型及对北京建设世界城市的启示》，《投资北京》2011 年第 9 期。

张敦富：《城市经济学原理》，中国轻工业出版社 2005 年版。

单卓然、黄亚平：《"新型城镇化"概念内涵、目标内容、规划策略及认知误区解析》，《城市规划学刊》2013 年第 2 期。

张宏军：《我国发展低碳经济的政策选择与制度创新》，《科技与经济》2011 年第 3 期。

张洪波、陶春晖、庞春雨、刘生军、姜云：《全球气候变化影响下的低碳城市规划创新体系》，《四川建筑科学研究》2012年第5期。

张舰：《我国特大城市基础设施发展水平及分布特征》，《城市问题》2012年第6期。

张经纬：《发展低碳经济是资源型城市转型发展的必然选择》，《山西经济管理干部学院学报》2011年第3期。

张敬淦：《中国城市化进程中的资源短缺问题》，《城市问题》2008年第1期。

张坤民、潘家华、崔大鹏：《低碳经济论》，环境科学出版社2008年版。

张泉、叶兴平、陈国伟：《低碳城市规划——一个新的视野》，《城市规划》2010年第2期。

党秀云：《公共治理的新策略：政府与第三部门的合作伙伴关系》，《中国行政管理》2007年第10期。

张占斌：《新型城镇化的战略意义和改革难题》，《国家行政学院学报》2013年第1期。

赵弘：《北京大城市病治理与京津冀协同发展》，《经济与管理》2014年第3期。

赵坚：《坚持底线思维破解发展大都市区的体制障碍》，《北京交通大学学报》2015年第1期。

郑亚平、聂锐：《城市规模扩张要"适度"》，《宏观经济研究》2010年第12期。

钟茂初、潘丽青：《京津冀生态——经济合作机制与环京津贫困带问题研究》，《林业经济》2007年第10期。

周加来：《"城市病"的界定、规律与预防》，《中国城市经济》2004年第2期。

丁金宏：《论城市爆炸与人口调控》，《前进论坛》2011年第2期。

诸大建、陈飞：《上海发展低碳城市的内涵、目标及对策》，《城市观察》2010年第2期。

毛晓刚：《建设美丽中国需要全社会共同努力》，《北京日报》2013年1月18日。

仇保兴：《我国城市发展模式转型趋势》，《城市发展研究》2009年第8期。

刘纯彬、张晨：《资源型城市绿色转型内涵的理论探讨》，《中国人口·资源与环境》2009年第5期。

姜爱华、张弛：《城镇化进程中的"城市病"及其治理路径探析》，《中州学刊》2012年第6期。

李雪敏、武振国：《内蒙古大城市城市病问题分析及防治对策研究》，《内蒙古财经大学学报》2015年第3期。

李冈原：《英国城市病及其整治探析——兼谈英国城市化模式》，《杭州师范学院学报》2003年第6期。

王开泳、颜秉秋、王芳、高晓路：《国外防治城市病的规划应对思路与措施借鉴》，《世界地理研究》2014年第1期。

覃剑：《我国城市病问题研究：源起、现状与展望》，《现代城市研究》2012年第5期。

刘际平、刘晨晓：《当前我国城市病的表现、成因和对策分析》，《焦作师范高等专科学校学报》2014年第2期。

向春玲：《中国城镇化进程中的城市病及其治理》，《新疆师范大学学报》（哲学社会科学版）2014年第2期。

焦晓云：《新型城镇化进程中农村就地城镇化的困境、重点与对策探析——"城市病"治理的另一种思路》，《城市发展研究》2015年第1期。

俞可平：《科学发展观与生态文明》，《马克思主义与现实》2005年第4期。

路军：《我国生态文明建设存在问题及对策思考》，《理论导刊》2010年第9期。

肖洪：《城市生态建设与城市生态文明》，《生态经济》2004年第7期。

李彦军：《产业长波、城市生命周期与城市转型》，《发展研究》2009年第11期。

张晨、刘纯彬：《资源型城市绿色转型的成本分析与时机选择》，《生态经济》2009年第6期。

翁志勇:《生态文明建设:问题与对策研究》,《毛泽东邓小平理论研究》2011 年第 11 期。

田智宇、杨宏伟:《我国城市绿色低碳发展问题与挑战——以京津冀地区为例》,《中国能源》2014 年第 11 期。

刘畅:《关于资源枯竭城市转型的思考——以枣庄市城市转型为例》,《城市建设理论研究》2012 年第 4 期。

蔡萌、汪宇明:《基于低碳视角的旅游城市转型研究》,《人文地理》2010 年第 5 期。

蓝庆新、彭一然、冯科:《城市生态文明建设评价指标体系构建及评价方法研究——基于北上广深四城市的实证分析》,《财经问题研究》2013 年第 9 期。

刘剑平、陈松岭、易龙生:《资源型城市转型主导产业的选择与培育》,《中国矿业大学学报》(社会科学版)2007 年第 1 期。

汪云甲:《关于助推资源枯竭型城市转型的建议》,《中国发展》2012 年第 6 期。

李陈:《境外经典"城市病"理论与主要城市问题回顾》,《西北人口》2013 年第 3 期。

曾红:《宜居城市建设初探》,《沈阳干部学刊》2014 年第 1 期。

袁艺、王双进:《低碳城市发展理论研究综述》,《北方经济》2010 年第 20 期。

张轶骁:《全球交通拥堵城市排名:重庆、天津超北京》,《新京报》2015 年 4 月 7 日。

李家杰:《北京城市交通拥堵症结何在》,《光明日报》2003 年 10 月 24 日。

中华人民共和国环境保护部:《2014 年全国大、中城市固体废物污染环境防治年报》,《中国环境报》2015 年 1 月 15 日。

王东:《当代世界城市贫困与社会问题》,《浙江日报》2008 年 5 月 5 日。

赵坚:《坚持底线思维破解发展大都市区的体制障碍》,《北京交通大学学报》2015 年第 1 期。

王大伟、文辉、林家彬：《应对城市病的国际经验与启示》，《中国发展观察》2012年第7期。

《北京2012年空气质量超标9%》，《新京报》2013年6月1日。

林夕：《他山之石：日本曾经如何治理雾霾》，《生命时报》2014年3月11日。

张暄：《精细化与交通需求管理：东京交通拥堵治理》，《江西广播电视大学学报》2014年第4期。

《日本大气污染控制的法律路径》，《法制日报》2013年1月22日。

李晟晖：《矿业城市产业转型研究——以德国鲁尔区为例》，《中国人口·资源与环境》2003年第4期。

李蕾蕾：《逆工业化与工业遗产旅游开发：德国鲁尔区的实践过程与开发模式》，《世界地理研究》2002年第3期。

刘学敏、赵辉：《德国鲁尔工业区产业转型的经验》，《中国经济时报》2005年11月24日。

陆小成：《城市转型与绿色发展》，中国经济出版社2013年版。

陆小成：《我国城市绿色转型的低碳创新系统模式探究》，《广东行政学院学报》2013年第2期。

侯百镇：《城市转型：周期、战略与模式》，《城市规划学刊》2005年第5期。

林家彬：《我国"城市病"的体制性成因与对策研究》，《城市规划学刊》2012年第3期。

赵弘：《给北京"城市病"的一剂良药》，http://finance.sina.com.cn，2014年5月4日。

戚本超、周达：《东京环境管理及对北京的借鉴》，《宁夏社会科学》2010年第5期。

陆伟、张丹：《全球气候变暖背景下低碳城市规划研究》，《中国房地产业》2013年第5期。

张洪波、陶春晖、庞春雨、刘生军、姜云：《全球气候变化影响下的低碳城市规划创新体系》，《四川建筑科学研究》2012年第5期。

林家彬：《我国"城市病"的体制性成因与对策研究》，《城市规划学刊》2012年第3期。

范必:《能源体制雾霾不除，大气雾霾难消》，http://finance.sina.com.cn，2015年3月2日。

胡欣、江小群:《城市经济学》，立信会计出版社2005年版。

唐建新、扬军:《基础设施与经济发展: 理论与政策》，武汉大学出版社2003年版。

王雅莉、王妍:《新常态的中国低碳经济发展机制及其路径构建》，《求索》2015年第4期。

钱振明:《公共治理转型的全球分析》，《江苏行政学院学报》2009年第1期。

蒋长流、韩春虹:《低碳城镇化转型的内生性约束：机制分析与治理框架》，《城市发展研究》2015年第9期。

汪向阳、胡春阳:《治理：当代公共管理理论的新热点》，《复旦学报》2000年第4期。

薛澜、张强:《中国公共治理需要转型》，《安徽决策咨询》2003年第6期。

高秉雄、张江涛:《公共治理：理论缘起与模式变迁》，《社会主义研究》2010年第6期。

陈桂生:《低碳城市的公共治理系统及其路径》，《云南社会科学》2011年第5期。

俞可平:《善治与幸福》，《马克思主义与现实》2011年第2期。

陈荣卓、唐鸣:《科学发展观引领下的乡镇治理转型与优化》，《马克思主义与现实》2014年第1期。

刘琰:《低碳生态城市——全球气候变化影响下未来城市可持续发展的战略选择》，《城市发展研究》2010年第5期。

薛勇民、王继创:《论低碳发展的生态价值意蕴》，《山西大学学报》(哲学社会科学版) 2012年第2期。

黄海峰、李博:《北京经济发展中的"脱钩"转型分析》，《环境保护》2009年第2期。

黄栋:《低碳技术创新与政策支持》，《中国科技论坛》2010年第

2 期。

余军华、袁文艺：《公共治理：概念与内涵》，《中国行政管理》2013 年第 12 期。

刘建平、杨磊：《中国快速城镇化的风险与城市治理转型》，《中国行政管理》2014 年第 4 期。

陈晓春、蒋道国：《新型城镇化低碳发展的内涵与实现路径》，《学术论坛》2013 年第 4 期。

弋振立：《低碳城镇化：中国可持续发展必由之路》，《光明日报》2010 年 4 月 2 日。

吴昌华：《低碳创新的技术发展路线图》，《中国科学院院刊》2010 年第 2 期。

武雁萍：《低碳经济的法律路径研究》，《河北科技大学学报》2010 年第 3 期。

刘国建：《中国梦语境下的低碳发展》，《广东工业大学学报》（社会科学版）2014 年第 1 期。

王倩、黄蕊、双星：《"碳陷阱"：理论辨析与政策导向》，《经济学家》2011 年第 10 期。

张连国：《低碳陷阱：民主社会主义背景下的低碳经济》，《河南社会科学》2011 年第 4 期。

崔玉清：《知识产权保护对低碳技术转让的影响》，《开放导报》2011 年第 1 期。

陈文剑、黄栋：《我国低碳技术创新的动力和障碍分析》，《科技管理研究》2011 年第 20 期。

肖洋：《国际海运减排博弈及中国面临的碳陷阱》，《现代国际关系》2013 年第 6 期。

孟赤兵：《发展低碳经济要统一认识》，《中国科技投资》2010 年第 11 期。

陆小成：《中国低碳科技公共服务平台构建研究》，《西南石油大学学报》2012 年第 1 期。

周五七、聂鸣：《促进低碳技术创新的公共政策实践与启示》，《中国科技论坛》2011年第7期。

葛小芳、傅正华：《低碳经济下的技术创新路径选择》，《价值工程》2011年第13期。

陆小成：《区域低碳创新系统的构建：基于技术预见的视角》，《科学技术与辩证法》2008年第6期。

黄荣清：《发展中国家的城市化问题》，《中国人口科学》1988年第1期。

肖洋、柳思思：《后哥本哈根时代的中国"碳外交"》，《当代国际关系》2010年第9期。

胡鞍钢：《中国如何应对全球气候变暖的挑战》，《低碳经济论》，中国环境科学出版社2008年版。

金起文：《构建发展低碳经济的技术支撑体系》，《光明日报》2010年3月15日。

何涛舟、施丹锋：《低碳城市及其"领航模型"的建构》，《上海城市管理》2010年第1期。

陆小成：《生态文明视域下中国城市低碳转型研究》，《河北科技大学学报》2013年第2期。

郭丕斌、周喜君、李丹、王婷：《煤炭资源型经济转型的困境与出路：基于能源技术创新视角的分析》，《中国软科学》2013年第7期。

庄贵阳：《中国经济低碳发展的途径与潜力分析》，《太平洋学报》2005年第11期。

胡鞍钢：《中国如何应对全球气候变暖的挑战》，《低碳经济论》，中国环境科学出版社2008年版。

黄溶冰、刘国禹、丁艳：《休斯敦、鲁尔和洛林的转型策略及启示》，《辽宁工程技术大学学报》2004年第6期。

楚春礼、鞠美庭、王雁南、王圆生：《中国城市低碳发展规划思路与技术框架探讨》，《生态经济》2011年第3期。

蒋苏：《我国可再生能源开发的难点及对策建议》，《宏观经济管理》2009年第8期。

焦斌龙：《文化产业怎样推动产业结构调整》，《思想工作》2008 年第 1 期。

金建国、李玉辉：《资源型城市转型中的政府管理创新》，《经济社会体制比较》2005 年第 5 期。

金乐琴、刘瑞：《低碳经济与中国经济发展模式转型》，《经济问题探索》2009 年第 1 期。

金晓玲、赵晓英、胡希军等：《屋顶花园建设综述》，《生态经济》（学术版）2007 年第 2 期。

金涌、王垚、胡山鹰、朱兵：《低碳经济：理念·实践·创新》，《中国工程科学》2008 年第 9 期。

孔令丞、谢家平：《循环经济推进战略研究》，中国时代经济出版社 2008 年版。

朗朗、宁育育：《"城市病"的 N 种症状》，《世界博览》2010 年第 13 期。

冷艳菊：《资源枯竭型城市转型的文化思考》，《城市发展研究》2011 年第 5 期。

曾广宇、王胜泉：《论中国城市化与"城市病"》，《经济界》2005 年第 1 期。

李陈：《境外经典"城市病"理论与主要城市问题回顾》，《西北人口》2013 年第 4 期。

李春燕：《低碳技术创新的价值取向与构建》，《产业与科技论坛》2011 年第 5 期。

李向阳、黄芳、李瑞晴：《低碳城市理论和实践的发展、现状与走向》，《甘肃行政学院学报》2010 年第 3 期。

李友华、吕晶、续珊珊：《低碳经济发展评价指标体系初探》，《哈尔滨商业大学学报》2010 年第 6 期。

曾万涛：《长株潭生态城市群建设》，《城市》2009 年第 1 期。

李云燕：《低碳城市的评价方法与实施途径》，《宏观经济管理》2011 年第 3 期。

辽宁工业转型研究课题组：《借鉴法国洛林经验加快辽宁工业转型》，

《中国软科学》1998年第10期。

林家彬：《我国"城市病"的体制性成因与对策研究》，《城市规划学刊》2012年第3期。

刘纯彬：《二元社会结构与城市化——城市病与城市规模》，《社会》1990年第4期。

刘凤朝、潘雄锋、施定国：《基于集对分析法的区域自主创新能力评价研究》，《中国软科学》2005年第11期。

刘际平、刘晨晓：《当前我国城市病的表现、成因和对策分析》，《焦作师范高等专科学校学报》2014年第2期。

刘俊卿、苗正卿：《河北重化工之重》，《中国经济和信息化》2013年第19期。

刘琪：《城市网格化管理模式的拓展应用研究——以长宁区为例》，《上海交通大学》2008年第5期。

曾贤刚、庞含霜：《我国各省区CO_2排放状况，趋势及其减排对策》，《中国软科学》，2009年第S1期。

刘嵘、徐征、李悦：《低碳经济评价指标体系及实证研究——以河北省某县为例》，《经济论坛》2010年第5期。

刘莎、王培红：《发展低碳经济呼唤科技创新》，《能源研究与利用》2010年第2期。

刘书俊：《环境库兹涅茨曲线与节能减排》，《环境保护》2007年第12期。

刘薇：《北京发展低碳经济的路径探析》，《商业研究》2010年第9期。

刘薇：《京津冀区域生态文明圈构建研究》，《沿海企业与科技》2013年第6期。

刘文婷、王建明：《国内外区域创新能力评价研究综述》，《科技与经济》2008年第6期。

刘学敏、赵辉：《德国鲁尔工业区产业转型的经验》，《中国经济时报》2005年11月24日。

刘学敏：《关于资源型城市转型的几个问题》，《宏观经济研究》2009

年第 10 期。

刘琰：《低碳生态城市——全球气候变化影响下未来城市可持续发展的战略选择》，《城市发展研究》2010 年第 5 期。

刘永亮、王孟欣：《城乡失衡催生"城市病"》，《城市》2010 年第 5 期。

曾长秋、赵剑芳：《我国现代化进程中的"城市病"及其治理》，《湖南城市学院学报》2007 年第 5 期。

吕斌、祁磊：《紧凑城市理论对我国城市化的启示》，《城市规划学刊》2008 年第 4 期。

裴丹：《绿色基础设施构建方法研究述评》，《城市规划》2012 年第 5 期。

彭红碧、杨峰：《新型城镇化道路的科学内涵》，《理论探索》2010 年第 4 期。

彭建、王雪松：《国际大都市区最新综合交通规划远景、目标、对策比较研究》，《城市规划学刊》2011 年第 5 期。

戚本超、周达：《东京环境管理及对北京的借鉴》，《宁夏社会科学》2010 年第 5 期。

盛广耀：《中国城市化模式的反思与转变》，《经济纵横》2009 年第 9 期。

致　　谢

本书是在笔者主持完成的 2014 年度北京市社科院重点课题""城市病"治理的国际比较研究——基于京津冀低碳发展的思考"结题成果基础上的进一步深化和拓展。该课题于 2015 年 6 月正式结题之后，笔者进行了再次调研、系统修改、整理和质量提升。全书 30 余万字的书稿，从前期准备、课题立项、中期检查、课题结题、后续修改等环节先后共用近三年的时间修改完成。

本书的研究要感谢北京市社会科学院各位院领导给予笔者在从事该课题研究中的帮助和指导，感谢北京市社会科学院科研组织处王燕梅处长、朱霞辉副处长、朱庆华老师和俞音老师给予的科研指导和热情帮助。

感谢市情调查研究中心主任、北京世界城市研究基地秘书长唐鑫对本书研究的大力支持、指导和关心。感谢市情中心李茂博士、刘小敏博士、田蕾博士、贾澎博士、李晓壮博士、赵亚萍博士、何仁伟副教授、任超博士、管理所所长施昌奎研究员、外国所刘波副所长、社会学所副所长江树革研究员、城市所赵继敏副研究员等领导与同事对本课题研究过程中的提纲设计、调研、课题讨论、报告撰写等环节给予的帮助。

感谢本书稿在参加北京市社会科学院社科文库出版资助评审过程中的匿名评审专家的宝贵意见和修改建议。本书的部分内容来自北京市科协调研课题、北京市社科联决策咨询课题、北京市社科院课题等部分成果的汇集整理而成，感谢这些课题经费支持给予本书前期调研工作的必要资助，感谢在相关课题研究中评审专家在课题开题、中期检查以及结题评审过程中所提出的宝贵意见和建议。

  书中引用和参考许多专家学者的观点，一并表示感谢。有的引用或参考没有进行及时的注释，可能存在疏忽请专家批评和指正。由于水平和能力有限，不妥之处在所难免，也许还有部分观点值得进一步商榷和论证，敬请学术界的各位专家、读者提出批评意见或建议。

陆小成

2016 年 3 月 1 日